叢書・ウニベルシタス　431

時代おくれの人間（上）

第二次産業革命時代における人間の魂

ギュンター・アンダース著

青木隆嘉 訳

法政大学出版局

献　辞

父ウィリアム・シュテルンはちょうど半世紀前の一九〇六年、現在の私より二十歳も若かったが、数世代前の人のような強い確信をもって著書『人格と物』の第一巻を出版した。父の願いは、人格を見失った心理学を打破して「人格」を奪還することであった。「人格」を「物」化するものが、人格を扱う科学的な方法ではなく、現実に人間が人間を扱うやり方だとは、その善良さと当時のオプティミズムのために、長い間、父は認めることができなかった。だが突然、人間性の侮蔑者たちに、名誉を剥奪され、追放を受けたとき、父は悪化した世界の実情を認識し、深い悲しみを覚えずにはおれなかった。

＊

人間の尊厳の観念を植えつけてくれた父の想い出に、
人間の荒廃にかんする以下の痛ましい頁を捧げる。

第五版序文

二十五年以上も前に書き終えていたこの書物は、時代おくれになるどころか、今日では当時よりもさらに現実的なものとなっていると思われる。このことは、当時の私の分析の質の高さを示しているのではない。それは分析された世界や人間の状況の質の低下を示しているのである。世界と人間の状況は一九五六年以後、根本的なところでは何ひとつ変わっていない、また変わりうるものでもなかったからである。当時私が述べたのは予測ではなく診断であった。われわれは自分自身が生産する物の完成に対応できなくなっている。熟慮に基づく責任をもって応えうる限界を超えて、われわれは物を生産しているのだ。造りうるものなら何でも作っていい、作るべきだ、作らねばならぬと信じこんでいるのである――これが主要な三つのテーゼである。この二十五年間に明らかになってきた環境危機を見れば、残念ながら、この三つの基本テーゼが当時以上に現実的になり、なおいっそう衝撃的なものになっていることは明らかである。二十五年前の私に「予言者的な」力があったわけではない。むしろ当時私が「アポカリプス不感症」という言葉で指摘していたように、世界人口の九九パーセントはそれを見ることができなかったばかりか、見ることができない状態に組織的に置かれていたのである。このことを私は特に強調しておきたい。

核武装に対する私の姿勢（第四論文）は少しも変わっていない。それどころか、その方向での活動を当時以上に盛んに展開してきたことは、核の状況にかんする論文（Endzeit und Zeitenende）やヒロシマ日記

(Der Mann auf der Brücke)、ヒロシマ爆撃の飛行士クロード・イーザリーとの往復書簡（Off Limits für das Gewissen）に示されている。第二巻の刊行が非常に遅れたのは、黙示録的な脅威をアカデミックに理論的に考察することは当を得ていないと考えたからである。核兵器は大学の屋根の上だけにのしかかっているのではないのだ。第一巻と第二巻との間の時期の大半を、私は核武装とベトナム戦争に対する闘争に費やしてきた。ともかく、核兵器にかんする当時の論文について、私は今日でも考えを変えていないどころか、二十五年前よりもはるかに重要になっていると思っている。なぜならば、今日では原子力発電所が、核戦争から人々の目を逸らし、「アポカリプス不感症」に陥ったわれわれ自身を一段と不感症にしているからである。

ベケットの『ゴドーを待ちながら』にかんする「時間なき存在」という論文も、二十八年前に書いたときよりも現実味を帯びてきた。そこで述べた失業者の世界、正確には失業者の世界喪失が、半世紀を経た今日では、新たに世界中に広がり始めているからである。

これに反して、「幻影と原型としての世界」という論文での、マスメディアに対する非常にペシミスティックな評価については、今では必ずしも同じ意見ではない。人間がテレビによって「受動化され」、存在と仮象を混同するように組織的に「育て上げ」られ、歴史的な変動はテレビを推進する方向へすでに大きく動いて、世界は複製の模像と化しているという当時のテーゼは、その当時より以上に、今でも誤りではない。あの論文から二十五年を経た今日では、各国の首相の中には、私の警告を受け入れてくれた人もある。だが、当時の私のテーゼには補足すべきところがある。しかも、われわれに勇気を与えてくれるような補足を付け加えなければならない。すなわちその後、テレビ画像は、ある種の状況では、テレビなしでは触れられない現実を家庭に提供し、われわれを動揺させ、歴史にとって重大な一歩を踏み出すように促すこともできることが明らかになってきたのだ。映像を見ることは、確かに現実を見ることには劣るものの、見ないよりはましだ。日々アメリカの家庭に放映されるベトナム戦争の場面が、画面に見入る無数の市民たちの目を初めて現実に向かって「開かせ」、抗議行動を起こさせ、当時のジェノサイドを止めさせるのに大きな役割を果たしたのである。

この最終弁論を書いたのは、より人間的な世界が存続するためであり、もっと控え目に言えば世界が存続するためである。たまたま読んでくれた人々の中には、荒涼たる現代世界の激しい光に目もくれようとしていなかった人たちもいた。しかしそういう人々も、人類が自滅する可能性があるという革命的というより破局的な状況や——自分が生まれ出て早々にこの世界に慣れ親しんでいること、しかもその不名誉な状況は自分が生まれる前から始まっており、自分の義務が父や祖父にとっての義務でもあったこと、こういうことに気づいてくれることであろう。

終わりに、彼らや彼らの子供たちのために、私の予測が当たらないように心から願ってやまない。

一九七九年十月　ウィーンにて

ギュンター・アンダース

目次

（下巻目次）

序論

ある新聞記事から――
「死刑囚たちは、最後の食事に出る豆の味つけを自分の好みで自由に決めることができる」。

それは、彼らのことがもう決定ずみだからである。

われわれも、現代世界を核爆発で終わらせることとボブスレー競技で楽しむことのどちらかを自由に選ぶことができる。これも、自由に選択するわれわれのことがもう決定ずみで、われわれの自由な選択について前もって決定されており、われわれは、ラジオの聴取者やテレビの視聴者としてしか選ぶことができないからである。つまり、われわれが世界を経験するのではなくて、幻影である世界がもれなくわれわれに提示されるように決定されているからだ。その他の事柄や別の選択をする自由など、もうほとんど期待できなくなっている。別のものを考えることは、われわれにはまったく不可能なのだ、――こういう点でわれわれはすでに決定ずみなのだ。

こういう考えを私がある文化的な会合で述べたときには、途中で野次がとんだものである。結局のところ、装置を取り除く自由もあれば、装置を買わない人たちもいる、「現実の世界」だけに関わっている人たちもいる、というわけである。それに対して私はこう反論した。買わない人にしても、あらかじめ決定されている点では視聴者と変わりはない。つまり、加担しようとすまいと――加担させられているのだから、われわれはどうしても加担することになるのだ。何をしようがすまいが、――「世界」や世界そのものの経験ではなくて、世界の幻影と幻影の消費こそが、人類にとって重要なのであり、われわれはそのひとりとして生きているのだ。個人的に買わないというだけでは、この事情はいっこうに変わらない。人類が重要な現実の共同世界であるのは疑う余地がないが、――いわゆる「現実世界」である出来事の世界も幻影化という事実によってすでに造り変えられてしまっているのだ。幻影化が広く行き渡っていて、出来事は放映に都合のいいようにしか起こらないからである。つまり出来事は幻影化された形で送り届けられてくるからだ。――経済的なことは言わないでおこう。というのも、その種の装置を持つも持たないも、あるいはそれを使うも使わないも「われわれ」の自由だというのは、無論まったくの幻想だからである。「人間的自由」の肩をもって考えてみても、消費を強制されている事実が消え去ることはない。個人の自由が強く主張される国で、ある種の商品が「必需品（musts）」と呼ばれていることは「自由」が存在していることを示すものではない。「必需品」という言い方はすっかり受け入れられている。この種の「必需品」がひとつでも欠けていると、その他もろもろの装置や製品で維持されている生活装置の全体が揺らぐことになるからである。ある必需品を買わないという「自由」を選ぶ人は、それを買わない結果、すべてを断念して、自分の生活を諦めざるをえなくなってしまうのだ。「われわれ」にそういうことがやれるだろうか。この「われわれ」というのは、いったい誰のことなのか。

　この種の装置について言えることは、あらゆるものについてもほぼあてはまる。装置は「手段」であると言ったところで、それでは話にもならない。「手段」は本質的に、自由な目標設定にしたがって目標を

「達成」するために据えつけられる付随的なものだからである。

こういう装置は「手段」ではないのだ、むしろ「前もっての決定」なのである。われわれの出番が回ってくる以前に、すでに決定が下されているのだ。正確に言えば、装置は「前もっての決定」のひとつではない、前もっての決定そのものと言うべきものなのである。

装置が前もっての決定そのものであることは確実である。装置は、個々別々に存在しているわけではないからだ。何もかもが商品となっているのである。個々の装置はすべて装置の一部にすぎず、装置システムの中の一個のネジであり、ひとつの断片にすぎない。それは他の装置のための断片であったり、その装置があるだけで、どうしても他の装置や別の新しい装置が要るひとつの断片である。巨大装置である装置システムについて、それは「手段」だとか、われわれは自由に目標を設定できるのだと主張してみても、まったく意味をなさない。装置システムがわれわれの「世界」なのだ。「世界」と言えば、これは「手段」とは異なるものだ。「世界」は「手段」とはカテゴリーが違うのだ。――

現代では、機械に対して批判的な人物ではないかという疑いほど、人を抹殺してしまいかねないものはない。そういう疑いをかけられる危険がよそより少ない場所など、現在の地球には存在しない。この点では今日、デトロイトも北京もヴッパータールもスターリングラードもみな同じであり、どういう集団においても変わりはない。どういう階層や集団、社会組織に属し、どういう政治哲学をいだいていても、個々の装置の「人間の尊厳を損なう効果」を人前で論じたりすれば、たちまち自動的に、おかしな機械破壊論者だという評判を立てられて、思想的にも社会的にも、マスコミによって死刑判決を受けてしまうからである。多くの場合、自動的にこういう目に会いはしないかという不安が批判的な人の口を封じてしまうのであって、技術批判が今日では、市民的勇気の問題となっているのも驚くほどのことではない。結局（ありふれた知識人からコンピュータ・マシンのような人物に至るまでの）ありとあらゆる人々から、世界歴史を邪魔する唯一の人物であるとか、唯一の旧弊な人物で、どうみても唯一の反動家だと言われるようなことはやれない（と批判的な人も考える）。そして口をつぐんでしまうのである。

それは、反動家と見られたくないからだ。――先ほど述べた会合では、次のようなことが起こったのである。〔以下頻出する「モルーシア」はアンダースの小説に現れる架空都市である――訳注〕

「文字文化後の文盲状態」と名づけたものと結びつけて、私は、現代における複製の世界的氾濫について、次のような事実を挙げた。すなわち、現代人が至るところで、週刊誌や映画、テレビなどのあらゆる複製技術の手段によって、世界の複製に見とれ、世界全体（ないし「全体」と思えるもの）に参画していると思い込まされており、しかも、大がかりにそう思い込まされているため、世界のさまざまな関係を見抜くことができず、世界についての重要な決定に参加できないでいるという事実を挙げた。それは、モルーシアのメルヒェンの言葉で言えば、「目に詰め込まれる」もの、つまり見るものが多いほど、言うことは少ないという事実である。複製の組織的な氾濫によって育て上げられる「イコノマニア」には、今日すでに、狭義の「ノゾキ趣味」を連想させるような好ましくない特徴がすべて見いだされる。複製が世界中に蔓延すれば、複製は人々を愚鈍化する装置となってしまうだろう。なぜならば、複製はテクストとは異なり、連関を示すものではなく引き裂かれた世界の細片しか示さないからである、つまり、世界を提示することによって世界を隠蔽するものだからである。対策を何ひとつ言わずに――こういう考えを述べた結果、中道派のひとりの代表者から、私は「ロマン主義的反動家」という名前を頂戴することになった。この名前を聞いて、一瞬、私は唖然となった。私は、反動家という疑いをかけられることには、まったく不慣れだったからだ。だが、それもほんの一瞬であった。そう野次った人がすぐに、その名前の意味について議論を始めたからである。彼は、次のように述べた。「この種の現象やその効果を見て、それを批判する人がいますが、そういう人々は産業の進歩と製品の販売を妨害する人なのであります。そういう人は、少なくとも妨害しようという単純な意図を持っているのであります。しかし、産業や販売の過程は絶対に前向きに進めなければならないのですから（そうではないと言うのでありましょうか？）、批判することは必然的に進歩のサボタージュであり、したがって、まさしく反動なのであります」。

この説明は明確さに欠けている、と苦情を言うわけにはいかなかった。その説明で特に教訓的だったのは、次の点だったと思われる。つまり、四十五年の破局の直後に今や始まりつつあると感じられた進歩思想のたくましい復活を示している点、また以前の反動期には死にかけていると思われていた進歩思想が今まさに繁栄と復興の論拠となったことを示している点である。——だが、「ロマン主義的」という形容詞に私が納得しなかったので、野次を飛ばした人は面倒臭そうに答えた。それによると私の「ロマン主義」は、「明らかに頑固に人間という人道的概念に固執する」ところにあるということであった。「頑固」と「人道的」とを無邪気に結びつける言い方、そして、人間には「人道的」な定義以外の定義も可能なのだという暗黙裡の誹謗、最後には、この答弁に参加者の誰ひとりとして呆然とならなかったという事実が、私の感じ方に対する野次にひどくぞっとするような雰囲気を与えた。

その他の場所でも、私には似たようなことが確かに起こったが、ドイツでは他の国々以上に「批判的」と「反動的」とが同一視されがちであるように思われる。ドイツでは、批判者を粛正することによって、批判を全面的に排除した支配原理が痕跡をとどめており、またすでに再び現れてきているからでもある。周知のように「批判」と「反動」とを同一視し、批判者をサボタージュの反動家であると非難するのが、ナチズムのイデオロギー戦術の一部であった。よく使われた「あら捜し屋」という言葉は、実際にはいずれの側でも使うことができる。批判を反動と同一視することによって賞賛されていたのは「運動」そのもの、つまり進歩の運動そのものであった。進歩の運動が批判を反動的なものだと言えば、反動の反対である政体自身は必然的に進歩的であるはずだということになったからである。[1]野次をとばした人が言おうとしていたのも、これと変わりはなかった。――

しかし、今日の技術批判に必要な市民的勇気を誇張しないようにしよう。機械批判という問題を引き受けているのがわれわれであることは重要ではない。議論は以前から繰り返しなされてきたのであって、たとえば十年前から行なわれている原爆廃絶の賛否をめぐる論議は、場合によればひとつの道具を破壊しようという議論にほかならないからである。議論の対象を直接に連想させる言葉や露骨な言葉を使わないようにしているだけである。それは、機械批判論者だと疑われることにみな尻込みしているからだ。科学者は素人に、素人は科学者に、技術者は政治家に、政治家は技術者に、左派は右派に、右派は左派に、西側は東側に、東側は西側に対して尻込みしているのだ。――事実、「機械批判」のタブーほど、世界的に一致して認められているタブーは存在しない。そういう一致は、もっとましなことについてこそあってしかるべきものだ。

私が「議論は以前から繰り返しなされてきた」と言うのは、そういう議論が、たとえば「織工」の時代から繰り返されてきた古典的な議論に結びつくという意味ではない。というのは――現代産業革命の機械批判の問題と昔の問題との根本的な違いがここにあるのだが、――今回問題となっているのは、別々の生産段階を代表するものの間でなされている議論では決してないからである。今日機械によって脅かされているのは手工業者ではない（古典的意味での手工業者はもはや存在しない。反抗的な家内労働者も、テレビ装置とか水素爆弾を家内で製造したがっている以上、家内労働者という概念は奇妙なものだ）。脅かされているのは、百年前から「疎外」が見られた工場労働者だけでなく、あらゆる人なのである。あらゆる人が現実に機械や機械製品の消費者とか利用者とか潜在的犠牲者だからである。私がそれを製品と言うのは、今日の核心的問題が生産者でも生産方法でも生産量でもなくて、――ここに、かつての危険と現代の危険との第二の根本的な違いがある――生産物だからである。かつて批判されていたのは、製品そのものである製品ではなかったし、それがまず決定的な問題なのでもなかった、小企業や家内業を滅ぼすほどの機械的生産による圧倒的な勝利だけが争いのもとであった。これに対して、現在問題となっているのは生産される製品そのものなのである。それは、たとえば爆弾、あるいはひとしく製品となっている現代人なのである（現代人は、自分の確信や、少なくとも自分を全体的に変質させる刻印を、工業的に生産された世界や意見の複製の消費者として経験しているからである）。

つまりテーマは、古い生産様式を新しい生産様式に取り替え、そこに労働様式間での競争が起こることとはまったく関係がない。このテーマに関わりのある人々の群れは以前とは比較にならぬほど増加しており、テーマは中立化し、あらゆる社会階層を横断しているのである。大ブルジョアのテレビ問題と中流階級のテレビ問題が違うというのはこじつけじみており、中流階級の原爆問題とプロレタリアの原爆問題とを区別するのは、まったくばかげたことだろう。問題は、階級を横断しているとともに、国や地域をも横断しているのだ。「鉄のカーテン」はこの問題とは無関係である。炎が見えるか見えないかに関係なく、あちこちで、人間の変貌と絶滅の問題が、人間自身が作った製品によって燃え上がっているのだ。問題を帳消しにするのを別とすれば――問題を議論するかしないかは、この問題に関わりがない。どんなに信じられないものに聞こえようと、あるいは今日の政治的冷却状態から見て、どんなに古臭く思われようとも、この問題と比べれば、（自分は「自由だ」と称し、相手を「自由でない」と不当にも言い合っている）東西両世界の政治「哲学」の違いは二次的なものになっている。この違いには、技術が与える心理的効果がほとんど関係がないのは、技術そのものがその違いと無関係なのと同じである。以前言われていた「ひとつの世界（One World）」というテーゼを信じなくても、魂が至るところで条件づけられている事実によって、このテーゼが――不気味な形で確証されていることは、国境に関わりなく放射能に汚染されている大気圏の実態によって、それが確証されているのと少しも変わりがないのだ。

以下の三つの論文で論ずるのは、あらゆる地域や政治体制、あるいは政治理論や社会計画とかプログラムから独立した画期的な現代の現象である。ワシントンやモスクワが技術をどう扱うかが問題なのではない。われわれが技術を何とかなしうる以前に、技術がわれわれをどうしたか、現にどうしているか、また今後どうするかが問題なのである。ナポレオンが百五十年前に政治について主張し、マルクスが百年前に経済について主張したのとは別な意味で、技術は、今やわれわれの運命となっているのだ。運命を導いたり、運命を監視したりすることは不可能であっても、われわれは諦めるわけにいかない。

以上述べたところから、次に具体的なメディアの問題に移っていいだろう。それへ移る前に、二、三方法上の注意を述べておきたい。以下の論文が、単に文学的なエッセーでもなければ、普通のアカデミックなスタイルの哲学的分析でもなくて、古風な言い方をすれば「オカジオナリスム」つまり「機会原因の哲学」とも言えるものの一例であるために、二つ注意をしておかなければならないように思われる。現代の状況ないし現代世界の特徴を表している断片を対象とする、形而上学とジャーナリズムとのハイブリッドな混合という一見途方もない哲学を考えているのだが、この哲学が本来、断片そのものの不透明で不安な特徴を明らかにするものであるために、異様な叙述スタイルは、そういうものを対象とするからだけでなく、こういう意図そのものの持っている雑種的な性格にもよるのである。

読者にとって最初に目障りで不愉快に思えるかもしれないのは、絶え間なくパースペクティヴの変更が求められることであろう。ライプニッツ風にいえば、それは「事実の真理」と「理性の真理」との間の変更、つまりきわめて現実的な現象（つまり「機会原因」）から再三、意外なことに（「哲学的」な根本問題であるため）偶然的なテーマと直接には無関係だと思われる問題にかんする議論に引き込まれることであろう。たとえば（「恥ずかしいほど完璧な」装置を前にしたときの人間の気恥ずかしさのような）新種の羞恥を論ずる、最初の論文を読んでいるうちに、突然「人間の自己との非同一性」にかんする詳細な形而上学的説明に引き込まれるというのがそれである。

そのような説明はできるかぎり注で行なうことにしたが、そのために注がかなり多くなったばかりか、その大半が資料を付け加えるというより、背景になる思想の説明になっている。だが、この研究が哲学的であろうとする以上、そのやり方を貫くことも許されなかっただろう。哲学的問題を「コンマ以下に」くくり出すことは、アクセントを移動させて、真実を覆い隠してしまうことになるからである。

論文が専門科学の研究論文であれば、突然の脱線に、読者が気分をこわすのも無理がないのは言うまでもない。ところが哲学の場合には、「脱線」の意味が専門科学や日常生活の場合とは異なるのであって、厳格な哲学者にとっては、その正反対の意味にさえなるのである。

われわれが考えていることを明確にするために、ここで試みるような「機会原因の哲学」を徹底的に拒絶する厳格主義者の言葉を引いておこう。彼はこう論ずる。「現実に哲学しているのであれば、特殊問題や日常的問題などを考えることはできない。信者にとっては個々の信仰個条（creata）が問題にならないように、存在論の研究者には、特定の、存在的な事柄にすぎぬものは問題にならないのだ。哲学にとっては、変動する問題群など存在せず、時代や新聞は哲学には存在しないも同然なのだ。哲学的な研究論文というのは形容矛盾である。個別的テーマや日常的なテーマそれ自体が脱線なのだ。個別的なものや機会的なものに研究を限定することによって、君は〈普遍的なるもの〉を断念し、〈根拠〉を否定し、〈全体〉を見失っているのだ。——それが哲学の対象だと、君がどんなに言いたくても、哲学しているという君の主張をぶちこわしているのは君自身なのだ」。

（特定の事柄を対象にするというだけで、もう哲学に値しないのであれば、いったいどこから哲学を始めればいいだろうか、哲学の「いとなみ」の本質は一体どこにあるのか、といった厄介な問題になるのを防ごうとして）彼は急いでこう付け加える。——「君は〈ラジオやテレビ〉にかんする論文では〈複製の本質〉についての基本的考察を挟んでいる。君の言う脱線はどの点にあるのかね。この挿入がそれなのかね。それとも、〈芸術哲学一般〉いや哲学そのものをやらずに、まさしく個別的‐経験的なものであるテレビに手を出して、それを君のいわゆる哲学の対象としたことが、そうなのかね。——そうすることで君は、（その値打ちのなさは見逃すとしても）哲学的概念にはならない領域に踏み込んでいるのだから、君の脱線は〈常軌を逸した〉ものでさえある。この言葉を誤解してもらっては困るが、私はそれを哲学的な意味で言っているのだよ。つまり君が〈常軌を逸し〉て、余りにも誇張しているものは、多かれ少なかれ柔軟な束縛である概念の普遍性に根ざしているのであって、その普遍性は柔軟とはいえ無限に柔軟ではなく、その自由な性格は、結局、テレビのような偶然的な個々の現象と結びつけられるようなものではないのだ。つまり君の脱線は、テーマ設定そのもののうちにあったわけだ。——複製の本質にかんする君の所見は間違っている。そこで君は個別的なものの〈根拠〉をめざそうとしているが、〈根拠への脱線〉という言い方は不合理だ。それは哲学的なやり方ではなくて、逆に後悔の行為、理念を葬ったことへの後悔の行為であり、賠償行為なのだ」。——このように厳格主義者は言う。

しかも彼だけではない。彼以外にも二千五百年にわたる警告者たちがいる。というのは、偶然的な世界である「感覚的世界」から決定的に離れ、ひたすら「本来的なもの」とか「叡知的世界」へ没頭すること以外に、いったいどこに哲学の情熱、さまざまな哲学者たちの情熱はあっただろうか。現実には、このように世界を二つに分けて、暗黙のうちに正しいと認められている二元論こそ西洋形而上学そのものであり、それが、あらゆる哲学者に共通の形而上学なのであって、経験論者にとっての形而上学的な前提でさえあるのだ。経験論者がこの前提を共有していなければ、経験論を原理や基礎として確立しようとはしなかったはずだからである。こういう意見を聞き流すことは、現実には不可能であって、私が現代の偶然的で具体的な現象の叙述から突然離れて、たびたびきわめて原理的な説明に移るという事実に、私もこの警告を簡単に無視できないでいることが示されている。しかし私は、そういう警告に簡単に従うわけにはいかない。

しかもそれは、そんな警告に従えた者、そんな警告に従った者は誰もいないからだ。

というのも、妥協を許さない理想というものは、独特の仕方で非現実的なものだからである。これは、あの警告に従うならば、哲学のいとなみがすべて萌芽のうちに摘み取られてしまうということである。哲学者が「普遍的なもののうちに生きる」ということがいかに真実であろうとも、哲学するということは神秘主義とは異なり、「普遍的なもの」とか理念とか「全体」とか「根拠」を凝視することに尽きはしないのであって、哲学する者はむしろ、しかも常に、何ものかに、何か特殊なもの、根拠とは異なるもの、まさにそのために自分が根本を究めることとなる何ものかをめざして突き進まなければならない。——要するに、現実に哲学するいとなみには、厳密に定式化された哲学の本質を、哲学する者が無視し、それを無視することこそ哲学する者の実存の条件である、ということがつきものなのだ。この意味は、哲学する者は哲学者としてのみ生きているのではなく、「一般者」の地平にのみ閉じこもり「全体」の美しさに魅せられて、「根拠」に吸い寄せられ、ひたすら畏縮しているわけではなくて、それ以外にも、というよりむしろ何よりもまず、隣近所の人々の平凡な隣人として生活しており、生まれ落ちてから欲望をいだき、いずれは死ぬ人間として、身近な事柄につきまとわれ、誘惑されたり掻き乱されたりしながら生きているのである。哲学するいとなみに彼を引き込み、駆り立てるのは、まさしく身近な事柄にほかならない。というのは、身近な事柄の事実性につきまとう任意性は、その現実の在り方が絶対に予測がつかず推論も不可能であるため、「一般者」「全体」「根拠」に優るとも劣らない深い謎を投げかけるからである。その謎のほうが一段と深い謎であって、「全体」とか「根拠」は、あらゆる問いが消え去ってしまう次元の答えだと考えられるからである。モルーシアの賢者との対話でも、「ものの根拠を究めるのは根本的に無意味である。根拠というものはものの根拠なのだろうが、ものはここにあるこのものとか、根拠から引き裂かれた個々のものとかではないからである。個々のものが根拠のうちにあるのでなく、そのもの自身である根拠というものがなければならない。存在しているものと同じ数だけ根拠はあるかもしれない」とその賢者は言っていた。

モルーシアの賢者の絶望的な考察が正しいものであれば、それによって、哲学の破産が確証されたことになろう（こう言っても、無論、彼の思想の真理を否定するのではない）。ここで彼の論拠を追求することはしないが、彼の言葉を引用したのは、特殊で個別的で偶然的であるものこそ、哲学する者を最も深く悩ませるものであることを、極端な実例で示すためにほかならない。
単に偶然的、経験的であるというだけの理由で個別的なものをあっさり哲学の対象から除く者は、哲学のいとなみを怠っているのであって、そういう者は、ドアは「二義的なもの」だと死に際に書き残して、戸口で凍死体で発見された愚か者に似ている。ドアは「半ば内部で半ば外部である、家にあいた孔」だから、家に入る前に家のドアを外からふさいでしまったのだ。

だが、喩えを使って話すのはもう止めておこう。（オウムとだけ唱えて哲学を神秘主義にしてしまうのでないかぎり）実際には、哲学者は何が自分の家に属するものか属さないものか、すなわち特殊経験のどういう限界で踏みとどまることが哲学の正当な権限で、どこから先は哲学の権限を超えるのかが分からない。自分は分かっていると思っていても、その限界づけが正当であることを示すことはできないのだ。哲学がこういう問題を真剣に提示したことがあるかどうか少しも定かではない。とにかく、限界ぎりぎりの「哲学界向き」であるような特殊なものにかんする歴史といったものを見た覚えはない。仮にそういう研究があれば、その成果は哲学者にとってきわめて屈辱的なものになるだろう。というのは、選択基準は慣習的なものにすぎず、常に非哲学的、反哲学的なものだったからである。ヘーゲルが世界史を叙述するにあたって、ある出来事は「哲学界向き」として体系に組み入れ、ある出来事は卑俗な経験的なものとして体系に取り入れなかった理由を説明できるとはとても考えられない。——今日では事情は変わっており、そういう限界は以前より曖昧になっていると堂々と主張できる者は誰もいない。たとえば大っぴらに承認されている哲学的人間学において、（結局は経験的な特殊にすぎぬ）「人間」について哲学的に考えるのは正しくて、「蚊についての哲学」や「子供についての哲学」を書くと、たちどころに不真面目だと思われる理由は、哲学的には説明のしようがないのだ。私には無論、哲学の専門家が、どこまで特殊に踏み込んでいいか、何が哲学に「適合」しているかをたいてい正確に知っているつもりでいるのを否定するつもりはない。しかし、自信に満ちた彼らの態度も、多くは慣例に従っているだけであって、哲学的な確信に基づいているわけではない。その点で自信ありげに振舞う人は、それだけ哲学者なのだなどと思わないようにしたほうがいい。そういう人たちは、多くの場合、その自信ある態度のせいで大変な犠牲を払わなければならなかったのだ。失敗を恐れるあまり、特殊で偶然的なものに真に新しい一歩を踏み出しもせず、哲学の偉大なアマチュアであるキルケゴールやニーチェ、フォイエルバッハ、ダーウィン、マルクス、フロイトに、あるいは偉大な専門科学者や偉大な小説家に、その一歩を任せてしまったヘーゲル以後の時代の光景は、かならずしも尊敬できるものではない。彼らは、多くの場合、自分の哲学的ないとなみを「哲学」だと言わず、禁止に耳もかさず制札を引き抜いて、限界を拡大したのである。哲学の専門家でない人々が、現代では限界が広がって正当視されている範囲で、今になって設備充実に励んだり、「柔軟な体系」を公然と語り、体系が不可能である根拠を体系的に基礎づけたりしても、その回復作業のドラマが往時の怠慢のドラマの埋め合わせになるわけではない。——

偏見のない偉大な人々を模範として真理を愛する者は、自分のやっていることが「哲学」と呼べるかどうかとか、どの程度まで「哲学」であるかといった問題が片づかなくても、特殊なものへ向かって突き進むものであることが、読者にはお分かりだろう。トマトが「果物」なのか「野菜」なのかは、それが栄養になれば、どうでもいいことなのだ。現実に哲学する者は、現実に自分が仕事をしているときに、特殊が許容される限界を超えているかどうか分からなくても、「根底的なものに基づく」バンドを引き伸ばしすぎて「常軌を逸して」いるかどうか、つまり逸脱しているかどうか全然自信がなくても、自分の仕事をやり続けるのだ。個々の見解が「哲学」と言えるかどうかを根本的に考察することは彼には意味がない。天文学ではなく天体に興味を持って、そのためにこそ、天文学者が天文学を研究するように、彼も、哲学に興味を持っているわけではない。哲学というものが「存在」するかどうかなどまったく問題ではないのである。猟場の所有関係がどうなっているかは、猟場が哲学の管轄下にあるかどうかで決まるわけではない。大事なことは、余論や逸脱の冒険から何を持ち帰るかということ、栄養になるかどうかということだけだ。

——

以上述べたところから、ここでの方法上の注意が分かってもらえるだろう。「バンド」を強く引き伸ばせば、当然それだけ「引き戻される」危険も大きくなる。バンドを何度も引き伸ばそうとすれば、それだけ強く引き戻されることになる。言い換えれば、現実現象の説明を読んでいる最中に読者は、突然引き戻されて哲学的な根本問題の闇の中へ連れ込まれ、そこで足を伸ばす間もなく、またもや現実の最前線に移されるというわけである。——

以上の注意に密接に結びついているもうひとつの注意がある。これは、聞き慣れないものについての注意であって、そのため最初の注意以上に異様に聞こえる注意である。これは「あまりにも特殊な」対象に関わる注意ではなく、叙述に関わる注意である。これから述べることは、少なくともいくつかは「誇張」という印象を与えるであろうが、それは、これからの叙述が「誇張」であるという単純な理由に基づいている。

もちろん私はそういう表現には普通の意味とは異なる、方法上の意味を込めている。これはどういうことか。

ぜひとも先鋭にしたり拡大したりしなければならず、変形させなければ認められず、見えてこないために、どうしても変形させなければならないような現象、肉眼では見えない現象が存在するからこそ、われわれは「誇張するか認識を断念するか」という選択を迫られるのだ。——顕微鏡や望遠鏡が身近な例である。顕微鏡や望遠鏡は誇張して示すことで真実を得ようとするのだ。

われわれが対象とするものについて、このような「誇張」がどの程度必要だろうか。われわれの研究対象は、なぜ肉眼に見えないのだろうか。どの程度になると対象が肉眼では見えなくなって、「誇張した」叙述が必要になるのだろうか。

間接的ではあるが、本書の副題がこの問いに答えている。

論文全体を包括するテーマを要約している副題は、「第二次産業革命時代の人間の魂」である。もっと正確に言えば、「第二次産業革命時代における人間の魂の変容」である。

第二次産業革命は、最近ようやく始まったというものではない。この革命は魂に対して変容の物質的前提を早くから与えていたし、日々新たな前提を提供しているのだが、これは、魂がそれを完全に変形させる前提と歩調を合わせているということなのだろうか。

断じてそうではない。

むしろ、われわれ現代人にとっては、現代的生産の変化におくれず、心理的に「アップツーデート」でいる能力、つまりわれわれ自身が製品に与えている変化のテンポにおくれず（「現代」と称される）未来へ向かって躍りだし、逃げ去ろうとしている装置を取り返す能力、そういう能力の欠如ほど特徴的なものはない。常に新しいものをもたらすプロメテウス的な無限の自由によって（この自由に供物を捧げるよう不断に強制されつつ)、時間的存在である自分自身を混乱させ、自ら計画し生産したものにおくれた者として、われわれは時代おくれを後ろめたく感じながらノロノロ歩みつづけるか、狂った恐竜のように、装置の間をうろつき回っているだけだ。——シュールリアリズム的な構図とは、まったくばらばらで互いに相いれず、滅ぼし合う要素でありながら、それにもかかわらず共同して互いに相手を麻痺させ合っているような依存関係だと定義するならば、「コンピュータ」とその前に立っている人間をいっしょに描く構図以上に、シュールリアリズムの「古典的」な表現はない。——

自分が造った製品の世界と人間との間の非-同調性が日々増加している事実、両者の距離が日毎に大きくなる事実、これを「プロメテウス的落差」と呼ぶことにしよう。

無論、この「落差」は知られていないわけではない。これは、たとえばマルクス主義の「上部構造」理論、特に「下部構造」と「上部構造」という二つの段階の間のテンポの違いを説明する際に、認められていたことである。だがそれは、認められたというにすぎなかった。というのは、マルクス主義が関心をよせた落差は、多くの落差の中のひとつにすぎず、それは広範で複雑な落差の一例であり、落差現象にはさまざまな現象を区別することができるからである。マルクス主義において論じられる生産関係と(「イデオロギー的な」)理論との差異のほかにも、たとえば製作と想像との落差、行為と感情との落差、知と良心との落差、そして何よりも生産された装置と(装置の「体」に合わせて造られていない)人間の身体との落差がある。こういう「落差」はすべて、この研究の中で、それぞれの役割を果たすわけだが、その構造はみな同じである。ひとつの能力が他の能力よりも「優越」しているか、一方が他方の後を「追いかける」という構造がそれである。事実関係をイデオロギー的な理論が追いかけるように、想像が製作におくれをとっている。水素爆弾を製造することはできるが、自分が製造したもののもたらす結果をまざまざと思い描く力はない。——同様に感情も行為におくれをとっており、何十万回も爆弾で破壊することはできても、死者を悼んだり後悔したりすることはできない。——そして、最後の黒幕か恥をかいた落伍者のように、民俗学の対象になりそうなぼろをまとって、先のものから完全におくれて、——あらゆるもののはるか後方をノロノロと歩いているのが人間の身体だ。

つまりわれわれはみな、時代も違えばテンポも違う個々のもので出来上がっているわけだ。これもひとつの比喩にすぎないが——十九世紀にすでに崩れかけていた「調和のとれた人格」という理想に最後の打撃を与えるには、これで十分だろう。

種々雑多な人間的「能力」の非‐同時性、とりわけ人間の生産物と人間自身とのずれ、つまり「プロメテウス的落差」こそ、われわれの研究主題のひとつである。これは、生産変動のテンポをその他のテンポの模範にする、ふつう当然とされている決定に賛同するという意味ではない。生産物が人間のテンポを画一化している事実に異を立てるつもりもない。また人間がこの要求におくれを取るまいとして熱に浮かされていることに対しても、異論があるわけではない。しかし、人間が現実にそれに成功しているかどうかが問題なのだ。装置の変化が余りにも急激で速すぎるために[2]、製品が、法外で不可能なことを要求し、その過大な要求によって、われわれが集団的に病理学的状態に追い込まれていることが十分考えられるからである。言い方を変えて生産者のパースペクティヴから言えば、生産物を製造しているわれわれが歩調を合わせられない世界、それを「把握する」にはわれわれの想像や情緒や責任能力、把握力の絶対に手の届かない世界を打ち立てようとしていることは、ありえないことではない。そういう世界を、われわれはもうすでに作り出してしまっているのかもしれないのだ。生産の形式上の無限性を除けば、人間は、多少とも適応能力が限られ、形態学的にも限定されている存在であって、他力か自力で思うままに自分の形態を作り変えうるような存在ではない。人間の弾性は、人間の思いのままにはならない。変身する役者である人間は、「自由に創作する」舞台装置家や歴史的世界の小道具方とは比べられぬほど不自由であって、すぐに固い壁に突きあたることは明らかである。歴史が多彩な変動のドラマを示しているにもかかわらず、「人間は変化したか」とか、変化しているかという問いが繰り返して問われるのは、単なる偶然とか哲学的ディレッタンティズムではない。今日では、人間による生産は完全に限界を超えたように見え、その特殊な限界突破によって、その他の能力の残された限界がそれだけ明らかになっている。こういう現代では人間の限界の批判、つまり人間理性だけでなく（想像力や感情や責任という）人間能力全体の批判が、まさに哲学にとって切実に必要なものとなっていると思われる。われわれの欠如性から出発するのでなく、もっぱら（奇妙なことに、飢餓以上に形而上学的で学界向きの）死から出発する有限性にかんする曖昧な思弁は、現代ではもはや十分ではない。種々の限界が現実のままに写し出されなければならないのだ。

ところで、以上の考察は、叙述の「誇張」についての説明とどういう関係があったのか。

われわれ自身の変容は、「プロメテウス的落差」のためにおくれをとっている。魂は、産物である世界の変貌した状態にはるかにおくれているのだ。もっともこれは、われわれ自身の変容の特徴の大半は、その外面的な特徴もまだ見えていないとか、大ざっぱな形がやっと見え始めたものもあるとか、明確な解明や時代に即した（つまり第二次産業革命に即した）詳細な究明はほとんどなされていないといったことを指しているのではない。結局（このおくれでも比較的「成功した」ケースなのだから）運命的な硬直や想像力や感情という有限な能力に阻まれるために、直接見ることはできないが、時代に同化しようとする努力の挫折であることがパニックその他の病理学的な行動で間接的に示される変容の努力がなされているのかもしれない。数年前、アメリカの新聞が、戦闘中は無邪気に他の人々とともに田園や都会を焼け野原にしてしまったが、戦後「自分がやったことを全部追跡しよう」と試みたひとりの爆撃飛行士の事件を報じたことがある。彼は「(自分の行為によって)そうであった自分になろう」としたのである。だが結局、彼は自己同一化に失敗し、「時代にマッチした魂」を作り上げられず、精神に異常をきたして修道院に入った。この現代の犠牲者は例外ではなく、彼だけがそうであるのでもない。一年間僧院にこもったのち、新聞で彼が公表した「まだ得られない(I still don't get it.)」という言葉は、その単純さにおいて、現代人類の代弁者として自分を取り戻そうとする彼の見込みのない努力の見事な証言である[3]。——

つまり現代の状況はこうだ。現代の魂は、まさにその「落差」によって、なお「製作中」で未完成であり、決定的な特徴を持たず決して完成されることもない。われわれがここでやるように、この魂のポートレートをとるには、現実にはまだ形をなしていない不明確な相貌を浮き彫りにし、少なくともスナップ写真では捉えられない深いレリーフをつけて、カリカチュアを現物として提示し、誇張する危険を犯さざるをえないのである。

こういう誇張を止めて、魂の変容が向かう目標を拡大したり(多くは中途半端に終わるか失敗する)変容の目標をすでに到達されたものとして叙述したりするのを止めてしまえば、特徴や目標を認識する可能性を失ってしまいかねない。時代の現実の傾向が、たとえば「人間工学」のような誇張された手段によって変容を推し進めようとしているだけに、誇張するのが正当なことである。つまりわれわれの「誇張した」叙述は、今日現実に進行しつつある「誇張」の一部にすぎず、過度に生産されているものについての誇張した叙述にすぎないのである。——

以上が、「落差」と「誇張」との関係である。これで、「誇張」によって何かセンセーショナルなものを意図しているかのように勘繰られる心配はなくなった以上、中心問題である「プロメテウス的羞恥」の誇張した最初の叙述に向かうことにしよう。

プロメテウス的羞恥

君たちの仲間であれば、
恥ずかしくないものを、
永劫回帰に
喜び従い、

定めの道をひた走り、
装置に合わせ調子をとって、
昨日の仕事を
明日もしように、

私が誰かを知る者もなく、
始めのときの暗闇で
私の親が誰なのか、
分かりはしない、

小さな私は胎内を
魚のように泳ぎ回り、
血まみれの土くれ然と
生まれ出た、

かまどで焼かれ、
型打ちされて、
心を殻に包み込み
君たちの仲間になれるわけがない（1）。

1　プロメテウス的羞恥との最初の出会い
——現代のプロメテウスが問うことは「私は何者だったのか」

私がカリフォルニアにいた頃の日記から始めよう。

一九四二年三月十一日

今朝新しい恥の手がかりをつかんだ気がする。今までなかった恥のモティーフだ。とりあえず「プロメテウス的羞恥」と呼ぶことにする。これは、「自分の作品の〈恥ずかしくなるほど〉高度な品質に対する羞恥」である。

当地で開かれる技術展示会の案内を受けて、Tと一緒に行った。Tがとても奇妙な振舞いをみせた。装置より彼ばかりを私が見ていたほどだった。非常に複雑な部分が動き始めた途端に、彼は目を伏せて黙り込んでしまった。さらに驚いたことには、正確でみごとな機能を発揮する高度の装置があるところに、重たい不格好な古臭い物を持ち込んだのを恥ずかしがっているように、彼はわが手を背中に隠したのだ。

「恥ずかしがっているように」は控え目すぎる。彼の行動は見るからに明らかだった。模範的で優秀で高級な存在の代表だと彼には思われる製品が、かつて先祖たちに対して権威者とか周知の「高級な」場面が与えたのとそっくりの効果を彼に与えたのだ。不正確で無様で人間的な身体をして、完全な装置の前に立つのが、彼には実に耐えられなかったのだ。彼は心から恥じ入っていた。——

この「プロメテウス的羞恥」を調べようとすると、恥の基本対象、恥じる者の「基本的欠陥」となっているのは、その由来だと考えられる。Tが恥じていたのも、造られたことでなく生まれたことだったのだ。つまり彼は、計算し尽くされ申し分のない製品と違って、生殖と生誕という計算不能な暗くて古臭い過程のおかげで自分が存在している事実が恥ずかしかったのである。彼の羞恥は「生まれた（natum esse）」こと、卑しい誕生にあり、それを（他ならぬ宗教設立者の年代記作者と同様に）「卑しい」と彼が評価するのもそれが誕生だからだ。彼が時代おくれの自分の由来を恥ずかしいと思えば、当然この由来の欠陥だらけだが免れようのない結果である自分自身が恥ずかしくなるのだ[2]。

案内されている間中、Tは黙り込んでいた。展示会を出てかなりたって、やっと話し出したものだ。そのことも、私の恥の仮説の正しさを保証してくれるように思えた。羞恥はまさに自己隠蔽のうちに表れるものであり、自己表現はすべて羞恥とは相いれないからだ。

三月十三日

Tの行動について

プロメテウス的反抗の本質は、自分も含めて何かのことで他者に恩義を受けるのを拒むところにある。プロメテウス的自負の本質は、自分を含めて一切を自分の力によるとするところにある。十九世紀の自立的人間の特徴であった、こういう態度の名残は今日でも生きているが、もはやわれわれの特徴ではなくなっている。明らかにそれとは異なる態度や感情が、その代わりに登場している。それも、プロメテウス主義に特有の運命から生じてきた態度なのだ。

というのは、プロメテウス主義が実に弁証法的な急変を経験したからである。いわば華々しすぎる勝利を収めたために、プロメテウスは、自分の作品に出会うと、前世紀には当然だった自尊心を失い、その代わりに劣等感と憂鬱感が現れてきたのである。「私は何者だったのか」と現代のプロメテウスは問い、機械展示場のこびとは「私が何者だというのだ」と問う。

こういう背景の変化を見れば、自立的人間である現代人が製品になろうとする熱望が目につくはずだ。それも、自分みずから作るのだから、自分で作られなかった部分が我慢できないからではなくて、自分が作られなかったものではなくなりたいからだ。（神や神々や自然といった）他者によって造られたことが彼の自尊心を傷つけるからではなくて、造られたのでなく造られなかったものである自分が、自分の製品に劣るからだ。――

三月十四日

ここにあるのは、「作者と作品との取り違え」という古典的妄想のヴァリアントである。――この言葉は『告白』に由来するが、この言葉でアウグスティヌスが言っているのは、すぐれて宗教的な虚偽であって、創造者にふさわしい崇拝を（世界やその部分である）被造物に対していだくとか、被造物に似せて神を偶像視することである。――両者の混同が対応しているのは明白である。「プロメテウス的羞恥」においても、人間は作者より作品を優越させるのだ。この場合にも、人間は作品のほうを高いランクにつけている。――無論、このアナロジーはここまでだ。人間が果たす役割が「プロメテウス的羞恥」では、まったく違うからだ。アウグスティヌスにとっては、人間は被造物の一部であったが、今の場合は、人間はホモ・ファーベルという性質でしか現れない、つまり製品を製作する存在としてしか現れないからである。したがって、ここでの「創造者（creator）と被造物（creatum）との取り違え」は、人間が事物に対して表す敬意が、もともと自分自身だけに対する敬意であることを意味している。つまり、自分自身に敬意を払わないから、この妄想に現れているのは傲慢ではなくて、自己への卑下なのだ。これはTの行動が示している通りである。

モルーシアの伝説には、モルーシアの造物主であるバンバがモルーシアの山々を造ったあとで、見えない場所に引きこもって、「山の頂きに対して自分が仲間でないことを恥じ、それ以来隠れたままである」と伝えられている。Tはこのモルーシアの神と同じだ。

三月十五日

Tも「現実に」存在したいのだが、正当な製品としてでなく「自然の子」として、生産物でなく生産者として、正確に機能し改造も再生も可能な「対等の」装置でなく人間として、現に存在していることこそ彼を恥じ入らせ、彼を当惑させるものなのだ。それは（彼がこの言葉を使わず、自分の絶望を口にしないとしても）彼にとってはひとつの原罪でさえあるのだ。要するに、モルーシアの労働歌にある言葉で言えば、

毎日毎日自動機械は
ましな装置を作り出す。
俺たちの出来は悪く、
時代おくれのままなのさ。
あんまり早く闇の底から

形造られ降ろされて、
いまや時代に取り残されて、
この世に合いもせぬ。

正確無比の事物のなかで
頭を高く上げるのは似合わない。
自信や誇りは
物や装置のものなのさ。[3]

2　三つの異論——プロメテウス的羞恥は、非合理、不可視、陳腐である

私がこういう日記を読み上げると、これまで知られていなかった新種の恥があるとか、少なくとも新種の恥が生まれつつあるという主張には、次のような三つの疑わしい点があると言われた。

1　「器具を製作したのはわれわれ自身なのだから、器具に対する自然で正しい態度は誇りであって、ホモ・ファーベルが自分の作品に対して、つまり作者が作品に対して、赤面するという仮定は不合理である」。

反論——この異論はレトリカルなものにすぎない。そこに使われている「われわれ」や「われわれの」という連帯を示す言葉は口先だけにすぎない。「われわれ」が誇りにしているというのは誤りである。「われわれ」とは誰のことだろうか。

「われわれ」と言う資格があるのは、実際に秘密を握っているごく少数の研究者や発明家、エキスパートだけである。現代人の九九パーセントにあたるわれわれが（たとえばサイバネティックスの）装置を「作った」わけではなく、われわれが出会うものは、「われわれの」業績ではなく、見ず知らずのものである。自分が作ったものが見ず知らずのものであるはずがない。製造に参加したとしても、われわれは創造者である誇りを感じないのだ。装置や製品の世界を現実に生産している労働者も「自分たちの」成果を誇りにしているわけではない。それも、生産過程が細分化されて、（個々の製品、装置や製品の世界全体を）誇りにするような機会がないからではなくて、製品のうちに（個々の労働者である）彼らの性質や事業が投入されていることを示している製品など存在しないからだ。ひとが誇れるのは、そういうことを確認できるものに限られる。装置の世界は、「彼らのもの」でもなければ、彼らの財産でも誇れるものでもない――まして生産過程に加わっていない者にとって、そういうものであるはずがない。

技術知識が増え普及して、製品は木に生えてくるものではないことが一般に知られているのはもちろんだが、大多数の現代人にとって、製品は、製品やプロメテウス的誇りの証拠として存在しているのではない。製品は、単純に「そこに」あり、しかも、必要で欲しい商品とか余分な商品、買えたり買えなかったりする商品、自分が買ってようやく「わがもの」になる商品として存在している。それは自分の力でなく無力を示す証拠でさえある。高度産業国家においては、陳列されているだけで手に入れられない製品があり余るほど出回っているからだ。商店街はひとが持たないものの常設展示場となっている。――

コンピュータが動いているのを初めて見た人にとって、コンピュータは誇りや自慢とは縁もゆかりもないものだ。「これを作ったのは俺たちなんだ！」と叫ぶ見物人など、でっちあげられた道化にすぎない。見物人は頭をふって「何が、こんな機械を作れたのだろう！」とつぶやく。見物人は、生まれつきの皮膚の中で居心地悪く感ずるのだ。気味悪くもあり、恥ずかしくもあるからだ。——

第二の異論——「そんなプロメテウス的羞恥など、一度も見たことがない」。

反論——それはそうだろう。直接現場を（in flagranti）押さえられることは滅多にない。（作品に対して羞恥を感ずる人がそれをひた隠しにしなければ）、たいていその振舞い方から間接的に察しはつく。それは、「恥」の本質と関わりのある次のような理由に基づいている。

I（たとえばセックスにかんする恥のような）よく知られている恥は、人と人との間で強くなり、そういう関係において（コミュニケーションの障害として）現れる。——「プロメテウス的羞恥」で問題なのは、人と物との関係で現れる羞恥だということである。恥ずかしくなる相手はパートナーだと感じられるから、たいてい相手を自分を観察する者としても感ずるのだ。——

II 恥は一般に「現れる」ものではない。恥が「現れる」(4)とすれば、それは現れるのでなく「隠れる」からである。恥じる人は、自分の欠点と自己自身を隠そうとする。——恥じる人は（「とことんまで」恥じる、つまり完全に消え去りたいという）自分の願いを完全に実現することはできない。恥の挫折から「弁証法的」とも言える二つの独特の結果が生ずる。それが「恥の不可視性」を理解させてくれる。

第一の結果。恥じる人は恥ずかしがり続け、その羞恥が目につけば欠点をさらけ出すことになるから、最初の恥に、さらに恥への羞恥という第二の恥がつけ加わる。つまり恥は自動的に累積し（「反復し」）いわば自分の炎で燃え上がり、長く続けば続くほど激しくなる。

第二の結果。だんだん耐え難くなる恥の累積にピリオドを打つため、恥じる人はひとつのトリックを使う。すなわち自分の欠点と自己自身を隠蔽するかわりに、こんどは自分の羞恥、自分の隠蔽行為そのものを隠そうとする。彼は突然、たとえば「平然たる態度」や厚顔な態度といった、羞恥とは正反対の態度をとる。恥じていることを隠すために、いわば丸裸になって、恥ずかしく感じている相手だけでなく自分自身をもだまそうとする。――この現象が認められるのは、個人的な（エロティックな）場面でだけではない。今日のアメリカの性生活では、ピューリタン的な羞恥と見られるものに対する羞恥ほど強い動機は存在しない。その結果がビキニだ。――言い換えれば、隠蔽の快感を隠すために、恥じる人はノーマルな目につく世界へ立ち返ろうと決心するのである。彼の計算によれば、「隠さないで目につくようにしておれば、恥（も欠点）も気づかれずにすむ」というわけだ。つまり彼は、たとえばズタズタの服を着ていながら、破れていないように堂々たる態度でふるまう。――羞恥が目につかないのも、それが「目立つことで隠され」ているからだ。――

第三の異論――Tが恥ずかしがっていたことはそうかもしれない。だが、その「プロメテウス的羞恥」は驚くほど新しい現象ではなく、むしろ以前からよく知られている現象の印、つまり、いやというほど論じられてきた「人間の物化」の兆候にすぎないのだ。

反論――そうではない。それはそういうもの以上の何ものかの印なのだ。Tが恥辱とみなしたのは、彼が物化されているということでなくて、その反対に――だからこそ、最初私も考えた「物化された羞恥」という表現が問題にならないのだが――自分が物ではないことである。物ではないことに対する羞恥の態度とともに、人間の物化の歴史における第二の段階が始まったのである。つまり人間が、物の優位を承認し、自分を物に合わせ、自分の物化を肯定し、物化されていないことを欠陥として非難する段階が始まった。あるいは（この段階を自分はすでに超えていると思えば）、物化された人間にとって、この（肯定ないし非難という）新しい態度が第二の天性となり、判断でなく直接に感情としてその態度が生ずる第三段階が始まったのである。これは確かに新しいことである。——明らかにTはこの段階に達していた。彼は製品の優越性や優位におびえて製品の陣営へ逃亡していたのである。[5] 彼の観点が製品のそれであるだけではない。彼の基準が製品のそれに合わされているだけではない。彼の感情がそうなっているのだ。軽蔑できれば、物が彼を軽蔑するように、彼は自分を軽蔑している。彼が恥じても、彼には当然である軽蔑を恥じているように感じられる。——自分の作品に対するこのような卑下は、偶像崇拝がなくなった後には、二度と現れたことがなかったものだ。——

3　自己物化の実例。メイクアップ

反論との対決の中で使った「自己物化の肯定」と「装置陣営への逃亡」という二つの言葉には説明が要る。——

a　物化の肯定の実例——自己物化としての「メイクアップ」。

メイクしないで人中に出ることはギャルたちには考えられない。このことは、たとえば彼女たちが母親や祖母のように手入れや化粧をしないで人前に出ることを恥ずかしがるという意味ではなくて、彼女たちがキュートに感ずるのはいつか、すなわちどういう状態のときか、いつ彼女たちが「手入れができている」と感ずるか、いつ彼女たちが恥ずかしがらなくてもいいと思うかが、決定的なことであるという意味である。それは彼女たちが（身体や容貌が許すかぎり）物や工芸品、既製品に変貌するときだというのがその答えである。「マニキュアしない」で人前に出ることは「できない」のだ。彼女たちの爪がサロンや

オフィス、さらにはキッチンにふさわしいのは、指で触る器具と爪が「同等」になり、爪が器具と同じような磨き上げられた死物の「フィニッシュ」になり、自分の生物としての素姓を否定でき、つまり自分たちも拵えられた物であるような印象を与えるときである。——これと同じような基準がヘアにも手脚や容貌にも、(自然は思うままにはならぬものだが)身体全体にもあてはまる。今日では「はだか」というのは「服を脱いだ身体」のことではなくて、物の要素を含まず物化を示すものを含まない、加工されていない身体のことだからである。この新しい意味での「はだか」の身体は、たとえ服を着ていても、従来の意味での「はだか」の身体が十分に物化されているときよりはるかに恥ずかしいのだ。ファッショナブルでなくても、あらゆる海水浴場を見ればいい。——有名なニーチェの言葉を言い換えれば、身体は「克服されるべき」何ものかである。むしろ身体は、すでに「克服されている」のだ(6)。

4 装置陣営への人間の「逃亡」の実例——人間最初の受難・身体は「頑固」である——身体の「頑固さ」が人に仕事をさぼらせる

b 次は「人間は装置世界へ逃亡する」という言葉に向かおう。

このメタファーはどういう意味か。

あるアメリカ空軍の教官は生徒たちにこう教えていた。「課されている任務を基準にすれば、人間は自然が生み出したままの出来損ないだ(7)」。

真面目か冗談かはともかく、これ以上の「逃亡」の証言は考えられない。人間を「出来損ない」とは、無論、装置の見地からしか言えないからである。装置のカテゴリーを普遍的なもの、十分なものだと認めた場合しか、こういう解釈は出てこないし、製造されていないものが出来損ないだと思えるわけがない。

力やテンポや正確さでは人間が装置に劣り、思考活動が「コンピュータ」と比べれば出来が悪いことは疑う余地がない。つまり（装置から借りた）観点に立てば、あの教官は正しいわけだ。しかも、こういう勝負にならぬことを考えているのではなくて――そんなことに取り組めば、彼は多分恥ずかしくなっただろう――もっとはるかに現代的なことを考えているだけに、彼はいっそう正しいのである。彼が言っているのが、装置と並ぶ装置としての人間ではなく、装置のための装置としての人間、つまり既製の機械装置とか確定した技術計画の内部にある装置の一部としての人間のことだからである。こういうものとしての人間を「出来損ない」だと彼は言っているのだ。――これは、「不適合」とか「不向き」とか寸法通りに加工されていないと同じ意味である。「寸法通りに加工されていない」とは、人間が無定形で枠にはめられておらず、ただの原料だという意味だろうが、人間はそんなものでさえないのだ。人間はすでに成型され枠にはめ込まれており、誤差があっても定形を持っているからである。つまり、人間は寸法通りに加工されていないどころか、加工できるのは原料だけだから、枠づけられている人間は、材料に格下げされて、「古鉄」なみに処理され、つまり熔かされないかぎり、寸法通りに加工することもできないのだ。だが、こういう言い方は、いささか先回りしすぎている。――

装置という観点からすれば、寸法通りにはいかないということは、当然「思い上がり」とか許しがたい反抗、あるいは反逆と見えるにちがいない。装置の基準を自分の基準にしている人の目には、恥さらしな拒絶だ[8]。つまり例の教官の言葉の背後には、しゃれた言葉のつもりだとしても、秘められた装置の怒りや人間の羞恥がある。（あの教官ならこう言ったとしてもおかしくないが）「なんといっても装置やプロジェクトがおかしいとは到底考えられない。こともあろうに、われわれが、危なっかしい機体の操縦部品なのだから」。——

彼をなだめるには次のような言い方しかない。「装置の力やテンポや正確さがどんなに優れていても、——装置は物であり、硬直した決定済みのものでしかないが、われわれ人間は——これがわれわれの尊厳をなしているのだが——生きており、動き回り、適応でき、柔軟であり、自由なのだ」。——しかし、これこそ、あの空軍教官が賛成できない点なのだ。彼はこう叫ぶだろう。「その反対だ！　人間を出来損ないと言うのは、われわれが物と比べて硬直していて自由でないからだ！」

彼は何を言っているのだろうか。どうしてそういうことになるのだろうか。

死んでいる物と生きている人間との違いは、壮大な決まり文句になっているが、そういう違いはしばらく忘れておくことにしよう。

製品の世界を決定しているのは、確定した個々の物の総計ではなくて、新しい生産が日々新しい物を作り出していくひとつの過程である。つまり製品世界は「確定され」ておらず、むしろ不定であり、開かれて柔軟であり、日々作り変えられ、毎日の新しい状況に対応することができ、日々新しい課題に飛躍し、日々試行錯誤的に作り直され、別物となっていくのである。

われわれは？　われわれの身体はどうだろうか？

何ひとつとして毎日変わるものはない。今日の身体は昨日と同じ身体であり、今日でも両親と同じ身体であり、祖先と同じ身体である。ロケット製作者の身体も穴居人の身体とほとんど区別することができない。人間の身体は形態学的には一定である。道徳的に言えば、不自由で不従順で強情である。装置の観点から見れば、保守的で進歩がなく、時代おくれで補修がきかず、装置の上昇の妨げとなる荷重なのだ。要するに、自由の主体と不自由の主体とが入れ替わったのである。自由なのは物であり、不自由なのが人間なのである。(9)

　人間を「出来損ない（faulty construction）」と呼んだとき、あの教官が考えていたのは上のようなことにほかならない。彼の言葉は気の利いた冗談ではなかった。技術の将来の課題が彼には気掛かりなのだと考えれば――これをわれわれが疑うべき理由はない――、彼の言葉は真剣な憂慮を表しているからである。すなわち、われわれの身体が、身体と製品との間の深淵が深まるか現状のままであれば、われわれの（新しい装置から期限通りに生まれる）新しいプロジェクトのすべてを脅かし、次々に挫折させることになりはしないかという憂慮を、彼の言葉は表しているからである。

　すなわちあの教官はこう論ずるかもしれない。「それ自体としては、つまり装置だけが問題であれば、われわれは高空を飛ぶこともできるだろう、――しかし〈それ自体としては〉とは言えないのであって、高空は飛べないのだ。なぜなら、われわれはそれに耐えられず、身体がそれを拒絶するからだ。〈それ自体としては〉どこかの惑星に行くこともできるだろうが、――われわれが邪魔になり、われわれがその試練に耐えかねるのだ」。彼はギリシア神話を多少は聞いているはずだから、次のように結論するかもしれない。「今日ではイカロスが墜落するのは、翼のワックスが役に立たないからではない。イカロス自身が役に立たないのだ。彼が自分自身を余計な荷物として放り出せば、彼の翼は天に達するかもしれない」。

　したがって「人間は自分の仕事をサボっている」というのは、現代人の最悪の定義ではないだろう――あの教官ならきっとこれに賛成してくれるだろう。「サボっている」と言うのは、現代人が自分の装置に対してふざけ半分に危害を加えるからではない（というのも、破壊兵器がいくらあってもそういうことだけは現代人には思いもよらないからであり、どんなものに対しても現代人ほど私欲のない人間はいなかったからだが)、そうではなくて、現代人が「生きているもの」であり、硬直し「不自由」だからである。それに反して「死んだ物」はダイナミックで「自由」である。なぜならば、現代人は自然の産物、生まれ出たもの、身体として一義的に決定されており、あらゆる自己決定を無視して日々変化する装置世界の変動を共にすることができないからである。このため現代人は憂慮し、恥ずかしく感じ、やましい気持ちで、才能ある子供たちの将来を眺めやるのである。彼が子供たちの将来を駄目にしはすまいかと恐れるのは、子供たちを独りで世に出すこともできないが、子供たちに連れそうこともできないからである。よくあることだが、(遠大な望みに参加できずに、家に残って、低レベルの生活を守らなければならない)無気力な父親は、独立した子供たちに自分の代わりに召使をつけてやる。つまり、装置の形にした(たとえばロケットや人工衛星にとりつける自動記録装置のような)護衛部隊や監督官をつけてやる。あるいは別のイメージ(10)で言えば、「発信人へ返送」というメモのついた疑問符だらけの質問状といったブーメランみたいな郵便物を持たせるのだ。世界中どこからでも返事が戻ってきて、旅行に同行できたら、彼が自分で確認したかったことをすべて知らせてくれるというわけである。

生産者である人間の悲惨が大きくなり、人間が自分の作品に追いつけなくなればなるほど、ますます絶え間なく、根気よく熱心に、パニックになりながら人間は、装置の召使、その召使の召使、そのまた召使とどんどん増やしていくことになる。それとともに、人間の悲惨ももちろん増大する。装置のビューロクラシーが増え複雑になればなるほど、それに追い付こうとする人間の努力は役立たなくなるからである。したがって人間の悲惨は装置を増大させ、装置の増大は人間の悲惨を増大させると言っていいだろう。——ヒュドラーの牧歌が恐怖物語として通用していたのは良い時代だったのだ!

5　現代人は装置との物理的同化である「人間工学」によって困難を逃れようとする——需要と供給との極度の倒錯

下位に甘んじ時代おくれのままで身体の頑固さを承認することは、現代人には無論問題にならない。だから現代人は、何ごとかを企てずにはおれない。現代人の夢は、わが神々である装置と同化すること、正確に言えば、装置と完全に等質になること、等しくなって生きること（Ὁμολογουμένως ζῆν）である。モルーシアの賛歌に次のように歌われている通りである。

重荷をうまく
脱いでしまえば、ピストンに
しっくり合ったもうひとつの
ピストンのように、

義歯と義歯がしっかりと
合ってさえいれば、
たとえ欠陥だらけでも
恥ずかしくない——

恵みを受けてこうなれば、
われわれを、
「ひどい犠牲だ」というような
そんなことを犠牲は言わぬ。(11)

しかし前に述べたように、このモルーシアの「道具との等質性」というイメージは単なる夢にすぎない。装置と現実に合体することは、装置と競争することが考えられないのと同様に、考えることができない。生まれ出た者よりも装置のほうが、存在論的には、決定的に優れているからである。これは、人間が生物として手を汚さずに一切を放置しておけるとか、人間がそうしようと思うという意味ではない。人間が神でなくて被造物であるという事実を盾にとって、道徳的無関心を容認する宗教が存在したことがないように、今日の産業宗教やその信者は、人間が製品でなくて、――これまた――被造物でしかないという事実を、欠陥だらけの製品に甘んじている口実として認めはしない。物神崇拝の証を立てようとする試み、つまり「装置のまねび(imitatio instrumentorum)」の試み、自己改造の試みをとにかく始めなければならないのだ。少なくとも自分を「改善」して、自分が生まれたという「原罪」に基づいて、好むと好まざるとにかかわらず「サボタージュ」を最小限に食い止めようと試みなければならない。――

そこで人間はこのような試みを、「人間工学(Human Engineering)」つまり「人間にかんする工学的研究」と呼ばれる自己改造の形で行なっている。この改造実験のいくつかを後で詳しく述べるが、(12)そういう実験の手始めは常に、自然の身体が辛うじて耐えうるような異常で不自然な「肉体的限界状況」に身体をさらして、その反応を調べることである。しかし、その反応を調べるのは、無論人間の自然(Physis)がどういう状態であるかを知るためではない。身体として「もともと」どういう限界が身体にあるかを経験するためではない。その限界を地図をなぞるように確認するためではないのだ（不自然な条件にさらされた身体は自然的限界についてほとんど何も情報を与えることができないだろうし、対象は実験や観察という事実によってすでに変化させられるという、現代物理学に妥当することがここでも妥当する）。そういうことではなくて逆に、身体がどこかで乗ずるすきを見せないか、身体の「弱点」を現場で押さえられないかどうかを見るためである。その「弱点」とは、身体が無定形で、不定でゆらぎを示し、曖昧であるところを指している。つまり、（無定形なのだから）まだ改造でき、（改造可能だから）装置の要求に適合させられるところを指しているのである。

つまり「人間工学者」が知ろうとしているのは、人間本来の自然ではなくて、どこまでそれが「ぎりぎりのところで」存在しうるか（すなわち強度実験でへたばらないか）ということである。どれだけ成長したかではなくて、どういう無理な外的要求なら「耐えられる」かである。人間本来の自然にあって確定しているものではなく、どういう弱点が未確定で、まだ変えられうるかということである。人工的に作り出された肉体的限界状況に人間工学者が関心をいだくのは、もっぱらそれを超えるためである。「ぎりぎり耐えうるもの」を見いだし、自己調教師によってある程度耐えうるものにし、新しい習慣にしてしまえたら、もう少し限界を引き上げて、新しい「ぎりぎりの線」に身体を慣らそうとするのだ。

人間工学者は、開拓者のように境界線を拡げ続け、自分自身からますます遠ざかっていく。彼は自分を「超越」し続け[13]——超自然的領域へ飛躍しないまでも、生来の自然の限界を超えてしまうのだから、もはや自然ではないハイブリッドで人工的なものに変身してしまうのである。要するに実験の目的は、（魔術や医術にとっては別だとしても）常に「宿命（fatum）」とされてきた自然（Physis）を改造し、それが宿命的なものではないのを示すことなのである。——これはまた同時に、（「宿命」という言葉に示されている）自然のものから「宿命的に不快なもの」や屈辱的なものをすべて取り除くことを意味する。ピューリタンの子孫が今日、マゾ的な身体改造に注いでいる献身には、現代ではそれ以外の形では現れない、彼らには分からなくなったピューリタン的なエネルギーの名残がひそんでいるのかもしれない。

「身体の理論」に代わってひとつの「実践」が、（「精神工学」にちなんで言ってよければ）「身体工学（Physiotechnik）」が登場したのだ。それはわれわれが知っている医学のような「身体工学」ではなくて、自然の身体の「現体制」を転覆させ排除して、身体の「現体制」から根本的に新しい体制を作り出そうとする革命的なものである。有名な手本にならってこう言えるかもしれない。「身体を解釈するだけでは十分ではない。われわれは身体を変革しなければならない」。しかも日々新たに、装置ごとに別の形に変革しなければならないのだ。——

ひとつの装置に、冷凍状況に耐える被験者が必要であれば、身体は特設された冷凍装置にさらされて、冷凍に耐えるように訓練され、その状況に耐えうるものに改造される。

別な装置が異常な低圧状態に耐えることを必要とすれば、低圧室が作られ、無理やり低圧に耐えるように改造される。

強度の遠心力状態が必要ならば、遠心力モデルを作って、人間は最も内部にあるものまで、遠心分離にかけられて、異常状態でも生存可能なものに改造される。

第一に、辛うじて耐えうる限界点を見つけ出し、第二に、その限界点で訓練し、第三に、訓練が成功すれば「自然の裏をかいて」さらに押し進める。人間の創造精神には果てがない。生命に合った（すなわち装置に合った）訓練・拷問モデルを作って、人間が模倣できないどころか、模範を作れないような破局状態は現実には存在しない。そういうモデルを作るに当たっては、精密な上にも精密にし、経費も使い放題である。というのは、それに勝負を賭けて、いずれは装置‐卒業試験に合格し、感嘆おくあたわざる装置を前にして羞恥を感じずにすむようになれると思っているからである。

身体がどうなるべきかは、装置ごとに、装置が要求するものによってそのつど決められている。「需要と供給」の関係が独特の形で倒錯しているのだ。その倒錯は、今日のあらゆるふつうの倒錯を凌ぐほどの倒錯である。

「ふつうの倒錯」と言う場合、私は二通りのものを考えている。(1)需要が供給に先行するのでなく、供給のほうが需要に先行する時間的順序の逆転。(2)（最初の製品が売れるために不可欠な）「二次製品」が提供され、需要が作り出されるという事実[14]。しかし今日のふつうの倒錯においても、ひとつのことは少なくとも見かけ上、無傷である。すなわち、需要と供給という役割配分がそれである。たとえ消費者の欲望が与えられ、押しつけられているにしても、「欲望の主体」は依然として人間なのである。

この外見は、新しい倒錯が現れるとぶちこわされる。装置が大っぴらに厚かましくも需要の主体であるという要求をかかげて登場するのだ。つまり装置が必要とするものが提供されることを求め、人間は（現状では装置が受け入れてくれるものを供給していないから）もっと高度のものを提供しようと努力する、つまり装置が機能しうるように人間が機能するために、装置に必要なものを提供しようと努力する。この「しうる」というのは、非現実な言い方ではない。それは技術的に「実現すべきもの」と同じであって、「実現すべきもの」という言葉に、すでに強制が示されている。

強制が示されていることは、道徳的な要求が、人間から装置へ移されていることを物語っている。「実現すべきもの」が「命じられたもの」として通用する。「汝があるところのものになれ」が装置の格率として認められる。そして人間の課題は、提供し、準備し、身体を訓練することによって、この格率が守られるのを保証することである。

一世代前には、（とくに教育学や能力心理学には）（たとえば「人材に道を開け」というような）多くの指導原理があって、人間の「素質」そのものが神聖にして冒すべからざるもので、それを最大限に伸ばし活用することが道徳的命令であり、それを放置したり抑圧したりすることは、不道徳であるとされていた。当時、人間に通用していたことが、今日では装置に通用するものとなっている。装置の「素質」を促進し、それに「道を開く」ことが義務なのだ。その素質を抑圧することは不道徳なことなのだ。今日では、装置が「人材」なのである。こういう装置である水素爆弾の、神童なみの素質こそが神聖にして冒すべからざるものとされる。核兵器のさまざまな弁明がどんなにカムフラージュされていても、核兵器に対するプロテストへの多くの激しい拒絶は、「汝があるところのものになれ」という格率の実践を妨げ、装置の素質の「有機的発展」を萌芽のうちに摘み取り、「人材」を妨げようとする人間がいることへの憤激に由来している。——今日では、機械破壊論者という疑いが機械批判者にかけられさえすれば、どんなに恐るべき機械でも正当化されてしまうのだ。しかも、そういう疑いをかけることほど簡単なことはないから、どんなに恐るべき機械でも、いつも正当化されてしまうのである。

6 人間工学――ロボット時代の通過儀礼――
管轄外のことだから、「非人間化」が非人間化された者を驚かすことはない

初めてこの実験の事実を詳しく知った読者は、読みながら既視感、正しくは既読感と言うべき経験を反復するような感情につきまとわれたかもしれない。そして突然、自分が思い出したものが何であるかに思い当たって呆れることだろう。それは、部族生活において成人の仲間に入れられる前に行なわれる成人儀礼にかんする民族学的叙述だ。この連想は決して間違いではない。身体をそういう苦しい実験にさらしている被験者が実験から釈放されるとき期待するのは、「成人」の仲間に参加し、「一人前の」人々に加えられる一種の叙任式だからだ。彼の場合は「成人」に数えられるのは装置であるところが違うだけだ。――「人間工学」の実験は、確かにロボット時代の通過儀礼なのだ。被験者は志願者であり、結局は、「幼児期」を出て、今日満了した「人類の教育」を終えたことを誇りに思っている新しい卒業生なのだ。

しかし、装置が「成人」とみなされれば、「幼児期を出た」とか「人類の教育」ということは、「人間であることを抜け出た」と同じ意味である。人間という理念を無視しえないモラリストにとっては、無論、これは、破局に終わることを意味する。人間が実験によって現実に到達しようとするのは、非人間化のクライマックスである。「クライマックス」と私が言うのは、過去百年間、考えうる極限とされてきた非人間化、尊厳の喪失、自由の剝奪、つまり「労働者が労働条件によって使用される」という事実が、今や現実と化し、純真で無害なものになってしまっているからである。「使用される」という受動態によって、受難や不自由や不幸といった恐ろしいものを想い浮かべることは、現代人には論外のことである。悲惨と

みなされるのは、反対に、適応力が制限されることであり、受動性、使用可能性、要するに隷属を制限することに決定的な限界が示されているという不祥事なのだ。自分の活動から自発性や人間性を根絶するためには、自発性や才能を惜しむことなく、労苦も拷問も恐れず、自分自身を受動化し物化することを一切の目標として、不自由の限界を超えて、最終的には完全な使用可能性という最高善を獲得することを期待しているのだから、「非人間化のクライマックス」という表現は決して誇張ではない。

装置の本質には、唯一の特殊課題だけを遂行し、それだけに没頭し、それだけで装置の存在が正当化されるということがある。装置にその他の性質があれば、(それを利用することも除去することもできないかぎり)、(たとえば電球にとっての発熱現象のように) それに「目をつぶる」だけである。——こういう装置の規定が「人間工学」において生産されるべきものの本質をも規定している。「人間工学」において生産されるべきものは、たとえば特定の高度や速度や圧力条件や反応時間で特定の仕事をなしうるという特殊能力だけで成り立っていなければならない。——身体に本来可能なものから見れば、この能力がいかに「超人的」であっても、期待される結果の本質は、「現実の人間」は (除去することができないかぎり) 目をつぶらざるをえないその付属物であるような、何か人間以下の純粋な装置機能、特定の「技能」であるところにある。

その活動には、「人間工学」に加わった者にとって道徳的に注意を引くものはもはや何もない。「奇怪なもの」も「ひどいもの」も「非人間化するもの」も、彼の注意を引くことはない。

「奇怪なもの」は彼にとっては、明らかにひとつの装置にほかならないこの世界で彼自身が「奇怪な」例外であるという事実だけである。まさしくこの事実こそ、役に立たない装置を「ひどい」という軽蔑するような意味で、彼には「ひどい」事実なのだ。だが「非人間化する」という非難は、彼にはまったく理解を絶するものである。装置であることが、彼の憧れであり課題なのだ。「漫画（cartoons）」[15]のロボットも、彼には、少しも下品でも驚くべきものでもない。それは、彼の願望と同化の義務を操り人形に縮小して具体的に表現したものである。彼の願望を満たし、物への忠誠を表すこと、申し分のない活動を行なうことに、なぜ不面目なことがつきまとうのか、彼が少しも理解できないのも当然なのだ。「非人間化」が彼の邪魔になるものであるとしても、それはせいぜいのところで、自分のすることに「非人間的化する」という醜悪な修飾をつけようと思いつく変人が時々現れるということだけである。そういう変人が現れても、彼はたいてい気づかない。（そういう変人の主張によれば、「人間」がかつては存在し、現代でも解体できない荷重として人間的なものが存在していることは否定できないから）（彼が訓練によって達人の域に達した個々の能力は別として）人間としてどうなるべきかという問題が――彼を悩ませることはない、彼はそういう問題を取り上げようともしない。そんな問題は、彼の特定の実験課題には入っていないからだ。彼がそういう問題に気づいても、そういう問題はおそらく他の管轄に属し、そこで取り扱われるものであると言うだけのことだ。みずからその問題に取り組むことは「仕事の邪魔になる」、つまり義務を忘れさせる不道徳なことであって、結局は無分別なことだと思うのだ。「無分別な行為」の本質は、（専門家たちの暗黙の道徳律を言い表せば）職務上要求されないことに関心をいだくこと、誤って余分な関心や知識を仕事に持ち込むことにある[16]。要するに、人間として自分がどうなるべきかということが問題になる場合、彼の答えは、親指で肩越しに後ろをさして「やつの仕事だ」と言うだけである。――その「やつの」という言葉が、どういう人格、どういう審級、どういう管轄領域に関わりがあるか、さらにどういう管轄領域が存在するかに彼は気づいてもいないからである。「やつの仕事」という言い方は、以前なら「各人は妨げられることなく、自分の流儀で幸福にも不幸にもなる権利がある」という意味であった。ところが今日では、それは、「私について判定することが他者の仕事であれば、私は彼の（すなわち、彼の手に委ねられた私の）問題に手を出さないように十分注意しよう」という意味なのだ。この言葉が言いすぎに聞こえる人は、患者と医者との間の今日の同様な関係を考えてもらえばいい。医者の仕事だから、患者は自分の健康状態や自分の死の近いことを知ろうともしないという事実を考えてもらいたい。

したがって、われわれが問題にしている人物にとっては、人間として自分がどうなるべきかという問題を問いかけるかわりに、用意された答えを与えて、「燃えがらになれ」とか「人工的に得られる特殊能力の付属品になれ」と面と向かって言っても、彼は少しも怒らないだろう。（管轄外のことについて耳を閉ざされているから）彼は人の言うことがまるきり聞こえないか、「余計なお世話だ」とはねつけるか、せいぜいで肩をすくめるだけだろう。なぜならば、彼は仕事に自信をもち、装置である自分を装置につけ加えることが重要で、犠牲とか自己犠牲はありえず、「人間の犠牲など聞いたこともない」のは決まり切っているからである。道徳的に畏縮させようとする試みが成果をあげることは決してないだろう。

7　変容したプロメテウスの態度――「思い上がった謙虚さ」

この操作で人間が目指しているほどの人間存在の全体的拒否、徹底的な「運命の拒絶（rejectio fati）を、これまでの人間がやろうとしたことはない。おそらく神秘的行事や魔術的変身においても一度もなかったであろう。「人間工学」の意図と比べれば、バベルの塔の建設は敬虔そのものの事業に見える。当時の人間は単に製品や産物の大きさの限界を犯したにすぎない。その違反はまったく「罪のないもの」であった。

許される限度に気づけるような、守るべき基準は何も確定されていなかったからだ。物の生産が人間の自由になれば、自分を基準にする場合以外は、すなわち「自分自身より小さくなった」人間が自分自身と「もはや一致しない」、すなわち自分の製品にもはや追いつけない瞬間に達して、限界を定める場合以外は、人間はその種の基準を持っていないのである。現代がそうである。——

少なくとも、人間が限界を無視して身体をも変質させれば、根本的に新しい未曾有の章が始まることだけは確かである。

しかし誤解してはならない。われわれに「未曾有」と思われるのは変質そのものではない。上の議論に「形而上学的保守主義者」[17]の秘かな声を聞く人は、その意味を取り違えているのだ。「形而上学的倫理学者」の立場ほど、私からかけはなれた立場はない。彼らは、存在者が（現実的であろうと想像上のものであろうと）現にあるがまま「善」であり「命じられた現状」であると見なし、人間の道徳性を「現にあり、現にあるがままにあるべき」ものの枠内にはめ込む、あるいは現状から命令や禁止を直接に導き出そうとする。「形而上学的道徳」にはとっくに見込みがなくなっている。権利問題と（形而上学的な事実であっても）事実問題とをもう一度公分母でくくろうとするのは無駄な努力である。（パウルゼン以来総合を好む積木遊びの体系家が再三行なったように）「理性」が二つの部分に分裂したとして、この事実を決定的に表現した哲学、特にカントを非難するのは滑稽なことである。自然科学によって世界は「善悪の彼岸」の事物となり、その結果、道徳の問題は、その「問題」だけでなく、何より「道徳的」「非道徳的」であるわれわれの行為そのものも、否応もなく根拠を失い、いわば「形而上学の切り花」のように、道徳と関わりのない海原に漂い、人間以外の何ものにも関わりのない、そして紛れもなく不毛なものとなっている。[18]

――「根拠を失い」と言うのは、所属しない（あるいは半ば属している）という事実から直接に形而上学的に肯定的な「自由」を作り出そうとするカントのような見込みも、われわれは同様に失っているからである。――モラリストの生活は今日では愉快なものではない。

（「人間」という種も含めて）現存する「種」やそのエイドスとその形態学的枠組を、あるがままにあるから「善」であり「拘束力を持つもの」だとみなし、事後的にそれを裁可する（もしくはその変化を「宇宙的に許されぬもの」として非難する）ことは、私には縁遠いことである。それは、自然そのものがきわめて変化を好み、固定した種の恒常性に何ら大きな意味を認めないように明らかに見えるだけに、つまり永遠的な種の存在が全然固定したものでないだけに、なおいっそう私には縁遠いことである。――しかし永遠的な種が固定されていて、多様な種が今日まで常に存在したままに持続してきたことが証明されたとしても、種の恒常性に道徳的な証明力があるわけではない。権利問題は事実問題から独立しているからである。言い換えれば、存在しているからといって拘束力を持つことにはならないからである。――

われわれの身体の変質が根本的に新しい未曾有のものであるのは、その変質によって、われわれが「形態学的宿命」に用がなくなり、定められた能力の限界を超えるからではない。その変質が装置のためだからである。装置を変質のモデルとし、自分自身を基準とすることを断念して、自由を制限し放棄するからである。このため、実験や実験目標がどんなに冒険的であっても、「ハイブリッド」という言葉が完全に適切だとは思えないのだ。確かに栽培という意味では、つまり製造者と製品との間の新しい雑種を生産するという意味では、この言葉は正しい。しかし「越権」とか「傲慢」というふつうの意味でも正しいのであろうか。断念の行為は結局は傲慢な行為ではない。「適応」も「思い上がり」ではない。むしろそれは、断念とか謙譲の印である。

それにもかかわらずこの「適応」や断念に含まれている思い上がりの要素は簡単に却けてはならない。自分を装置に類した存在に変えようとする試みが不気味なものを示していることを否定するのは、無論ばかげている。「人間工学者」が自分をどう思うかとわれわれに尋ねたら、思い上がりとか謙虚とか、不遜だとか控え目だとか、一義的な答えを与えることはできないだろう。「思い上がり」と「適応」とはまさしく双生児的現象で、切り離すことができないからである。「人間工学者」は実際にはそのいずれでもあり、不遜であり謙虚である、傲慢であり控え目である。彼の態度は「不遜な卑下」と「傲慢な謙虚さ」である。

この言葉の結びつけ方は確かに唖然となるようなものだが、そこに言い表されている考えはそうではない。その考えがいかに古いものであるかは、たとえば多くの宗教で言われている自殺の禁止に示されている通りである。これは行為者が、不遜な巨人的存在や神的存在へ向かって進むからというのではない（それはばかげた主張であろう）。逆に、宗教の目には、行為者が自分自身の偉大さを絶対的に制限することは最高審級に属することだからである。つまり罪ありとされるのは「不遜な卑下」なのである。——

この例を選んだのは偶然ではない。われわれの場合に問題になる卑下は絶滅を表すのだから、自殺と似た意味で「ハイブリッド」だからである。それは物理的な絶滅を意図しているわけではなく、人間としての人間の絶滅「のみ」を意図している。しかしこの「のみ」が疑わしい。なぜならば、それは他方では自殺よりもいっそうハイブリッドだからである。それは、なぜか。

それは、人間に対するハイブリッドな侵害だからであり、「調達する」だけでなく新たに発明するからである。——これはどういう意味か。

自殺者はどのみち一度は覚悟しておくべき（死という）出来事を不可抗力的な手から奪い取り、それを先取りして遂行するだけであるのに対して、われわれの行為者がなす侵害は、彼「自身には」起こらない新しいことであり、彼に強要されたり与えられたりすることのない危害である。つまり彼の行為の本質は現存する危害の取得（「調達」）にあるのではなく、新しい危害を堂々と作り出すことにある。つまり不可抗力からどのみち覚悟せねばならない苦難、病気、老化、死という危害に、彼はマゾ的に自己物化による危害というそれ以上の危害を加えるのである。――二〇〇〇年にこの出来事について書かれる神学論文は次のようなものだと考えていいだろう。「人間を装置的存在に処すと宣告したり、装置に変えてしまった悪魔やマルキオン的神は実在するものではない。人間がそういう神を発明したのである。人間はその新しい神の役割を自ら演じさえした。人間は他の神々から受け取れなかった危害を自分に加えるという目的のためにのみ、その役割を演じた。――人間は新しいやり方で自分を奴隷にするためにのみ、自分を主人にした」。――

　他の悲惨や汚辱を減らすとか除去するという希望をいだき、少なくともそういう口実を作って、人間がそうしたことは確かに本当だろう。しかし考えねばならないのは、議論ではなく事実である。そしてその事実の本質は、人間が自由剝奪と戦うために新しい自由剝奪を実践しているというところにあるのだ。

――

「ハイブリッド」という言葉を、われわれは普通プロメテウスの姿に結び付けてきた。そのイメージでわれわれの先祖もわれわれ自身も（ゲーテからシェリーやイプセン、さらにはサルトルの『蠅』に至る）過去百七十五年にわたって比喩的に見てきた。この姿がまだ妥当するかどうか、それが「人間工学」を推進している現代人にもそうした比喩的な力を持っているかどうかと問うならば、次のような曖昧な答えにいきつくことであろう。

彼らも「プロメテウスの子孫」だが、独特な仕方で倒錯された子孫である……

「私がおまえを尊敬するって――何のために？」と彼らは嘲って――自分を尊敬することを拒絶する。

彼らも限りなく不遜な要求――彼らが自分で不適切だとして非難するほど不遜な要求を掲げる。

彼らも引き裂かれるが――ゼウスが彼らの過度の野心を処罰したからではなくて、彼ら自身が「時代おくれ」である事実、つまり「自分の生誕という恥辱」のために自分を罰するからである。――

もちろん、彼らがこれまでの叙述に自分の姿を認めないように、この神話的な言い方のうちに自分の姿を認めることもないだろう。彼らにとって自分の行為は、まったく神話的ではなく、あるいは少なくとも（神話であることが見抜かれていない）彼らの「進歩の神話」の枠内に容易に納めうるものだからである。たとえ低圧室とか冷凍室への一歩であっても、新しい一歩はすべて自動的に進歩だとみなすから、彼らは安心しているのである。なぜならば、それは前進し誇らしげに新しさをめざしているからである。

回り道をしたが、もう一度われわれの本来のテーマに戻ろう。

以上見たところでは、人間が自分の装置に劣等感をいだくのは、まず第一に装置に適合し自分も装置の一部になろうと試みる場合に、自分が「みじめな」原料の役割を果たすことを確認せざるをえないからである。人間が原料の役割を果たすのは、人間が現実の原料ではなくて「不幸にも」形態学的にすでに固定されており、成型ずみだからである。さまざまな装置はそのつど異なる型を要求するから、成型ずみであることは「成型のミス」「間違った成型」なのである。「人間工学」で試みられているのは、この「間違った型」をもう一度「熔かし」て、材料にそのつど必要な型を作り出すことである。――

　この「間違った成型」が彼の主な欠点である。それが彼の「プロメテウス的羞恥」の主な原因である。もっともそれは主な原因にすぎない。「恥ずかしがらせる」欠陥は無数にあるからだ。それをリストアップすることは不可能である。なぜならば、そのリストはありとあらゆる装置、ありうる装置の長所のリストと一致するからである。したがって以下においてわれわれは、「間違った成型」によって最も重大な結果をもたらすと思われる、人間の「脆さ」だけに限ることにしよう。

8　人間の第二の劣等感・人間は脆く、「工業的再生産」から排除されている――人間の「唯一性という不満」

　人間は自分が作る製品より変わりにくいが、ずっと短命で死ぬものである。とにかく人間には、自分の作品には与えることもできる不死性とは言わぬまでも、長命さで競うなどということは思いもよらない。もちろん、製品も厳密な意味では「不死」ではない。瓶詰めの果物とか冷凍のスクランブルエッグの耐久性やＬＰや電球の耐久性にも限度がある。しかし多くの場合、（たとえば製品の需要を確保したり増やすために）製品に可死性を与え、その寿命の限界を計算して定めるのは、われわれ人間のほうである。われわれ自身の可死性だけは、われわれが作り出したものではない。それだけは計算されたものではない。そこに恥部があるわけだ。

　条件つきでならば、壊れ易い製品についても「不死」という言葉を使ってもいいだろう。工業的再生という新種の不死性が存在するからだ。大量生産による製品が存在するからだ。あらゆるものは（このボルト、この洗濯機、このLP、この電球といった）個々のものとしては、機能上、使用上で寿命がある。しかし大量生産品としてはどうだろうか。切れた電球と付け替えた新しい電球は生き続けているのではなかろうか。新しい電球が古い電球になるのではないか[19]。なくなったり壊れたりした品物はすべて、モデルのイデアというイメージのうちでは存在し続けていないだろうか。あらゆる品物が、同じ品物がその代わりをすれば、新たに存在すると考えてもいいのではなかろうか。代替可能性、複製技術によって、物は「永遠のもの」になったのではないか。死よ、おまえの刺はいずこぞ、というわけだ。

これがどんなに奇妙に聞こえても、それはここで使っている言葉だけのことだ。事態そのものは異常でも新しくもない。――たとえば、

一九三三年にヒトラーが焚書を行なったとき数千頁を灰にしたが、アレクサンドリア図書館の場合とは違って、ただの一頁も焼却されなかった。どの頁も何百、何千というコピーがあったからである。焼却者の意図がいかにひどいものでも、また紙以外のものを焼きつくすことを示す手の動きがどんなにおぞましくても、――この段階では、彼の破壊はただの茶番劇であった。というのは、そのとき薪の周りで踊りながら叫んでいた群衆の真ん中で、火の届かないところで軽やかに嘲笑する大勢の者たちが踊っていたからだ。「燃えるのはコピーだけ、コピーしか燃えはせぬ。おまえたちはわれわれを焼き尽くすことはできぬ」と叫ぶ原本の群れが、目には見えなくても踊っていたのだ。――そして四方八方へと散って行ったのだ。――焼却されたと言われていたものが、新たに何千部も今日生きているのである。――

確かに「イデアの世界」は、われわれが生きられる世界ではない。しかしそれが、人間の世界として以前にも存在していた「プラトン的なもの」であることは争う余地がない。その世界が、大半はモデルやブループリントや原型のイミテーションや複製であり、イデアに基づいて存在している画一的な量産品から

できあがっているからである。だがどの品物もイデアのイミテーションであり、イデアが模範としてその同類の品物にも使われるから、品物はどれも特別な権利があるわけではなく、「それ自体」であるとか、単なる数量以上の意味で個体であるとは言えない。一定モデルによって製造された同類の製品が備えられていて、（たとえば切れた電球のような）壊れた個々の品物の代わりに別の品物を使えるかぎり、使う品物を不死とみなすか可死的なものとみなすかは純粋に金の問題である。金回りのいい人はどんな品物でも新品に取り替えることができる。取り替えのチャンスは、品物の「イデア」が廃れて、別の品種に取って代わられないかぎりなくなることはない。もっとも、ある品種モデルによって作られた何千もの品物が徐々に姿を消すことは言うまでもない。

確かに、製品のメリットはこの産業プラトン主義、この「再生産による不死性」ではない。製品にこの長所があるのはわれわれのおかげであることは言うまでもない。しかし、これを認めようとしない反論がある。製品を生産したにもかかわらず、製品に劣っていると感ずるという事実が、この研究の対象なのだ。ここでも、われわれの短所だけが問題である、つまり製品に与えた長所をわれわれ自身は持たないという事実だけが問題なのだ。これはこの場合は、われわれが誰ひとり、（同時にまたは継続して）複数で存在することができず、電球やＬＰのように、新品になって生き続けることができない――つまり、われわれは短い生涯を絶対的に一回的なものとして終えねばならないという意味である。装置世界の長所を模範的なものと認める者にとっては、これがまたもや恥辱であり、羞恥の原因なのである。

確かにこれは羞恥の原因になる。前と同様ここでも、私は比喩を述べているのではない。現実的な「羞恥」を問題にしていることを示すため、ひとつの体験を話しておこう。

ほぼ十年前になるが、私はカリフォルニアの病院にひとりの絶望的な患者を訪ねた。

「今日は（How are you ?）」と挨拶すると、彼は病室だけでなく人類全体でも包み込むような身振りをして、「われわれは誰も大したものじゃないんだ」というようなことを呟いた。その意味を尋ねると、分かり切っているじゃないかというように肩をすくめて、レトリカルに反論してきた。「そうだね……連中はわれわれを保存しておけるかね（Well... can they preserve us ?）」——「連中（they）」とは医者たちのことだった。「保存食品」というのは、瓶詰めにした果物のことである。——「連中はわれわれを瓶詰めにできるかね」と彼は尋ねたのだ。

それはできるわけがないと私は答えた。

「連中には、人のスペアの持ち合わせもないのだ（And spare men they haven't got either.）」と彼は続けて言った。

「人のスペアだって（Spare men ?）」と私は分からなかったので尋ねてみた。

「品物ならいくらでもスペアがあるじゃないか（Well, don't we have spare things for everything ?）」と彼は説明した。

そこで私も分かった。「人のスペア（spare men）」とは、「タイヤのスペア（spare tires）」とか「電球のスペア（spare bulbs）」とのアナロジーで彼が造った言葉だったのだ。彼の言う意味は、「連中はわれわれのスペアを倉庫に持っていない」ということだった。いわばひとつの電球が切れたら別の電球を使うだろうということだった。

彼は最後に、「これは恥ずかしいことじゃないか（Isn't it a shame ?）」と言った。

彼は二重の劣等感に苦しんでいた。まず彼は果物のように保存することができない。次に電球のように取り替えることができない。自分は――否定しがたい恥辱だが――腐ってしまう品物にすぎないというわけである。――

彼をなだめるのは容易ではなかった。瓶詰めにできないとかスペアがないということで悩んでいる仲間に、会う心構えのできている者がいるだろうか。私が思いついた言葉は確かに不十分なものだった。それに彼の恥辱の苦しみと死の苦しみは無論、死に臨んだ他の人に劣るものではなかった。彼も死すべき者としての経験を持ったことは否定できないし、死の運命の背景としての「永遠」や少なくとも「永世」を、彼も経験したことは否定できない。彼にとって、背景になったのが神や星輝く天やイデアや人類（彼のベッドの端に座って彼の手を取っていたとき、これらの間の無視し難い差異は突然消え失せたように思えたが）ではなくて、瓶詰めの桃や再生産されて死ぬことのない商品の世界であったところが違うだけであった。そういう世界こそ彼が尊敬していた永遠であり、それこそ彼が恥ずかしく思った背景であった。そういう世界に対して恥じ入りながら彼は死んだ。彼は既製品のオリンポスに昇ったのでなく、原料の冥府へ落ちていったのだから、生前彼が称賛していたあらゆる品物よりも惨めな品物になったのだ。――

しかし、ほんの少し不自由なために欺かれているのではないかと思う人があれば、われわれ現代人ほど反抗的でずる賢いものはいないと言うべきだ。われわれは員数外であることを、つまり再生産される商品のリストから除名されていることを黙って耐え忍んでいるわけではない。われわれは自分の「間違った出来具合い」に満足していないし、スペアのない一個限りの存在であることに甘んじているわけでもないからだ。――

「そういうものが、いったいなぜ必要なのか、と反論する人があるかもしれない。人はみな自分が食べるところのものであり、『自ら為すところのものである』というわけだし、何百万もの人々が同じものを消費したり同じようなことをしているのだから、現代の画一化や代替可能性は極限に達しているのではないか。われわれはすでに数の上だけの『個体』なのではないか。員数外であることに不平を言うどういう根拠があるのか。」

われわれを労働装置とか消耗品とかその他の犠牲に指名して使用する制度や経済、娯楽産業、政治、戦闘行為のパースペクティヴから見れば、この代替可能性は明白な事実である。それは単に事実であるだけでなく、世論でも日々確かめられうる事実であり、科学者が明確に是認している事実である。社会心理学者や社会倫理学者にとっても、「適応性」とか「平凡さ」を理念化し、自我性の痕跡とか人格的差異の遺物に固執する者をみな病理学的な変人、「奇人」と呼ぶこと以上に重要な仕事はないからである。[20]

(個人を使用する)組織の観点からすれば、再生産可能な量産品へのわれわれの変容はすでに達成されており、(各人は地位でありハンドルにすぎないから)「人間のスペア」が常に入手できることは否定できない。しかしこれが確認されるのは、この観点から見た場合だけである。個人そのものから見ればそうではない。その証人はたとえば先の患者である。彼は自分の代替可能性を嘆いていたのではなくて、代替不可能であることを嘆いていたのだ。

われわれ個人は誰でも彼と同じ状態である。会社では私の仕事がいかに代替できるとしても、私の機能が完璧に引き継がれることがいかに確実であっても、――代わりの人が、私自身、私のＸＹとしてのアイデンティティを引き継ぐことはありえない。代わりの人が言う「私が私です」も、私の言葉と文字の上では同じだが、それは別の私である彼を指しており、私自身の私は代替できず、代替不可能のままである。

ここで十分に注意していないと、問題のポイントを見逃すことになる。各個人が個人としては代替不可能である（「代替できぬ価値がある」）ことは、最終的にはあらゆる人道精神の信条であった。そのために、われわれがここで述べているのは人道精神の痕跡とか人道的経験の残りかすのように聞こえるかもしれない。

その正反対なのだ。ここで決定的なことは、個人が代替不可能性に対立していること、個人が代替不可能性をどう感じているかということ、つまり個人がそれを不当な欠陥と評価し、自分がそれと同一であることは否定できないが自分はそれに反対している性質――要するに、個人がそれを恥ずかしい欠陥とか汚点として感じているという事実だからである。決定的問題は、「唯一性についての不満」なのである。

この「唯一性についての不満」を流行歌にならった陳腐な言葉でいえば、「人生はただ一度だけ、二度と帰らぬ」ということだが、こう言い換えれば、その不満が死に対する不安と緊密に結びついていることが直ちに明らかになる。これはすぐ納得できることだ。先に見たように、大量生産品が代替可能性によって「不死性」を獲得し、人間は量産的存在と代替可能性から除名されているとすれば、人間は不死性からも除名されているからである。つまり人間が量産品ではないという経験は、「死を忘るな（Memento mori）」と同じ作用を及ぼすのだ(21)。

9 人間は第二の不幸を「イコノマニア」によって逃れようとする

この「唯一性についての不満」という、不利だという感情が今日ではいかに一般的になっているかを示す圧倒的な証拠がある。それは、現代を支配する複製の病いである「イコノマニア」である。

この病気は、その広まり方や激しさの点で、史上空前の現象を呈している。この病気が、今日広まっているその他のあらゆる病気を凌いでいることは疑う余地がない。現実にこの病気は、これを利用しなければ現代の理論がありえないほどの根本現象である。哲学的射程を持つ概念が問題であることを示せるのは新しい言葉だけだから、「イコノマニア」という言葉を私は造ってみた。

故人となったあるレポーターの現代世界のユートピア的な叙述がある。その中に、人間世界はまず第一に明らかに「可能的な映像の容器であり機会である。ときおり私は、この世界はこの機能だけに尽きていると思いたくなるほどだ。とにかく映像の果たしている役割は恐ろしいもので、写真や映画、テレビ、ポスターの数百万の映像がこの世界からなくなると想像してみると、その後にはまったくの虚無しか残らないほどだ。自分の写真とか家族の写真を何枚か見せてくれようとしない人、持っていない人、持ったこともないという人はただの一人もいなかった」。——

肥大した複製生産のこの的確な叙述を説明できる根拠のうち最も重要な根拠のひとつは、人間は複製によって自分の「交換部品」を作り出し、耐え難い一回性が偽りであると非難する機会を手に入れることができたというものである。複製生産は、「人生はただ一度だけ」に対する大がかりな対抗策なのだ。その他の点では人間は量産品から除名されているが、写真に撮れば「複製された製品」に変身する。少なくとも肖像としては、人間は多様な、時には数千枚の存在を手に入れることができる。人間自身は、モデルとして「のみ」生き、「彼」は自分のコピーのうちにも存在しているのだ。

われわれのうちで最も見事に多様な存在に到達している（死ぬ運命である普通人よりはるかに多くの目に見られる）人々、つまり映画スターが羨ましい模範であることは、まったく当然のことだ。われわれが編んで彼らに被せる王冠は、「存在論的優位」として——認めている量産品の領域への凱旋行進にぴったりだ。品物みたいに存在し、生産世界の成功者になろうというわれわれの夢を物の見事に実現したからこそ、彼らは偶像化されるのである。現実に、何千枚ものコピーがばらまかれたスター女優と無数に出回っているネールエナメルとの間に、根本的な存在論的差異はない。(スターが商品を推薦し、商品が包装の写真でスターを宣伝する)広告でスターと量産品とが支え合い連合しているのは、これまたきわめて当然のことだ。どちらも「一緒になりたがる同類」なのだ。彼らは同じように広まっているばかりでなく、同じやり方で可死性を克服している。彼らは死後も複製されて保存される。モデルがなくなった後も広まり輝きつづけるネールエナメルと同様に、スターのスマイルも、モデルが「生を享けたもの」の道をたどって消えた後でもなお輝き続ける。ある意味でスター女優は「生きているうちから不死となった」のであり(「不滅のガルボ(immortal Galbo)」)、あらゆる生を享けたものの道とは別なのである。彼女たちの映画の多くは、彼女たち本来の(すなわちコマーシャルにだけ通用する)女神のような皺のない青春の永遠化された型を提示しているから、映画のほうが彼女たち自身よりも若いのだ。彼女たちの実際の肉体の道は無効の、少なくとも恥ずかしがり、隠しておくべき出来事である。ここには新しいタイプの「プライバシー」、「ハリウッド‐プライバシー」が生まれており、複製の効果を損なうものはすべてこれに含まれる。

それにもかかわらず、現代の量産品に見られる多様な存在と比べれば、写真によるわれわれの複製は模造品にすぎず、イコノマニアの大流行にもかかわらず、それが与えてくれる満足は代用品の満足にすぎない。製品が現実に同じ品物として世に広まるのに対して、写真で複製を造って我慢しなければならないという、実質的複製と単なるコピーとの違いは打ち消すことができない。つまり「上等の品物」の前での人間の羞恥は、彼の写真によってでも完全に消し去ることはできない。

ということはつまり――と問う人もあろう――人間は現実の量産品とみなされるのを心から望んでいるという意味なのか。人間は量産品として生きることを熱望するということなのか。

この問いに一義的、決定的に肯定的に答えることはできない。それは、われわれが――「永遠」でなくて「永世」という意味での――永遠を積極的に願うと主張することができないのと同じ理由からだ。死への恐怖や死に対する防衛のうちにこの願望の証拠を見ることは正しそうに見える。しかし、この理由づけは誤りだ。われわれが死にたがらないことは真実だが、その逆にいつまでも生き、何百万歳になりたいと積極的に願っているというのは間違いだ。そのような無限性は、われわれには考えられない。すなわち、確実なのは否定だけ、つまり防衛だけであって、肯定的な願望のほうではない。なぜそうなのか、なぜわれわれの最も基本的な防衛願望には肯定的表象が対応しないで、表象は目隠しされたままであるのか、われわれはいわば「余りにも可死的」であるために、不死を「考えてみる」こともできないのか、この点についてはここで立ち入ることはできないが、現にそうなのだ。

この意味で「目隠しされた」ままなのは、われわれの多様性への願望である。だれしも「人生はただ一度だけ」から抜け出したいと思っていることは真実である。しかしその逆に誰もがカリフォルニアの患者の肯定的願望を共有し、「交換部品（spare pieces）」に分解され、多数というより無数に世に広まりたがっているというのは真実ではない。したがってわれわれの「イコノマニア的妥協」、つまり写真によって大量生産的存在に加わりながら自分自身のままでいるという事実が、やはり最善の解決策なのかもしれない。

10　羞恥の歴史的実例――前例としてのマッカーサー

「プロメテウス的羞恥」の兆候とその羞恥を克服しようとする試み、をこれまでは現代の名もない現象を分析しながら説明してきたので、こんどは羞恥が確認しうる歴史的出来事になっている場合だけを述べてみよう。社会の最高峰に立って、世論のサーチライトに照らされる人々が問題である場合には、人間を恥じ入らせる装置のほうが人間を凌駕すれば、それが人間を貶める出来事として認められるのは明らかである。このような人だったのはマッカーサーである。

朝鮮戦争が勃発したときマッカーサー将軍が、実行すれば状況次第では第三次世界大戦になりかねない措置を提案したことは数年前から公然の秘密となっている。そういう結末も覚悟してやるべきか否かの決定権を彼が奪われたことも、同様によく知られている。彼からその責任を奪った人々がそうしたのは、自分たちが決定に関わるとか、政治的、経済的、道徳的に適任である他の人々に決定を任せるとかのためではなくて、(「最終決定」は客観的でなければならず、今日では客観についての陳述だけが「客観的」であるとされているから）責任をある装置に移すため――つまり、最終審級である「電子頭脳（Electric Brain)」に責任を「引き渡す」ためであった。決定権が奪われたのは、マッカーサーとしての彼でなく人間としての彼であり、装置頭脳がマッカーサーの頭脳と反対の決定を下したのは、マッカーサーの知性を信用しない特別な理由があってのことではなくて、マッカーサーも人間的な頭脳しか持っていなかったからである。

人間としての彼から責任が「奪われた」という言い方は、もちろん誤解を招きかねない。彼から決定権を奪った力は超人的知性ではなく、「モイラ」とか「チュケー」とか「神」とか「歴史」ではなく、人間自身だったからだ。人間がいわば自分の右手で左手から奪い取った良心や決断の自由という獲物を装置の祭壇に飾り、自分が作った計算ロボットよりも人間が劣り、人間は喜んでロボットを良心の代用品、神託や摂理を告げる機械と認めることを証明したのだ。

このことは、将軍はこの装置に劣るとしたとき、人類が自殺したことを物語っている。誤解しないでもらいたい。マッカーサーの肩を持つべきだと言っているのではない。歴史がこの模範的瞬間に彼をドラマの主役に使ったのはまったくの気まぐれであり、公的地位にいる人物なら誰でもよかったろう。われわれが言っているのは次のことにすぎない。すなわち、責任を人間から装置へ引き渡す者は自分自身の責任をも引き渡すということ、人類がこの場合に初めて典型的なやり方で自分を貶めたということ、人類が初めて公然と「装置より計算が下手だから、責任能力がない、われわれは責任を取れない」と言ったこと、人類が初めて公然と自分を辱めても恥じることを知らなかったということにすぎない。

人々はこの神託機械に「食わせた」――「食わせる（to feed）」とは、決定に必要なあらゆる資料(22)――アメリカ経済や敵国の経済にかんするデータを装置にインプットすることを意味する専門用語であるが、「あらゆる」とは言い過ぎだ。機械の本質には「固定観念」がある、すなわち、決定因子を人工的に制限し、機械が資料処理を行なう観点が前もって調整され固定されているという事実があるからだ。つまり機械に「食わせた」のは、抵抗なく量化しうるこの種のデータ、つまり検討を要する戦争の利害・得失にかんするデータだけであった。その結果、もちろん自動的に（たとえば）人命を奪うとか大地を荒廃させることは、整然とした一義的なものでなければならないという方法上の理由から、利害得失の量としてしかインプットされず評価されることはない。この戦争が正しいか不正かという問題は、「電子頭脳」には最初から全然課されていなかった。電子頭脳にそういう資料を与えることは恥ずかしいことだったのだろう。不動の客観性を旨とする装置はこういう主観的‐感傷的な粗雑なものを拒み、こういう質問を無理やりその神託を告げる口に詰め込めば、装置が電気的腸捻転を起こすことは十分予想できたからだ。要するに主観性に対する装置の崇高なアレルギーを考慮し、「論理経験主義」の周知のモデルによって一義的装置が一義的に答えうる問題だけを「有意味」と認め、その他すべての問題は無意味だとして排除したのだから、(きわめて良心的に機械に伺いを立てていると信じ込んでいたにもかかわらず)最初から人々は道徳的な問題を放棄していたのだ。

つまり、装置に訴えることによって抜け落ちてもはや「計算」されないものになっているものが二つある――

1　装置の計算能力に比べれば人間の計算能力はゼロに等しいから、自分の問題を自分で決定する能力と

2　この問題が計算できないものであるかぎり、この問題そのものだ。

よく知られているように、機械的臓器によるデータの処理はおかしなくらい時間がかからない。装置に資料を入れればたちどころに神託が告げられる。お告げを決定として喜んで受けとるから、その計画を実行して聖戦を宣伝すべきか、それとも赤字取引として断り、非道徳的だと非難すべきかがはっきりしたのだ。

数秒間の電気的考察もしくは電気的消化の後で、「頭脳」がたまたま、人間マッカーサーの提案した予

備決定よりも人間的な答えを告げ、頭脳が声高く「赤字取引だ」と叫び、起こりうる戦争をアメリカ経済にとって破局的なものと評価したのは、確かに大きな幸運であった。すでに原子力時代に入った時代に向かってそう告げられたのだから、まさに人類的幸運であった。しかし、それと同時に、その出来事そのものは最も画期的な人類の敗北でもあった。それ以前には、人類がそれほどに貶められ、人類歴史についての判決、人類の存否についての判決をひとつの物に託したことは一度もなかったからだ。その判決がこのたびは親切な結果となる評決であったことは問題ではない。恩寵の源泉を物のうちに移したのだから、それは死刑の判決でもあったのだ。われわれの状態を決定するのは、肯定であれ否定であれ物が与えた答えではなく、物に質問しその答えを待ちうけたという事実のほうである。われわれを含む何千もの人間が、偶然まだ殺されていないでいること――つまり今日「生存」と呼ばれているもの――は、単にひとつの装置が出した「否」のおかげであることが明らかになれば、心から恥じ入りたくなるであろう[23]。

しかし、もう一度マッカーサーに戻ろう。

彼の提案は、神託機械の鑑定と決定に委ねられた。機械がまだ賛成も拒否も表明しないうちに、将軍は「罷免」された。機械が何を告げようとも、それは最終決定として重んじなければならないからだ。「賛成」の場合にも、彼は無論「罷免」されただろうが、お告げの後では、彼は機械の電気的な許可に基づいて何もやれないからである。つまり恥辱が始まったのだ。

しかし告げられた言葉は、われわれがよく知っている通り、拒否であった。

したがって恥辱は完璧なものとなった。その状況はマッカーサーのような名誉心と自尊心を持つ男には耐えられなかった。結論を回避することはできなかった。たとえ彼が技術的・軍事的な意味では品位をけがされなかったとしても、降格は事実であった。彼の軍人としてのキャリアは終わった。彼は文民となった。

これが第一の結果である。これは論理的で何も驚くべきことではない。

しかし恥辱の歴史がそれで終わったわけではない。それに続いて第二の結果が起こったからである。それは間違いがなければ、ひとつの対抗措置を表している。この措置は当然のものどころか、きわめて驚くべきものであった。すなわちマッカーサーは――このクライマックスを語るのは事実よりも小説家に任せたほうがいいかもしれないが――ある事務機械コンツェルンの会長に就任したのである。

この措置がひとつの偶然であり、市民生活に戻った後でマッカーサーになされた無数の申し出のうちでこれが最も有利なものであったことも考えられないことではない。しかし恐らくそうではなかったろう。したがって、このクライマックスをひとつの行動として、つまり何かを意味している行為として述べてもいいと思う。大きな留保をつけてやってみよう。事実の枠内にいるのか、それとも、もう「サイエンス・フィクション」あるいは「哲学フィクション」の領域に飛び込んでいるのかということは未解決のままにして、簡単に言えば次のようになる。

この状況で行なわれた職業選択を小説に書かねばならないとすれば、その動機づけは次のようになるだろう。あの装置が自分と自分の権威に与えた恥辱を忘れられないマッカーサーは、汚辱を雪ぐ手段を考えた。満足できる唯一の立場、自分の声や言葉がまだ通用し、装置も彼の命令に服従しなければならないことを装置に示せる唯一の立場は、事務機械製造での指導的な立場であった。少なくとも仕事や管理の上で、強力な装置を支配し屈服させることができるのはそこだけであった。そこならば彼の復讐心を満たすことができる。彼がこの職業を選んだのはこのためであった。

この動機づけをヘーゲルの弁証法的な言葉に翻訳するのは簡単である。現代のために書かれる『精神現象学』には次のように述べられることになろう。

「以前の〈奴隷〉（装置）が新しい〈主人〉へ飛躍し、以前の〈主人〉（マッカーサー）が〈奴隷〉に転落した後で、この〈奴隷〉は、再び〈（装置という）主人の主人〉になろうと試みる」。これが、恥辱の歴史であり、少なくとも恥辱の仮定の歴史である(24)。

11 アイデンティティの変調としての羞恥――「存在の随伴者」という概念
――自我は「エス」であることを恥じ、「エス」は自我であることを恥じる

最後に、私の「プロメテウス的羞恥」というテーゼに対する、最も強力な反論と対決しなければならない。この最も強力な議論と対決するために、研究を進める途中で好ましいことではないが、大きく「迂回」せざるをえない。その異論は、「プロメテウス的羞恥」という場合の「羞恥」という言葉は、単にメタファーにすぎないと主張して、私の理論全体の根底を崩そうとするものだからである。その反論によれば、「真実の恥」は常に、「審級」として支配している強大な力に対する恥であり、その監視の目が恐ろしいところにあるから、「羞恥」は単にメタファーにすぎない。ところが（「プロメテウス的羞恥」というものがあるとしても）その「審級」は装置の世界にあるのだから、つまり想像される人間の欠陥を見ることのできる目を持たない物のうちにあるのだから、それは、人間を評価することもできなければ、判決を下すこともできない。一切が妄想に基づいているのだ。すべてがひとつのメタファーへ向かって動いているだけだ。現代人は、自分が作った品物の完成や多様性によって「恥じ入らせられる」という言い方の受動

態は大目に見るとしても、再帰動詞である「恥じ入る」という使い方のほうは見逃すことはできないというのである。
こういう根本的な異論と対決するためには、まず「恥一般」の本質について明らかにする必要がある。

恥とは何だろうか。

I
a　再帰的作用（恥じ入る）、つまりひとつの自己欺瞞。
b　挫折する自己欺瞞。
c　（記憶のような他の活動のように）時折挫折するのでなく、原理的に挫折する自己欺瞞。
d　それが原理的に挫折するのは、恥じ入る者が自己と同一でありながら、非同一なものとして自己と出会うからである（「それは、私であるとともに私ではない」）。
e　その結果、その作用には終わりがない。すなわち恥じ入る者はこの矛盾した出会いと縁が切れず、恥そのものも「終わり」がない。（この点と次のfとgの二つの特徴で、恥は驚きに似ている）。
f　このため恥は、その固有の作用の性格を失ってひとつの状態に変質する。
g　静的な「気分」の平衡状態になるのでなく、刺激と方向喪失とが震動する状態、長くその状態にあると思えても、常に新たに始まるように見える状態へ変質する。要するに、恥は一体感の変調であり「動揺」である。

II　心理学や現象学において普通研究されている多くの無害な「作用」とは異なり、恥には本質的に「二重の志向性」が含まれている。恥はその（正常な）「志向対象」（この場合には「欠点」）に向けられているだけでなく、常に同時に、恥じる者がそれに対して恥じるひとつの「審級」にも向けられている。恥には「対面(coram)」[25]が含まれている。

III　この審級は好ましくない呪わしい審級であることが多い。本来は「志向された」のでなく、それから逃れたい審級である。志向の方向が逆向きで、志向の指示は拒否であり、「否定的志向」[26]である。

Iに列挙した特徴がわれわれの研究の主要な対象であるが、それに入る前に、IIとIIIについて、簡単にいくつかの注意を付け加えておく。——

「対面」や「否定的志向性」はいずれも、現象学では明確な役割を果たしていない。

IIへの補足。恥について明確に読み取れることだが、「対面」は恥だけに特有の特徴ではなくて、あらゆる社会的作用に認められる特徴である。(たとえば「誰かに対して自慢する」)。それは、あらゆる作用に見いだされうる要素なのかもしれない。たとえ他人に気づかれず、私的な形であっても、その目の前でなされたり、その目を避けてなされたりというように、共同世界への指示を含まない隠者のような作用は存在しないからである。フッサールの古典的現象学は、(その選択原理については明確にしないまま)ほとんどこの「対面」を顕わに示さない作用だけに分析を限定しているため、彼の意識概念は常に独我論になりかねない。

IIIへの補足。「否定的志向性」が知られていないのは、「自我」が本性的に「自由」であるとか、少なくとも「能動的」であると想定されているからである。(たとえばフッサールには)「自由」という表現はめったに現れないことが事実であるとしても、それが、このことを覆すことにはならない。他の主観性の現象学と同様に「超越論的現象学」でも、自我認識を追求するにあたって、「認識する自我」という最先端だけを捉えて、これが自我の全体であるか自我全体を代表するものであると誤解する古典的な誤りが見落とされている。[27] 認識する自我がその対象を追い求め、「肯定的－志向的」であることは異論の余地のないところである。しかし、自我というものが「何ものかへ向かっている」だけだというのは決して真実ではない。そうではなくて（この反動に結びついて初めて志向性はその意味を獲得する）——自我は（カタツムリのように）自分のうちに閉じこもることもあり、自我は見るだけでなくて、見られるものでもあり、志向するだけでなくて、志向されるものでもあるのであって、すなわち、たとえば追跡されたり責め立てられたりするものでもあるのだ。責め立てられる人が避けたり、逃げたりしようとすることを、文法以外の意味で「志向対象」と呼べるかどうかは非常に疑わしい。あらゆる目的格が自動的に「志向対象」であるとは限らない。——恥は、この種の二義的な志向作用に属する。恥は、それに対して恥じる「審級」に背を向けるからである。恥が志向するものは、審級を見ることでも審級を見ないことでもなく、審級から見られないことなのである。これは、普通「志向性」と言われるものとは基本的に異なる関係であり、もともと別な用語を見いだすべきだったのだ。——

上に述べた特徴をまとめれば、恥は、動揺の状態に変質した反省作用であって、人間がその作用において避けようとする審級に対して、自分を「そうでない」ものとして経験するとともにまた「そうである」と経験することによって挫折する作用である。

恥が存在するという事実はまだ説明していないが、アカデミックな現象学的記述をしたので、具体的な実例へ移ったほうがいいだろう。

実例——猫背の人は自分の猫背を恥じる（正しく言えば、猫背であることを恥じる）。

ある意味では彼にとって猫背は偶然的なものである、つまり彼が「ある」のではなく、「持っている」ものだと思われる。――ひとは――身体を「持っている」という意味で――自分が「持っている」ものなので「ある」。しかも、分離できない形でそうなのである。つまり猫背である人は、「猫背を持っている人」と分離することができない。彼はどうすることも「自分ではできない」が、自分を猫背と同一視することができないにもかかわらず、彼は猫背と同一でなければならない。こういう矛盾と手を切ることができないからこそ、彼の羞恥は消えることがなく、なくならないのである。

「審級」について言えば、それは人間が本来「そうでなければならない」という点について判定する法廷から成り立っている。猫背の人もこの法廷に属しており、この法廷を代表する人間の基準に同意している。それは、法廷のもっと恵まれた仲間がそれに同意しているのと変わりはない。彼は法廷の判決を承認していながら、他方では、現在不遇な状態にあるために、それを認めようとはしない（認めようとすることができない）から、彼は法廷から目をそむけ――同時に自分自身からも目をそむけている。ここに「アイデンティティ・クライシス」が示されている。

倫理学者は、こうした基本的な実例に反感を覚える。彼はモラリストらしく、「どうすることもできないならば、彼は猫背を恥じる必要はない」と断固として主張する。――これに対する答えは、猫背の人がこの鋭い異論を思いつかなかったということではない（その反対に、以前からずっと彼は自分に「どうすることもできないのだ」と教え込んできたし、自分に罪はないと言って飽きることなく羞恥を抑えようとしてきたのだ）。むしろ彼の大きな努力も無駄であり、彼は恥じる「必要がある」かどうかなど気にしていないのだ――要するに、彼は自分にやれないことが恥ずかしいのである。どうすることもできないにもかかわらずではなくて、できないからこそ、猫背の人は猫背が恥ずかしいのだ。

実際、「何かに対してどうすることもできない」という言い方ほど、恥の本質を明らかに示しているものはない。私が「どうすることもできない」ものが、まさしく私が「やれない」もの、つまり私の自由の及ばないもの、運命とか、どう見ても「致命的なもの」とか、広い意味での「無能」の領域なのである。自由の要求と「致命的なもの」との矛盾、可能と不可能との矛盾から、恥は生ずるのである。恥は不可能を恥じるのだ。――これはどういうことだろうか。

自由への要求には、本質的に基準も限度もない。自由な者は、部分的に自由であることを望んでいるのではない。個人は、見方によれば個人であろうとしているだけではない。自我は、ここだけで自我であろうとするのではない。絶対的に自由であること、徹底的に個性的であること、自己自身にほかならぬものであろうとしているのである。

こういう極端な要求は「病的」[28]である。自我は長期にわたって、そういう要求を持ち続けることはできない。自由や個性や自己意識の限界につきあたって、かならずしも個人や自己である自分と同一ではないがやはり自己であるものとして自分を見いだす瞬間、自分を「エス」として見いだす瞬間が訪れる。

「エス」とは、フロイトが指したものだけではなく、より一般的なものでも、どんな種類のものであっても、自我がどうすることもできずに、それに加わっている自我的でないもの一般、個性以前であるすべてを指す。つまり、自我が存在するかぎりは、それもまた存在しているもの、「共に与えられている」はずのもののことである。このため、それを「存在の随伴者」とも呼ぶことにする。[29]

恥は、この「随伴者」が見いだされた瞬間に生ずるのである。「瞬間に」と私が言うのは、恥はノロノロとついてくるのではないからだ。恥は、不可能であることを洞察して起こる反応なのではない。（たとえば悲しみのような）態度ではないのだ。むしろ——悲しみよりはるかに致命的であって——不可能であることそのもの、断念そのものなのだ。——たとえば、禁欲者が身体を「持っている」という事実に向かい合えば（「持っている」とは同時に「どうすることもできない」、「持たざるをえない」つまり「持たされている」ことを意味する）、彼が疑問の余地がないとともに受け入れがたいこの事実に直面して当惑しているとすれば、——当惑していること、それが彼の恥なのである。自由を要求する「自我」が（フィヒテ的な意味で）自己自身によって「措定」されたのではなくて「生成」したこと、「自由な自我」として存在しているのでなく、同時にというより以前から被造物であること、つまり、条件づけられ、自由でない人間であること、「随伴者」につきまとわれていることを確認すれば、——彼のその困惑、その断念が彼の恥なのである。つまりそのために何もできないことに対して何もできないということこそ「恥じる」ということの意味なのである。言い換えれば、倫理学者が恥からの解放だとしているものこそ恥の根本的動機なのである。

猫背、身体、根源について言えることは、「悪事」についても大体言うことができる。悪事は無論（恥じられるのはまず存在や所有であって、したことではないから）猫背ほど根源的な恥の動機ではない。行為者も、結局は行為を恥じるのではなく、「これこれの者」であることを恥じるのだ。その行為をした者と同一であること、つまり、そういう存在であることを恥じるのである。(30)

恥が生まれるのは、「その者自身」であると同時に他者であるからである。だが同時に恥は、ある意味では、この「他者」、「随伴者」から逃れようとする試みでもある。この試みが常に無駄であることはすでに見た通りである。(31)恥は、実際、困り果てるものであり、何の手立てもないものであって、恥じる者には、（自分が結びつけられている）「随伴者」とともに破滅しようとする敗北主義的な手立てしか残されていない。「心の底から恥じる」とか「穴があったら入りたい」という言い方は、決してメタファーではなく、それ以上「厳密な」記述に取り替えようのない適切な記述なのである。恥が一旦生ずると、地面が石で固められたようになってしまうために、その恥を抑えようとしても、結局は無駄になり、恥が「恥についての恥」として急激に積み重なっていくことも周知の通りである。――

恥じる者のこの基本的状況を捉えれば、つまり恥とは、限界を思い知った自由とか、個体化の方向喪失とか、絶望であることを理解すれば、性にかんする恥が恥そのものであるとされることが多い理由も明らかである。性や種にかんするものは、端的に個人以前のもの、自由を奪われたもの、すぐれて「エス」であるもの、個人であるかぎりの個人には属さないものである。

しかし、性が個人に属さないということは、個人の空しい要求である。個人と性にはひとつの連帯性、しかも二重の意味での連帯性があるからだ。つまり一方では、個人は性に「属し」(性に「服従」さえしている)、他方では、性は個人のうちでしか実現されないからである。こういう連帯性は非常に強力であって、「個人は性の属性である」と言っても、「性は個人の属性である」と言っても、何の違いもないほどである。こういう二通りの言い方が妥当すると同時に妥当しないという二義性のうちにこそ、真実があるのだ。

こういう二義的な、あるいは「弁証法的」とも言える事実が、性が「恥部」であり、人々が恥じる根拠なのである。性的存在としての個人が「所属し」「服従する」存在であるかぎり、個人は自分の主人ではなく、個人はもはや「自分自身」でなく、自由ではない。――個人はきわめて二義的な形で彼自身であると同時に彼自身ではない。このことが、恥の本質を言い表そうとした上の定式の確証になる。

このように見れば、恥は、何らかの偶然的な心理状態ではなく、（そういうものが存在するとすれば）形而上学的なもの、普遍論争において論じられた「もの」と「普遍」との弁証法の具体的な表れなのである。「もの」（ここでは個人）は「普遍」（あるいは少なくとも一般的なもの）を含んでいる（そうであるというその属性である）ことを恥じる。この「一般的なもの」、すべてに共通であるもの、「共通のもの」を具体化する「もの」が「恥」と言われるのも理由のないことではない。

性にかんする恥に限れば、恥は、「自我」でなく「エス」として見いだされ、徒らに自己と同化しようと努めている人間の方向喪失であるという、われわれの恥の定義が完璧に確証される。しかしその他の恥についてはどうであろうか。それらもわれわれの定義を同様に確証するだろうか。

ひとつの検査をやってみよう。

内気な子の恥は確かに性にかんする恥と同様に基本的なものである。子供が母の背に隠れるのは、子供が「エス」であることを隠すためなのだろうか。子供が隠れるのは、自我（あるいは自己）であろうとする要求において欺かれていると感ずるからだろうか。

そうではない。

子供がそういうことを要求するだろうか。

これも違う。実例と定義とをなんとか結びつけようとしても見込みはなさそうだ。「一体感の変調」という恥の定義には誤りが含まれているように見える。

しかしその誤りはどこにあるのだろうか。――短い考察を挟むことにしよう。――

「一体感」には二人のパートナーが要る。ひとりは同一化しようとするほうで、――これを「同一化するもの」と呼ぼう、もうひとりは、それに同一化されるほうであり――これを「同一化されるもの」と呼ぶことにする。

明らかにこれまで、われわれは、「同一化するもの」の役割は自我に、「同一化されるもの」の役割は「エス」に割り当てられる場合だけに限っていた。「自我」が「エス」を恥じるというわけであった。しかし、こういう役割分担しかないのだろうか。その逆の場合も同様にありうるのではないだろうか。「エス」が「自我」と同一化せざるをえない状態に陥るという場合、「エス」がその同一化への要求によって方向喪失に陥る、「恥」という「方向喪失」に陥る場合、要するに「エス」が「自我」を恥じる場合が考えられないだろうか。

この問いは奇妙だ。――そんなことがないことは、次に取り上げる子供が、たちどころに証明してくれるだろう。

その子供の存在は、まだ家族の中にどっぷり根を下ろしていることだけに限られている。子供はまだ単なる「共同存在」である。子供はまだ、「自我」というところまで成長していないのである。子供はまだ「自我」という姿を示していない。その中で一緒に子供が生きている「大地」から自分を「取り出す」のは、子供にはまだはるか遠い先のことだ。

「取り出す」と私は言ったが、「取り出す」とは最初は、「あるものから、あるものを取り出して、自分を例外扱いする」ということしか意味していないように見えるが、「何かを敢えてする」という言い方では、この言葉はすでに「厚かましさ」と似た意味だから、言葉の真実さを信じてよければ、「自我 - 存在」と恥との間には、ある種の関係があると考えていいだろう。

そこで、この子供が知らない人から話しかけられ、たとえば名前を聞かれると考えてみよう。この普通の最初の質問は、聞かれた者が、名前を名乗ることによってグループから「取り出し」、自分を自分として同一化することを期待しているわけだが、これはその他の質問の場合も同じである。

だが、子供の状態は一変する。母親の子供として「共同存在」にすぎない在り方を続けるのでなく、背景の中に姿を隠しているのでもなくて、子供は、「例外」とか個人とか自我として相手に対することになる。社会的な誕生のショックはかなりのものである。そのためそのショックをフロイトの「生誕時のトラウマ」の変種だと考えていいかもしれない(32)。

もちろん、その新しい状態は子供にとってまったく未知のものであるわけではない。子供は、自分自身を「取り出し」たことはまだなくても、生まれてから子供は、自我 - 存在の脅威にさらされてきたのだ。――すでに生誕そのものがいわば最初の「身をさらすこと(遺棄)」であったのだ。あらゆる子供が「さらされた子供(捨て子)」なのだ。とりわけ独りでいるとき、子供は「自分自身に」任せられ、ひとりぼっちで、最初の自我 - 経験をしなければならなかった。すなわち共同存在なしに存在することを我慢しなければならなかった。不安は認識の推進役だから、共同存在のぼんやりした幸福はいつか終わり、もっと危険にさらされる冷ややかなあり方が自分の運命となることに、子供はすでに気づき、少なくとも感じ始めていたのである。

しかしこの感じ始めたのは誰なのだろうか。誰がこの感じの主体なのか、このひるみの主体だったのは誰だったのか。

自我だったのだろうか。

不安や恐れを抱かせるものが迫り来る自我 - 存在であれば、ひるむ者を自我だと考えられるだろうか。

そう考えることはできない。
考えられるのは――いかに奇妙に聞こえようとも、誰かというこの問いに対する答えはただひとつ、感ずる主体、ひるむ主体は、まだ自我に達していない存在である「エス」だという答えしかありえない。

破局がやってくる。知らない人が子供に話しかけるとき、脅迫は現実となる。子供はまだ「エス」なのだが、「自我」となることを求められているのが分かる。そして子供はこの要求に応えられないから、ひどく荷が重いのだ。「私のことを言っているのだ」どころか「それはぼくなんだ」ということに子供が気づき、それが分かっていることに疑問の余地はない。しかし「それはまだぼくじゃない」「ぼくはまだ自我じゃない」ことを子供が知っているのも同様に確かである。要するに、その状況は自我であることと自我でないこととの同時性であり、われわれが先に恥の状況として認めた、あの「縁が切れない」状況と同様に、解決も整理もつかない、動揺する矛盾である。

そして実際に「エス」に残っているものと言えば、先に述べたショックを受けた者だけである。自我として、「対面する」自我として登場せねばならぬという不安に打ちひしがれた者だけである。子供は穴があったら入りたいし、隠れていたい一心である。（自分が生まれてきた袋の中に逃げ込むカンガルーのように）子供は、共同存在のアリバイを取り戻そうとして、母親のスカートに隠れようとする。

前にも一度引用したが、シェリングは「自負は根拠からの起源に反抗する」と言ったが、それと対になる命題をこう言ってもいいだろう。「起源は自我存在の自由や危険にさらされることに反抗する」。この反抗もまた「恥」なのだ。――おそらく「もまた」にすぎないだろうが。「自我」であることの恥は、自我でないことの恥よりも一般的であり根源的であることを多くのことが示しているからである。[33]

確かにそのほうが一般的であり、根源的である。ふつうは一体何に対して、誰のことを恥じるのだろうか。

（多数の者のうちに埋もれているのでなく）多数の者を相手としなければならない話し手は、彼自身として登場することが恥ずかしくないだろうか。視線の砲火を浴びて「対面」に委ねられることを恥ずかしいと思わないだろうか。知らない人の中にいるよそものはどうだろうか。「取り出され」「例外」であるために、自分自身として人目をひき、抜け出し切り離されるから、ジロジロ見られるのではないか。こういうことはすべて、規範を犯す恥が道徳的な恥の原型であることを証明しているのではなかろうか。正常なものや規範に対して目立つ自由を「取り上げ」られた、不従順な者は――自分自身である現場を見られたときに恥じるのではないか。そして――重要でなくなったわれわれの恥の分析の最初の例とは非常に違うが、――そのように恥じる人たちが隠れようとすれば、それは、彼らが自分であることを欠陥と感ずるからなのではないか。そして彼らが「隅っこに隠れ」たり聞こえないふりをしたりすれば、彼らは自分の自我存在を否定し、自分が目立つ恥ずかしさを消し去って、元の状態を再建しようとしているのではないだろうか。(34)

以上の迂回は長くかかったが、恥の本質について、いくつかの洞察が得られたから、迂回するきっかけとなった例の異論と対決する準備が整ったわけだ。

その異論によれば、「プロメテウス的羞恥」というタイトルは単なるメタファーであり、われわれが記述した経験のうちに真実の恥の経験が見られるとは認め難い、（「プロメテウス的羞恥」というものがあれば）その「審級」は装置、つまり目のない品物のうちにしかなく、また人間が、目のない品物を真実の審級と認めて、それを「恐るべきもの」として恐れるほど異常になりうるという考えはまったくばかげているから、ここでは「真実の審級」は問題になっていないのだ、ということであった。

明らかにわれわれには二つの問題が残っている。(1)この異論の説得力を検討しなければならない。――この検討はさらに二つの部分に分かれる。(a)メタファーの問題、(b)「目がないということ」である。そして(2)――これが主要な問題だ――「プロメテウス的羞恥」が「一体感の変調」であるかどうかを研究しなければならない。われわれは、恥は一体感の変調であると認めたのだから、「プロメテウス的羞恥」を「真実の恥」に入れるわれわれが正しいことを決定できるのは、それだけだからである。――これでわれわれの研究の最後の部分の概略を示したわけだ。

12　異論の撃退

a　「メタファーにすぎぬ」言葉など存在しない

メタファーによって欺かれているという非難から始めよう。

この非難は何を言おうとしているのだろうか。心的なリアリティにかんする叙述は「単なるメタファー」だという主張はどういう意味なのだろうか。「単なるメタファー」というようなものがあるだろうか。「明るい」と言われる人が比喩的な意味でしか「明るく」ないということが現実にあるだろうか。「憂鬱」とは比喩的な表現にすぎないのだろうか。(いわゆる)「重さ」が文字通りには物理的対象にしかふさわしくないからといって、「憂鬱=重い気分」は比喩なのだろうか。一体なぜ、そのような対象にしかふさわしくないのか。「重い」という意味は物理的性質を特徴づけるために作られたなどと、どこに書いてあるのだろうか。

　心理学者がその種の表現を信用しないで、自分たちのメタファーによる表現が何も重要なことを表していないのは分かっている、と謙虚に認めれば、彼らは対象の本質にかんする現実的な方法的反省に基づいて告白しているというより、偉大な仲間である自然科学者の厳密さや権威を認め、恐れをなしているにすぎないのだ。そうする彼らが間違っているのだ。彼らの心的対象の本質は言葉で表現されなければ、まったく無意味であり、魂の心的リアリティの呼び方が、このリアリティそのものの本質をなしているからである。憂鬱な魂が「重い」と言われ、この言葉で再認され、この言葉を使って他の人に分からせることができれば、それは、憂鬱の「気分」は実質的に「重い」と感じられることの証明である。その表現に、他の起源のリアリティから切り離して憂鬱に貼りつけられたレッテルだけしか認めない考え方は、産業が商品に名前をつけるのと同じやり方で、魂は自分の言葉を発明するという暗黙の前提から出発しているのだ。むしろ記号は憂鬱の実在的な部分そのものなのである。切り離して貼りつけられたレッテルが重要であることを認めれば、――魂が自分自身の状態を特徴づけるために、ほかならぬこのレッテルを選んだという事実こそ、そのレッテルが実際にその状態において再認されることを実証するものであろう。

　別な言い方をすれば、メタファーに対する不信は、種々の体験領域は自律的で密閉され、互いに遮断されており、各領域間の往来は、少なくとも科学者たる資格ある者には固く禁じられているという、自明とされている誤りに基づいている。こういう心理学は不合理である。いわゆる他の領域から輸入された表現が容易に理解されうることを証明するまでもない。それどころか、いわゆる他の領域から輸入された表現がただちに理解されるという事実が、領域間の境界は広く開かれていることを証明しているのである。日常生活においては、科学者も彼が信用しないメタファーなしには片時も過ごすことができない。少なくとも「非メタファー的」な言い方に逆らう現象について理解されることを伝達する代替機能を、メタファーが物の見事に果たしていることに、科学者も異論を唱えることはできない。この事実はわれわれに不信感を与えるはずだ、つまりメタファーに対する不信感ではなく――そういう不信感は、科学の厳密さについて耳にしたこともない初心者がいだくものだ――メタファーに対する不信の正当性に対する不信感を与えるはずである。「メタファーにすぎぬ」言葉を根拠にして、魂のリアリティに近づけないと嘆くのは途方もないことなのだ。反対にわれわれは、メタファーの事実のうちに、魂そのものの最も本質的な特徴をつかんでいるのである。

患者が「鈍い」と言って苦痛を訴えれば、彼がどう感じているか、彼が何を言おうとしているかをわれわれは正確に理解できる。この伝達を「非科学的」であるとか「メタファーにすぎぬ」として取り除き、そういう伝達は別の意味領域に属する記号を使って異種のものへの飛躍（μετάβασις εἰς ἄλλο γένος）を犯していると非難する空想的な医者は、科学時代についての道化芝居にうってつけの人物であろう。患者が表現を「転用する」（μεταφέρει）というのは断じて真実ではない。しかもそれは、特定の言葉で示される性質が特定の種に固有のものでないからではなくて、そういう性質が「特殊化される以前」の、すなわち主体のさまざまな感覚への分割とまったく無関係な、世界と主体との関係を表しているからである。そういう性質は、特定の感覚領域で特殊な形で実現されて初めて二次的に現れる。「おぼろげであること」は二次的には、触覚的、聴覚的、嗅覚的、情緒的におぼろげなものとなる。そうでなければ、使った言葉を後で使うことができない（そして詩の言葉は分からずじまいになるだろう）。「鈍い痛み」だけではなく、鈍いナイフが分かるのも、「鈍い」が、特殊化される以前に何であるかを理解しているからだ[35]。――そしてこれらの性質に認められうることは、あらゆる現実的特徴あるいはいわゆる「メタフォリカルな」特徴を持つ「高揚」「軽快」「圧倒」「沈鬱」などの体験にも認められ、恥にも認められる。

13　異論の撃退

b　世界に目がないわけではない

メタファーについては、以上述べたことだけにしておこう。

メタファーを非難する根拠を、異論を出した人は次のように述べていた。ある「審級」の監視や監督のもとにあることを知っている者しか現実に恥じることはないのだから、現実の恥は問題にされていないのだ。装置の世界には目がない、装置に見られていると言うほど人間は異常ではない。装置は「審級」としては問題にならない、と。

これはもっともらしく聞こえる。しかしそれは、理論にとらわれているために、理論にとらわれないときには何がもっともなことであるか分からないからにすぎない。理論にとらわれていない人にとっては、物から眺められること以上にもっともなことはない。（世界を）認識する者としてしか自分を考えない認識論者とは異なり、そういう人は、自分を（世界によって）見つめられ、見られる者であることを当然だとみなしている。——これは、彼が仲間や動物からだけでなく、見える世界全体から見られているのを知っていることを意味している。彼はふつう、少なくとも本来は、「目に見えること」が根本的な相互関係であることを理解している。つまり彼が見るものはすべて、彼を見るものでもあるのだ。

これは、彼が椅子やテーブルや絵画によって実際に見られているのを知っていると主張しているのではない。これは強調するまでもないことだ。われわれが主張しているのは、自分を「世界によって見られている」とみなすことが、彼の無邪気な世界観の一部だということだけである。彼がそれを理論化しないのは、理論以前の彼の「世界観」が重要だからであり、理論的態度をとれば、その瞬間にその世界観は消えてしまうからである。「世界観」という言葉さえ不適当かもしれない。言葉はどうあれ、事後的な理論以上に証明する力のあるものを知っているから、彼は一貫して「見られる者」として振舞うのである。この主張は、無数の証拠によって実証することができる。まったく自然な孤独のうちにあっても作用している恥の阻止現象にかんする（まったく別の意図で集められた）、精神分析の実例によって証明することもできる。ロビンソンもはだかでは走り回らなかったのだ。

詩人たちは何のためらいもなく、山頂が脅かすようにわれわれを「眺めやり」、月が親しげにわれわれを「見下ろす」と語る。その種の言葉を異常なものとして退けず、詩人たちの言うことが理解できれば、われわれにとっても「眺めるもの」が当たり前であり、それらの「外観」のうちに「向こうからわれわれを見ている」何かが見え、詩人たちの言葉の中には、われわれが早くから慣れ親しんできた世界観が見いだされることが分かる。この「互いに見る」という事実を、「アニミズム」とか「擬人観」と呼ぶかどうかはどうでもいい。その根元は、世界がわれわれに「好意を持って」いれば、世界が（オーストリア的な意味で、われわれを）「気にかけ」ていれば、世界は「われわれを眺め」、世界がわれわれを脅かすときには、世界は「われわれをねらっている」と考えるところにあるのだろう。

世界から見られると感ずるには人間は「異常」でなければならないとか、逆に、世界によって見られることはないと感ずるためには人間の無邪気さを失わねばならぬとか言うのは誤りである。このことは、以下の（難しい）実験が証明している。すなわち、事物がわれわれを見ないという事実をはっきり意識しようとすれば、その結果はきわめて奇妙なものになるのである。自分が座りつけている椅子や、毎日書き物をしているテーブルや鏡でも、ただの一度もわれわれを見たことはなく、われわれを知りもしないとか、ベッドの右側の絵が永遠の夜に沈み、その左側にある絵は、自分の美しさも自分が見えていることも、また毎日見えている物のことも何ひとつ知らないという考え、要するに絵は完全に盲目であって、われわれは盲目の事物の世界に取り巻かれて、見るだけで見られることなく人生を終えなければならないという考えは、――こういう考えは、あまりにも珍妙なものであるため、まさしく「別の惑星の雰囲気」が感じられるような気がして、訳の分からない別世界の妖怪じみた生活状態を目の前につきつけられるような感じを免れることができない。――

事物は「盲目」であるから、われわれはそれを審級として認めることはできないと思うのは完全な誤りである。われわれが無邪気ならば、事物が盲目であることを知る由もない。「物は私を見ていない――それゆえ、それに対して恥ずかしがる必要はない」と言うのは単なる理論である。ここでの「それゆえ」が認められなければならないかどうかが問題なのだ。もし認めねばならぬとすれば、おそらく全然ちがう「それゆえ」になり、推論のメカニズムが時計の針とは逆に動くことを証明するものになるだろう。そのときには、「それゆえ」は、「私より優れているものに対して私は恥ずかしい、それゆえ、それは私を見ている」ということになるだろう。[36]

この異論に含まれているいろんな要素がきわめて疑わしいことは明らかである。それよりさらに重要なこととして、「プロメテウス的羞恥」が恥の本質として認識された条件を満たしているかどうか、つまりそれもまた「一体感の変調」であり、「エスと自我」あるいは「自我とエス」との同一化の挫折であることが明らかになるかどうかの検討がまだ残っている。

先にわれわれが「エス」を導入したとき、この概念をまったく不確定なままにしておいたが、それには理由がある。共にあるものがそれ自身でなくても、（自己との出会いにおいて困惑しているような）自我が否応なく「共にある」もののすべてを、この言葉で表していた。この概念をより詳しく規定しなかったのは、さまざまな存在者（身体、種、「人々」）が「エス」として現れたからである。そして、「エス」の「随伴者という性格」だけに関心をよせ、自我が自分を「エス」として見いだすときに現れる一体感の変調だけに関心をいだいていたから、この概念を不確定なままにしておいてよかったのである。この変調もしくは混乱に、われわれは恥の本質を認めていたからだ。非常にさまざまな現象を提示する「エス」という表現に何か存在論的に同質のものが対応しているとは、われわれは全然考えていない。そういう想定は意味がないだろう。――

いま問題になっている「エス」が、われわれの恥の基本分析では前面に出ていた（身体、種、家族などの）いわば「自然的」な「エス」‐現象から根本的に区別されるのは、驚くべきことではない。この事実のうちに、われわれの研究全体の対象があるのだ。つまりここでは、「エス」として現れるのは装置であり、人間が装置の一部となって共に機能する機械の運転である。人間がそれと共に機能するので、人間は自我としてではなくて、装置の役割において、つまり装置の部分「としての」自分と出会うのである。この「エス」を最初の「エス」と区別するために、「装置‐エス」と呼ぶことにする。

ある意味では、――これは実際、ほんのイメージにすぎないが――自我存在と争わせようとする二つの力で人間を締めつける二つの岩に挟まれて窮地に陥っているものとして、人間を考えてもいい。一方では、「自然的エス」（身体や種など）の力によって、他方では「人工的な」（官僚的、技術的な）「装置‐エス」の力によって締めつけられている。今日すでに、自我に残された場所はごく僅かとなり、装置‐エスがしだいに近づき、日に日に自我の身体に近づいているから、その隙間は日に日に狭まっているのだ。自我が、自我でないこの二つの巨大なものに押し潰される危険が日ましに増大している。無数の人々がこの破局を期待し、すなわちテクノクラシー的な全体主義を期待しているために――それへの期待が日ましに正しいものになる。これが明日か明後日に終わるのであれば、最後の勝利は装置だけに与えられることだろう。装置は、装置と無縁のものをすべて飲み込もうとする熱望をもって、単に自我だけでなくその他の「エス」である身体までも平らげてしまっているだろうからである。

今日すでに、装置はこの方向でやれる限りのことをやっている。「装置がわれわれの身体に向かってくる」という言い方は、ひとつのイメージなどではない。まさしくわれわれの身体の中に装置が入っているのだ。装置が、われわれの性をも征服し、それを自分の支配圏に編入しようとしているからである。次にその実例を挙げることにしよう。

14　一体感の変調の背景としての同化の狂宴――産業的ディオニュソス崇拝としてのジャズ

今日でもまだよく「黒人音楽」として片づけられるジャズは、決して単に「砂漠や原始林の太鼓の血の思い出」から生まれたものでは（そもそも）ない。むしろジャズは、（少なくとも同時に）「機械音楽」すなわち産業革命の人間に適したダンスをやる音楽なのだ。ジャズで声となるものは、単に「おぼろげな古代的存在」とか「吠え立てる性の欲望」なのではなくて、常に同時に、動物的グリッサンドを打つことなく、きれいに同じ大きさに断ち切る、正確に働き続ける成型機の単調さでもあるのだ。

最初は、二つの敵同士である「エス」の力としての「大地の力」と「物」の力、セックスと機械の力とが連帯して、自我に対して、嘲笑し喜びつつ、敵対しながら強め合い、せめぎ合い刺激し合いながら結びついて、狂宴と化したメカニズムと機械化したオルガスムのうちに、自我そのものを砕こうとしているようにも見えるだろう。ジャズの究極の目的は、奇妙な形で連合しても機械には達しえなかった目的なのだ。つまりジャズの究極目的は、セックスそのものを粛正してしまうことなのだ。ジャズがセックスと触れ合っているのは、セックスと共同して働くためではなく、蓄積された性の暴力を自分なりのエネルギーに変え、変形過程であるダンスを踊る者を、動物エネルギーを機械エネルギーに変形する変換機に変えるためなのだ。

これは無論、ダンスで得られる生命エネルギーから機械的効用価値が得られるという意味ではない。機械の独裁的要求は周囲の他のエネルギーを押さえ込み、機械は、爆発過程が機械運動と化したダンスの狂宴によって過剰な生命力を解放し爆発させる。ダンスを始めさせる音楽は、徹底的に物のような自動的な運動様式を備えており、あらゆる時間感覚を中和し、あらゆる時間を踏み潰す反復的な狂暴さは、常に同一運動を続ける機械の狂暴さである。(37)原理とされるシンコペーションは決して「純粋に音楽的に」「切分音」として解釈されるべき特性ではない。それはむしろ、機械が身体リズムを掻き乱す、切れ目も緩みもない鈍さの象徴だ。いわば一拍ごとに新たに打ち込まれる干渉音である。それは、常に新たに身体自身で「数え」、独自の時間を持とうとする要求や身体を否定して勝ち誇るのだ。

機械との同調性を証明するために、身体がこの否定に協力するから、ダンサーが踊っているのは機械の神格化であるだけでなく、同時に、告別式であり同調の祭典であり、自分自身の全面敗北の陶酔的パントマイムなのだ。——

先に「人間工学」を論ずる際に使った「産業宗教」という言葉を、ここで確認することができる。たとえばハーレムのダンスホールでのダンスに見られる狂宴は「娯楽」とはもはや何の関係もない。それ以上のものであり、それ以下のものでもある。すなわちそれは、機械というバール神を称えるために行なわれる供犠の陶酔の踊りなのだ。

その陶酔はほんものであり、ダンサーは自分自身でなく、下界の力でない機械という神と合一するために実際に「忘我の状態」に入る。これは、産業的ディオニュソス崇拝だ。——機械神の勝利を身体に絶え間なく打ち込むというシンコペーションに妥当することは、「終止」(音楽的に言えば「偽りの終止(カデンツ)」)にも、同様に妥当する。これも機械的である。それは「ブレーキ」の役割を果たし、純粋な「制動過程」を表しているからである。音楽で「終結部」が意味するものの類型学があっても、——たとえば後期ロマン派の音楽では「終結部」は「甘い死」とか「救済」と同じ意味だが——この「ブレーキ終止」は絶対的に新しいものだ。制動過程は(機械は常に「最中」に、偶然的な時点でブレーキをかけられるから)「中断」なのである。この音楽を物理的に共演する者にとってこれが意味するものは、こういう言葉から理解することができる。しかし十分明確に理解できるわけではない。ここで中断されるものは単にセックスの興奮ではなく、生命そのものだからである。音楽やダンスが機械的にブレーキをかけられたり、突然切られて狂宴が断ち切られると、ダンサー全体が「打ちのめされ」、殺人や労働事故の被害者のようだ。中断が意味するものは、祭式風に言えば、突然の暴力的な死なのだ。まさに死こそが祭式に属するものであり、動機もなく終わることほど機械に似たものは存在しないからである。この終わり方は成功した機械化を示しているからである。突然止められた者は「私は無視された、だから私は機械の一部なのだ」と言ったり、感じたりする。このストップが楽しいのでもある。それは音楽という機械がすぐに繰り返し新たに始まり、新たな敗北に新しい生命を約束し、新たな殺人への新しい希望を提供することが確実だからだけでなく、ストップこそ神性との合一の絶頂だからである。

ダンサーがこの儀式によって現実に「処理され」、彼らの自我が絶え間なく失われることは、彼らが狂宴によって彼らの顔を失うという驚くべき現象に示されている。私が言っているのは、よく観察されている現代人の容貌の定型化ではなく、顔が同じモデルによって刻印された、酷似した量産品になっているという事実でもなく、ハンカチがその織り傷でしか区別できないように顔が区別できないという事実でもなくて、すでに多少なりとも定型化された顔そのものの喪失なのである。この喪失は、いろんな形で示されていることである。たとえば、顔が狂宴の間にだらしなくなり、やつれてくるとか、顔が個性の鏡とか人間の中心的な表現でなくなるとか、顔が身体のほんの一部となり、抑制もなくむき出しの外観がそっくりである点では肩とか尻の外観に劣らないという事実とか、あるいは顔がいわば狂宴から切り離され、下で行なわれていることなど知らぬ顔で、儀式の始まる前にクロークに顔を預けることができないから「随伴者」として「携え」られているということ、あるいは、狂宴の間ガラスばりにしている——つまり何かを見るとか自分が見られていることを意識しないでいるところに示されているのだ。ダンサーのひとりが——こういう狂宴にはギャグが必ずつきものだから——機械化に陶酔して何かを自分の頭にかぶせ、ただでさえ何でもない自分の顔を決定的に覆い隠そうと思いついても、それは少しも驚くべきことではない。狂宴の間に新しい種類の恥、まさに顔についての恥が生まれても——気の抜けたいやな顔についての恥ではなく、（禁欲者が身体を恥じるように）顔を持っていることについての恥が生まれても、相変わらずこの自我性のスティグマを強制的な随伴者として持ち回らなければならないという事実についての恥が生まれても、これまた驚くべきことではない。

こういう考えは――真実のほうへ歪めているのだが――「哲学的誇張」であるとしても、顔がひとつの残滓になってしまっているという事実、時代おくれのものになっているという事実、これは疑う余地がない。この顔の喪失が、造形美術が主体としての顔を無視する時代、商業的なイラストが、人を表現するとき、顔を抜きにすることをシックだと感ずる時代に現れたのは、確かに偶然ではない(38)。

もう一度、こういう狂宴を進めさせる「音楽の機械」に戻ってみよう。

こういう音楽をバンドリーダーが、いわゆる「真面目な音楽」として、つまりただ聞くだけのコンサート・ミュージックとして演奏しようとすれば、それはひとつの誤解に基づいている。それは彼の側ではこういう音楽に認められる「文化価値」に対して、社会的敬意を表そうという熱意から生まれたのであろうが、彼の意図が誤りであるのはそのためではない。彼の誤りは、この音楽が「軽すぎる」とか「ポピュラーミュージック」だからではなくて、逆にこの音楽は驚くほど真面目でコンサートホールには真面目すぎるからなのだ。こういう音楽は、(ギリシア語の音楽的、道徳的な意味での)「エートス」が大きく変わってしまった人々の心を、今日でも華麗なコンサート音楽よりも、比較にならぬほど深く強く捉えるのである。コンサート音楽では、シンフォニーの終結部が鳴りやむと、聴衆は――ただの聴衆のことだが――「体験」を得て出てくるが、その体験は、コンサートホールの外と何の関係もないから、すぐに消えてしまう。真面目な音楽の効果ほど不真面目なものは存在しない。それに反して、よく「不真面目」だと片づけられるこういう音楽の効果ほど真面目で、効果的で危険で破壊的なものはない。こういう音楽は、現実に心を捉え、激しい変容を、しかも、終日支配している機械のやり方で人々を引き込み、人々を機械のやり方に完全に同調させるために、ホールの外の世界や人生と深く関係する変容をもたらすからである。

あらゆる儀式は一緒に動くことを要求するが、それがここでも必要とされる。このため、こういう音楽を単なる人工音楽として、ただの聴衆の前で「コンサート風に」演奏する人は、決して新しい芸術家とか教養人ではなく、彼はむしろ、そこにいる人々を実際に神秘に加わらせることなく、聞くだけのいわば機械化の見物人であることに満足させ、儀式集団を欺いているのだ。こういう参加者が、その欺瞞に激昂して、聞いているだけの参加者の役割にとどまらず、ウィーンのあるコンサート風のジャズ演奏会で実際に起こったように、反抗することになったとしても決して驚くほどのことではない。——

以上補論として述べたことは、機械との同化が陶酔儀式という強制手段で強いられる状況であり、ある意味では、——音楽そのものをひとつの「機械」、人間自身が作り出し、自分自身を機械化するための特殊装置とみなしたことを除けば——現実の機械は、この状況には登場しなかったのだから、ひとつの妄想状況、「より美しい」あるいはもっと陰気な「仮象」だったのだ。

この補論として述べたこととわれわれの主要な研究との関係を示しておかなければならない。人間が装置や機械の世界とうまく同調できておれば、こういう独特の同調儀式など決して発明されなかったろうし、発明する必要もなかったことは明らかである。同一性を楽しむための狂宴など必要ではなかっただろう。儀式という事実は、同調がうまくいっていないことの印、少なくともその示唆と考えていい。

しかし私は、そういう示唆を証明として受け止めるつもりはない。むしろひとつの「検査」をやってみたいのだ。すなわち人間と装置との「自然な」関係、つまり労働条件において実現される関係を研究してみたいのである。そしてこの状況に、一体感の変調がひどくなるような自己との出会いが含まれているかどうかを調べ、最後に——最初の問いに戻るわけだが——この変調が「恥」であるかどうかを調べることにしたい。

15 後退——自我は断念する自我である自己と出会う——挫折する労働状況は「プロメテウス的羞恥」の模範的サンプルである

「一体感の変調」は装置にとって何を意味するか。

先に説明した二重の原則（「自我はエスを恥じる」「エスは自我を恥じる」）に対応して、ここにも二重の意味があるのは明らかである。

人間は自己との出会いにおいて、自分自身でなく装置の世界と同調した何ものかと出会う。人間は装置の一部である自分を発見する。

あるいは、人間は意図的に装置（もしくは装置世界の全体）に統合されている。人間には装置への不断の回心、「路線に忠実な」同調はうまくいかないから、装置の一部にならずに、自分自身を見いだすことになる。

最初の場合には、自我はエスとしての自分と出会う。第二の場合には、エスが自我としての自分に出会う。

この二つの可能性の最初の場合については、立ち入る必要はない。それは、すでに時代おくれだからである。チャップリンが『モダン・タイムス』で示した人間、機械を操作してないときも、意志に反してチックのように機械的運動を行ない、自分が装置の一部になっていることを確認して驚く存在、こういうチャップリン的な存在は現実には存在しない。あの描写は歪められている。「現代人」を驚かせるのは逆に、機械の運転に巻き込まれて「本当に」「歯車」以外ではなく、それ以外のものであろうと願わないときでも、人間が自我の残滓であり続けていることだ。人間を驚かせるのは、たとえば自分の前を飛ぶように速く流れていくベルトコンベヤーについていけないことだ。それも、要求される作業に必要な一連の運動に身体が適応できないとか、かゆくてどうしても掻きたいからなのだ。彼以外の装置の部分には、そんなみっともないことは起こりようがないのだ。――

最初からやってみよう。つまり機械の運動が初めて知られたときから始めよう。人間はそのときからすでに自我‐アイデンティティの二義性のようなものを引きずっていたかどうかを調べてみよう。

新しいベルトコンベヤーに出会った人なら、この初めての出会いが機械の運転と同化するのに、つまり動いている機械と歩調を合わせるのにどれだけ緊張が要ったかを知っている。そういう人なら、歩調を合わせられない不安も知っている。不安は毎日のことだから、この熟達が示す二律背反はふつうは知られないままになっている。労働者は、機械のテンポやリズムに合わせて苦もなく働けるようになるために、極度に集中して努力しなければならず、注意深く自己を抑制して自動機械を動かさなければならない、自分自身として機能しないように、自制しなければならないことが明らかになれば、課題が逆説的であることが分かるだろう。ふつう「適応」とか「訓練」という言葉で表されている操作は、行為者としては消え去ること、自分の行為を単なる（他律的だが）自動的な過程に変えること、そしてこの変化に成功しても自動機械を入念に制御するという行為者への逆説的要求にすぎない。――そういう矛盾が、この言葉では曖昧になっている。結局、ハンマーで打つことであれ、ヴァイオリンを弾くことであれ、装置に合った行動はすべて「適応」を求め、しかも人間らしくないことを求めると言ってみても、それは、この課題の逆説の反証にはならない。練習ならば、ヴァイオリンでも要求するのであって、楽器や音楽の流れが求めるように運弓法に順応して、それが自分にとって「自然」になるように努力しなければならない。しかし労働者の練習課題と比べれば、ヴァイオリニストの課題はずっと人間的であり、練習しながら能動的であり続けるかぎり、彼はあの矛盾から解放されている。彼の楽器は彼の（表現領域にまで拡張された）身体の一部に変化し、それを新しい器官として自分の身体に組み込んでいるからである。それに対して労働者の練習は――この課題をまさに逆転したものであって――自分自身を装置の器官にすること、機械の運動によって取り込まれ、一体化したものになる――要するに、彼が能動的に自分自身の受動化を引き受けて遂行するというところにあるのだ。この要求の逆説は疑う余地がない。

言い換えれば、自ら中心である代わりに、あらゆる集中力を呼び出して、自分の中心を装置の中に移すようにしなければならないから、彼は「彼自身である」と同時に「彼自身でなく」ならなければならないのだ。この定式は、周知のものだ。恥の補論では、恥じる者の二義的なアイデンティティをこの定式で分かりやすく言い直しておいた。労働者が機械の運動に慣れようとするありさまを述べるこの場所で、この定式が現れたのはもちろん偶然ではない。実際、われわれはすでに恥の問題圏にいるのだ。この問題圏のただ中で、われわれが自己との出会いを説明しようとすると、この二義性が重要問題となるのである。

ここで、明らかに理論的な反省作用を突き止めなければならないというように考えると、この問いに答えるのは困難になる。だが、こういう作用を捜すのはもちろん無駄である。むしろ自己との出会いは、機械操作そのものを行なっているときに、労働のひとつの契機として起こるのである。あるいは「契機」を時間的な意味で考えれば、労働の特定の瞬間に起こるのだ。

練習がうまくいっていると考えてみよう。機械的労働がうまく、すなわち人間と機械との間の摩擦なしに進んでいるかぎり、労働者が「改造人間」なり「歯車」として忠実に機能するかぎり、自我は「自己のもとに」なく、そのかぎり、ともかく自我としては存在していない[39]。同調がもう少しうまくいくほうがいいとか、労働が突然失敗する場合に、自我は「自分に」返り、そのとき初めて自我は何か不快なもの、故障した機械である自分に出会うのだ。

すなわち、自我が目立つのは、（装置‐エスや同調した存在から）抜け落ちるからである。自我が自分と出会うのは、自我が抵抗力とか機械の敵のように見えるからである。その個性が示されるのは、（有名な定式によれば）個性がひとつの「否定（negatio）」だからだ。もっとはっきり言えば、自己との出会いがあるから「一体感の変調」が経験されるのではなく、逆に変調が起こるから自己との出会いが生ずるのである。

だが、ここで誰が誰に出会うのだろうか。

自我が――自我に出会うのは確かだが、この答えで十分だろうか。

この答えが「出会う者」と「出会われる者」とが同等のパートナーであるとか同一であるというのであれば、この答えは完全な誤りである。

というのは、「出会う者」はまさに装置の一部と化した「エス」的な、模範的に共に機能している同調者であり、その自我性は奥に隠れてしまっていて、「出会う者」は少なくとも自我性を超えたと思っていたのであり、「出会われる者」として現れるのは古い自我、残滓、古風な存在であり、これは、機械が生まれる以前の古代には存在理由があったかもしれないが、装置‐エスへの変化が絶対必要なものとなった今となっては存在する権利を失ってしまっているからである。

あるいは、お望みなら、このように二つの自我とか自我の二つの異なる状態と言わずに、こう言ったほうがいいかもしれない。自我との出会いは、同調者が「だれて」前の状態に「後退する」、つまり、たとえば考え込んだり、頭痛がしたりして、完全な同調者が到達していた状態を再び失うことによってのみ起こる、と。「不注意」とか「後退」という言い方が、道徳的に聞こえるとしても、そういう意味ではない。（たとえば「やましい」という現象で）われわれが良く知っている「堕落」と「自己との出会い」との関係はきわめて広く使える事例であって、そういう関係がここで現れたのも、われわれが（道徳的な恥と）アナロジーを持たせようとするからではなく、この状況を観察すれば、そういう関係が見られるからにすぎない。――

だが、「出会われる者」の特徴づけはまだ不十分である。「出会われる者」はその出会いにおいて「古い自我」であると言ったが、本当にそうなのだろうか。

もう一度停止の状況を想定してみよう。機械の厳密な基準で計れば、誰が、つまり自我と身体のどちらが機械の運転を妨げたかは、無論まったく関係がない。労働者が停止に責任があるのは自分でなく、自分ではどうすることもできない不器用な手だと言って弁解しようと思っても、機械はいわば肩をすくめるだけだろう。

しかし責任者が全然弁解しないこともある。停止した瞬間に装置の一部としてでなく、自分自身である古いアダムとしての自分を突然再び発見すれば、彼は機械の基準で自分を評価し、自分を機械のパースペクティヴで――たとえば路線に忠実な党員が党の観点から自分を見て、党の利益にとってどうしても責任があると認め、罪があるとさえ思うように――自分を見る。自我と身体との違い、かつては（自我が身体を恥じたとき）基本的な役割を果たしていた二つの対立者の間の差異に対して、彼は関心をすっかり失ってしまうだろう。そういうものはどうでもいいものとなり、両者は唯一の複合となって現れるように思われる。ここにいる自我とあそこの身体との間の裂け目に代わって、機械（ないし機械を代表している同調者）と古い残滓との裂け目しか残っていない。そしてこの残滓のうちに自我と身体が区別を失って一体となっているのだ。

つまり対立しているものこそ、出会いの相手なのである。

この対立者の相互関係は、どういう状態なのだろうか。

この問いに至って、われわれは研究の重大な局面に到達することになる。この関係、この出会いを、文字通り理解できる「恥」という言葉以外の言葉で示すことは不可能だからである。

Tの産業展示会訪問というわれわれが研究を始めた実例が、われわれは「羞恥」という言葉をメタファーとして使っているだけだという疑いをいだかせたとしても、それは無理もないことであった。装置だけしか見ない状況、製品の完全性と身体の不完全性とをアカデミックに比較するだけであるような状況は、決して恥が実際に生ずる状況ではないからである。

われわれはすでに、そういう状況を超えてしまっている。その代わりにわれわれが見ているのは、装置が要求する状況、装置の操作が要求する状況である。Tのように装置を見るだけで「心理的困難」をきたす場合には、日常生活の秩序の中でやりすごして余分な情緒として片づけることができる。しかし、操作の困難、熟達の困難、いつ起こるか知れない停止の困難、そして現実に停止したときの困難は、操作する状況に本質的につきまとうものである。操作状況で、とりわけ操作に失敗した場合に心理的に起こることは、メタファーとしてのみ起こっているのではない。現実の停止の効果は、人間と装置との間の完成度の違いとか、生産者と製品との違いを浮き彫りにするだけではない。停止はむしろ、機械を停止させた者を放り出し、その結果、彼は古い残滓である自分に投げ返され、突然世界を失い、役立たずの「非難される」ものとなって、どうしたらいいか分からなくなってしまうのだ。

彼が投げ返された「残滓」、「適応しえない仲間」と同化することは、彼には不可能である。ついさっきまで、彼がそうであったし、また本来そうなのだが、同調者である自分はこの「残滓」ではない。彼はこの自我でもこの身体でもない。——しかしこの残滓と同化しないことも同様に彼には不可能である。この残滓は「随伴者」として一緒に与えられており、それは争えぬ事実だからだ。彼が「随伴者」に何もしてやれないということは、先に見たように、大目に見てもらえることでないばかりか、そこにこそ逆に不名誉があるのだ。彼が反抗できない事実こそ「致命的」だからである。だから彼は恥じるのだ。

しかし理論的に言うと、ひどく厄介で複雑なように聞こえても、無論、それで現実状態の激しさが減るわけではない。また無論、恥じる者は理論的な面倒など少しも知らない。恥じるとは何も分からないということであり、何も分からないとは、どうすればいいかが分からないことだからだ。どうしたらいいか分からないところに、彼の状態の本質があるのだ。彼が無意識にそれに属し、模範的だと認めていた「エス」から墜落して、彼はそこで、自分が失敗したことと「対面」している、しかも「自我」でなければならない。——しかし自我は（それが特定の名前を持ち、特定の身体を持ち、個性という特定の織り傷まで持っている）装置であるという「欠陥のある様態」でしかなく、みっともない非‐装置、誰でもない目立つ状態にほかならない。彼が装置を支配していたところで、今やもう何もすることもなく、場違いのままその場にじっとしていなければならない。なぜならば、そこにいないことも彼の力の及ぶところではないからである。彼は穴があったら入りたいという以外に望みもなく、まったくかなえられないこういう望みだけ、つまり恥だけしか持ち合わせていないのである。

機械をたまたま握りそこね、無言で流れていくベルトコンベヤーを、信じられないといった面持で見送るというような目に会ったことがない人は、決して古い自我の浜辺に押し流されたこともなく、突然自分を再び見いだすことがどういうことかを決して体験したことのない人である。そういう人の目は自分の手を、時代おくれで改善しようもない無能さのせいで事故を起こした無骨な手を、決して奇異な感じで眺めることもない。――そういう人は、どういう羞恥が現代の羞恥であり、どんな羞恥が日々何千回も生じているかが分からない。そういう羞恥は存在しないと言い立てる人がそう言うのは、われわれが物に対して恥じることを認めることが彼を赤面させるからなのだ。――

幻影と原型としての世界

ラジオとテレビにかんする哲学的考察

息子がきちんとした道をはずれて道なき道を放浪し、自分で世間について判断を下すなど思いもよらなかったので、王様は息子に車と馬を与えました。「さあ、もうおまえは歩くことはないぞ」という王様の言葉は「もう歩かなくてもいい」という意味でした。しかし、その結果は「もう歩けない」ということになってしまいました。

（『童話集』より）

I　提供される世界

1　手段にすぎぬ手段はない

ラジオとテレビにかんする以下の批判に対しておそらくまず次のような反論が出るだろう。すなわち、こんなに一般化しては駄目なのであって、問題は要するに、こういう装置で何を「する」かということだけなのだ。つまり、こういう装置をどう使い、どういう目的で置こうとするのか、その目的は正しいかどうか、人間的なものかどうか、社会的なものであるのかそれとも反社会的なものなのではないか、ということだけが問題なのだ、といった反論である。

こういう楽観的な——議論とも言えない——議論は、第一次産業革命当時からあったもので、今さら言うほどのものでもないが、状況がどうなってもそれが生き続けているとは、相変わらず気楽なものだ。

こんな議論は、正しいかどうかさえ問題にならないものだ。こういう議論は、技術について、それを使うも使わないも自由であるとか、われわれの世界には「手段」にすぎないものがあって、それは「よい目的」のために自由に使えるのだと考えている。しかし、こういう考えは完全な幻想である。装置というものは、あくまでも事実であり、しかも、われわれを型にはめこむ事実なのだ。どんな目的に装置を使おうが、装置はわれわれを型にはめこんでしまうのが現実であって、この現実は、装置を文字通り「手段」にしてしまえば、この世から取り除けるというようなものではない。この議論のように、われわれの生活を無造作に「手段」と「目的」とに分けてみても、それは実際には、現実とは関係のないことだ。われわれの生活は技術に満ち満ちていて、片方へ行けば「手段」、もう一方へ行けば「目的」というように、道路標識で示される二つの部分に分かれているわけではない。行動や機械的処理を個々ばらばらに考える場合には、こういう分け方もできないことはないが、「全体」が問題である政治や哲学では、そうはいかないのだ。生活の全体を「手段」「目的」という二つのカテゴリーで分ける人は、すでに、特定目的のための行動をモデルとして、生活を技術的な過程のように考えているのである。そういう見方はまさに野蛮であって、「目的が手段を正当化する」といつも憤慨されるのがこういう見方なのである。だがこの言い方に対する反発にも、（こういう言い方が是認されることは滅多にないけれども）それを是認する場合と同様な鈍感さが示されている。反発する人も、暗黙のうちに、この二つのカテゴリーの正しさを認め、生活全体にこういうカテゴリーを適用することを是認しているからである。しかし本来の人間味が生まれるのは、「目的」と「手段」に分けることがまったくできず、そんな区別はまったく問題にもならないほど、目的にも手段にも生き方や慣習が沁み通っている場合だけなのだ。

それは、「泉へ行くのも水を飲むのも、いいことに変わりはない」という場合だ。

もちろんテレビは、礼拝に加わるのに使うこともできる。だがその際にも、礼拝に参加せずに礼拝の映像だけを消費しているという現実が、われわれが望もうが望むまいが、われわれを礼拝と同様に「型にはめ」たり「変形」させたりするのである。映像のこういう効果は、「意図された」ものと明らかに違うばかりか、その正反対である。われわれを型にはめ、変形させるのは、「手段」によって伝達される対象ではなくて、手段であるはずの装置そのもののほうなのだ。装置は、われわれが使ったり使わなかったりする物ではない。固有の構造や機能によって、装置は、その使い方が決まっているだけでなく、われわれの仕事や生活のスタイル、要するにわれわれをも決めてしまうのである。

以下の頁を読んでくれる人々として私が考えているのは、消費者つまり視聴者である。専門的な哲学者とかラジオやテレビの専門家は二の次だ。哲学者にとっては対象が奇妙だろうし、専門家にとっては私の対象の扱い方が奇妙だろう。——私が語りかけようと思っているのは、もちろん、あらゆる消費者に向かってではない。放送中や放送終了後にハッとして、「自分はいったい何をしているのだろう。いったい私をどうしようというのだろう」と自問したことのある人々に向かって語ろうと思う。そのような経験のある人々ならば、これからの話でいくらか見えてくるものがあるはずだ。——

2　現代の大量消費は単独消費である——消費者は大衆人間を生産する無給の家内労働者である

ラジオという文化の給水栓がどの住居にも設置される以前には、シュミット家の人々もミュラー家の人々も映画館に集まって、型通りに量産された商品を集団で、マスとして消費したものである。その状況には一種の統一されたスタイルがありそうに見え、大量生産には大量消費が対応するもののように思われがちである。だが、それは皮相な見方だ。ひとつの商品の同一のサンプル（または同一の複製）を多数どころか無数の消費者が、同時にエンジョイする消費状況ほど、完全に大量生産の意図と矛盾しているものはないのである。大量生産のメーカーの利益にとっては、そうした共同消費は「真実の共同体験」なのか、それとも個人的体験の寄せ集めなのかは、どちらでもいいことだ。大量生産のメーカーにとって大事なのは、大衆がマス化されていることではなく、大衆が分散したなるべく多くの購買者になっていることであり、あらゆる人が、同じ物を消費するのでなく、同じニーズ（これを作り出すことも同様に十分考えなければならないが）を持って同じ物を買ってくれることである。多くの産業で、こういう理想が完全に、あるいはほぼ完全に実現されている。これが映画産業において最大限に実現されるかというと、それは疑わしい。劇場の伝統を引き継いでいる映画産業は、多くの人々のためのショーという形で商品を提供するからである。ここには疑いもなく古くさい伝統が残っているのが認められる。映画が驚くほど進歩したのに、ラジオ・テレビ産業が映画と競争できたのも不思議ではない。ラジオ・テレビ産業には、消費される商品以外にも、消費に必要な装置を商品として、しかも映画と違って、ほとんどすべての人に売りつけるというもうひとつのチャンスがあった。映画と異なり商品はその装置でしか家庭に提供されないために、ほとんどすべての人がそれに飛びついたのも不思議ではなかった。シュミット家の人々もミュラー家の人々も、以前なら一緒に映画館で過ごした夜を、まもなくラジオドラマや世界を「視聴する」ためにほとんど家庭で過ごすようになった。映画館では当然だった量産品の集団的消費は行なわれなくなったが、これが大量生産の減少を意味するものでなかったことは言うまでもない。むしろ大衆人間のための大量生産、大衆人間そのものの大量生産が、日ましに増大し、無数の視聴者が同じ餌を耳に提供されることになったのである。大量に生産された製品によって、あらゆる人が、大衆人間つまり「不特定商品」として扱われることになり、大衆人間という特性というより無特性のうちに閉じ込められることになったのである。まさに集団的な消費が、受信機の大量生産によって余分なものとなっただけであった。シュミット家の人々もミュラー家の人々も、今や家族ぐるみで、あるいはまったくひとりぼっちで消費するようになった。しかも独りであればあるほど、気前よく消費するのである。大衆的隠者というタイプが生まれたのだ。無数の人々がみな、他の人々から離れて、他の人々と同じく、家の中で隠者のように座っている。――決して世を捨てたわけではなくて、世界の断片的な映像を取り逃がさないようにしているのだ。

一世代前にはまだ非の打ち所のなかった集中化という原則を捨てて、多くは戦略的な理由で産業が「分散」という原理を採用したのは周知の事実である。この分散という原理が、今日の大衆人間の生産にもあてはまるのは、反論する余地のないことであって、分散した消費について言ったばかりだが、大衆人間の生産についてもそう言いたいのである。分散した消費と言いながら、分散した生産と言っても誤りでないのは、この両者が独特の仕方で重なり合っているからである。（唯物論とは別の意味で）人間は、「食べるところのものである」からだ。大衆人間は量産品を消費させられることによって生産される。ということは同時に、量産品の消費者は消費を通じて、大衆人間生産の共同労働者（ないし大衆人間へ自分自身を変形させる共同労働者）になっているということだ。だから、ここでは、消費と生産とが重なり合っているわけである。消費が「分散的に」行なわれれば、大衆人間の生産も同じように行なわれる。しかも消費が行なわれるあらゆるところで、すなわちラジオやテレビの前で生産がなされるのだ。誰もかもみなある程度は家内労働者――もちろん、非常に特殊な家内労働者だが――として雇用され、仕事をしているわけだ。それぞれに自分の仕事、つまり量産品の消費やレジャーによって、自分を大衆人間に変形させる仕事をしているからである。――古典的な家内労働者が、最小限の消費財やレジャーを手に入れるために製品を生産していたのに対して、現代の家内労働者は、大衆人間を同時に生産するために最大限のレジャー用品を消費している。家内労働者は無給で働いたうえ、料金として自分自身を出さなければならないのだから、この過程はまったくパラドックスじみている。生産手段（多くの国では受信装置）を利用することで、自分自身が大衆人間に変形してしまうのだ。つまりあらゆる人が、自分自身を売るために金を払っているのである。しかもそれと同時に、みずから生産している隷属状態も商品になる以上は、自分の隷属状態さえも買い取らなければならないのだ。——

量産品の消費者を大衆人間生産の共同労働者とみなすこの奇妙な見方は認められなくても、現代の好ましい大衆人間というタイプを生産するためには、大衆集会という形の効果的な大衆化は不必要であることに異論はないだろう。大衆化状況が人間を変えてゆくことについてのル・ボンの観察は、時代おくれになってしまった。個性の喪失と合理化は家庭内で進行するようになったからである。ヒトラー的な大衆支配は不必要になった。人間を（非人間であることを誇る）非人間に仕立てようとすれば、人間を大衆の洪水で溺死させたり、材料から量産された建物の中にコンクリート詰めにする必要はもうなくなった。表面的には個人の人格性や権利を守るように見えるものほど、人間としての人間の特性や能力を能率的に奪い去るのだ。個人の住まいの中で孤独裡に、無数の孤独のうちに、各人各様に「条件づけ」がなされれば、さらに効果的である。私生活という幻想、少なくとも私的空間という幻想が残っているだけに、その装置が「楽しみ」という扮装のもとに犠牲者を求めていることは、犠牲者には分からず、その秘密は隠されたままである。実際、まったく新しい意味で、「自分のかまどは黄金の値打ちがある」という古い格言が新たに真実となったのだ。わが家は、条件づけというスープをスプーンで飲んでいる持ち主にとって黄金の値打ちがあるのではなくて、スープを家庭料理として差し出すコックや配達人である、かまどの持ち主にとってこそ黄金の値打ちがあるものとなったからである。

3 ラジオ・テレビは負の食卓となり、家族はミニチュア社会となる

大衆消費が、ふつう正確な名称で呼ばれていないのは明らかである。その反対に、家族や私生活の再生のチャンスだと思い込まれているのである――これは理解できないことではないが、まさに明白なまやかしである。新しい発明は古い理想ばかり引き合いに出したがるものだが、そういう理想はときには購買力を落とす力にもなる。五四年十二月二十四日のウィーンの「プレス紙」は、次のように書いている。「フランスの家族は、テレビが若者たちを金のかかるひまつぶしから遠ざけ、子供たちを家に引き止め……家族団欒に新しい刺激を与える素晴らしい手段であることに気づいた」。この種の消費が現実に含んでいる可能性は、うちとけた家庭生活であるような外観を保ったり、そういう生活を生み出しさえするかに思わせながら、逆に家庭を完全に崩壊させる点にある。家庭が崩壊するのは、テレビを通して家庭を支配しているものが、放映される――現実か虚構である――外部世界だからである。しかもそれが、無制限に支配して、家庭の現実を――回りの壁や家具ばかりか共同生活をも、価値のない幻影じみたものにするからである。遠くのものが近くに現れると、近くにあるものは遠ざけられ消し去られ、幻影が現実となると、現実的なものが幻影じみたものになってしまうのだ。現実の家庭が、外部世界用のテレビを収める機能しかない「コンテナー」に格下げされる。五四年十月二日のロンドンのWP通信地方版に次のような記事が出ていた。「保護司が東部ロンドンのある住居から、一歳と二歳の二人の捨て子を引き取ってきた。子供たちが遊んでいた部屋にあったのは、数個の壊れた椅子だけだった。ところが、その片隅には新しい立派なテレビがあった。家の中にある食料は、ひときれのパン、マーガリン一ポンド、コンデンスミルク一缶だけだった」。どんなに規格化された国でも、家庭の環境や共同生活、雰囲気に残っているその他のものが、ここでは完全になくなっている。家庭の領分と幻影の領分との間の競争さえ起こらず、また起こる必要もなく、テレビ装置が住まいに入ってきた瞬間に幻影の領分がすでに勝利を収めていたのだ。それは来て、見せて、勝ったのだ。壁の中を電波が走ると、壁は透明になり、家族の間の結びつきは消えて、共同生活は崩壊したのである。

居間の中央に置かれて、家族の集まる大きな食卓は、家族のステータスシンボルだったが、数十年前から、食卓が魅力を失い古臭くなって、新式の装置の傍らにかろうじて残っているという状態が目立ち始めた。今やまさしくテレビが食卓の真の後継者となってしまっている。今や食卓の社会的象徴としての力だとか説得力を、食卓のそれに匹敵する家具が引き継いだのだ。このことは無論、テレビが家族の中心になったという意味ではない。逆にテレビ装置が写し出し、具体化するものは、まさしく家族の脱中心化であり、中心からの離脱である。テレビは負の食卓なのだ。テレビが共同の中心となる場を提供することはない。テレビはむしろ、家族の中心点を家族共通の消去点で置き換えるのだ。食卓は、家族を求心的にし、食卓につく人々をして、関心や視線、会話というシャトルを動かして家族という織物を織り続けさせていたが、テレビ画面は、家族を離心的にしてしまうのである。事実、家族は今や向かい合って座らずに画面の前に椅子を並べるだけである。(やろうとすればできないでもないが)話し合ったり、相手の顔を見るのは偶然にすぎない。家族はもう共存しておらず、並び合っているだけ、しかも観客として隣り合わせているだけだ。家族が織り上げていた布地、家族が共同して作り成し、あるいは参加していた世界、これはもはや問題にならなくなっている。生じているのは、ただひとつ、家族が同時に、せいぜいのところで一緒に、だが決して共同してではなく、非現実性の領域あるいは(彼ら自身もそれに現実に参加しているわけではないから)本当は誰とも共有していない世界へのヴァニッシング・ポイントへ逃走しているということだけだ、もし共有しているとすれば、彼ら同様に彼らと同時に、テレビを見ている無数の「孤独な大衆消費者」と共有しているのだ。家族は今やミニチュア社会に作り変えられ、居間はミニチュア観客席になり、映画館を家庭のモデルとしているのだ。家族が同時に隣り合わせているだけというのではなく、現実に共同して体験したり企てたりするものが何か残っているとすれば、それは、テレビ装置のローンの支払いが終わり、共同生活が決定的に終止符を打つ日への希望と、その日のための労働だけだ。家族の最後の共同生活が無意識にめざしているのは、共同生活の消滅にほかならないのである。

4　装置は言葉を奪い、われわれを未熟な視聴者、隷属者に変える

すでに述べたように、テレビ画面の前に座っている人は、話そうとすれば話せるが、互いに話をするのは偶然にすぎない。

ラジオを聞く人でも同じだ。彼らもうっかりして話をするのだ。しかも実際、日ましに彼らは話そうとしなくなり、話せなくなっている。——無論これは、彼らが能動的に寡黙になっているという意味ではない。彼らのだんまりは受動的な形をとっている。先に引いた童話では、「おまえはもう歩く必要はない」という王様の言葉は、結局「もう歩けない」という結果になったが、われわれにとっては「自分で話す必要はない」は「もう話せない」という結果になったのだ。メディアが話すことを奪い取るからには、メディアは言葉を奪い、話す機会や話す楽しみも奪い去るのだ。——それは、ちょうどレコードプレーヤーやラジオ音楽が、家族で演奏する音楽を奪うのと同じである。

ハドソン河やテームズ河、あるいはドナウ河の岸辺を、話しかける「ポータブル」を携えて散歩している恋人たちは、互いに語り合うこともなく、第三者の声に耳を傾けている。多くの場合、無名の公共的な番組の声である第三の声が、彼らを子犬のように散歩させている、もっと正確に言えば、彼らはその声に

散歩させられているのだ。彼らが散歩しているのは、彼らが、二人でなくまさに三人で、番組の声に従っているミニチュア社会だからである。親密な会話の状況など、まったく問題にならない。それはとっくにお払い箱になっており、仮に二人の間に親密な関係が生まれて、いい気分になり、刺激され、興奮したというのは、相手のおかげではなく、それは第三者のおかげなのだ。つまりハスキーな声や重厚な声で、話したり叫んだりする番組の声のおかげだ。その声が――「番組」とはそれ以外の何ものでもないが――二人に向かって、朝な夕なに何をどう感じ、何をどうすればいいかを指図する。彼らは、第三者に指図される通りにするのだから、遠慮なくボリュームを上げて指図通りのことをする。その従順な態度が相手にどんなに快く思われても、二人が自分たちだけで楽しんでいるとはもはや言えない。むしろ、ただひとり声を有する第三者に、二人は楽しまされているのだ。第三者の声は、話し相手（converser）とか楽しませる者（amuser）という意味で、二人を楽しませるだけではない。自分たちではどうすればいいか分からない二人がどちらも相手に与えられない援助を、第三者の声が「支援する（soutenir）」という意味で与えてくれる。今日では、セックス（faire l'amour）さえ、多くの場合（「失神（swooning）」させる音楽には限らない）ラジオをお供にして行なわれることは、それを知り、それが当たり前だと思って、そうしている人々に遠慮して黙っておく必要はない。今日あらゆる状況で許されもし望まれてもいるラジオは、昔の人たちが愛の喜びの証人として求めた松明を掲げる家政婦に相当する。ただ違いと言えば、現代の家政婦が機械化された「公共設備（public utility）」であり、松明で照らすだけでなく興奮させ、黙っているどころか大いに喋り、雑音という背景となって、現実には逃れようのない虚無への怖れ（horror vacui）を打ち消すために歌や話のボリュームを上げるところだけだ。こういう「背景（background）」が根本的に重要なため、一九五四年以後に登場したvoicepondencesという録音テープを、人々は送り合うようになった。

恋人がこの文字を使わないラブレターに吹き込むときにも、準備された音楽をバックにして吹き込むのだ。なぜならば、「彼の声だけ」では、それを受け取る女性にとっては、露骨すぎるプレゼントにすぎないからだ。相手が受け取ったときに、話しかけ語りかけるのは、いわば物になった仲人であり、またもや第三の声なのである。

しかし恋愛の場合はほんの一例であり、しかも極端な例にすぎない。同様な意味で、あらゆる状況で、あらゆる仕事で彼らは楽しまされているのだ。彼らがうっかり話し合う場合には、彼らのバックには、ラジオの声が主役かテナー歌手のように語っていて、彼らが話し終えた後も、その声は続くのだという慰めに満ちた安らかな気分にさせてくれる。彼らが死んだ後も、ラジオは話し続けるのだ。

話は保証されていて、出来上がった形で彼らの耳に提供されるから、彼らはもともと言葉を持つ動物 *ζῷα λόγον ἔχοντα* ではなくなっていたのだ。それは、彼らが工作人 homines fabri でなくなり、パンを食べる者になったのと同様である。彼らは、パンを自分で焼くことがないように、自分の言葉という食料を自分で作ることはないからだ。言葉は彼らにとって、もはや語るものではなくて、聞くだけのものなのだ。話は彼らにとって、もはやするものではなく、受け取るものなのだ。これで、アリストテレスがその定義において考えていたものとはまったく別な意味で、彼らは言葉を「持っている」ことが明白になった。同様にそのために、彼らは、語源的な意味で、infantil つまり未熟な話さない存在になっているのだ。――どんな文明 - 政治的な空間でも、言葉を欠いた存在 *ἄνευ λόγου εἶναι* へ向かってゆくこのような進展は最終的には同じ結果になるにちがいない。すなわち、自分自身はもう話さないのだから、もはや言うことも持ち合わせないタイプの人間、常に聞く（hören）ばかりであるために、「隷属者（Höriger）」である人間が生まれるにちがいない。聞くだけになってしまうことの最初の影響は、今でもすでに明らかである。

それはあらゆる文化言語に起こっている言葉の粗雑化や貧困化であり、言葉への嫌悪である。(1) さらには、体験の粗雑化と貧困化、つまり人間自身の粗雑化と貧困化である。言葉の豊かさや繊細さがなくなれば、人間の「内部」の豊かさや繊細さは存続しえないからである。また、言葉は人間の表現であるということと同時に、人間は自分の話す言葉の所産であることも正しいからであり、要するに、人間は、明瞭に語るに応じて明瞭になり、不明瞭にしか語らなければ、不明瞭になるからである。(2)

5　出来事のほうがわれわれに提供される

ガスや電気の供給と同様な家庭への提供という形で、人間に対する加工が行なわれている。提供されるものはたとえば音楽とかラジオドラマのような人工物だけではない。現実の出来事も提供される。それは少なくとも「現実」としてか現実の代わりに選び出され、化学的に純化され標本にされた現実の出来事である。外部の出来事を「心得ている」人や知りたい人が家に帰れば、水道管がすぐ水を出すように、「見てもらうために」出来事が待ち構えている。家の外の混沌たる現実の中で、ローカルな意味にとどまらぬ意味のある現実をどのようにしてピックアップできるだろうか。外部世界は外部世界を覆い隠しているからである。わが家に入ってドアを閉めて初めて、外部が見えるようになるのだ。窓のないモナドとなって初めてわれわれに宇宙が写るのだ。二度と出ないことを誓って、牢獄の外でなく牢獄の内部に座って初めて世界が与えられ、その世界が気に入って初めて、われわれはリュンケウスになるのだ。(3) われわれの先祖の場合には、「なぜ遠くまで行く必要があるのか」という疑問に答えてくれたのは、小型本の「見よ、いいものは近くにある」という言葉だったそうだが、それは現代では、「見よ、遠くのものだけが近くにある」ではないが、「見よ、遠くのものは近くにある」という言葉になってしまったのであろう。これこそ、われわれのテーマなのだ。フットボール試合や礼拝、核爆発のような出来事――出来事の報道でなく、出来事そのもの――がわれわれに提供され、山が予言者に提供され、人間が世界に出向くまでもなく、世界が人間に提供されるということこそ、大衆である隠者の生産や、ミニチュア社会への家庭の変貌とともに、ラジオやテレビがもたらした実に革命的な成果だからである。(4)

この第三の革命こそ、われわれの研究の本来の対象である。この研究は、世界を提供される存在である人間が経験している奇妙な変化や、世界の提供が世界概念や世界それ自体にもたらす同様に奇妙な結果を対象としているからである。ここに真に哲学的な問題があるのだが、このことを示すために、今後の研究で述べることをいくつか雑然と列挙しておこう。

1　われわれが世界に出向くのではなく、世界がわれわれに提供されるなら、われわれはもはや「世界内に」存在しているのではなくて、怠け者の天国の消費者にすぎない。

2　映像として提供されれば、世界は現在するとともに非在である幻影じみたものとなる。

3　世界をいつでも呼び出せるならば、（支配することはできないが、スイッチを入れたり切ったりすることのできる）われわれは神に似た力の持ち主である。

4　われわれが世界に話しかけるのではなく、世界のほうがわれわれに語りかけるのであれば、われわれは沈黙を命じられているのであり、自由ではありえない。

5　世界は聞こえるだけのもので、われわれが扱うことのできないものなら、われわれはただの視聴者になってしまう。

6　特定の場所に起こる出来事が、至るところに「放送」という形で出現することができるならば、出来事は、流動的でほぼ遍在する商品に変化し、個体化原理である空間的場所を失ってしまう。

7　出来事が流動的なものとなり、無数の映像になって出現するのであれば、出来事は量産品の一部となる。量産品の放送に対して料金が支払われるなら、出来事はひとつの商品である。

8　出来事がコピーになり、映像になって初めて社会的な意味を持つのであれば、存在と仮象、現実と映像との間の差異は消滅する。

9　コピー形態の出来事のほうが、オリジナルより社会的意味が大きくなれば、オリジナルはコピーによって左右され、出来事はコピーの単なる材料になるほかはない。

10　重要な世界経験が量産品になれば、（われわれの存在する内部という意味での）「世界」という概念は廃止され、世界は用ずみのものとなる。放送によって作り出される人間の態度は「観念論的」なものになる。

哲学的な問題に事欠かないことは、これで十分明らかであろう。ここで述べたことは、今後の研究の中で徹底的に論ずることにする。もっとも、最後に挙げた点だけは別だ。「観念論的」という言葉の奇妙な使い方については、ここで説明しておこう。

ラジオやテレビの消費者であるわれわれには、世界はもはや、その内部にわれわれが存在している外部世界ではなく、われわれの世界という形を取ることは、すでに**1**で述べた通りである。事実、世界は奇妙な仕方で移住したのだ。観念論の常套形式である「われわれの意識の中」や「われわれの脳の中」に移住したのではない。世界は外部から内部に移され、外部に存在するのでなく私の部屋の内部に、消費される複製、単なる映像（エイドス）として存在している以上、世界の移住は最も奇抜な古典的‐観念論的なそれに似ている。世界は私の世界、私の表象となり、「表象（Vorstellung）」をショーペンハウアー的な意味と劇場での「上演（Vorstellung）」という意味との二重の意味で理解すれば、世界は「私にとっての表象‐上演」に変容してしまっているのである。この「私にとっての」のうちには観念論的な要素がある。世界を私のもの、われわれのもの、処理可能なもの、要するにひとつの所有物に、まさに私の「表象」もしくは私の（フィヒテの言う）「措定の所産」に変容させる態度は、最も広い意味で「観念論的」な態度だからである。この「観念論的」という言葉が奇妙に思えるのは、この言葉はふつうは、私のものであることを思弁的に断定するものなのに、ここではその言葉が、私に処理可能であるものへの世界の変貌が現実に技術的に遂行されている状況を意味しているからにすぎない。世界を所有物だと主張している以上、露骨な断定も無限な自由への要求から生じていることは明らかである。――ヘーゲルは「観念論」という言葉を最も広い意味で使っているが、『法の哲学』においては、餌を食べる動物が世界を獲物としてわが物にし、食いものにして、傲慢にも「わがもの」のように世界を扱っているかぎりで、そういう動物のことを敢えて「観念論者」と呼んでいる。――世界を、自分が「措定したもの」、自我の事行の所産、つまり自分の所産とみなしているかぎり、フィヒテは観念論者であった。――最も広い意味でのあらゆる観念論者に共通の前提は、世界は人間のために与えられたものか自由に作り出されたものとして、人間のために存在しており、――したがって人間自身は本来、世界の一部ではなくて、世界の対極をなすものであるという前提である。この与えられたもの、この「データ」を「感覚与件」とする解釈は、観念論の一変種にすぎず、その最も重要なものでもない[5]。

　観念論は世界を所有物に改鋳すること、つまり世界を支配圏（創世記）とか知覚像（感覚主義）とか消費財（ヘーゲルの動物）に、また、措定や作成の所産（フィヒテ）とか所有物（シュティルナー）に改鋳するということが、あらゆる種類の観念論について言えるとすれば、われわれの場合には、所有物のすべてに意味が含まれている以上、実際に安心して「観念論」という言葉を使うことができる。ラジオやテレビの装置は、世界への窓をどんなに開いても、それと同時に世界消費者を「観念論者」にするのである。

内部世界に対する外部世界の勝利と言ったばかりだけに、こういう主張が奇妙で矛盾だらけのように思われても当然である。こういう二通りの言い方ができることが、人間‐世界の関係のアンティノミーをなしているように見える。そのアンティノミーは即座に解消できるようなものではない。それができるものであれば、われわれの研究は不必要であろう。というのも、この研究はその矛盾から出発しているのであって、全体で述べようとすることは、矛盾に満ちた状況の解明にほかならないからである。

6　世界を提供される人間は旅行にも行かず、経験しないままでいる

世界は提供されるから、われわれは出かける必要がない。これは、昨日までは「経験」と呼ばれていたものが無用になったことを意味している。

「生み出される」とか「経験する」という言葉は、つい最近までは、哲学的人間学にとってきわめて重要なメタファーであった[6]。人間は本能の乏しい存在だから、世界に存在するためには、後でア・ポステリオリに世界に赴いて、世界を経験し、世界を知ってから、ようやく世界に達し、世界を経験するものであるほかはなかった。人生とは発見の旅であった。長い間世界に生きていながら、そのあげくにやっと世界

に到達するために、人間が経なければならない道程や回り道、冒険を、偉大な教養小説が語ってきたのも当然のことであった。——ところが、世界は人間に提供され、映像の形で注ぎ込まれる以上、人間は世界に手出しする必要はなく——そういう航海や経験は不要となり、不可能なものとなった。(7) 不要なものは痩せ細るから、「経験する」というタイプの人間は日ましに稀なものとなり、高齢者や経験者の評価はしだいに低下している。これは明白な事実である。歩行者よりも飛行者に似ているわれわれは、道を必要としなくなったので、以前には歩くことで経験を豊かにしてくれた世界の道にかんする知識は衰弱し、道そのものも衰退している。世界は道を失ったのだ。われわれ自身が道を歩くのではなく、今や世界が(リザーブ商品と同じ意味で)「背後に押しやられ」、われわれが出来事へ出向く代わりに、出来事のほうが今やわれわれに向かって現れてくるのである。——

現代人についてのこういうイメージは無論、初めて見た瞬間には誤りだと思われるかもしれない。逆に自動車や飛行機に現代人の象徴を見るのがふつうであって、現代人は「旅ゆく人(homo viator)」と定義される(ガブリエル・マルセル)からである。しかし、それがどこまで正しいかが問題だ。人が旅に価値を認めるのは、旅行する地方や、特急貨物なみに人が発送される場所に、人が興味をいだいているからではない。それは、人が遍在することを欲し、急激な変化を求めているからである。そのうえ(それが唯一最終的経験であるかのように)人はスピードに夢中なために、経験の機会を失っているのである。——効率的に進められる世界の平均化によって、経験すべき対象、経験を豊かにする対象が、事実減少していること、どこに着陸しても今日では、経験の必要もなく、わが家にいるようであること、こういうことをことさら言うまでもない。ある有名な航空会社のポスターには、地方性と国際性とをごちゃまぜにして次のように歌い上げられている。「私どもではわが家にいるような気分でどこへでも旅行できます」。「わが家にいるような気分で」と言うのだから、現代人にとっては（たとえ北極上空を電気暖房の中で目的地まで眠っていけるとしても）どんな旅行も、古風で不愉快な不十分なものしか意味しないと考えても、それは理由のないことではない。なぜならば、間違った方向へ進みつつある遍在のやり方が、何もかもわが家に提供してくれるからである。それがまだ面倒くさいのは、いろんな努力にもかかわらず、それがまだ完全に実現されていないからにすぎない。あらゆるものをわが家に提供してもらうこと——それこそ、現代人が本当に求めているものなのだ。

無数の家庭のソファーに座り込んで、スイッチを入れて目の前に呼び出したり、スイッチを切ったりして、映像の世界を支配しているラジオやテレビの消費者——こういう映像支配者は、航空機の旅客や自動車ドライバーに劣らず、われわれにとって典型的なものである。航空機の旅客や自動車ドライバーも、旅行でラジオを聴く以上、つまり自分だけが世界に出かけて行かなければならないのではなく、世界のほうが提供されており、（自分の後からついてきて一緒に旅行する）世界はもともと、自分に見せるために示されていることを知って慰められ満足するのである。[8]

「彼のための上演」「彼のための演奏」「わが家にいるような気分」。

こういう言葉は、デカルトの欺く神（mauvais gênie trompeur）でも、それ以上の倒錯に誘い込むことができないほど高度の倒錯、世界との倒錯した関係を表している。そのあり方は、先に規定した意味できわめて「観念論的」、しかも二重の意味で「観念論的」である。[9]

1　現実に疎外された世界に生きているわれわれに、世界が、われわれのために存在し、われわれのものであり、われわれと同様なものであるかのように提供される。

2　わが家のソファーに座っているわれわれは、「猛獣」や征服者のように世界を現実に取ったり、わが物にするわけではなく、そうすることもできない。ラジオやテレビの消費者であるわれわれがそうしているわけではないが、われわれは、そういうものとして世界を「取っている」（＝みなし、受け止めている）のだ。われわれが世界を「取っている」のは、世界がわれわれに複製の形で提供されるからである。こうしてわれわれは、幻影としての世界の見物人じみた支配者となる。

第一の点から始めることにしよう。第二の点については、次の第II章全体を当てることにする。

7　家庭に提供される世界には「親和作用」が働いている

疎外の根源や原因論、徴候論をここで述べることは、もちろん不可能である。そういうことにかんする文献は無数にあるから、事の経過は前提していいはずだ。[10] われわれが考えている欺瞞の本質は、先に述べたように疎外された世界に生きている映画やラジオ、テレビの消費者である——そればかりでもないが——われわれが、さも人々や地域、状況、出来事などありとあらゆるものと、しかも見も知らぬものとも親密な関係であるかのように見えるところにある。一九五五年三月七日の水素爆弾は、「Opapa（おじいちゃん）」つまり「Grandpa」という和やかな名前で知られている。（以下で明らかになる理由で）名称がついていないこの疑似親密化の事態を「世界の親和作用」と呼ぶことにする。——「結合作用」と言わず「親和作用」と言うのは、こちらは見も知らぬものに関わろうともしないのに、見知らぬ人や事物、事件や状況が、ごく親しい「親和」状態にあるかのごとく提供されることに現状の本質があるからだ。[11]

実例。（奇妙な例を思いつくまま二つ挙げれば）、（使用するのは必ず既製品だが、われわれが共同で製作するものは不透明であるか、われわれの生活に縁遠いままかであるから）、使用と製作とは分裂しており、……マンションの隣人のドアの前を年中毎日通っていても、その人をふつうわれわれは知らないしその人と親しくなることもない、――ところが個人的に会ったこともなければ、今後会うこともないのに、何回も見たことがあり、同僚とか昔からの知人や「chums（仲良し）」のこと以上にその人の身体的、心理的なディテールを熟知している映画スターとかギャルが目の前に現れるものだから、自動的に彼らと親密になり、彼らのことを話すのにリタとかミルナとかいう名前で呼んだりする。親しいものに作り上げられて提供されるものには隔たりが感じられない。隔たりをなくすことがどれほど重視されているかは、立体映画を見ればよく分かる。立体映画が発明され普及したのは決して技術改良への熱意とか（テレビとの）競争のためではない。それは、提供された物と提供される者との隔たりをなくして、最大限の感覚的‐空間的な親しみを生み出そうという欲望から起こったことなのだ。現代技術が今後どう進歩するかは分からないが――技術的に可能なら、ボクシングのチンフックを自分の顎に感じられるような「テレパシー効果」が与えられるようになるかもしれない。そうなれば、これはまさに本物の臨場性というものだ。今日でも、もう立体映画は「You are with them, they are with you.（君は彼らと一緒、彼らは君と一緒）」と期待を持たせようとしているのである。

　君と僕というこの親密な関係になって、何でも君と呼ぶようになれば、映像も初めから君と呼びかけるようになるに違いない。事実、こういう親しそうにしていない放送はなく、そうしない提供番組もない。放映される大統領は、数千マイルも離れているのに暖炉のそばで私としゃべってくれる（大統領は数限りなくこうした愛嬌を振りまいている）。画面のテレビアナウンサーは、自然で親しげな目つきで、まるで私と何かあるような一瞥を与える（どの男にもそうするのだ）。ラジオで心配事を相談する家族は、私を隣人か主治医か牧師のように信頼して秘密を打ち明ける（彼らは誰でも信用し、誰にでも秘密を打ち明けるために存在しており、まさに隣の家族そのものだ）。彼らはみな親しい客人か深い仲にある者のように馴れ馴れしい態度でやってくる。家に入ってくる者に、よそよそしさは少しも見られない。この事情は、放送に出る人たちばかりではない。世界中のあらゆる人々、世界全体にもそれが見られるのである。親和作用の魔力には逆らえない。その魔力が変質効果を及ぼす範囲は非常に広く、誰もその魔力を逃れることはできない。事物、場所、出来事、状況、すべてが変質させられ、悪友めいた笑みを浮かべ、俗っぽく私は君のもの（tatwamasi）と口にしながらやってくる。したがって、われわれは結局、天上の星とさえ、映画スターと同様な親密な関係を結ぶことになる。ミルナやリタのことを話すのと同じように「カシオペイアのやつ（good old Cassiopeia）」のことも話すことができる。冗談に言っているのではない。今日では、空飛ぶ円盤についての公的な学術的議論でも、いわゆる他の惑星の住人が、今まさに惑星間宇宙旅行ばかり考えていることがありうるだけでなく、それがいかにもありそうだと言われたりするところに、何もかも「同類」だと考えられていることが示されているからだ。これは、いわゆる「原始的」文化の擬人観でも恐れ入るような擬人観だ。親しみ深い宇宙を提供する側には、「眼が太陽のようでなければ」というプロティノス－ゲーテ風の同一性の定式に代えて、「太陽を眼のようにしなければ」というコマーシャル風の同一化の標語が登場している。そうでなければ、自然を売ったり、虚像の商品に手出しをしたりするはずがないからだ。――ところがわれわれは、そういう標語によって組織的に、地球や宇宙のただの相棒にすぎぬ仲間に変えられてしまう。条件づけられた現代人が、真実の交わりとか汎神論とか遠人愛とか「一体感」を感ずるなどということは、無論、全然話にならないからである。――

社会的に最も疎遠なもの、空間的に最も遠いものについて言えることは、時間的に隔たった過去についても同様に言うことができる。過去も相棒にされるのだ。それを常套手段にしている史劇映画については言うまい。たとえば、その他の点では少しも不真面目でなく、生き生きと書かれたあるアメリカの学術書に、ソクラテスが「いい奴（quite a guy）」と書かれていたのを見たことがある。かけ離れた偉人を読者に近そうにみせるカテゴリーが使われているわけだ。読者も無論「いい奴」だからである。ソクラテスがその当時生きていなかったら、彼も結局はわれわれと本質的に違いはなく、彼が言おうとしたことも本当はわれわれと本質的に違わない、われわれとは別種の権威を要求する資格は少しもなかったのだという満足を、このカテゴリーが無意識のうちに与えるのだ。――別に大した時代でもない当時に囚われの身となり殺されたのは、全然理由なしにソクラテスに起こったことではあるまいと考える者もいる。そういう者にとっては、ソクラテスは自分たち以上どころか、自分たち以下なのだ。ソクラテスを自分以上の者と認めることは、あらゆる特権に対する不信と進歩信仰が許さない。――（史劇映画などの反応に見られるように）歴史上の人物が、おかしな人物で、現代の首都なら偉大になれなかった過去の田舎者か村の馬鹿者、かったことが、歴史上の人物の哀れな欠陥だと思っているのだ。――結局現代人の中には、歴史上の人物迷信に凝り固まった田舎者の振舞いをする人間のような気でいる者もいる。当時電気が発見されていなは、特別扱いされて現代のひとかどの人物のように生きるよりも、過去の洞窟に住んでいるほうがお好みなのだから、彼らを異端者かいかがわしい変人のように思っている者がいる。――しかし、「いい奴」であれ田舎者であれ、――そういうカテゴリーは、隣人関係のカテゴリーであるかぎり、まさに親和作用の一変種なのだ。

「ソクラテスというい い奴（Sokrates, the guy）」という基本的な例について言えば、その底には明らかに、「人権宣言」の「人間はすべて生まれながらにして平等である（All men are born equal.）」という偉大な政治的原理がある。これが奇妙に拡張されて「過去、現在の国家の市民全員の平等（Equality of all citizens of the commonwealth of times past and present)」となり、歴史上のあらゆる市民が平等であるという宣言になったことは明らかである。このような平等原理の奇妙な拡張が、歴史を手近なものに見せかけ、さらには人間すべての共通項にかんする判断を狂わせることは明白である。――ソクラテスで根本的なものは、われわれには欠けているものであるところにその本質があるからだ。――対象を近寄せると称する方法は、対象を覆い隠し、疎外するか廃棄する結果に終わるだけだ。それは確かに廃棄してしまうのだ。過去を同類という単一レベルに投影すれば、歴史としての過去は廃棄されてしまったことになるからだ。このほうが、さまざまな遠隔地がみな一様に近くのものになってしまえば、世界は世界としては消滅してしまうという一般的テーゼよりも、はるかに納得しやすいかもしれない。

8　親和作用の根源／民主化された宇宙・親和作用と商品性・親和作用と科学

こういう「親和作用」の背後には何があるのだろうか。

こういう広範な歴史的現象と同様に、「親和作用」を決定しているものも複雑で、多種多様な起源があり、それらが合流し、統一されて初めて、「親和作用」は歴史的な現実となったのである。主な根源を調べるまえに、副次的な根源を三つ簡単に述べておく。そのひとつは、先にソクラテスのことを述べたときに触れておいたものである。それを「宇宙の民主化」と呼ぶことにするが、これは、次のような意味である。

I　遠近を問わず一切が私と親密な関係にあり、声を上げて、私から同様に親密に受け入れられることを求める同じ権利がすべてにあり、優遇には必ず特権への嫌悪がつきまとうだけに、無意識のうちに、構造的に民主的である世界、（道徳的 - 政治的な）平等の原理と寛容の原理がすべてに適用されるような宇宙が想定されている。歴史的に見れば、道徳原理をこのように宇宙へ拡大することは格別異常なことではない。これまでも人間は何度も、自分自身の社会のイメージに基づいて、宇宙のイメージを作ってきた。過去数百年間、ヨーロッパを支配してきた、実践的世界像とそれとまったく異質な理論的世界像とに分けることのほうが異例なことであったのだ。民主主義の伝統が強いアメリカ合衆国に、道徳原理を宇宙へ拡大する傾向があるのも驚くべきことではない。考えてみれば、アメリカには、民主主義と多元論によって古典哲学の一元論的あるいは二元論的な原理に対する現実的な拒絶を示している、アカデミックな哲学であるウィリアム・ジェームズの哲学があった。——

II 「親和作用」はすべてを等しくするか、近似的に近づけようとするから、「親和作用」が中和現象であることは明らかであり、「親和作用」の根源を調べるためには、世界を中和する基本的な力を見いだす必要があることも明らかである。民主主義（ないし非政治的地平へのその無意味な拡張）も中和するひとつの力なのである。——

現代の基本的な中和力は無論、政治的な力ではなく経済的な力である。それは、あらゆる現象に商品という性格を与える力である。この性格も「親和作用」のひとつの根源なのだろうか。

そんなはずはないというのが最初の答えである。周知のように、商品性は疎外するのに対して、親密ならしめる「親和作用」はまさしく疎外の対極だと思われるからである。

しかし、実態はそう単純ではない。現実には、商品化されたものはすべて、疎外するものとなると同時に、購入されて生活の一部となるから、あらゆる商品には親和力があるはずである。詳しく言えば、次の通りである。

あらゆる商品は使いやすく、ニーズや生活スタイル、生活水準に合わせて作られていて、口に合うものであり、見た目にも好ましい。品質水準はそういう適切さの度合いで決められる。否定的に言えば、品質水準は、使う際にどれほど抵抗がないか、味わって変な味が残らないかどうかで決められるのだ。ひとつの商品である放送も、目に好ましく、耳に快く、最大限に楽しめ、親しみやすく、吸収しやすく、種子なしで提供されねばならない。われわれに似たもの、われわれの尺度に合ったもの、われわれと同じものとして放送される必要があるのだ。

このように見れば親和作用は、敵意を喪失させ、製造者として「ある物から何かを作り」、われわれの尺度に合わせて世界を作り変えるという基本的な事実、つまり最広義の「文化」をめざしているように見える。あらゆる製造が一種の「親和作用」であることは、ある意味では議論の余地がない。ただ、われわれは結局、製造の実態を重大な欠陥だとすることはできない、たとえば家具職人に、木材を木材として提供しないで、具合のいい木製テーブルを提供するからといって、それを彼の欠陥とは言えないのだから、軽蔑の意味を込めている「親和作用」という言葉を最も広い意味で使うのは不適当であろう。家具職人には本当に何ひとつ欺瞞はない。客に合わせることが欺瞞となるのは、加工品を素材と同じものとして提供する場合だけである。ところが、「親和作用」の世界の場合がそうなのだ。というのもその世界は、商品という性格に基づいて、よく売れるように、客の尺度に合わせて提供される製品であり、しかもこの製品は客にぴたりと合わされていて、——世界は不便なものであるから——現実の世界とまったくかけ離れたこういう世界の性質を本物だと思わせ、それを世界だと主張するほどの厚かましさや素朴さを備えているからである。

III　あらゆるものがみな近づけられる「親和作用」の根源として、最後に挙げておきたいのは、科学者の態度である。科学者としては、研究を通じて、遙か彼方にあるものをごく近くまで引き寄せ、最も身近なものである自分の生活を異質なものにすること、個人的には関わりのないものに懸命に近寄り、最も近くにあるものには冷静に接すること、つまり遠近の差を中和することは当然の誇りである。——無論、すべてを中和する「客観性」という態度を獲得し、維持しうるのは、厳しい道徳的節制を守り、自己抑制につとめ、自然的な世界観を禁欲することによってである。中立性は科学者の道徳的な根源から切り離すことができるものであって、全然禁欲的でもなく、認識にも不向きで、中立性に反する生活を送っている人にもありうるものだと考えるのは、科学に対する誤解であり、普及させるという道徳の課題にかんする誤解である。ところが、こうした誤解が実践の原理なのだ。ある意味で今日では、あらゆる読者やラジオ聴取者、テレビ視聴者、文化映画の観客が、科学者の通俗的な分身に変質しているのである。科学者にとってと同様に、自分にもあらゆるものが近くもあり遠くもある、とすべての人が考えている。——これは無論、たいていの場合、すべての現象を認識する点では、みな同格だと認めるという意味ではなくて、享楽する点で同格と認めるという意味なのだ。ところが今日では、「知ること（knowing）」は「楽しみ（pleasure）」、「学習（learning）」は「遊び（fun）」になっていて、その間の区別がなくなっている。

9 「親和作用」は疎外の洗練された偽装形態である

以上のことだけでは、親和作用の主な根源は示されておらず、出現している多様な出来事に名称がついていないという奇妙な事実の原因も説明されていない。疎外そのものは（無論、言葉の親和作用である言葉の無害化によって）よく知られているにもかかわらず、明らかに疎外の対極をなし、疎外以上に時代の徴候を示す運命的で顕著な現象が、これほど隠されたままであるのはきわめて奇妙なことだ。

親和作用は本当に、疎外の対極をなすものなのだろうか。

親和作用は、決してそういうものではない。これで、親和作用の主な根源、これまでそれが無名であったことを理解させてくれる根源に到達したわけである。親和作用の主な根源は――パラドックスだと思われるだろうが――疎外そのものなのである。

親和作用を愚かにも信頼する者、親和作用に疎外への真の対抗力を見いだす者は、親和作用の意図通りに欺かれてしまう。親和作用は疎外に役立つか、それとも疎外を妨げるか、という問いを少しでも考えてみれば、親和作用を疎外の対極とみなす考えは根底から崩れてしまう。この問いに対する答えは、明らかに親和作用は疎外に役立つということだからである。親和作用の主な役割は、疎外の原因や徴候、疎外がもたらす悲惨をすべて隠して、世界を人間から疎外し、しかも世界から人間を疎外した事実そのものを認める能力を人間から奪うこと、つまり、疎外に隠れみのを被せて疎外の事実を否定し、疎外が奔放に働く道を確保することにある。親和作用は、世界を親しげなイメージで絶えず満たし、空間的、時間的に隔たった地域も含めて世界全体を、巨大な唯一のわが家、くつろげる宇宙として提供することによって、この役割を遂行する。親和作用はこういう役目のために存在しているのである。親和作用の背後には、指揮者である疎外がある。親和作用と疎外を敵対する二つの力であると考えるのはばかげており、愚かで非弁証法的なことであって、両者はむしろ両手のように協調して共同作業を行なっている。片方の手が負わせた疎外の傷口に、もう一方の手が親密さという鎮痛剤を塗るのだ。こういう言い方も、同じ手でなければの話だが、結局、二つの出来事は唯一の出来事とみなすことができるのであって、親和作用は、疎外そのものを偽装する活動であって、疎外が自分自身の対極である無害なもののような様子をして自分に不利な証言を行ない、力の均衡を断言し、片一方だけの支配は間違いだと偽っているのである。――自分の政治に一見対立する自由主義的反対派の新聞を創刊したのは、メッテルニッヒ自身であった。

モルーシアのある昔話には、悪い妖精が出てくる。この妖精が盲人を治療する方法は、盲人のそこひを手術せずに、もっと盲目にしてしまうことである。自分の盲目に対して盲目にさせ、現実が実際にどう見えるかを忘れさせるというわけだ。その仕上げとして、妖精は盲人に絶え間なく夢を与える。親和作用に偽装した疎外はこの妖精に似ている。疎外がめざしていることも、自分の世界を奪われた人間に複製を与えて、自分には世界があり、この世界ばかりか、隅々まで親しみ深くて自分のものであり自分自身のような宇宙があるという幻想の中に眠りこませることである。疎外が成し遂げるのも、自分を忘れさせ、疎外されない生活、疎外されていない世界がどういうものかを忘れさせることだ。――われわれの現状は無論、この昔話の盲人の状態よりさらに奇妙なものであり、われわれの場合には、自分の盲目に盲目にさせる妖精は、最初にわれわれを盲目にしたものにほかならない。――

疎外がこういう自己否定作業をひそかに遂行しているのに、疎外の実態がまだ少しも気づかれていないのは、もう決して驚くほどのことではない。われわれの目を疎外に向けさせることは、世界を疎外する力にとって何を意味するだろうか。言葉を使って代用イメージで疎外を隠蔽し、その巧妙な隠蔽に気づかせることは、われわれに何を意味するのだろうか。無名ではあるが、「親和作用」のように広がり公けになっている日常的現象が、現実にこれほど隠されていることは、もちろん驚くべきことだが、現実にそうであることだけは明らかである。親和作用はそういうイメージは提供するが、提供するに至った事情については黙っている。提供されるわれわれが、実際には欺かれていながら、欺かれるままに健康そのものだと感じているだけに、親和作用は安心して働き続けるのだ。疎外に傷ついたわれわれは、まるで自分が親和作用に中毒し、すっかり麻痺して、自分が傷ついていることに気づく力さえ奪われ、つまり、二つの状態が相殺されているかのようである。

親和作用は疎外の偽装工作から生まれるものではないと仮定しても、親和作用そのものが疎外をもたらしていることは疑いがない。親和作用も疎外されているのだ。疎外の定石どおり、近くのものを遠ざけ、あるいは親和作用と同様に、遠くのものを親密なものにするとしても、いずれの場合も中和の効果は同じである。いずれにせよ、世界と世界における人間の位置は、中和作用によって歪められるのだ。人間を中心として同心円内に世界を配置するのは、世界内存在としての人間の構造に基づくことだからだ。あらゆるものと等距離にあり、あらゆるものに対して同一関係にあるのは、冷淡な神か疎外された人間かだが、ストアの神々がここでの問題なのではない。

事実、われわれ自身と世界にとって、致命的にわれわれを疎外するものとして、次の事実以上のものはない。われわれが模造の親友や幻影である奴隷とほとんど絶え間なく付き合いながら暮らしているという事実がそれである。われわれは、——目覚めれば必ずラジオを聞くことになっているから——その日の世界の第一章として聴くために、朝まだ寝ボケた手でそういう幻影を部屋に呼び込んで、幻影に話しかけられ見詰められ、歌ってもらって、元気づけられたり慰められたりして、優しい気分や厳しい心境になって一日を始めるのだが、その一日も自分のものではない。虚構の友人に保護されて一日を過ごすことほど、自己疎外を決定的にするものはない。他の人々との現実の交際もできるけれども、われわれは相変わらずポータブルの仲良しとの付き合いは続けたいし、それをもう現実の人間の代用でなくて真実の友人と感じているからである。

かつてプルマン式車両の車室で、小さな装置から力強く聞こえてくる男の声に、いかにも大事そうに聴き惚れている向かい側の女性にお早うと声を掛けたら、装置の中の男よりも私のほうが幻影であるように、彼女は縮み上がってしまった。まるで私は彼女の現実、愛情生活の現実に踏み込んで、家庭の平和をぶちこわしにした罪人であるような具合だった。ラジオを取り上げられたら、自由を奪われてもラジオは与えられている囚人以上に重い処罰を受けたと感ずる人が、今日では無数にいることは確かだと思う。極端な動物的状態で生活しながら、囚人たちが――依然として――世界や友人たちの声を思う存分聴くことができるのに対して、装置を奪われた哀れな男は、たちまちパニックに陥り、押し黙って虚無に陥り、孤独と世界喪失に息もできなくなるだろう。私がニューヨークにいた頃、八十歳のプエルトリコ人が家主の部屋に慌てふためいて飛び込んで――彼のラジオが、どういうわけか突然、世の終わりのように黙り込んでしまい――、ぜひとも聴きたいロサンゼルスの幻影の友人の愛しい声が装置から消えてしまったと言ってきたことがある。彼にはその声の波長は分からず、放送局は見当もつかなかったから――ダイヤルを少し回してラジオから声が出ると、岸辺に投げ出された遭難者が、幸運にも再び大地を踏むことができて泣き出すように、彼はほっとして低くすすり泣きを始めた。家主や私にお礼を言うことなどまるっきり思いもつかなかった。再会できた、会ったこともない仲間の横で、私たちは現実のものではなくなっていた。――

10　疎外は今でも進行中の出来事だろうか

「なれなれしい友人」や「親和作用の世界」への依存状態が現代人を疎外しているというテーゼには無

論、どこかしっくりしないところがあるかもしれない。なぜならば、依存状態が十分に広まっているからではなく、その状態が十分に知れわたっていないからである。代用品、原型、幻影ばかりに養われている存在が、まだ自己を有する自我であると思われているかぎり、「われわれ自身」であるとか「われわれ自身」に返るということが今日ではもう弁解の余地のないオプティミズムなのだと言っても、受け入れられないかもしれないからだ。「疎外」が活動や出来事としてありうる時代は、もうすでに過去となっているのではないだろうか。少なくともある国々ではそうではないだろうか。われわれはもう「われわれ自身」なのではなく、われわれの内部の代用品によって毎日スプーンで注ぎ込まれるものになっているのではなかろうか。奪われた者からさらに奪うことができるだろうか。服を脱いだ人に服を脱がせることができるだろうか。マス人間がさらに疎外されるだろうか。疎外は今でも進行中の出来事なのだろうか。疎外はむしろ、既成事実（fait accompli）ではないだろうか。

「自我」や「自己」というカテゴリーを滑稽な形而上学的残滓だと軽蔑する「魂なき心理学」を、われわれは長い間、人間を改造するものだと嘲笑してきた。それは正しかったのだろうか。その嘲笑は単なる感傷ではなかっただろうか。心理学者たちが人間を改造したのだろうか。心理学者自身が、すでに心理学者という改造人間であれば、彼らがロボットとして、心理学でなくロボット技術を研究するのは正しいことではないだろうか。彼らが取り扱う人間が虚像と化した人間である以上、彼らの虚偽が真実なのではないだろうか。

世界が家庭に提供され、事件がわれわれに展示される。

だが事件は、どういう形で展示されるのだろうか。事件そのものとしてだろうか。それとも、事件の単なるコピーとしてだろうか。あるいは、事件にかんするニュースとしてだろうか。

この問題は以下の各節で取り扱うが、この問題に答えるため、まず問題を少し別の言葉で言い直してみよう。放送される事件は、聴取者のもとでどういう状態にあるのだろうか。事件に接して聴取者はどうなのか。事件は本当に現在しているのだろうか。現在しているように見えるだけなのだろうか。現在していないのだろうか。どういう形で、現在であったり非在であったりするのだろうか。

11　人間と世界との関係は一方向的となる。現在も非在もしない世界は幻影となる

一方では、事件は本当に「現在」しているように見える。戦争の場面や国会討論のラジオ放送を聴くとき、われわれは爆発や発言者についての報道を聴いているのではなくて、爆発や発言者そのものを聴いている。——これは、以前は経験できず、経験できなかった（経験する必要もなかった）事件が、今では現実にわれわれのところで起こっているということではないか。われわれが事件に立ち会っているということでもあるのではなかろうか。

そうではない。世界中の声への通路が開かれ、世界中の声はわれわれのもとに届くのだが、われわれは提供される事件に接しても発言することもできないときに、つまり、誰が発言しても、語りかける者にわれわれは答えることもできず、われわれの回りに荒れ狂っている事件に関わることもできないときに、そういうのが生ける現在なのだろうか。人間と世界との関係が双方向的であるのが、真の現在というものではないか。こういう関係がここでは断ち切られているのではないか。関係は一方向的で、聴取者には世界が聞こえるが、世界には聴取者の声は届かないではないか。聴取者は最初から「口答えするな（don't talk back）」と言い渡されているのではないか。こういう無言は無力を意味してはいないだろうか。われわれに贈られている遍在とは、自由喪失者の現在なのではないか。自由喪失者は、まったく存在していないように、空気のように扱われ、自分では伝えるものを何ひとつ持ちえないのだから、現在していないのではなかろうか。

現在していないことは、実際にも明らかなことだが、一方向性を自由の保証とか現在性として逆に解釈することも可能だろう。一方向性に基づいて、距離を取って、危険にさらされたり傷ついたりすることもなく、あらゆる事件に参加できれば、それは自由だということではなかろうか。それを遊びや娯楽に使う権利もあるからには、そうなのではなかろうか。自分が証人になっている事件から逃亡を強いられることもなければ、非在へと追い立てられることもない者こそ、真に現在しているのではないか。

これももっともらしく聞こえる。野次る人が現れ、途中で遮って、放送されるものが現在しているか非在であるかなどという二者択一は無意味だと宣言することも十分考えられることだ。彼に言わせれば「ラジオやテレビが提供するものはイメージなのである。表象であって、現存するものではないのだ！　イメージは捉えられないものであって、それがわれわれを無視するのは当たり前で、それは〈美的仮象〉という名で古くからよく知られている事実なのだ」ということになるだろう。

どんなに説得的に思われても、こういう議論は間違っている。ひとつには——これは現象学の基本的な確認なのだが——「音響的イメージ」は存在しないからである。レコードプレーヤーが提供するものは、シンフォニーのイメージではなくて、シンフォニーそのものなのだ。大衆集会がラジオから聞こえてくれば、われわれに聞こえるのは、騒いでいる群衆の「イメージ」ではなくて、群衆の騒音である。群衆そのものは伝えられないとしても、騒音は伝えられるのだ。——もうひとつには、われわれが聴取者としてまさに美的態度をとるのは、（ドラマのような）芸術作品が仮象としての特徴を一緒に放送されないかぎりでのことだからである。フットボールの試合を聴いている人は、興奮した参加者として、試合が現実に行なわれていると思って聴いているのであって、芸術の場合の「かのように」などあずかり知るところではない。

あの野次る人は間違っている。われわれが受け取るものは、単なるイメージではないのだ。同様に、われわれは、現実のものに実際に現在しているわけではない。「われわれは現在しているか、それとも現在していないか」という問いは実際、意味をなさないが、その理由は、「イメージ」（および「非在」）だという答えが分かり切っているからではなくて、放送で作り出される状況は、存在論的な両義性を本質としているからである。また、放送される事件が、現在であると同時に非在でもあり、現実的であると同時に仮象でもあり、存在すると同時に存在しないもの、つまり幻影だからである。

12　イメージとテレビの模像との同時性／同時性は現在の衰弱した形態である

野次る人は続けてこう言うだろう。「ラジオ放送については正しくても、それがそのままテレビに妥当するわけではない。テレビがイメージを提供できること、これは疑う余地のないことだ」と。

それは疑う余地はほとんどない。しかしテレビが提供するものは、従来の意味での「イメージ」ではないのである。今日までの人間による制作の歴史においては、イメージとその模像との間には表現されない時間的な差異、つまり「時間のずれ」があることが、イメージの本質に原理的に属するとされていた。このずれはドイツ語では、「nach（の後で＝にならって）」といううまい語で表現される。モデルにならってイメージを描き、モデルにならって現実的なものを作り出すのである。在りし日の姿を呼び起こし、無常性から救い出して、現在に確保するために、模写または記念碑として主題にならってイメージが作られるか、あるいは、魔術の道具や理念、青写真、手本として対象に先行する主題が実現された出来事や事物のうちに姿を消すか、それとも、――この中和化の様態もなお時間との関係を示しているが――主題は結局、現在の外にある次元、いや時間の彼方に移行する、あるいは移行すると思われる手段であるかであった。人間と世界との時間的な関係が全然加わらないようなイメージを挙げるのは困難であろう。時間のずれのない形象を「イメージ」と呼んでいいかどうかは疑問である。ところが、テレビの伝達する形象はまさにそういう形象なのである。

テレビの形象はフィルムにより時間の中を動いていくが、その場合、模写されたものと形象との時間的な関係をもはや述べることができないからである。われわれが「時間のずれ」と呼んだものが、その場合にはゼロにまで圧縮されているのだ。形象は、それが模写している出来事と同時に、シンクロで現れる。形象は望遠鏡と同様に現在しているものを示しているのである。現在しているものを示す形象がはたしてイメージなのだろうか(12)。

　この問題はこれまで注目されなかったわけではないが、それに名前をつけるまでには至っていない。よくあることだが、従来の「スナップ写真」という言葉を思いついて、その現象は片が付いたと思われてしまっていたのである。しかしこの言葉は、問題をまさに隠してしまうのだ。スナップ写真は、過ぎ去ろうとする一瞬を固定しようとするから、正しい意味でのイメージである。それは記念写真であり、写真機能による記念碑やミイラであり、テレビの幻影よりも身近なものだ。テレビの幻影の場合には、そうした固定化は問題にならない。なぜならば、テレビの幻影は再生させる出来事と同時に現れ、それと同時に消え去るからである。それは固定されないから、出来事と同様に短命である。テレビの幻影がスナップ写真ならば、それはせいぜいで瞬間に代わる瞬間の映像、つまり模像に類似しているだけである。模像は、写された光景と同時にシンクロし同時に消滅する、つまり、あらゆる点で純粋の現在だからである。

　われわれは「現在」という言葉を弄んでいるだけではなかろうか。言葉がたまたま二つの意味の間で揺れている事実を利用して、架空の問題を引き出そうとしているのではなかろうか。われわれは明らかに二通りの意味で「現在」という言葉を使っているからである。ひとつには具体的な(konkret)現在、人間と人間、あるいは人間と世界が実際に近寄って触れ合い、ぶつかり合って一緒に成長して(concrescunt)「状況」になるような状況という意味で使い、もうひとつには、単に形式的な同時性、人間とある出来事が厳密に同一の時点にあり、世界の一瞬を共有する事実を指して使っているからである。——だが、この言葉に——ドイツ語にかぎらず——二重の意味があるのは決して偶然ではない。こういう二重の意味があるのは、ひとつの出来事や世界の断片が、同時性という意味でしか「現在的」でないほど無関係になる境界線は現実には引けないからである。現在的なものが単に同時的なものになれば、その同時的なものが境界なのだ。それは、私に少しも関係がなく、私から最も遠いものであるが、それは「与えられていない状態」にはならないから、他方ではやはり私に関係があることは明らかである。(13)

二つの意味の間に境界線を引くことができるとしても、この二重の意味を弄んでいるのはわれわれではない。それを弄んでいるのはまさにテレビのほうだ。この戯れこそ放送の原理なのだ。本当の現在であるような印象を与え、形式的にしか同時的でないものに具体的な現在である見せかけを与え、二通りの「現在」の間、重要なものとそうでないものとの間のそれ自体不明確な境界を消してしまい、同時的なものだけを送り届けるのがその仕事だからである。「只今から放映が――放映だけでなく、放映される事件が始まります」とどのテレビでも言うが、それは正しいのだ。「只今」つまり現実性によって、放映は何よりも完全に形象的な現象になり、放映は、現実には現在的なものではないのだから、ある中間的なもの、存在と仮象との雑種となるのである。これがラジオ放送について述べたときに「幻影」と呼んだものである。

―――

二通りの現在の間の境界をなくすのは異論がないだけでなく、正しいやり方であれば、それは歓迎すべきことでさえあるだろう。というのは、今日では、現実にわれわれに関係したり、(こちらから関わるかもしれないが)関係するかもしれないわれわれの事柄(nostra res)、最も具体的な切実な現在であるにもかかわらず、不当にも「単に同時的なもの」「どちらでもいいもの(adiaphoron)」としてわれわれが押し退けているものが余りにも多すぎるからである。地方化の危険は誤った国際化の危険に劣らない。われわれの道徳的現在の地平を、感覚的世界を超えるものも十分に視野に入れたものへ拡大する技術が絶対に必要であろう。しかし、この拡大を行なうものはテレビではない。テレビはむしろ、真実の現在が分からなくなるほどわれわれの地平を曖昧にして、現実にわれわれに関係する出来事にさえ見せかけの関心しか示さない。そういう見せかけの関心しか持たないことを、われわれは家庭に提供される仮象の現在から学んだのだ。

蛇足を付け加えれば、現在の幻影は数限りない。消費者と事件とを共通項で結びつける原理は抽象的で厳密であり、単なる共通の今を本質とする以上、現在の幻影は普遍的でもある。グローバルな今から抜け落ちる出来事はなく、いわゆる現在するものに変容されえないものも存在しない。しかし、現在的にされればされるほど、現在しないものにされてしまうのだ。私が出会ったラジオやテレビのファンの中には、同時的なものに毎日接して育てられて、社会人や現代人になった人はひとりもいないが、毎日の番組によって、世界喪失の状態、関係喪失、分散状態にさせられた人はいるだろう。そういう人は、今という時を共有するだけの者にされたのだ。

13　補論　失せた情熱の再生
散在するものは今のみに住む
メディアは人工的精神分裂病を生み出す——個人が「分割可能」となる

数十年前には（アポリネールや若き日のヴェルフェルのような）多くの叙情詩人がいて、古風な言い方をすれば、彼らはいつも「同時にいくつもの婚礼に」出ていたものだ。もっと真面目に言えば「遍く同時に（ubique simul）」という形而上学的な意味で、至るところに「つかのま」分散して存在していた。彼らは、多くは「いま」という言葉で始まる詩で、パリ、プラハ、ケープタウン、上海その他に同時に起こっている出来事を数え上げた。こういう詩人たちをして、独特の賛歌めいた世界中の事件目録を作り上げさせたものが、正真正銘の形而上学的な興奮であったことは明らかである。彼らは「知覚されていないもの(non percipi)」を「存在しないもの(non esse)」と誤解し、自分に知覚されないものはすべて存在しない、失くなったと感じたのである。それはともかくとして彼らは、偶然的に唯一の「ここ」にいるように定められているため、そういう存在をみな取り逃がさざるをえないことに極度の不安をいだいていた。散在し不在である「そこ」を、一種の魔法を使って、現存するものとなしうると彼らは考えた。その魔法とは、場所や出来事がすべてそこに存在し、それに与っている遍在する今の一瞬という中心点に糾合し、そこに凝縮させようとする絶望的な試みであった。それは形而上学的魔法の試みであったと言っていいだろう。彼らがめざしたのは、世界はそれで成り立っているが、彼らには耐え難い、離散している(現在していない)出来事とか非連続性を今の遍在性に訴えて打ち消すこと、つまり瞬間を「個体化の原理(principium individuationis)」である空間に抗する力として投入することだったからである。彼らの情熱がいかに誤ったものであったとしても、それがエレア学派的情熱の最後の変種であったこと、すなわち多様性への信頼を形而上学的になくさせようとする願いであったことは確かである。彼らが最も非現実的な一瞬である今のうちに「本来の存在者」を見いだし、多様なものを今の中に取り戻せば、多様なものが妄想であることが明らかになると考えたのは悲劇じみたことであった。ここには、真の形而上学的原理である最も普及した汎神論的原理や、ましてや後代の「全体の真理化」を図る「体系」という補助手段は、彼らには思いもよらなかったことが示されている。彼らはすでに最後の人々だったのだ。しかし、現代の今の信奉者と比べれば、彼らはまだどんなに生き生きとしていたことだろう。今に対するあの情熱の最後のかすかな閃きだけでも見いだそうとしてみても、それは難しいだろう。——（週刊誌その他による）娯楽技術が大衆に拡がり始めた歴史的時期に、こういう詩人たちが現れたのは無論偶然ではない。彼らは離散したものを凝縮させようと絶望的な努力を試みたが、娯楽技術や娯楽装置の目的は逆に、気晴らしを作り出すか促進することにある。（ふつう「ぼんやりと（zerstreut）」しか理解されていない、つまりメタファーとしか思われていない）「気晴らし（Zerstreuung）」がめざしているのは、人々から個体化の装いを剝ぎ取ること、正確に言えば、人々から個体化原理である空間を取り去り、人々が遍く同時に存在して、特定の場所である自分のところにも事件の現場にもいない、つまりどこにもいない状態にして、人々から個性喪失という意識を奪い取ることである。——娯楽技術の犠牲と言われる者は犠牲ではない、産業は娯楽を供給してニーズに応えただけだ、という反論があるかもしれない。これは完全な間違いではないが完全な真実でもない。ニーズそれ自体が作り出されるものだからだ。

日常の仕事で極端に専門化し、自分自身にはほとんど無関係な仕事を強いられて、退屈している人々に、ストレスを感じたり退屈している金曜日の夕方に、人間的調和（proportio humana）とか（まだ残っていれば）自分自身に立ち返ることができるとか、立ち返ろうとすること、あるいは立ち返ろうと望むことができると思うほうが無理な話だ。むしろ、大きなストレスがなくなるときは爆発に似ており、仕事から突然解放されたときは疎外されたような状態だから、疲れ切っていなければ、彼らは退屈の風がやみ次第、急変するシーンみたいに時間を早めたりテンポを変えたりできるものなら、何にでも飛びつくのである。

遍在や急変への理解できなくもない渇望をいやすものとして、ラジオやテレビにまさるものはない。ラジオやテレビは、欲望と疲労に同時に応えて、緊張と弛緩、繁忙と無為、ハードワークとレジャー——そのすべてを同時に与えてくれるどころか、気晴らしに飛びつく手間さえ省いて向こうからやってくるからである。――要するに、その多種多様な誘惑に対抗することはできないのだ。あの詩人たちはいくつもの婚礼に同時に出るという呪いに苦しんだが、その呪いが（一見）無邪気で正常なレジャーの状態になったのも不思議ではない。ここにいながらそこにもいるといったあらゆる人々の状態がそれだ。彼らは、至るところに同時にいて、どこにもいないことに慣れ切っているため、本当はどこかに住んでいるわけでもないのだ。家の中にいるのを除けば、どの場所にもいないで、せいぜいで刻々と変わる住めもしない時間である今にいるだけだ。

以上のように言っただけでは、現代人の「離散状態」を完璧に述べたことにはならない。この状態の絶頂は、まさに「人工的に作り出された精神分裂病」としか言いようのない状態に見られるからである。この「精神分裂病」は娯楽装置の副産物などというものではない。それは明らかに意図されたものであり、無論その名前で求めているのではないにしても、客が求めているものなのである。

われわれがここで考えている「精神分裂病」とは何か。

それは、二つ以上の部分に分かれた在り方に、少なくとも二つ以上の部分的機能に分裂させられている自我の状態である。分裂した在り方や機能は協調させられないばかりか、それを協調させることが不可能であり、さらには協調させることが不可能なだけでなく、自我は協調に価値を認めず、また協調に価値を認めないばかりか、協調を激しく拒否するのである。

デカルトは第二省察において、「魂の半分を考えること（à concevoir la moitié d'aucune âme」は不可能だと述べている。現代では、二等分された魂は日常茶飯の現象だ。事実、現代人、少なくともひまな現代人にとって最も特徴的なのは、同時に二つ以上の用事をする傾向である。

たとえば日光浴をして背中を焼いている男性が、週刊誌に目をさらし、スポーツ試合に耳を傾け、ガムを嚙んでいる。――こういう受動的なながら族とか多忙な暇人は、世界中どこででも日常的に見かけられる。

彼らが当たり前になっていて、正常と考えられているのは事実だが、それだから、彼らが少しも興味の対象にならないというものでもない。まず説明が要る。

日光浴をしている男に、「本当の」用事はどれか、心は「本当は」何に向けられているかと尋ねても、彼はもちろん答えられない。それは、「本当のもの」を聞こうとする質問が、たとえば、その男が用事をしたり心を向けたりする主体であるという誤った前提に立っているからだ。ここで「主体」ということが言えるとすれば、それは、絵を見ている目とかスポーツ試合を聞いている耳とか、ガムを嚙みつづけている顎といった、彼の器官について言えるだけだ。――つまり、彼のアイデンティティは根本的に解体され、「彼自身」を追求するのは存在しないものを追求することになろう。彼は（以前のように）世界各地に分散しているだけでなく、数多くの機能に分散しているのだ。[14]

分散した活動に人間を駆り立てるのは何か、人間の個々の機能を独立の（一見自律的な）ものにしているのは何か、という問いにはすでに答えておいた。もう一度繰り返しておこう。それは空虚への怖れ（horror vacui）、自立と自由への恐怖、正確に言えばレジャーが与える自由空間、つまりレジャーで当面する空虚を自分で分節し、余暇を自分で満たさなければならないことに対する不安である。

労働させられ、従属的であることに慣れきっているため、仕事がすんだ途端、人間は自分自身を働かせるという問題を解決できない。そういう活動を引き受ける「自己」がもはや存在しないからである。今日では、あらゆるレジャーが失業とどこか似ている。

仕事がすんで自分独りにされると組織化の原理が欠落しているから、個々の機能に分解してしまう。無論その機能も彼自身と同様、従事させられることに慣れ切っている。このため機能は「失業状態」が出現した途端、——個々ばらばらに——手当たり次第の活動に取りかかる。どういう内容でもかまわない。[15]内容はともかく内容であり、そもそも内容（Inhalt）は、機能に支え（Halt）を与えるものだからである。ひとつの内容、ひとつの支えでは不十分だ。それぞれの器官にそれぞれの支えが要る。なぜならば、ひとつの器官だけでも仕事についていないと、満たされていない器官が虚無の現れる裂け目になりかねないからだ。聞いたり見たりするだけでは、——この「するだけ」という排他性には、抽象能力や集中力が必要で、組織化の中心が欠けていては「するだけ」も問題にならないことは別にしても——まったく不十分なのだ。なおこのことが、無声映画に音楽が必要であり、音楽が鳴りやんで画面が写っているだけだと口をパクパクさせ出す理由である。要するに、虚無に対して完全に防備しておくには、すべての器官を「使用中」にしておく必要がある。この状態を述べるには、「使用中」のほうが「活動中」より比べものにならぬくらい適切である。

　だが、——問題はレジャーだから——使用は労働であってはならない以上、器官を使用するのは娯楽の手段しかない。こうしてあらゆる器官、あらゆる機能が消費や消費の楽しみへと向かうのだ。

　もちろん楽しみは、積極的なものでなくてもいい、——適当な言葉がないが——楽しむ対象がないと生ずる不安や飢餓感さえなければいいのだ。呼吸自体が積極的楽しみを与えなくても、——滅多にないことだが——空気が不足して窒息やパニックが起こるようなものだ。

　この「飢餓感」という言葉がキーワードである。あらゆる器官は、使用されず空虚にさらされ、ひまだと飢餓感に苦しむからである。一時的に消費ゼロになるだけでも、器官にとっては苦境なのだ。ヘヴィースモーカーがいい例だ。ぞっとする言い方だが（horribili dictu）、ひま（＝余暇＝無為＝消費ゼロ）が苦境と同じものになるのだ。これが、休みなく消費できる消費手段、つまり満ち足りてしまう恐れのない消費手段が求められる理由でもある。「恐れ」と言うのは、満足は楽しむ時間をなくして弁証法的にまたも消費ゼロの状態である苦境へ転ずるからである。ひっきりなしにガムを噛んだり、ひっきりなしにラジオをかけたりすることがどういう役目を果たしているかはこれで明らかである。(16)

無論、ひまと苦境、ないしは自由の略奪と幸福とを同一視する倒錯は、今日になって初めて現れたものではない。

すでに十九世紀の「綜合芸術」は、空虚への怖れを考えて、人を全体的にとらえ、あらゆる感覚を同時に襲うような作品を提供した。それに襲われた人々が興奮し、自由の完全な略奪に圧倒されて楽しんだ様子は歴史でよく知られている。私が言っていることを理解してもらうには、本当の意味がふつうは分からなくなっている「圧倒的」という流行語に注意してもらいさえすればいい。「圧倒的」な上演を高く評価することが趣味がいいことになっている。「圧倒的な上演」を見て、そのいかがわしさを語ったのは、ニーチェが最初であり、今日に至るまでほとんど彼だけである。バイロイトでの当時の圧倒的上演は、今日のものに比べれば、無論まだ非常に人間的なものだった。「綜合芸術」の理念はまだ古代の尊敬すべき人間理念をともかく前提していたからである。すなわち、襲われ圧倒されても、それ自体として統一のある作品が提供されることを求め、ひとつの存在であろうとする、圧倒的な敗北に値するひとつの存在として人間が認められていたからである。

この名残も今日では、同様に廃棄されている。加法の原理だけあれば十分なのだ。今日では、まったく無関係な要素、しかも内容がばらばらなだけでなく調子も合わない要素を、同時に提供するのが正常なのだ。今日では、朝食のとき漫画映画でジャングル少女が月光の曲の三連符を聞きながら、妊娠しているわき腹にナイフを突き立てられるのを見ても、誰も何も感じない。その二つを同時に見ても、誰ひとり面喰らうことはない。——ごく最近まで、アカデミックな心理学は、このような二つのまったくばらばらな内容のものや調子の合わないものを同時に見聞きすることは不可能だとしていた。今日では、あらゆるときに確認できる無数の事実が、それが可能であることを立証しているように見える。

今日まで文明批判は、人間の平均化、つまり量産品に変化した個人には数の上での個性しかないことにのみ人間の崩壊を認めていた。この数の上での個性さえ今やなくなってしまい、数量的な名残もさらに「分割され」、（不可分割な）個人が「分割可能なもの」になり、数多くの機能に分解されている。人間の破壊は明らかに、これ以上は進めない。人間はこれ以上非人間的にはなれない。現代心理学が情熱的に堂々と謳い上げている「全体論的視点のルネサンス」は訳の分からない偽善的なものであって、人間の断片を理論という専門家の上衣（トーガ）で隠そうとする策略にすぎないのだ。

14　現実はすべて幻影じみて、あらゆる虚構が現実的である
瞞されたお婆さんたちは幻影のために編物をし、偶像崇拝を仕込まれる

分解された人間の「分裂状態」にかんして不必要ではなかったのだが、長い補論を述べたので、もう一度ラジオとテレビによる人間の危険というもっと限定された対象へ戻ることにしよう。

先に見たように、家庭で「放映される」ものは存在論的にきわめて両義的であって、それがその場にあるかないか、それは現実なのか映像なのか、そのいずれと呼ぶべきかを決めることができなかった。そう

いう両義的なものに「幻影」という独特の名前をつけたのはそのためであった。

この両義性のテーゼには、野次る人から次のような異論が提起された。放映されるものは「美的仮象」であり、仮象の問題は美学においてとっくに的確に述べられている以上、「その場にあるとかないということ」の意味を問題にしても無意味だというのがその異論であった。

こういう議論は、新しい酒を古い皮袋に入れるようなものだ。古いカテゴリーではもう役に立たない。自分がどういう態度で装置の前に座っているかを率直に観察すれば誰でも、「美的仮象」を楽しんでいると主張しようなどとは思わないだろう。そういう主張は不可能なものであって、放映されるものの特性とか不安にする独特のものは、「存在か仮象か」という二者択一を超えたところにその本質があるからだ。放映されれば出来事は幻影じみたものになるというのが真実であり、放映されるものは芸術の「かのように」という性格を持つというのは間違いである。政治討論会の放映を見る態度は、たとえばビュヒナーの『ダントン』の法廷場面の上演を見る態度とは根本的に異なる。それを明確に述べにくいのは、われわれの理論的概念が新しい現実におくれをとっている——実際そうではあるが——ためだけではない。両義的な態度を作り出すことこそ放映の積極的な意図だからだ。それが作り出そうとするものは、不真面目な真剣さとか真剣な不真面目さ、振動や動揺という状態であり、そこでは真面目と不真面目との区別は成り立たない。そこでは視聴者にとって、放映されるものは自分にとって何か、それは存在なのか仮象なのか、情報なのかそれとも「ふざけ」か、あるいは、放映されるものを受け取るのは何者としてか（道徳‐政治的存在としてか、ひまつぶしをする者としてか）というような問題は答えようがなく、そういうことは決して問題になるはずがない。

真面目と冗談との両義性が明らかになるのは、劇場の伝統から生まれた「仮象」という概念を使おうとするラジオドラマやテレビドラマにおいてである。そこでは、「フィクション」と考えられている上演が(実演を幻影じみたものにするのと同じ技術で伝達されるから)、まるで現実であるかのような作用を及ぼすということが、弁証法的に起こるのである。実生活が夢となるところでは夢が実生活となるように、現実が幻影として現れるところではあらゆる幻影が現実のような作用を及ぼすのだ。現実の出来事が、放映によって仮象じみたものにされるところでは、(虚構のドラマのあるシーンの)仮象の出来事が放映されると、特殊な美的仮象という性格を必ず失ってしまうのである。事実、そういう性格はもはや認められないのであって、とにかくそういう性格はほとんど認めることはできないために、虚構の出来事がわれわれを現実の証人とか、現実の参加者である現実の犠牲者だと信じ込ませるのである。何よりもオーソン・ウェルズの『宇宙戦争』という、地球侵略を主題としたラジオドラマ(一九三八年)のことが思い起こされる。あのときには、ラジオが「劇中劇」というハムレットの原理を強引に使って、ラジオルポルタージュを放送したので(こういう美的仮象の制作に、いわゆる芸術活動の本質があるのだが)、放送と現実のラジオルポルタージュとがまったく区別できなかった。それを区別しようとしたかとか、その場合に主要な働きをしたのは愚かさか、それとも厚かましさではなかったかということはどうでもいいことだ。「放送は冗談だ」と途中に挿んでも、無駄なことに変わりはなかっただろう。侵略をありうることだと思った聴取者は誰ひとり、「火星人が来た」という緊急ニュースを聴いて、その次の説明を聞くまで静かにイスに腰掛けておれなかったからだ。いずれにせよ、虚構である仮象が、現実の出来事として報道され、出来事が起こっている中での出来事についての現実の報道として届けられ、現実のパニックを生み出したのだ。これが最初の「単独者の集団パニック」であった。誰も彼もみな、隣人に構わず家を飛び出したからである。このパニックが「美的態度」と共通するところは、大火事の際の叫び声が、火事だという叫び声を聞いたときの叫び声と共通しているようなものであった。——

ラジオ史上「古典的」となっているこの事件は例外ではない。それについて言えることは、実際、あらゆるラジオドラマ、少なくとも現代上演される非現実的なドラマについても、また内容的にまったく無害と思えるドラマについても言えることだ。こういうドラマも、存在と仮象、参加と疑似参加とを混ぜ合わせて、聴取者から真剣になるチャンスをだまし取るからだ。誤解しないでもらいたいが、その場合の不真面目さは、真面目さが余りに不真面目に提供され不真面目に消費されるところではなくて、不真面目さが余りにも真面目に提供され、真面目に受け入れられるところにあるのだ。この真面目さのうちにいわゆるこの問題のウィットの本質がある。私が考えているのは、一年中架空の家庭の日常生活を演じて見せている安全この上なしの、血なまぐさいどころかお涙ちょうだい式 (larmoyant) の連続番組のことだ。アメリカ合衆国で私は、こういうありもしないものを、仲間や「交際相手」にしているお婆さんたちを何人も知っていた。お婆さんたちは、この仲間の安否に並み並みならぬ関心を寄せていて、幻影家族の誰かが死んだり、誰かが婚約したりすると眠れなくなるほどだった。お婆さんたちの仲間は幻影でできていて、お婆さんたちの人生の意味は幻影との交際にあった。幻影以外には誰もいなかったし、幻影なしに生き続けるのは空しかった。お婆さんたちは冬には幻影のために手袋を編んでやり、幻影の赤ん坊が生まれると、ベビー服とか鉤針で編んだ上着や帽子の包みを抱えて放送局に駆けつけるのであった。そういう品物は、だまされた慈善家には内緒で、施設の見知らぬ現実の赤ん坊に渡された。

四三年のことだが、こういう哀れな老人のひとりが「ウォールトはどう？」と尋ねられたことがある。彼女は即座に答えた。「ドイツで捕虜になったわよ」。

尋ねた男はびっくりした。「ドイツで？　太平洋にいると思っていたのに」。「あのウォールトのことなのね！　どうしてすぐ言ってくれなかったの？　私はまたウォールトのことを尋ねているものだとばかり思ったものだから」。「ウォールト」というのは、『人生に立ち向かうポーシャ（Porcia faces Life）』というメロドラマの全国的に有名だった登場人物で、いわばあらゆるラジオ聴取者の身内だった。

このこまめな老婦人たちのことを、滑稽だとか哀れだと思う人があるかもしれない。私には彼女たちは幻影の世界のパルカ（運命の女神）じみた編物屋さんのように思われる。——人間がいわゆる世界を見たり聞いたりしても、世界から語りかけられることはなく、世界のほうは人間を気にもしていないくせに絶えず話しかけるという、矛盾した状況を「一方向的」と呼んだが、このパルカたちはこの状況を驚くほど具体的に表している。彼女たちは一方向性についていけない。そうでなければ、編物をしたりはしないはずだ。ところが他方では、それを当然のこととして受け入れている。ただの一度も私は、お婆さんたちが幻影家族からまったく無視されているとか、彼らと実際の交際がない、盗み聞きするだけで満足していなければならないというような苦情を聞いたことがない。その状態の哀れさというより忌まわしさは、模造の家族がぬけぬけと現実の家族の代りを勤めているところ、また、現実の家族ならば当然満たされているはずの、お母さんやお祖母さんの満たされない感情や優しさを刺激し、とりこにし、満足させることができるところ、そしてもう一方では、これが完全に「複製」であるために、愛する人々の存在をまったく無視して、自分に向けられている（量産されて単独で消費させられる）本物の気持ちをこけにしているところにあるのだ。

こういう反論が出るだろう。「なぜいけないのだ。お婆さんたちをそういう具合にゴキゲンにさせておくのがなぜ悪いのだ。ゴキゲンなのはいいことじゃないか。彼女たちが感じているのは結構な感情ではないと言うのか。それに、彼女たちの感情も、幻影とか模造品だとでも言うのか」。――これに対しては、説明のつかない古風な真理への愛で次のようにしか答えようがない。どんなに現実的な、快いいい気持ちで生活していても、空虚なものに愛情を注いで、それに対応する現実が何もなければ、それは、意図的に嘘の生活をしているよりも、はるかに根本的かつ法外に欺かれているのであり、だまされる人がその嘘をそのまま真実と思い込んでいるからといって、それがよくなるわけではない。嘘というものは、そうなることを望んでおり、それが嘘の目的であり、そうなればそれこそ嘘の勝利というものなのだ。――あの幻影信者たちは、人間である点において欺かれているのだ。なぜならば、主体性と彼女たちにとっての世界とが決定的に引き裂かれているからである。そこでは感情が、孫に対する愛情と同じ愛情が、機械的に量産され、無数の女性に注ぎ込まれるという事実と、この女性たちが結局は（彼女たちには孫はひとりもないのだから）「自分の」孫の代わりに孫への自分自身の愛情を愛する、つまり感情的、感傷的になるほかはないという事実と、そのいずれがより忌まわしいかは決められない。

感情の人間的尊厳に対して加えられる不法行為は、われわれの意気を消沈させる。あらゆる年代の人々を孤独な感傷家とか覗き趣味の持ち主に変えてしまうとは、へどの出るようなことだ。そして、まったく意気阻喪するのは、結局、こういう現象への批判が悪意の印だとされることだ。

何千年間も偶像が、尊敬や恭順のような純粋な感情を作り出し、要求し、悪用しても構わなかったが、そういうことはもう過去のものとなったと思われていた。神々の偶像を模造人間で取り替えるまではだ。いもしない子供のために放送局に集まった上着は、かつて偽りの祭壇に積まれた偶像への供物とほとんど変わりがない。今日感情に加えられている悪習は、昔のものより無害であるとは言えない。現代の悪習に対する憤激が昔の悪習への憤激ほどではなく、憤激するのが当然だとされないのはなぜなのか、これは私の理解を絶することだ。[17]——

15　現代の怪談・幻影世界が世界と悶着を起こし——幻影が脅迫される

ところで、あのだまされたお婆さんたちは本来、もはやこの世のものではなく、この世で幻影的な感情をいだく機会があるかぎりで、かろうじてこの世とつながっているのだが、このお婆さんたちが稀有な純粋な実例である。ライバルである現実を完全に追い出したり、現実にとって代わったり、消費者の感情を独占したりするのは、幻影には例外的な場合だからだ。二つの世界の産物がぶつかって悶着を起こし、競い合い、両者が入り混じって混ざり合っている場合のほうがふつうである。念のために言えば、それは（幻想的なリアリティと比べてファンタジーを欠いた現代の）ＳＦ小説の場合とは違い、存在論的に異なる二つの世界、別の惑星のように違う二つの世界の産物であり、要するに怪談なのだ。この言い方を比喩だと思わないでもらいたい。妖怪という存在もしくは非存在は、自分の世界を出て、世界の境界を越えてわれわれの世界にやってきて、現実のものと悶着を起こすからである。それが、彼らの今日やっていることなのだ。事実、いつでも誰の世界でも妖怪との争いが起こっている。それが目につかないのは、（精神と肉体との戦いのように）それが日常生活のものとなっているからだけでなく、現実の世界を構成しているものが幻影によって決定的に打倒され、幻影のコピーとなり、幻影そっくりのものになっているからである。つまり争うものの間の違いが、幻影が勝利を収めたために見えなくなったからだ。現実のギャルで映画そっくりの格好をしているのは掃いて捨てるほどおり、コピーのコピーが歩き回っている。なぜなら、彼女たちは、自分のありのままだと、幻影のセックスアピールに対抗できないし、幻影とはまったく異なる苛酷な現実世界のやり方では幻影にひけをとるからだ。これは別に証明するまでもないことだ。——幻影と現実との悶着、テレビの幻影とロンドン市民との悶着の顕著な実例が最近の新聞に載っていた。次のようなものだ。

ロンドンに小市民的な主婦であるひとりの女性がいたが——あるいは、いるが——、彼女は、ひとりのアポロン的なテレビスターに夢中になってしまい、そのスターをじかに見ることのできるチャンスは逃したことがない。バーゲンセールには目もくれず、主人の脅しも物ともせず、——毎朝、決まった時間に、架空の恋人のために特別な石鹸で身体を流し、とっておきの服を着込むと、彼女のみすぼらしいキッチンは、素晴らしい十五分間だけは特製ドアつきの部屋になる。これは、彼女には本当にリアルなことだった。

スターをほかの何百人もの女性と共有しなければならないことは、彼女に尋ねれば、彼女も否定はしなかっただろうが、彼女はプライベートに「孤独な大衆消費」の形でしかスターに会ったことがないので、(劇場とか映画館で)共有した経験がほとんどなかった。要するに彼女は彼と何か「あった」のだ。ことの起こりは彼にあり、彼女に話しかけたのは彼だったし、彼女の家に毎日通ってきて、話しかけるのも彼であった。その事件が野次馬的であり、愛を誓う言葉も無視されていることは、彼女も否定はできなかっただろう。——お分かりのように、事柄は複雑で、きわめて気持ちが悪いものである。スターの男らしさとか魅力、上機嫌、切りのないふざけと競ってみても、(ガス会社の小柄で苦労した従業員で、彼女もそれまでは夢中というほどではなかったが、まあまあの生活を共にしてきた）現実の夫に勝ち目があるはずもなかった。そういう恋人が問題だったのだ。事態を彼女が理解しないうちに、現実の夫が彼女の神経に障るようになってきた。まもなく（幻影だから喧嘩したりしないという美徳を身につけており、決して食事をせかしたり怒鳴ったりしない）恋人が午後のデートにやって来るときにかぎって、明らかに意地悪く仕事から戻ってきて、腹が減ったと大声で食事を催促するものだから、彼女は夫が憎らしくなってきた。現実のものと幻影とが対立し、衝突が起こった。衝突といっても、これまた幻影じみていて、なかば幻影みたいなものだった。現実の夫のほうは歯ぎしりをしているのに、幻影のほうは相変わらず素知らぬ顔で口笛を吹いて、夫を無視しているからだ。正常な男が妻がほかの男とキスしているのを見ていなければならないというのに、幻影にはそういうことは全然ない。なにしろ相手が幻影だから、現実の人間は打つ手がないのに、幻影は幻影だけに落ち着き払っているのである。こうして、夫婦の間に道化芝居の準備が整ってきた。夫がスイッチを切って憎らしい男を追い出すと、妻がまたスイッチを入れる――それも一回だけでなく、何度も繰り返してやる。これはお決まりの遊び半分の序曲だったが、それが間もなくフリオーソに発展することになった。その憎らしい男に「思い知らせてやりたい」、決定的に思い知らそうという誘惑はもちろん大きかったが、その誘惑に負けることは彼にはできなかった。テレビ装置は何といっても自分のものだし、彼の最高の品物で自慢の家具で評判のものでもあり、その上ローンを半分も払っていないからである。その装置だけが彼にとっては夕方の唯一の楽しみであったことは言うまでもない。怒りを抑えるためなら、彼はわが身に切りつけもしたことだろう。破壊欲と所有欲との音もなく荒れ狂う戦いほどたちの悪いものはなく、抑圧された怒りほど激しい怒りはない。何かに怒りをぶつけずにはおれなかったので、その装置より安いが長持ちのするものが一番いいというわけで、彼は彼女に打ってかかった。

だがそれも無駄だった。彼女は殴られても黙って殉教者のような目を恋人のほうに向けて耐えていた（恋人はもちろん、それを無視してやさしく口笛を吹き続けていた）。後の裁判での証言で明らかなように、彼女の耐久力にも限界があり、彼女の値打ちも捨てたものでないことは、殴る夫も十分に心得ていたし、夫の怒りの殴打もいずれ収まるから、彼女は耐えておれたのである。幻影が妻を訪問するのを禁ずることはできなかったし、殴って昔の愛情をもう一度取り返すことなどできるはずもなかった。——

おそらく、甲斐もなく怒り狂った夫にとっては、身体を持ち、ほどほどに現実的なライバルのほうが、たとえ現実に妻を誘惑し、彼が実際に階段から突き落としたかもしれないにせよ、この捉え所のないものより何百倍もましだったであろう。その捉え所のないやつは、家庭の平和を壊すのを禁止されてもいないし、彼の家をいやなものにして、自分では物を食べないくせに彼から食事を奪い、自分では愛してもいないのに彼の結婚生活を破壊し、自分では何も見ないくせに、以前はふつうだった妻を色目を使う女にしてしまったのである。絶望した彼には、呪わしい幻影に最後通牒を突きつけ、脅迫状を書いて「出ていかないと（get out or...）」と言うよりほかに手がなかったのも不思議ではない。こうして、殺人の脅迫にまでエスカレートし、郵便配達人は幻影と現実の人間との区別に慣れていないものだから、俳優X氏にその手紙を渡すことになるが、こちらは自分に恋人があるなど聞いたこともなく、幻影ではない自分の生活を真面目に営んでいるのだから、その結末はイギリスの新聞が報道しているような裁判沙汰になったわけである。判決はまだ下りていない。

16　テレビはあらゆる出来事をリアルタイムのミニ画面に変えてしまう

前に述べたように、「不真面目な真面目さ」と「真面目な不真面目さ」を消費者に作り出すことが、生産の積極的な意図である。ひそかに消費者を不確定で不安定な状態に慣らしていけば、消費者をマス人間にし、決定する力のない人間にすることは確実に可能だからだ。存在と仮象との不確定性や、放映のそれ自体としては偶然的な現象学的特性が、道徳的には好都合な効果として利用されるわけである。

虚構のものが驚くべきものとか半ば真面目なものになることは、幻影のために編物を編むパルカやオーソン・ウェルズのラジオドラマが証明した通りであり、冗談半分の虚構が現実とぶつかり、深刻な現実の結果をもたらしかねないことは幻影脅迫事件が実例を示している通りである。今度は逆に、現実を不真面目なものとか無害なものに変える「親和作用」がどういうものであるかを示すことにしよう。そこでもう一度簡単に、もう馴染みになった現象を取り上げよう。前の分析とは異なり、今度は「親和作用」についての一般的結論を出すよりもむしろ欺瞞の技術的トリックを示すことにしたい。われわれが考えているトリックとは、テレビ画面に現れる映像のミニサイズのことである。

無論、ミニサイズは技術的トリックでなく、技術の欠陥、しかも差し当たってのものであって、必ず取り除ける欠陥なのだという反論が出ることだろう。必ず取り除けるだろうが、意図的に取り除かれるのか、それともおのずから取り除かれるのかは問題だ[18]。もともと意図したことではなかったが、そのミニであることが最も好都合な欠陥であることが明らかになったからであり、それにはうってつけの役割があるからだ。それは、マクロコスモスをミクロコスモスとして提示し、あらゆる世界の出来事をミニ・シーンに変えるという役割である。[19]「ミニ」と言うのは、以前なら小さな置物が果たしていた役割を、今日ではミニチュア画面が果たしているからである。たとえば、われわれの曾祖父の暖炉の上に載っていた磁器製のナポレオンの頭部は、分厚い大型版の歴史書以上に大軍団の破局を打ち消すのに役立っていたものである。それが、今日ではすぐ間に合うようにできているところが違うだけだ。なぜなら今日では、危険のない世界の生活の安全さを吹き込むために、危険がないことを後で説明するのではなくて、出来事と同時に（出来事以前に予防のために「先取り」することはないにしても）「リアルタイムのミニ版」で教えるからである。小さな画面の前に座ればたちまち、世界中のあらゆるシーンが安全で人間的なものに見えるような眼が、オペラグラスを逆さにしたような眼が移植されるというわけだ。正確に言うと——現代の贈り物はたいてい偽装した妨害だから——その眼は、別な見方を許さない眼であり、犠牲者である目撃者にわれわれを仕立て上げる、世界や出来事、決断や陰謀が展望も見通しもきかないことを認識するのを妨げる眼なのだ。与えられるのは偽りの展望である。それが偽りであるのは、その眼のために些細なことをわれわれが「見落とす（übersehen）」からではなくて、逆にその眼では世界は見通せないことを「無視する（übersehen）」ように吹き込むからだ。世界全体を示すことは、以前は哲学体系の役目であったが、テレビ画面はそれを光学的になし遂げることができるとしても、——その「全体」はヘーゲルの「真なるもの」ではない。それが全体でないからではなく、展望できるモデルという事実が世界の大きさとわれわれの行為が見通しえないことを隠すからである。テレビ画面がこういう比率による隠蔽を行なう唯一の装置ではなくて、地図も同様に隠蔽を行なっているように見えるが、地図は結局、縮小された概観モデルであることが明らかなのに対して、テレビのシーンは出来事と同時に進行することによって、出来事そのもののように装っているのだ。——

現代の文明批判では余り重視されていないが、センセーショナリズム同様に危険な反センセーショナリズムがあって、本来のセンセーショナリズムと結びついている。これは、センセーショナリズムならば誇張するところを矮小化し、センセーショナリズムが針小棒大に言うところを逆に表現する。テレビ画面の前に座ると、事実、縮小化のトリックによる世界の幻影化を逃れるのは困難であり、実態を見抜いている人でも容易ではない。画面に展開される人形劇じみたカーレースを見るという怪しげな楽しみを味わった人は、人身事故が起こってもさほどひどく感じなかったのを信じがたい気持ちで確認したことがあるだろう。自分の見ていることが、見ている同じ瞬間に現実に起こっていることは確かに分かっているのだが、それはただ分かっているだけであって、小さな画面と遠くの出来事とを結びつけ、ここの今と向こうの今を結びつけるには、それは少しも役立たない。向こうの今とここの今を、現実の同じ今として捉えることができないのだ。ショックは想像上の小さなものでしかなく、それは、劇場の舞台で演じられる架空の破局が与えるショックと比べても、はるかに小さいショックにすぎない。

こういう二つの今を同じ今として捉えるのはまず不可能で、決してうまくいかない。実にうまくいっているのは、現実的なものを考える能力、提供されるものの「外部」に、現実の出来事が存在することを考える能力を、提供される映像によって奪うことのほうだ。映像を提供する意図の本質、全世界の映像を提供することの本質は、——ここで最初の節の言葉に立ち返るわけだが——まさに現実を隠蔽し、それも現実と称するもので隠蔽し、画面で世界を消してしまうところにあるのだ。

確かにわれわれは、核爆発を想像することができない。核爆発を想像できないこと、そしてそのことに絶望することのほうが、現実を目撃するようにテレビ画面を見ること以上に、核爆発という出来事の法外さと近い関係にあり、はるかにその法外さにはふさわしいのだ。このことも同様に確かである。明確なテレビの映像が見通せないものを見通せるものであるかに偽り、画面に引き込む映像がわれわれを欺くのである。

III 情報

前章（II）の始めに「家庭に伝達される出来事はどういうものとして届くのだろうか」という問いを提起し、それに対して、それは「幻影として」であるという二義的な答えを与えておいた。――それは、家庭に提供される出来事が、出来事そのものでもなければ、出来事の単なるイメージでもない第三のものとして届けられるという意味であった。

だがそれは、それほど驚くべきことなのだろうか。それはむしろ当たり前のことであって、われわれは、馴染みのない言葉を使って、見慣れないことのような見かけを与えているだけなのではないだろうか。同じようなことなら、いつでもあらゆる情報伝達に見られることではないだろうか。

これは、どういうことか。

石炭貯蔵庫がからっぽであることが知らされたと考えてみよう。そのとき知らされるのは何だろうか。「家庭に伝達され」るものは何か。からっぽの石炭貯蔵庫という対象そのものだろうか。

それとも、からっぽの石炭貯蔵庫のイメージなのだろうか。

そのどちらでもないのだ。われわれがキャッチするのは、独自の「対象」であって、独特の仕方でいずれでもない「第三の対象」、すなわち石炭倉庫がからっぽであるということ、つまりひとつの事実だからである。この事実とからっぽの石炭貯蔵庫そのものとが同じではないことは、事実そのものはからっぽではありえないという、現象学的な意味で明証的に確認できる事柄である。情報が伝達する事実がイメージというものに尽きるものでないことも同様に明白である。

情報が伝えるものは、事物でもなければ、事物のイメージでもない。ただそれが構造的に類似しているために、放送番組のうちには情報があるように思われるのではないだろうか。

この問いに答えるためには、ここで少し横道に逸れて、まず情報の本性そのものを調べておかなければならない。これまでの議論が、まるで直接性だけが正しいと主張しているような印象を与えたかもしれないだけに、ここで、ぜひともそれを調べておく必要がある。

17　プラグマティズム的判断論
情報の受け手は、現前していないものを自由に使える点では自由だが、キャッチするのが事実でなくその賓辞である点では自由ではない

情報とは何か。情報の機能の本質はどこにあるか。

情報の機能の本質は、現前しないものについての知識を受け手に与え、現前していないものにかんする知識を、受け手が自分の代わりの知覚に基づいて獲得することにある。――「現前していないもの」という言葉が現れるところに、現前とか非現前といった両義的な問題が絡んでいる領域にわれわれが関わっていることが示されている。――情報の定義については、もっと説明が必要だ。

情報を提供することは、現前していないものについて知らせること、すなわち、現前していないものを、それが現前していない者に向かって提示するということである。

直接に話しかける話法であって情報の伝達ではない命令法であっても、現前や非現前に関わりがある。よそを向いている者、すなわち現前していない者に向かって、耳を傾け同調するように、つまり現前するように呼びかけるのが、命令法だからである。命令法が、語りかけられる者を非現前の状態から呼び出すのに対して、情報伝達のほうは、伝達される対象を呼び出す。情報を提供される対象が現前していれば、情報の提供は余分なことである。情報を提供される対象の背後に原理的に現前していない「第三の」「人物」とか事物が存在しないような情報伝達はない。現前していないものを現前しているものにするという目的以外の目的をめざす情報提供というものは存在しない。——dico-*δείκνυμι*［いずれも「示す」「語る」を意味する］という語に示されているように、言葉と現前しないものとの関係は、指示から引き継がれたものである。指示が原理的に現前しているものを指示するのは、現前しているものが（見えないとか注意されていないという意味で、それを指示される者に）現前していないからにほかならない。指示の目的は、現前していないものを、それを指示される者にとって現前する対象にして、対象を直接に経験したり、実際に捉えたりする機会を与えることである。

ところが、情報の受け手にはこういう機会は与えられないように思われる。情報によって受け手が対象のもとへ送られるのでもなければ、対象が彼のもとへ送られてくるのでもないからだ。それとも、そのどちらでもあるのだろうか。

その通りなのだ。情報によっても何かが現前するものになるからである。その何ものかは対象そのものではなくて、対象の何か、対象についての何かという非常に奇妙な新しい対象である。それは、元の対象から「作られた」のだから、それが「事実［＝作られたもの］（factum）」と呼ばれるのも偶然ではない。新しい対象が「奇妙」であるのは、元の対象とは異なって、それが原理的に移送可能であり、伝達可能だからである。こういう違いはあるが、新しい対象である「事実」を受け取る受け手は、元の対象をもキャッチする、もっと正確に言えば、この対象を通して元の対象の何かを、しかも非常に多くの何かをキャッチする。

「事実」を伝達する情報によって、受け手は、対象が現前しているかのように振舞うことが可能になる。すなわち受け手は、計算したり組み込んだりして実際に対象を処理できるようになる。情報が存在する根拠は、情報を基準にする可能性を受け手に与えるところにあるのだ。

プラグマティズム的に見れば、情報は、対象を受け手に現実に「現前するもの」とする、または受け手を対象にとって「現前するもの」とする。受け手は、対象についての知識を獲得するのである。この「について（über［＝超えて］）」は、単に言葉の上での戯れではなくて、現実に対象を超えていることを示している。受け手が、対象を超えて、対象によって変えられた状況を自由に使えるだけの力を示しているのである。「石炭貯蔵庫がからっぽだ」という情報に基づいて、石炭を注文することができる。――言い換えれば、現前していない対象そのものではなくて、「対象の」何か、対象から分離された何ものかだけをキャッチする場合、キャッチされるものは、対象の不十分な代用品ではなく、対象において「起こっている」何事かである。それは受け手に現実に関係があるか、関係がありそうな契機、受け手が追求するだけの理由が実際にあるような契機、受け手が基準にすべき対象の契機なのである。[20] すなわち受け手に関係があるものが、情報において明確にされ、受け手のために加工され、整えられて、その整えられた状態で伝達されるのである。論理学は情報のこういう驚くべき機能をしばしば取り上げているが、その不思議さを十分に掘り下げたことがない。論理学の用語で言えば、「対象から分離されている」もの、つまりこの前もって整えられているもの（Präparat）は「賓辞（Prädikat）」である。「賓辞」とは、受け手のためにすでに作り出されている既製品である。情報が加工ずみの既製品、元の対象から分離された「事実」を伝達する以上、情報の前提は分割なのだ。この分割（Teilung）が「判断（Urteilen）」と言われるものである。情報が主語と述語という二つの部分（Teil）に分かれるのはこのためである。「石炭貯蔵庫」というひとつの対象の代わりに、受け手は「石炭貯蔵庫がからっぽだ」という、主語と述語という二つの部分からなる事実を聞くことになる。――しかし、情報は判断であるから二つの部分から成り立っているのではなく、判断が情報であるから、判断は二つの部分から成り立っているのである。――

言い換えれば、これまで普通は形式論理学でしか扱われてこなかった賓辞は、もっと広く興味あるものなのである。「について」を強調したことにすでに示されているように、賓辞には（自由に使う能力という）自由が示されているのだ。賓辞を聞くことによって、現前しないものを支配し、計算し、それを基準にしうる者は、自分の現前の地平と力の地平を拡大したのだ。彼は自分が偶然いる場所を離れて、ここにいると同時にそこにいるものとなったのだ。情報によって、重要なもの（「対象から分離されているもの」）を、すでに分割され切り離され、あらかじめ整えられている述定される部分として、つまり既製品として話（λέγειν）を聞く者は、あらゆる知覚対象にともなう些細なものから解放され、些細なものをめぐる特有の仕事から解放されているのである。

他方――この第二の視点こそ決定的なものなのだが――、情報は自由の剝奪をも意味する。しかも驚くべきことに、それは、情報が自由の道具である理由と同じ理由に基づく。つまり情報は現前していないもの自体を提示せず、「それについての」何か、「それにかんする」何かを提示するからである。ところがこの事実が、今度は別の意味を持つのである。ここで強調しておきたいのは、情報が提供するのは、現前しない対象のほんの一部、判断（Urteil）がそのために「原始－分割（Ur-Teil）と呼ばれることにもなる、あらかじめ整えられた「賓辞」と呼ばれる部分だけであって、その他の部分を受け手に提供することはないことである。したがって情報は、受け手が判断しうる前に、受け手の選択を方向づけてしまうのだ。情報は受け手を最初からその選択に固定し、受け手をあらかじめ整えてしまうのだ。情報の受け手にとっては、賓辞が主語のうちに消滅するのではなくて、むしろ主語が、自分の一部分にすぎない賓辞に還元されてしまう。あらゆる情報は、部分を提示するために、すでに先入見（Vor-Urteil［＝前もっての判断］）であり、真実でも虚偽でもありうる。賓辞はすべてすでに偏見（Prä judiz）なのである。提示されるのは賓辞だけであって、対象そのものは賓辞の背後の暗闇に取り残されているため、情報内容の全体によっても、対象そのものが受け手に伝えられることはない。受け手は（賓辞のパースペクティヴである）特定のパースペクティヴを強制され、判断に含まれていると思われている対象そのものは伝えられないために、情報に依存するものにされてしまうのである。

情報は受け手に向かって「受け取らねば、やらないぞ（Take it or leave it.）」と言っているように思われる。「現前していないもののこの部分、分割され、判断を下された既製品であるこの解釈を受け入れなければ、おまえは何も得られないのだ」。使者が主人の主人なのである。

ふつうは、直接的な経験と媒介された間接的な経験との差異は完全に明確である。直接経験である知覚がキャッチするのは前述語的なイメージであり、間接経験は情報によって「Sはpである」という形式に分解されている経験だから、経験の種類が疑わしくなったり二つの経験が混同されたりすることは、本来はほとんどありえないことである。間接経験の地平に生き、間接経験によって生活している本の虫や新聞の虫でも、後でその内容を知識の貯蔵室に入れるときには、その知識が直接経験と間接経験のいずれによって得られたのかが不確かになることはあるが、媒介されたものを間接的に（あるいはまったくその逆に）経験していると思うことは、少なくとも経験している際には滅多にないことだ。——

以上が、述べようと思っていたことである。

18　伝達は事件と情報の区別を抹殺する。伝達は飾り立てられた判断である

ラジオ放送やテレビ放映における独特の曖昧さは、ラジオ放送やテレビ放映が最初から、体験と伝達との区別、直接性と間接性との区別が消えて、自分の前に現れているのが事件そのものなのかひとつの事実なのか、対象そのものなのか作られた事実なのか分からない状態に、受け手を置くところにある。これはどういうことなのだろうか。

すでに見たように、作られた事実の特徴は、たいていの対象と異なり、その移送可能性にある。使者は燃えている家を移送することはできないが、家が燃えているという事実は、受け手に伝え、受け手に引き渡すことができる。放送の場合には、対象そのもの、少なくとも対象の幻影が伝えられる。伝えられるのは、たとえばシンフォニーであってそれが演奏されているという事実ではなく、演説者であって彼が話しているという事実ではない。事実の特性である移送可能性が、対象そのものを汚染してしまっているように思われる。移送可能性が対象を汚染することによって、対象を事実へ変えたのではなかろうか。

この問いは奇妙に思われるかもしれない。事実というもの、少なくとも事実を移送する情報は、判断としては主語と述語という二つの部分に分かれるからである。送られてきたイメージは明らかにそうではない。聞こえる演説者は「彼自身」であって、「彼についての何か」ではない。それとも、その両方なのだろうか。

その両方なのだ。——

テレビ画面に候補者スミス氏が現れて、選挙人に自己紹介をしていると仮定してみよう。明らかにスミス氏は、自分がいかに好ましい人物（pleasing personality）であるかを示し、なるべく魅力的に笑いかけなければならない。だが、こういう単純な言い方では、彼の態度を十分に述べたことにならない。つまり、彼が魅力を決定的な特性であるかのように強調するのは、彼の本質が笑顔以外にあることを忘れさせるためなのだ。画面に写し出されるものは一見、上院議員候補者スミス氏の全体（S）のように見えるが、実際には、彼が「好ましい人物」（p）であるという事実または外見、つまり「Sはpである」か、Sの代わりのpだけである。情報が判断であるという特性を分析した際に使った言葉で言えば——、見えるものは「賓辞のうちに還元された主語」なのである。——pだけしか見えないと言ったほうが正しいかもしれない。主語と述語との取り替え（qui pro quo）が現実となり、主語が結局、述語に変わってしまって、主語は述語にほかならないとか、主語が述語でしかありえない、つまりSはpであることになり、職業的に笑みを絶やさない人として立派にまかり通ることになりがちだからだ。嘘の話が本当の話になってしまうことも珍しくない。

候補者の紹介は、情報とまったく同じことを成し遂げている。いや、それ以上のことを成し遂げているのだ。すなわち候補者の紹介は、それが事前に確定された判断を提示しているという事実を隠蔽しうる情報なのである。それは、その能力通りに大きなプラスである。今示したように、原理的に判断に属する効果、つまり先入見じみたものと自由の剝奪という効果が、それによって同時に隠されてしまうからである。吹き込んでいるのではないことを消費者に説得するために、イメージに変えられた判断は、判断という形を取らない。イメージに変えられた判断は、その対象である行動している主体、生々しいため主語と述語へ分割されていることを教えない主語、ふつうの判断のように分割にすぐ気づかれることの決してない主語に変わっているように見える。

　これは日常的なことだが、哲学的にはきわめて注目すべき現象である。この現象が、ふつうの順序とは逆だからだ。ふつうの基本的な形では、情報は事実に従い、事実を基準としているが、ここでは事実が判断を基準としているからである。優先しているのは、「スミス上院議員は好ましい人物である」という望ましい判断のほうであって、主語である主体のイメージはその後についてきて、これが、人物そのものであるかのように、つまり判断のようなものでない何かであるように振舞うのだ。実際には逆に、この人物、この主語は賓辞にほかならず、その判断の構造を窺わせない隠蔽された形の賓辞なのだ。つまり、イメージに変えられた判断が(「いつわる(vorgeben)」という意味で)述べているものは、(「作る(präparieren)」とか「述定する(prädizieren)」とか「先決する (präjudizieren)」という意味では) 何ひとつ提示 (vorgeben) していないのである。それゆえ、「隠蔽する」という言葉も完全に適切なわけではない。判断が成し遂げる隠蔽は否定的な隠蔽であり、判断は一見はだかのように装っているが、姿を現していない賓辞で身を飾っているからだ。——

19 商品は偽装された判断である。幻影は商品である幻影は偽装された判断である

上に挙げた例は、情報の特質を少しも示していないように思われるだろう。幻影は必ずしも述語を提示するものではない、と反論する人もいるだろう。われわれの実例がこの類いのものであったからといっても――幻影は必ずしもすべてが宣伝であるわけではなく、それゆえ、それが判断ないし先入見であるとは限らないのだ、と。――何もかもが、スミス候補者のように、宣伝ばかりしているわけではないことは認めるとしよう。しかし、家庭に伝達される幻影はすべて商品であるということがまだ残っている。それが決定的なことなのだ。商品である幻影は判断だからである。

これは、またも奇妙なことに思われるかもしれない。論理学に属する判断と経済学に属する商品が共有しているのは何か。

それは賓辞である。

すなわち、あらゆる商品が商品であるのは、それが分割されて、提供され――提供品であるかぎりなのだが、――あらゆる商品は、すでに自己評価であり、しかも自画自賛なのである。商品は現れると同時に自分自身を推奨するものであり、品質にかんする先入見が目に見えるようになった形でショーウィンドーに並べられているのだ。それが「Sはpである」という命題に還元されないことは、スミス候補者と同様であって、品質が言明されることはなく、とにかく（宣伝文ではよくあることだが）、必ず言明されるとは限らない。しかし、あらゆる場合に商品はアレンジされている。アレンジとは、商品全体でなく、それ

しか見えなくなってしまうほど商品の賓辞（商品にかんして「起こっている」こと、商品の本当の品質または表向きの品質）を、商品から独立させて、魅力的な品質として強調することである。見る者に示されるものは本質的に、商品を「見る」パースペクティヴなのだ。パースペクティヴは確定されており、商品が示されるより先にすでに示されているのだ。

商品には判断という性格があることは疑う余地がない。前節（18）で述べたように、情報の否定的な機能の本質は、受け手の自由を制限し、受け手を方向づけ、現前していないものを見る視点を賓辞によって固定し、その視点を既製品として提示するところにある。これが、陳列された商品の機能でもある。受け手の代わりに、ここでは客が登場する。ウィンドーで商品から隔てられて「現前していない」客が、陳列された賓辞に引きつけられて客になるのだ。しかし、この違いのために両者の類似がなくなることはない。

幻影に変えられて家庭に伝達される出来事が商品であることは、この研究の始めに確認した通りである。商品はたとえ隠蔽されていても判断であるという、商品すべてに妥当する事柄が、幻影についても妥当する。[21] 幻影は「はだかを装い、現れていない賓辞で飾られ」、出来事そのものとして提示されるが、幻影も出来事についての言明である。事件そのものだと言われる判断ほど、疑う余地のない、目立たない誘惑的な判断は存在しないために、そういう判断の欺瞞の力は、完璧な「S＝pの図式」をとらないところにある。ラジオやテレビ画面の前に座って消費されるものは、シーンではなくて、準備されたシーンであり、主語と称されているものでなく、その賓辞である。それは要するに、イメージの形で表された先入見であり、あらゆる先入見と同様に判断であるという性格を隠している。それは、ひそかにであっても、消費者自身に改めて判断するだけの手間を省かせる判断なのだ。実際、消費者は、たとえば自分で調理しなくていい調理済みの保存食品のようなレディメイドの商品を前にすれば、こんなことは考えようともしない。

――情報は、現前していないものを、前もって与えられ、準備され、述定された既製モデルでしか提示しないか、全然提示しないから、われわれを不自由にするということが、情報について言えるが、これは、放送になおいっそう言えることである。われわれは自分自身で判断しなくなり、伝達される判断を現実そのものとして受け入れることに抵抗できないだけに、われわれはいっそう根本的に判断を奪われているのである。

IV 原型

20 全体は部分的真理の合計以上に真実ではない
――規格品のリアルな偽装は経験の画一化をめざしている

売るために最終的に作られるのは、無論、個々の放送番組ではない。個々の番組は場合によっては作られたものではなく、客観的に真実でさえあり、事実、多くの放送はそうである。だが、嘘が最も好むのは真実のアリバイ、少なくとも部分的真実のアリバイであるから、番組は真実のアリバイになっていることが多い。堂々たる嘘には虚偽は含まれていないものだ。最終的に作られるのは、個々の番組から作り上げられる全体としての世界像であり、幻影や模造品だけで育て上げられた人間の全体のタイプなのだ。たとえ個別的なものの全体そのものが真実ありのまま放送されても、多くの現実的なものが示されない以上、全体を作り上げられた世界に変え、その全体を消費する消費者を作り上げられた人間に変えてしまう。その全体は部分的な真実の総計より以上に虚偽になる。あるいは、ヘーゲルの有名な命題をもじって言えば、

「全体にして初めて虚偽である」。世界像を提供する者が課題としているのは、多くの真実を集めてひとつの全体を作り出して、われわれを欺くことにほかならない。

もくろまれている全体は、無論、理論的な世界像ではなく、実用的な世界像である。実用的な世界像と言うのは、諸真実の代わりに世界と称して提供されるものが単に「主観的世界観」に帰する[22]という意味だけではなく、それが実用的な装置、つまりわれわれの行動や忍耐、振舞い、怠慢、趣味、したがって実践全体を形成することをめざす訓練装置であり、同時にその装置の使命を隠すために、「世界」に偽装して登場する装置であるという意味である。その装置は、世界そのものと称する疑似小宇宙的なモデルの形をした道具なのである。

これは、かなり分かりにくい言い方だが、ひとつのアナロジーを挙げれば、もっと明確になるかもしれない。同じようなタイプのものにプラネタリウムがある。プラネタリウムは、一方では、(星界についての)知識と(星の発見という)実践とを覚え込ませようとする装置であり、他方では、小宇宙的なモデルに見え、無論悪意はないがミクロモデルとして星空そのものであるという幻想を呼び起こそうとするからである。——たとえば、星空のモデルと称して、現実の星界をモデル通りに見る訓練をさせるような、占星術の疑似プラネタリウムに喩えたほうがもっといいかもしれない。放送によって作られ、送られてくる「世界」は、この種独特のタイプのものであり、それを使って「行動様式(behavior patterns)」の訓練をして、「反射(reflexes)」を叩き込むひとつの刺激性モデルであって、それを深く叩き込むことによって、現実世界において、刺激性モデルを前にしたときとは違う行動をしたり、モデルとは異なる仕方で世界によって扱われたり、利用されたりすることを不可能にしてしまうのである。その目標は、現実世界をモデルと一致させることなのである。理論的な同一性命題には差異が先だっている以上、この同一性は理論的な同一性命題の形ではなく、「実用的方程式」として、つまり世界における有効な態度とか世界の扱い方として生ずる。そこには、世界が刺激性モデルと一致しないのではないかとか同一ではないのではないかという疑いはまったく生じないか、生じても結局、何も影響を及ぼすことはない。このような「実用的方程式」の実例は、ナチス・ドイツの頃からよく知られている。当時ドイツで刊行されたユダヤ人のモデルや「ユダヤ化した世界」のモデルで「条件づけ（conditioning）」を受けた『前衛』の読者にとっては、現実のユダヤ人とその刺激性モデルとの間の差異は僅かであるどころか、全然存在しなかった。読者は現実と写真との差異という事実をほとんど把握していなかったので、現実のユダヤ人をまるでユダヤ人の写真同然に取り扱うことができ、事実そういう扱いをした。この出来事はまさしく「倒錯した魔法」と呼んでいいかもしれない。というのは、魔法は写された者自身の代わりに写真に魔法をかけるのに対して、ここでは、写真と現実との区別が成り立っているとしての話だが、写真を現実に当てはめようとしていたからである[23]。

　こういう『前衛』のイメージは、ある意味ではかなり古臭いもので、ナチズムがその他の点で達していた心理技術のレベルに全然達していなかった。シュトライヒャーが掲げた殲滅という目標を遂行する人たちがシュトライヒャーに向けた軽蔑は、結局、彼の方法の古臭さに向けられたとも考えられないわけではない。刺激性モデルとそれへの紋切り型の反応を作り出す際に、最も重要なことは、作り出されたものに関わっているという事実を隠しておくことである。『前衛』は、こういう隠蔽をやらず、消費者の要求を（残念ながら正当にも）軽蔑していたので、自分が嘘をついているのを隠す努力が必要だとは考えていなかった。それは、大量殺人者たちにさえ不快感を与えるような安易さであった。——はっきり言えば、規格品に最高度のリアリズムを与えることが、規格品産業の最高の関心事のひとつなのだ。規格通りの刺激性モデルは、全体として有効であるためには「現実」として提供されなければならない。事実、ナチズムはそれ以外ではこの原理に従っていた。ナチズムが自分の目的のためにモンタージュした写真は、人を実際に欺く刺激性モデルの古典に属している。

今日では、シュトライヒャー型の古風なモデルはほぼ完全に通用しなくなっている[24]。最大限のリアリズムに達したとき規格品が最大効果を発揮することは、よく知られている生産の原理である。この原理に従っていない週刊誌や映画、ニュース映画はない。われわれが生きている時代は、シュールリアリズムの時代ではなく、疑似リアリズムの時代であり、暴露の時代として自己隠蔽を行なっている隠蔽の時代なのだ。嘘をつくところでは――嘘をつかないところが、どこかにあるだろうか――印刷されているように嘘をつくのでなく、写真に出ているように効果的に嘘をつくのである。写真というメディアは、もうそれだけで信頼できるもので、それ以前のどんなメディアよりも多くの虚偽を吸収し、もっと嘘をつくことができるような仕方で「客観的」である。リアリティを規格化したければ、写真という手段を使って、規格品をリアルに偽装すればいい。現実をいわゆる現実のイメージでくらますためには、現実についての「シュールリアル」と言えるような、外観をごまかす特殊な超現実的イメージが必要である。それは要するにセンセーショナルなイメージだが、それは、場合によっては真実でもあるが、それだけに完全な虚偽である。なぜならば、それはくらまし、他のセンセーショナルなイメージとともに、現実には何ひとつ対応しない世界の全体的なイメージに役立つからである。したがって規格品が作り出されるところでは、センセーショナルなものがリアリティの総体となるのである。ふつう「規格品」という言葉は何かつまらないものを思わせるから、こういう言い方は奇異な感じを与えるかもしれない。しかしことはそう簡単ではないのだ。センセーショナルなものが、本質的に規格品にはつきものである。センセーショナルなものが隠蔽と欺瞞に役立つばかりか、センセーショナルなものそれ自体が規格化する傾向があるからだ。いわゆる日々新たなものほどステレオタイプなものはなく、今日の超ミステリアスな殺人ほど、昨日の超ミステリアスな殺人と区別のつかないほど似たものはないからだ。百年後の歴史家たちは、週刊誌に「今日の現実」として出ている詞歌集から現代のモザイクを構成しようとするだろう。そして歴史家は、きわめて不合理で余りにも恐ろしいばかりか、同時にまた余りにも退屈な結論に達することだろう。――

だが、すでに述べたように、自分が規格品の世界を作り出そうとしている事実を隠すため、つまり客が規格品に欺かれていると思うのを妨げるために、センセーショナルな疑似リアリズムを使うにもかかわらず、規格品の生産者は、例の完全に規定されたタイプの「シュールリアリティ」、騒々しい現実である規格品を期待し、要求するのである。日々提供されている定型様式が客の欲望にすでに刻印を押しているから、これは別に驚くべきことでもない。客も常に同時に同じ対象のうちに、センセーションや規格品を求めているのである。週刊誌を買う人が求めているのは、まだ‐決して‐あった‐ためしのない古き良きもの、昨日や一昨日聞いたようであって聞いたことのないものであり、ごく限られた殺人とかスターや「空飛ぶ円盤」その他の惑星間飛行物体で出来上がっている何でもござれの世界、世界にはそういうものはひとかけらもないのに、「もう一方の」とか「広い」とか「多彩」とか「大きな」と呼ばれる世界である。したがって、こういうテーマや提示様式の制限枠（numerus clausus）を突破しようとする人は――こういう試みは幸いにも決してなくならないが――、ゲーム規則を破られた規格品製造業者から激しい抵抗を受けることを覚悟しなければならないばかりか、期待の地平が同様に固定されている客自身から抵抗されることも覚悟していなければならない。類型的なものとして慣れきった異常なものの枠外にあるものは、すべて不当な要求とか虚偽と感じられて受け入れられないのだ。類型的でないものは、多くの場合、完全には「与えられない」ままだからである。嘘と競い合い、信じられもするために、真実を包む方法はどういう方法かという問い、虚偽の世界は多様な真実からできている以上、真実は虚偽に扮装（できるとして）できるかどうかという問い、——こういう問いは、今日まで答えられなかったばかりか、十分に問題にされたこともない。——

だが、印刷されたように嘘をつくのでなく、写真のように嘘をつく、いやもはや写真のように嘘をつくではなくて、効果的に写真で嘘をつくという言い方さえ今日ではもう時代おくれだ。最高度の疑似リアリリズムは無論、テレビの幻影のものだ。テレビの幻影は、リアリティの模写でなくリアリティそのものだと消費者に思い込ませるからだ。消費者は軽率にも、リアリティそのものが非現実的であるということがあるだろうか、リアリティがどうして自分自身に反する証言をなしうるだろうかと思うのだ。——これほどの装置を虚偽が手に入れたことは、これまでなかった。虚偽のイメージを使って、現実に反して嘘をつくのでなく、現実そのものの助けを借りて嘘をつくのだ。[25]

「実用的同一性」である刺激性モデルと現実性との同一化は、これまではある種の摩擦や疑いにさらされていたが——どんな写真でも写真としては見る者に、いくらかでも疑いを与えることがありえたが——今日ではまさに理想的な無抵抗状態で行なわれている。消費者はモデルを見ると、世界そのものを見ていると信じ、モデルに反応するときには世界自体に反応していると信じている。モデルの幻影に憤慨したり熱中しているのに、消費者は、現実に憤慨したり熱中していると思っている。だから、世界が現実に自分に現れるときでも——この場合のための訓練装置として規格品は作られているのだが——、その世界のうちに、彼に規格品が見方を教え込んだものしか見えず、規格品が感じ方を教え込んだものしか感じないのだ。つまり規格品は、アプリオリに条件づける形式なのであって、直観とか理解とか感情の形式であるだけでなく行動の形式なのである。——それは、思弁的哲学者たちも決して予見できなかったほどの、広範囲に使え、普遍的に有効な原型であり、それが結局、われわれが生きていると言われている経験論の時代のための原型なのである。

こういうメンタリティーの比較対象となりうる唯一のメンタリティーは「原始人」のそれである。「原始人」は、（フレイザー、レヴィ＝ブリュール、カッシラーなどの前提が正しいとすれば）、決定的に閉ざされた固定的な直観や習俗のコードのうちに生きていて、そのコードによって与えられていないものは、理論的にも実践的にも「考える」ことができなかった。

無論、「アプリオリに条件づける形式」という言い方は文字通り、カントの意味で理解されねばならぬわけではない。作り出され人間に刻み込まれた特徴ほど、「生得」ではない特徴は考えられないが、鋳型や条件として、経験や感情、行動に先行して「条件づける（condition）」という意味では、それは「アプリオリ」なものである。こういう条件が、経験や感情などの仕方だけではなく、経験や感情の対象をも強力かつ広範に決定している。そういう条件に影響されている者は家庭への放送が整えたものにしか備えができておらず、そういうものしか見ることも、考えることも、感ずることも、愛することも、行なうこともできないのだ。放送の狙いの本質は、こういう原型や準備の機能にある。すでに見たように、原型そのものの正体を暴露してはならないのだから、条件は事物の形式として、原型は世界の一部として現れなければならないのである。

この最後の結論は、この研究全体にとって根本的に重要である。それは次の二つの理由による。

1　放送のいわゆる「存在論的両義性」、幻影的性格について始めから論じてきたが、以上でその謎めいた部分が明らかにされた。原型製造業者は、規格品が規格品であり、条件形式が条件形式であることを隠そうとするから、それらを「世界」や「事物」として、つまり幻影として提供する。幻影は、事物として現れるための形式にほかならないからである。放送の幻影的性格の正体は、望ましい効果に現れ、いわゆる「存在論的両義性」の正体は、道徳的両義性の現象形式、まさしく欺瞞の現象形式のうちに現れる。

2　研究の始めに導入した「観念論」という概念は、以上の考察によって必要な補足がなされたわけである。記憶されているように、世界に対する所有する態度、世界を実際わがものにして、世界を「私の世界にすぎぬもの」と見る態度はすべて「観念論的」である。征服者（あるいは、ヘーゲルの言う猛獣）にとっては、世界をわがものにするのと、世界が私のものにされ、世界がいかにして私のものにされるかでは、根本的な相違がある。「私のもの」でありうるものは少なくはない。強制収容者の腕に焼きつけられた囚人番号さえそうだ。先に述べたように、マス人間には世界が規格品の全体として提供され、世界に代わって表象の全体が現れるが、それが「彼のもの」であるのは、それが彼に刻み込まれているからにほかならない。「私の意志が、おまえたちにとっての世界であるべきだ」と原型製造者たちの意志は言う。ヒトラーもそう言った。「世界は私の意志である」と主張するヒトラー信者など考えることもできなかっただろう。彼がマス人間として自分の表象（Vorstellung）を自分の世界と考えていたからだけではなく、彼にとって「世界」であったのは他者によって提示（vorstellen）され、家庭に送り届けられたものだったからだ(26)。

21　欲望への刻印
提供されるもの（Angebote）――現代の戒律（Gebote）
――商品は渇望し、商品とともにわれわれも渇望する

　われわれに提供されるものは、あらかじめ刻印されたものである。一体となって「世界」であることが、提供されるものが意図していることである。その目標は、われわれにその型を刻印することにある。刻印が暴力的になされていると言うのではない。また、刻印されているところでは、その暴力行為がそれとして気づかれ、圧力として認められうるはずだと言うのでもない。刻印の圧力は、深海魚が大洋の重量に気づかないのと同様なものだ。刻印の圧力が気づかれずに加わっていればいるほど、刻印はますます確実に成功する。最も好都合なのは、刻印される原型が望ましい原型として感じられる場合だろう。この目標を達成するためには、願望そのものに前もって刻印することが必要である。現代の平均化や生産の課題には、製品の平均化ばかりか（平均化された商品を渇望する）欲望の平均化も含まれている。これは無論自動的に、毎日提供され消費される製品そのものによって行なわれる。（すぐ明らかにするように）欲望は毎日提供され、消費される商品に向けられるからである。だが、欲望は完全に商品に向けられているわけではない。提供される製品と欲望との間には、ある種の亀裂が常に開かれたままになっている。需要と供給との一致は決して起こらない。この亀裂を埋めるためには、補助手段を使わなければならない。その補助手段がモラルである。無論モラルも補助手段として役立つためには、前もって刻印が押されていなければならない。それが、手に入れるべきものを望まない者を「不道徳的」、非協調的とするやり方であり、また、

手に入れるべきものを欲することを世論によって（ないし世論のメガホンである彼「自身の」個人的良心によって）個人に強制するやり方である。今日の状況がまさにそれである。われわれはみないつでもさらされており、反論を許すことなく、われわれの「より良き自己」に訴えかける無言の格率は、（定式化すれば）「自分に提供されるものを欲するようになれ」である。

それは、提供されるものが、現代の戒律だからである。(27)

何をしなければならないか、何をしてならないかは、今日では、過去から残っている習俗などを無視して、買わなければならないものによって決定される。いわゆる「絶対必要なもの」である「必需品」として提供されるものを最小限でも買わずにいることは、ほとんど不可能である。そうする人は「内向的」だとされ、面目を失し、職業上のチャンスを取り逃がし、金がないとも見られかねない。それどころか、道徳的、政治的にいかがわしいとされる恐れさえある。実際、買わないことは、一種の販売妨害であり、商品の合法的権利を脅かすものとされ、無為なのではなくて、窃盗以上に忌まわしい犯罪ではないとしても、窃盗同然の積極的犯罪だとされているからである。というのも泥棒は、（確かに望ましくない）窃盗行為によって、ともかくもすべての人々と同様に、あらゆる他の客と同様に、商品の魅力と戒律を忠実に認め、確かに協調する者であることを証明しており、もし現場を押さえられれば、明らかに責任を問われるかもしれないが、買わない人は商品の勧誘が聞こえないふりをし、買わずに商品世界を侮辱して、買わないことのアリバイに偽善的に固執し、まったく何もしていないと言い張って、司法の手を逃れようとするからである。「ひとりの禁欲者より十人の泥棒のほうがましだ」（モルーシア）。

自動車を持たないという事実、つまり自動車を買わなかった、ないし必要としないという現行犯逮捕もされかねない事実のために、四一年にカリフォルニアで私は以下のようなひどい目にあったことがある。

日記

昨日ロサンゼルスからかなり離れたハイウエーを歩いていたら、車に乗った警官が追いかけてきて、「おい、君のクルマはどうした（Say, what's the matter with your car ?）」と呼びかけた。

「ぼくのクルマが？」と私は信じられない面持ちで尋ねた。

「売ったのかね（Sold her ?）」

私は首を振った。

「修理に出しているのか？」

もう一度私は首を振った。

警官は考え込んだ。クルマがない第三の理由は見つからない様子だった。「じゃ、なぜ君はクルマを使わないんだ？」

「クルマですか？　でも、持たないんですよ」。

この率直な返事も、彼には理解できなかった。

彼を助けてやろうと、私は説明した。「クルマは一台も持ったことがないんですよ」。

これ以上に苦しい羽目に陥ることなどありえなかったろう。自分から立派な犯罪を背負い込んだようなものだ。警官は口をポカンと開けて、「一台も持ったことがないって？」

分かってくれたのを褒めるように私は言った。「その通り、そうなんですよ（That's the boy.）」。そして、嬉しそうに好意を示しながら挨拶して、歩き続けようとした。

だが、それは問題にならなかった。まったくその逆だった。「手間かけるんじゃないよ。君（Don't

force me, sonny.)」と言って、手帳を出し、「馬鹿なことはいい加減にせんか」。「浮浪者」を逮捕して仕事の退屈しのぎができるのが嬉しくて、彼は真剣になった。「クルマを持ったことがない理由は?」

何を言ったらいいのか私にも分かったように思えた。「私の家では自動車がうまくいったためしがないもので」と言う代わりに、私は肩をすくめながら、なるべくさりげなく答えた。「必要がなかったものですから」。

この答えは彼の気に入ったようだった。「そうか(Is that so?)」と彼は熱心になって叫んだ。私は何かもっとひどい失敗をしたような胸騒ぎがした。「どうしてクルマが要らないのかね、君?」

「君」のほうは、心配そうに肩をすくめた。「ほかに要るものがあるものですから」。

「たとえば?」

「本です」。

「なるほど」。警官はうさん臭そうに繰り返した。「本か?」彼が自分の判断に自信を持ったことは確かだった。それから「精神薄弱者みたいなことをするんじゃない(Don't act the moron!)」——これは、坊や(sonnyboy)が「インテリぶった愚鈍に類する男」であるのを彼が見抜いたということだった。提供されたものを戒律として認めることを拒否しているのを隠すために白痴のふりをしているというわけだ。「おまえたちのことは分かっているんだ(We know your kind.)」。親しげに私の胸をどんと突いて、彼は言った。それから、全然当てもない地平線へ伸びていくような仕草をして言った。「一体、どこへ行くつもりかね?」

これが、私の最も恐れていた質問であった。サンロレンゾから四〇マイルは来たものの、これから先どこへ行くか当てはなかったからだ。だが、この旅に目的地のないことを説明しようとすれば、私は決定的に「浮浪者」ということになってしまう。そのとき、Lが機械じかけの神のように、彼の堂々たる六人乗りのクルマで吹っ飛んできて、停車するなり、ハローと言って、私を彼のクルマに乗せてくれなかったら、私は今頃どこにいたか分からない。——それはその警官を呆然とさせたばかりか、おそらく彼の「哲学(Philosophy)」をいたく傷つけたのだろう。

「またとやるなよ (Don't do it again!)」。私たちのクルマを追い越しながら彼は大声で怒鳴った。

またとやってならないとは、何のことだろうか。

またとやってならないことが、提供されるものがあらゆる人に買うように命じているものを買わないことであるのは明らかである。——

現代の戒律は提供されるもののうちに認められるのであれば、本当は買えない人たちが、提供される商品を買うのも驚くには及ばない。彼らが買うのは、戒律に従わず、商品を購入しないことが彼らにはできないからである。義務の命令が金のない人々 (have-nots) は大目に見るということが一体いつからあっただろうか。無産者に対しては、義務が免除されることがあっただろうか。カントによれば、義務が傾向性に反しても、いや反するときこそ、義務を果たさなければならないように、今日では、義務が自分の「財産」に反しても、いや反するときこそ、義務を果たさなければならないのだ。提供されるものの戒律も定言的なのだ。提供されるものが「義務 (must)」を告げるときに、自分自身の不安定な財産状態を言い訳にするのは、単なる感傷にすぎないのだ。

このアナロジーは確かに哲学的な誇張ではあるが、誇張それ自体は間違いではない。というのも今日では、現代人の精神生活では、自分で成し遂げうるものと自分の成しえないものとの差異ほど基本的な役割を演じているものはなく、この差異を「争い」として具体化していることは、メタファーでなく真実だからである。現代人に特徴的な「義務意識」があるとすれば、――客の胸のうちや家族の内部で、神経が参るほどに荒れ狂っている争いがそれである。それは、「激しく荒れ狂い」「神経が参るほど」の争いなのだ。その争いの対象がばかばかしいものであり、争いそのものが高貴な葛藤の愚劣な変種であっても、――それで争いが激しくないということにはならないからだ。それは、現代のブルジョア的悲劇の根本的葛藤としての資格が十分にあるのだ。

周知のように、その争いはふつう「提供されるものの戒律」の勝利、つまり商品の購入に終わる。しかし、勝利は高くつく。客には、手に入れた物のローンの払いをするという隷属的な義務が始まるからである。(28)

支払が済んでいようがローンが残っていようが同じことである。購入者がまず物を入手すると、自分の持ち物を楽しみたくなる。持ち物が楽しめるのは、物を使うときに限られるが、それを持っているからこそ、それを使うのであって、このため購入者のほうが持ち物の被造物となるのだ。だが、それだけではない。商品や提供されるものの格率を十分に活用しなくても、商品を手に入れて、それを持っておれば道徳的に問題になることは無論ない。原理的に、それはパンを買って食べないというのと少しも変わりないだろう。テレビのスイッチを滅多に入れないとか、ラジオを時たましか利用しないというのは、頭金を払った物、あるいは支払が済んだ物を自分で使わなかったり、他人に使わせなかったりするというのと同様な浪費なのである。装置から提供されるものを休みなく甘受し、それによって絶えず刻印されていて、少なくとも道徳的理由から使わないでいるのであれば、無論そういう問題にはならない。

だが、それだけではない。一旦所有されたものは使うだけで収まるものではなく、それなしでは済まなくなるのである。使用のレールが敷かれると、そのレールを進まずにはおれなくなるのだ。結局、必要なものを所有するのではなく、所有するものを必要とすることになる。そのつどの所有状態は凝固し、心理学的には正常な状態となって安定する。しかし、持っていたブランド品がなくなると空虚が生ずるだけでは済まず、渇望が生まれる。——いつも、何かが不足しているのである。あらゆる商品は生産の利益のための（計算通りの）品物であって、パンやバターのような狭義の消費財ではないが、使っているうちに消費され、使用者自身はそれがなくなることを心配するものだからである。消費者が物を持ち、物を消費すれば物がまた必要になる。消費のすぐ後から欲望が起こってくるのだ。ある意味での「中毒」が現代的欲望のモデルである。これは、欲望の現実の在り方が特定の商品によって決定されることを意味している。

こういう商品のうちで最も洗練されたものは、その品質によって増大する欲望を生み出す商品である。神や自然が人間にコカコーラへの「基本欲求（basic need）」を植えつけたとは、生産地でも主張されないだろう。コカコーラがコカコーラへの渇望を広めるのであって、——ここで主要問題に到達したわけだ——、その密かな最終的機能は、渇きを癒すことにあるのではなく、渇きを生み出すこと、コカコーラへの特殊な渇きとなるような渇きを生み出すことにある。——ここでは需要が供給の産物なのだ。欲望は産物が生んだ産物なのである。産物によって生み出された欲望は同時に、産物を生み出す増大する生産の安全装置なのである。——

この最後の例には、提供品を「現代の戒律」と呼ぶ場合、その命令的な性格を軽く見てはならないことが示されている。本来の命令的性格は先に述べた命令文にあるのでなく、「モーツァルト下着をお求めください。すぐに買ってください。これは必需品なのです」といった騒がしい宣伝文句にあるだけでもない。そういう宣伝文句に対してならば、買ってもらえるものと決め込んで、それが語りかけても、結局いくらか自制心を働かせればまだ抵抗できる。命令的性格はむしろ、製品を所有すること自体のうちにあるのだ。製品の命令は無言だが、実際には抵抗を許さない。一旦手に入れられたどの商品も、長い間使用されるように、少なくともすぐに使えなくなってしまわないためにではないが、（それに匹敵する他の商品に対抗するためにも）さらに他の商品を買わずにおれないようにする。あらゆる商品が別な商品を渇望し、どの商品も別な物を欲しがらせるのである。商品を買うのは難しくないが、商品を持つということは非常に厄介なのだ。商品を持つと（粉石鹸とかガソリンへの）渇望のとりこにならざるをえないからである。その渇望を満たすことがどんなに困難になっても、激しくなる一方の欲望を引き受ける以外に手はなくなってしまう。知らぬ間にそうなるのだ。Aが要る人はBも必要であり、Bが必要な人はCも要る。（コカコーラの場合のように）Aがたびたび必要になるだけではない。商品の全体が必要になるのだ。AはBを必要とし、BはCを求め、CがDを呼び出すという具合に無限に続く。商品を手に入れた人は買い物をするたびに買い物に失敗するのだ。買い物はすべてウサギのように生み続け、増え続ける商品一家の結婚みたいなもので、その一家はその人にどうしても経済的に養ってもらわなければならない。このことは、一方ではある種の気楽さを意味し、人はもう自分の生き方に思い悩む必要はなくなる。自分で決断する必要はなくなり、来る日も来る日も何をすべきかを商品一家の飢え渇くメンバーが呼びかけてくれて「時は過ぎゆく」というわけだ。他方では、人を動かす何千もの商品一家のメンバーに雇われ、世話され、駆り立てられることを意味する。人は指令に従って生活をおくり、将来の欲望の選択は常にとっくに指示されていて、自分の欲望を知らせるだけの、それどころか気づいてもらうだけのひまもゆとりもない。――

素朴な人は、この種の「渇望する商品」に関わり合わないように注意するだろうが――、渇望されない商品など存在しない以上、関わり合わないようにすることが無論おかしなことなのである。そういう商品が存在しないのは、渇望するものが個々の商品でなく、商品世界の全体だからである。また「物の渇望」というものは、生産の相互依存、あらゆる製品が互いに依存し合い指定し合うという事実にほかならないからである。この商品や生産のコスモスに関わらないようにしておくことは無論不可能だ。それは、世界に関わらないようにする試み、存在はするが世界内には存在しないという試みと同様に、まったく不可能である。たとえば電気のようにわれわれの世界を構成している装置や力から独立する試みを愚か者が企てたところで、彼はたちまち破滅するだろう。現代人として否応なく加わっているシステムの裂け目の役割を果たすことはできない。そんなことをすれば、システム全体が失われてしまうからである。

「必需品」として提供され売られている商品が、さらにわれわれの欲望となろうとする欲望を隠しているという事実は、原型現象の絶頂を示している。われわれの欲望が商品自体の欲望の複製か再生でしかないからである。明日必要とするものは、星やわが胸のうちに書かれているのではなく、一昨日買った冷蔵庫や昨日買ったテレビの中に書かれているのだ。われわれは明日、胸をときめかしながらそういうものから欲望の指令を聞くことだろう。

22　経済‐存在論の第一公理
一回限りのものはない――写真にかんする補論

先に述べたように、経験のみならず欲望までも原型通りに作られるという事実に、原型の最大限の機能が示されている。自分を原型通りに作られる客体ないし犠牲と見るかぎり、これは確かに適切な言い方である。われわれの欲望以上に深い層はおそらく存在しないからである。しかし、そのことだけで、原型の役割がすべて完全に言い表されたわけではない。

それは、原型はわれわれに刻印するだけでなく、世界そのものにも刻印するからである。この言い方は大量生産の事実を指しているだけのように見えるから、最初は分かり切ったことのように思われるかもしれない。しかし、これが決して分かり切ったことでないのは、もう一度、ラジオやテレビによる幻影の生産という最初の実例に立ち返ってみさえすれば、たちまち明らかになる。われわれの主張は、コピーとして放送で送られてくる「世界」の人工モデルがわれわれ自身や世界像のみならず、世界そのもの、現実の世界にも刻印しており、その刻印にはブーメラン効果があって、嘘は自分自身を偽り、現実のほうが複製の模像になるという意味なのである。

現実のほうが複製の模像になるという独特の過程を理解するためには、かなり前まで戻ってみなければならない。

家庭に提供される現実の出来事または現実と称される出来事は、提供されることによって商品となること、そして無数のサンプルの形で家庭に提供されるから、あらゆる出来事は量産品となることを、われわれは始めに確認した。出来事と放送との関係は、モデルとコピーされた商品との特殊な関係のひとつのケースなのである。

モデルとコピーのいずれがリアル――経済的な意味で「リアル」――であるかという問いに対して答えれば、それは複製であるコピーされた商品のほうである。モデルは商品のために存在するからである。しかも販売されるサンプルが多ければ多いほど、商品はリアルなのである。モデルは原型という性質によって、複製品の最大限の販売の「実現」を可能にするかぎりで現実的なのである。現代の生産と販売というパースペクティヴから見た存在論である経済‐存在論というものができておれば、その第一の公理は次のようなものであろう。すなわち「リアリティは複製によって生産される。まず複数で、何よりも量産品として〈存在〉はある」。——逆な形では、「一回は数のうちに入らない。一回限りのものは〈存在〉しない。単数は非存在に属する」[29]。

この公理は不合理に思われるだろうし、実際分かりにくい。それは、この公理で「存在する」と認められるのが「普遍的なもの」でも「個体的なもの」でもない量産品だからである。つまりこの公理が、われわれの慣れている古典的なノミナリズム—リアリズムという二者択一を横断しているからである。そのことは、この公理がわれわれ現代人、とりわけ最も非哲学的な者の骨の髄にまで泌み込んでいることと矛盾するものではない。

旅行者、特に高度産業国家の旅行者をローマやフィレンツェで見かけた人は、一回限りのもの、つまり量産世界に残された個体である偉大な歴史上の遺跡を見て、彼らが苛立つのに気づいたことであろう[30]。事実、旅行者たちは例外なく、変調に対する薬、一種の注射でたちどころに精神が安定すること請け合いの薬を携えている。正確に言えば、一回限りのものがその美しさや分類しがたさによって、彼らをひどく苛立たせたら、それを使ってただちに「題材」にできるし、特定すぎるものはすべて「不特定のもの」に変え、複製の世界にコピーとして正当に位置づけうるものに変える道具を携えている。——つまり彼らはみなカメラを準備しているのだ。決して対象に触れる必要のない魔術師のように、「その本性を修正するために (pour corriger sa nature)」、あらゆる部分が唯一であるために、量産世界では欠陥と思われているものを取り除いて、それまでは量産世界から除かれていた部分を、コピーによって量産世界に取り入れ、写真に撮って「受け入れる」ために、彼らは群れをなして世界中を移動する。彼らはスナップを撮れば安心するのである。

「受け入れる」とは「わが家に取り込む」という意味でもある。この魔術師たちが複製によって達成することは、同時に自分で「所有する」ということでもあるからだ。「模像で」とは言わないほうがいい。彼らがこういう対象を「所有する」仕方は、彼らが慣れている「所有」の仕方である。彼らは対象を模像で所有しておればこそ、それを「所有」しているのである。彼らは模像という形でしか所有したことがないため――彼らが一緒に生き、それで生活している彼らの世界の量産品は例外なく複製であり、すべてがモデルの複製なのである――、彼らには複製こそ現実的なものなのである。彼らは見るものを写真に撮るのでもなく、――彼らは写真に撮るために見るのであり、所有するために写真に撮るのだ。――写真に撮るものが、彼らにとっての現実であるわけでもない。「現実的なもの」は彼らにとっては、むしろ写真そのもの、すなわち、量産の世界に取り入れられ、彼らの所有物となった量産複製品のサンプルである写真そのものなのである。存在論的に言えば「存在すること＝知覚されていること（esse＝percipi）」を、彼らは「存在すること＝所有されていること（esse＝haberi）」に置き換えてしまったのだ。[31] ヴェネチアのマルコ広場は、彼らには本当の「現実的なもの」ではなく、ヴッパータールなりシェフィールドなりデトロイトなりの彼らの写真アルバムにあるマルコ広場が「現実的なもの」なのだ。これは、そこにいることでなく、そこにいたということが、彼らにとって重要であることを意味している。そこにいたということが、彼らの体面を保ってくれるからだけでなく、存在していたものだけが確実な所有を示すものだからである。現在あるものは、その無常性のために「所有」することができず、どこまでも保持できない非現実的な、利子を生まない財でしかなく、まさに持続しないものだが、存在していたものは映像として物となり所有物となるから、それだけが現実的なものなのである。存在論的に言えば、「存在したことだけが、存在するということである」。——こういう魔術師の中に——写真を撮ることと哲学することとは排除し合うように思われるから、無論ありそうにもないことだが——行なうだけでなく、行ないつつ自分の行ないが明確に分かっている者がいるとすれば、彼はスナップを撮るのに費やされた自分の生活を次のように言って正当化することだろう。「自分は、存在していたものをすべて複製にし、物理的な物に変え、多くはモノクロで、いくつかはカラーで、いくつかは映画にも撮って持って帰ってきた以上、今後ずっと所有しておくことができるから、私の生活に無駄なものはなく、何も浪費しなかったし、何ひとつとして無利子であるものはなかった。一切が残っているから、一切が存在しているのだ。すべてが映像だから、すべてが存在するのである」と。「存在する」とは、存在したこと、複製されたこと、映像であること、所有物であることを意味するのだ。——

複製技術と（正しくも「再生させる」と呼ばれている）想起との密接な関係をこれ以上追跡しても、話を広げすぎるだけである。その関係は両義的であると言うにとどめておきたい。一方では、写真を見てわれわれは思い出すが、他方では——これが重要なのだが——、物となった思い出は、想起を気分や成果に矮小化し、置き換えてしまう。現代人が自分を「一生」として把握し、自伝的な写真を撮ることを大事だと思っているかぎり、現代人は撮ったスナップ写真から自分の人生を合成するのだ。存在していたものの写真はもう呼び出す必要はない。それは組み立てられるのだ。甦る必要もなく、せいぜいでアルバムの中から甦れば、それで十分なのだ。過去はそこに、そこだけに存在する。マルコ広場と同じようなものなのだ。そこに貼り付けられ、保存されたスナップ写真によって過去は再建されるのである。現代人はアルバムの形でしか日記も書かないのだ。――なお、このように再建された一生はもっぱら大小の旅行から構成されており、その他のことはすべて「人生」とはみなされず、僅かに欄外に置かれているにすぎないのである。――

自伝の原理として勝利を収めているものは、根本的には博物館の原理である。誰にとっても自分の生涯は、写真シリーズの形で一種の「自叙伝の陳列室」となり、存在していたものはすべて処理可能な現在の写真という平べったいものに投影されている以上、存在していたものとしてしかもはや出会うこともないのだ。時間よ、おまえの刺はどこへ行ったのだ？

スミス氏なりミュラー氏なりに、途中では絶対に写真は撮らない、明後日のための思い出は残さないという条件をつけて、イタリア旅行に招待しても、彼はおそらく、それは浪費であり、ほとんど不道徳的な要求であると言って招待を断ることであろう。そんな旅行が強制されれば、「スナップに誂え向きの」名所をどうするか、また現在をどうするか――自分はどちらを向いたらいいか――分からなくなって、途中でパニックに陥ってしまうだろう。「素晴らしいヴェネチアへ行きましょう（Visit lovely Venice.）」でなくて、「忘れられないヴェネチアへ行きましょう（Visit unforgettable Venice.）」という言葉で旅行会社が勧誘するのはきわめて当然のことだ。ヴェネチアは見るより前に、もう忘れられないものになっているのである。そこへ行ってみたほうがいいのは、美しいからではなくて、忘れられないからなのだ。それはズボンが裂けないから買ったほうがいいというのとまったく同じことだ。美しいから忘れられないというのでなく、忘れられないこと請け合いだから、旅行者は美しいだろうと当てにするのだ。こういうやり方で旅行する人にとって、現在は「存在していたであろうもの」のための手段、つまり話す（Rede）だけの価値もなく、第二未来という唯一妥当な複製商品のための口実（Ausrede）という価値しかない、非現実的な幻影的なものにまで貶められるだろう。——そんな旅行ばかりしているわけではないと力説してみても、おそらく無駄なことだろう。

23　経済 - 存在論の第二公理「換金できないものは存在ではない」

想定される経済存在論者の目に個々のサンプルが威厳に欠けていると見えるように、作成されなかったものの存在論的尊厳は乏しく、自然物、とりわけ大量生産に加えられていない換金できない自然物は価値が乏しいであろう。自然物は経済的には何の役にも立たないために、存在せず廃棄されるだけの死物でしかないのだ。したがって経済存在論の第二公理は「換金できないものは存在ではない、あるいは存在に値しない」である。経済状況によっては、すべてがこういう無価値のものとされ、廃棄物だと宣告され、人間が放射能を帯びた廃棄物と宣告されうることは、現代が十分に明らかにしているところである。

欲望を満足させるために計画されている（あるいは、満足させる欲望をみずから「計画している」）量産品がリアルな存在であるのに比べれば、自然全体は巨大ではあるが、経済存在論者の目には、計画されるものの領域の外部にあるものにすぎない。自然全体には製品の原料としては「存在」や「価値」が属しているが、彼らにとっては、自然全体としては、*κατὰ συμβεβηκός* であり、偶然的なものでしかない。そして「存在」や「価値」は、自然物には貸し与えられるものにすぎず、自然物から作られる製品から前借りしているのだ。自然に含まれている現実に利益の上がらないもの、生産者が利用することも廃棄することもできない部分は宇宙の余剰であり、利用できないものを生産者が容認するかぎりで、生産者の目には形而上学的スキャンダルとしか認められないものである銀河、どうしても正当化できない、何の動機もなく取りつけられ、いわば単に宇宙の無能力としてしか説明できない物質の塊である。「世界の無意味さ」にかんする現代のニヒリスティックな嘆きは少なくとも「産業時代の世界苦」を表しているのであろう。こういう世界苦の根は、宇宙の余剰が結局、利用不可能、無利益、余分、浪費、無駄なのではないかという疑念や、訳も分からぬままに自由に使える空間で形而上学的思弁をめぐらすくらいが関の山ではないかという疑念にほかならない(32)。

私は「利用できないものを容認するかぎりで」という条件をつけた。利用できないものの多くは容認されないからである。たとえば悪が体系のある特定の個所に「容認され［＝容れられ(33)］」否定的性質を失うプロティノスのような古典的弁神論の体系では、悪の事実が容認されないようなものである。無論、このアナロジーは、経済存在論が本式の弁神論を作り出したとか、「利用不可能なものは存在しない」という定理を述べたとか、そういうことを意味しているわけではない。定理を述べることは、そこでは問題にもならない。しかし、ありとあらゆるテーゼ以上に証明力のある行動は、自然をペテンにかけようとするスポーツじみた野心に駆られ、その形而上学的思弁が結局何の役にも立たないこと、自然の気取った態度、反抗、生産世界から独立しているという自負も無駄であること、自然を暴力で押さえつけて子供を生ませ、自然の生産力を無理に奪い、——自然の衰退に見合った、不合理きわまりない欲望を考案し、作り出してであろうと——自然を最後まで利用することができることを、自然に対してはっきり証明してやろうという野心に駆り立てられているように思われる。その挑戦的な態度がいかに不屈で自信に満ちあふれた巨人的なものに見えるとしても、その態度も恐れやおののきを免れているわけではない。巨人たちにも産業時代の世界苦は与えられているのだ。彼らにも、自分が徴発するものの過剰さに追いつけない不安、襲撃された自然が（その最大限の生産力を冷酷かつ嘲笑的に抑えたにもかかわらず）、過度に効率を上げて復讐するかもしれないという不安がある。こういう不安をともなう戦いは慌ただしい形態をとる。また、暴力で押さえつけられた自然の世界は、どんな暴行を受けても新たに処女に戻って、自分に加えられたことを少しも覚えていないかのように、毎朝立ち現れるように見えるから、その戦いはシシュポス的な狂気にまで高まる。——

だが、必ずしも全面的に信頼するわけにいかない、こういう厄介な神話的は比喩は止めておこう。ここで使われている格率は「利用しえぬものは存在してはならない」である。肯定の形で言えば「すべてを利用せよ」である。ある意味では経済‐存在論は同時に倫理学でもある。世界の混沌を原料の状態、「罪の状態」、「非本来的な状態」から救い出して、「本来の状態」に変え、カオスを製品のコスモス、既製品の黄金時代に連れ出して、「日々の終わりに、カオスは無数の成熟した優雅な黄金の形をしたものとともに、完全に発酵し、燃え上がるアポロンの姿で現れる」というわけである[34]。

経済‐存在論が正当化の理論であることは、すでにここに使われている表現に示されている。先には、単なる偶然的な未完成の世界として存在していたものが、今や生産と既製品の不可欠の原料であることが明らかにされた以上は正当化されたのだ。それと同時に、人間がいなければ、額に汗してなされる労働が世界の変化や救済をもたらすこともないのだから、生産する人間そのものの存在も正当化されたわけである。経済‐存在論者の目には、世界を「自分自身に立ち返らせ」、自然をその使命に導くために、自然をわれわれのもとに、溶鉱炉や工場、発電所、原子炉、ラジオやテレビの放送局に連れてくることが、われわれの使命なのである。これらは、人間が世界全体を改造しようとする「存在の家」なのである。それは非常に大きな課題であり、工作人という古典的な定義は、この改造熱にとらえられた人間を表すにはもう不適切なほどである。古典的な工作人は、世界そのものが計画していなかった自分の世界を作り出すために、世界の部分を利用することに甘んじ、それを自分の使命や自由とみなして、自分が必要としないものには手を触れようともしなかった。それに対して、現代の人間は世界全体を当然のように原料としかみなさず、存在者に手を触れずに利用しないでおくよりも、自分自身の新しい欲望を押しつけて、世界全体を加工し、改造して、「仕上げ」ようとしている。現代人の要求は、宗教的あるいは哲学的な要求と同じくらい普遍的である。現代人は存在の鍛冶屋であり、少なくとも存在の牧人である。

決してハイデガー的に考えているわけではないのに、ここでハイデガーの言葉に出会うとはおそらく驚きであろう。「牧人」と「鍛冶屋」との裂け目、「存在」に「言葉」を「家」として指し示すハイデガー[35]と、上述の改造－飼育－屠殺する場所に世界を入れる経済存在論者との間の裂け目は限りなく大きい。だが、何か共通のものがあることも疑う余地はない。共通しているのは、存在がわれわれの助けを必要として、存在はおのずから「家に入れられる」ことを求めており、存在はわれわれがいなければ一瞬も生きられず、それ自身では完成されえないのであって、われわれのもとではじめて自分の場所を見いだすにちがいないという非常に独特な根本的な言い草である。そのいずれにあっても、（われわれが定義した意味での）「観念論」に現実の根拠を与え、正当化しようとする努力がなされている。世界もしくは存在そのものに、私の世界となろうとする欲望をこっそり押し込んで、正当化しようとしているのだ。いずれの哲学者にも、人間に形而上学的な使命を斡旋してやろうとか、ある種の任務を人間に本当の任務だと思い込ませようとか、人間のやることを正当化したいという願望がある。こういう願望は理解できないものではない。いずれの場合にも重要なのは、現代の「宇宙における人間の位置」に対する絶望的な反抗、あるいは正しく言えば、人間が宇宙に位置を占めていない事実や、自然主義によって人間が他の無数の自然物と同じような自然の部分に貶められ、人間中心主義的な特権という幻想を奪われた事実に対する絶望的な反抗である。いずれの哲学者もこの特権喪失の状態に耐え、持ちこたえることがいかに困難であるかを証言しているのだ。いずれにおいても、人間の特殊な位置、使命、世界にとっての人間の不可欠性をこっそり忍び込ませようとする試みが企てられているからである。「牧人」とはまさに群れの中心であり、そのかぎり人間は羊ではない。人間が「存在の牧人」とか世界の牧人であれば、人間は世界と同じ意味では存在しないばかりか、別な特殊な意味で存在しているのだ。人間の形而上学的な名誉ある看板にはもう何も書かれていない。「世界の鍛冶屋」も同様である。——いずれの哲学者においても問題なのは、無論、恥ずかしげな人間中心主義であり、彼らが主張していることが、実は、世界は人間のためにあるということではなくて、逆に人間は世界のためにあるということである以上、これは新種の人間中心主義なのである。両者において人間に割り当てられている役割は、配慮する人間という役割ではなく、世界と存在の最善のものだけを願う宇宙的な愛他主義者、宇宙マネージャーという役割なのだ。

だが、相互に無関係な現代の哲学が、従来の哲学と共通するもののない基本テーゼを現代の哲学として共有しているのを知ることがいかに魅力的なことであっても、——われわれのテーマにとって決定的なことは、無論、ありのままの世界は完成された世界でも、真実の世界でもなく、実はまだ存在もしていないのだという確信、われわれが加工し、完成し、流通機構に入れて、世界そのものとしては実は消滅させて初めて、世界は真に現実に存在するに至るという確信である経済存在論だけだ。

利用も加工もされず、流通機構にも入れられず、人間のもとに運ばれてこない無名で無益な、生じては再び消滅する出来事が存在するということは、この哲学にとってはまったく耐えられない思想なのだ。その耐え難さは、たとえばどこかに熟しただけで収穫されないままに朽ち果てる小麦畑や果樹園があるという考えが、われわれに耐え難いのと同じようなものである。存在するというだけでは、存在しないも同然なのだ。存在するというだけでは浪費である。存在するかぎり、収穫されなければならない。出来事や歴史の果実は、大半が放送のうちに存在しているのだ。瀕死者も放送されれば救われ、敗戦もコピーされれば勝利となる。孤独な祈りも際限もなく繰り返されれば聞き届けられる。そのとき初めて、そこで初めて、それらは存在するようになるが、共有される以前に存在していたものは、実在しない仮象のうちに消え去ってしまうのだ。——

24　幻影は世界経験のみならず世界そのものの原型である　現実の複製の複製としての現実

経済存在論の意味で「現実に存在する」のは個体や自然ではなく、一連の複製からなる製品の総体だけである。こういう製品にとって唯一重要なのは、（欲望を満足させる）機能に徹して、売れ行きのよい、利用されやすい品質を持つことである。こういう目標を完全に達成している製品はない。製品は、大きさや重さ、あるいは使い勝手の点だけでも、求めもしないのに客が買わされることになる品質という重荷を背負っている。一種奇妙な意味でどの製品も、肉体に繋がれ自然に属していることを恥じている点では、魂と変わらないように見える。製品の理想は、肉体の残りを極限まで圧縮し、いわば天使のような存在に達することなのである。(36)

物質的な製品だけでなく、あらゆる製品がそうであり、製品の物質的な材料も加工される材料も、「放送」で加工される材料である出来事もみなそうである。

出来事が「自然に」個別的な出来事として起こったのでは役に立たない。それが原料として利用できない重荷を引きずっておれば、出来事は経済 - 存在論の検閲を「パス」できない。役立つためには、出来事は多様化されなければならない。しかも原料状態での多様化では意味がなく、いわば選別機械をまず通過し選別されてはじめて「パスさせられる」。「パス」した状態でなければ、出来事は認められないのである。出来事が「本当は」何であり、どのように起こったかという問いは商品そのものを問題にするから、問いとしては不適切な問いなのだ。使えるばかりになっているマーマレードを前にして、マーマレードになるのに原料はどんな果物かとか選別機械をパスしたかと問う人はいない。むしろ製品は、使用に耐え、必要であり、役立つことが証明されて「これは真実だ」ということになるのである。

製品や商品の真理概念である証明というこの真理概念に完全にかなっているのが、「パスした状態」でラジオやテレビで放送される出来事である。出来事には無駄がなく、方法や工夫も要らず、危険もないから、消費者としては我慢しなければならないものは何もない。完成の域に達すると、消費された後には、種子も残らず、髪の毛一本、骨のかけらも残らない。（読了後の書物のように）製品が残るということはない。消費財は錠剤のように消費されて消滅してしまう。商品によって消費者がマス人間になるという目に見えない効果は別とすれば、すべてが元のままである。何ひとつ掃除や洗濯が必要なものはない。何事も起こらなかったのであり、何も残されておらず、残りかすもない。後腐れのないことは完璧である。消費者が文化財を蓄積するという不祥事にも、あらゆる予防策が講じられていて、文化というものが形成される見込みもない。――

しかし、こういう言い方では不十分だ。パンになってやっと人工の製品になるのではなくて、原料である穀物からしてすでにそうなのだ。穀物は成長中も、製品に都合のいいように育てられ、製品として使いやすいようにしか育てられない。現代文化や大量生産で重要なのは、運命が贈り届けた材料を加工するのは言うまでもなく、材料そのものを管理することである。できるだけ早くから原料に手を加え、「原料にすぎぬ」時間を原料に与えないようにしない生産は存在しない。原料を拘束し、発育段階を生産段階にしてしまわない生産も存在しない。「放送」という生産部門においても同じことである。放送の原料は大部分が出来事である。したがって、出来事さえも養殖して、製品の機能に合うように、出来事を起こそうとするのである。できるだけ早く、あるいは事前に、複製の最大限の特性を出来事に与えて、原版としてすぐ使えるようにしようとする。現実的なもの――いわゆるモデル――は、複写に適するように複製のイメージに合わせて必ず改造される。日常の出来事はコピーに先立つはずだが、実は後からついていくのだ。現実に、放送目的のためにだけ起こる出来事はもう数限りなく存在している。放送が望まれ、放送が必要だという理由だけで起こる出来事がある。こういう場合、どこでリアリティが終わり、どこからゲームが始まるかはもう見分けがつかない。「裁判官、証人、弁護士が……おそらく数千万の人々が見ているという事実を意識しながら発言しなければならない状況では、芝居をしたいという誘惑がオールマイティにならざるをえない」(一九五四年九月十三日の『ニューヨーク・ヘラルド』紙に引用されたメディーナ判事の発言)。現実がどこで終わり、仮象がどこで始まるかという問いは誤りである。ラジオやテレビ、幻影の消費そのものが、その他のリアリティに十分に対抗しうる現代の社会的リアリティなのであって、それが「現実的であるもの」「現実の起こり方」を決定するのである。

「初めに新聞があった。

世界が出現したのはその後であった」。

スキャンダルを激しく非難しているつもりであったカール・クラウスのこの言葉は、もう毒にも薬にもならないものになってしまったのだ。現代では、こう言わなければならない。

「初めに放送があった。

世界が生ずるのは放送されるためだ」。

モデルと複製との、倒錯とは言わぬまでも逆倒した、こうした関係は、無論、全然知られていないわけではない。何千もの映像と並べると、モデルである現実の映画スターは何ものでもない。「現実の」スターが生身の人間としてハリウッドを歩くときも、彼らは実際、自分の複製の哀れな幽霊にすぎないのだ。彼らは自分のクローズアップに劣らないように無駄な努力をしている幽霊なのだ。

現代では多くの出来事が彼らによく似ている。フットボール試合、裁判所の審理、さらには何百万回も視聴される放送と比べれば、みすぼらしく見る影もなくなった政治デモがそれである。こういうものの構造は再生され、放送されることによって決定されていないとしても、映画スターによく似ているのだ。そういうものは、いわゆる現場の参加者や聴衆のためではなく、再生画面を眺める無数の人々のために前もって作られたものだ。多くは、放送されるほど重要ではないが、放送に使われて初めて重要になり、放送されて初めて歴史的リアリティに達し、放送が重要だという理由だけでアレンジされたものなのだ。世界劇場(Theatrum mundi)とはこのことだ。――

現代の非常に広い範囲で、「オリジナルな現実」はコピーの言い逃れにすぎぬものとなっている。こういう「オリジナル」に「現実に」参加することが、コピー化した現代人を引きつけないのは、書物の頁に流し込まれている鋳型に似ることが読者を引きつけないとか、イデアを見ることがプラトンの洞窟の囚人を引きつけないのと同じことである。[37]

＊　＊　＊

リュンケウスの現代の兄弟たるわれわれは、「見るために生まれ、聞くために呼ばれ」てここに座って見ている。だが、リュンケウスはわれわれのパトロンでも模範でもない。われわれは彼のように見ているのでもない。わが家を出ないで、獲物が網にかかるのをクモのように待っているからである。わが家が罠になったのだ。罠にかかったものだけが、われわれにとっての世界である。外部には何もない。

座っていると、ひとかけらの世界が飛んできて網にかかり、われわれのものになる。われわれの所に飛んできたものは、飛んできたのでなく投げつけられたのだ。投げつけられたのは、世界ではなく幻影であった。幻影は世界の模像ではなく原型のコピーであった。——コピーがわれわれのものであるのは、それがわれわれにとっての原型となって、その形に似せてわれわれが自分を改造しなければならないからだ。われわれが自分を改造せねばならぬのは、それ以外には何ひとつとして「われわれのもの」と呼べるものがなく、それ以外には世界を持たないからだ。——

座っているわれわれの前にあるコピーは幻影だと主張し、幻影は模像だと主張し、模像は世界だと主張する。われわれはコピーを消費して、コピーに似たものとなるのだ。

われわれのうちに、リュンケウスのように「見るために生まれ、聞くために呼ばれた」者がいて、こういう欺瞞から身をもぎ離そうとして、現実に「遠くを眺め」「近くを見る」ために出発するとしても——間もなく彼は探索を止めて、完全に欺かれた者となって戻ってくるだろう。外部で彼が見いだすものは、彼の魂を模型のように刻印する映像の原型、映像に似せて作られた原型、原型を作るために必要な原型だけだからである。現実は現実にはどうなっているかと尋ねてみても、自分の使命は自分のコピーの非現実の中で現実に現実的になることだけだ、というのが彼の答えであろう。——

V　一般的結論

「本当の私になるまでは、仮の私を許し給え。」（ミニヨン）
「仮の私になるまでは、本当の私を許し給え。」（著者）

25　五つの結論
——世界は「合っている」
——世界は消滅する
——世界はポスト・イデオロギーの時代である
——刻印されたものだけが刻印される
——世界内の現存在は自由ではない

原型の機能をもう一度まとめてみよう。すでに見たように、原型は二つの面に刻印する。

1　原型は現実の出来事に刻印する。出来事は複製としてはじめて社会的リアリティとなり、複製されて初めて「現実的なもの」となる以上、最初から複製の原版として起こる。

2　次に、現実的なものが（「次代原型」[38]として）消費者の魂に刻印する。——

ところで、出来事は最初から刻印を受けて起こり、消費者は最初から刻印され、商品を買うようにできているとすれば、現代を記述するのに決定的な次のような五つの結論が生まれる。

I　世界は人間に「合って」おり、人間は世界に合っている。それは、手袋が手に、手が手袋に、ズボンが体に、体がズボンに合っているようなものだ。

現代の製品や人間はよく「吊しの既製服」と言われる。だが、われわれの衣服の喩えはそれとは異なるのであって、われわれの比喩は現代世界の事物の定義という根本的な事態に関わるものである。

衣服の本質には、——この特徴が衣服を独自の品質にするのだが——衣服がわれわれと「対立」しないでわれわれに「合っている」ということ、着ているときに気もつかず、感じないくらいぴったり合って抵抗感がないということがある。——

周知のように、ディルタイは「抵抗」という事実を「外的世界のリアリティ」の証拠であると考えた。世界に対する人間の関係は、（デカルト的に言えば、人間を欺く幻影かもしれない）何ものかとの調和的な関係ではなくて、多少なりとも絶え間ない摩擦か衝突であるために、世界の「抵抗という特徴」を強調しておくことは非常に重要なことである。

人間のあらゆる活動は、この事実から説明することができるだけに、このことは重要である。人間のあらゆる活動は、世界と人間との摩擦を最低限まで減らし、衣服のように人間に「合う」世界を作り出そうとする常に新たな試みなのである。

今やこれまで以上に、この目標に近づいているように思われる。とにかく、世界への人間の適合と人間への世界の適合は完璧なものとなり、世界の「抵抗」はほとんど感じられなくなっている。

II　世界は世界としては消滅する。——この新しい定式には、事物を「衣服」に喩えるわれわれの示唆も暫定的な示唆にすぎないことが示されている。衣服の本質には、衣服が物として気づかれないことが含まれているが、着ているうちに衣服が完全に消滅するというようなことは起こらないからである。完全に消滅するのは嗜好品の類いだけである。この種のものは、破壊されたり吸収されたりするために存在するものである。この類いに属しているのが放送される世界なのである。――

全体的にこの類いに属する世界を考えるのは、新しいことではない。唯物論的な黄金時代（aetas aurea）という幻想ならば大昔からある。その名は「怠け者の天国」である。

怠け者の天国は、周知のように、全体が完全に（mit Haut und Haaren）食べられる天国である。なぜならば、この幻想には「皮膚や髪（Haut und Haare）」のような食べられないものは含まれていないからである。そこでは、「ぼたもち」などが「送られ」、棚ぼた式に与えられるのだから、ふつうならば消費者と商品との間の空間的、金銭的な距離に示される最後の「抵抗」もなくなっている。どの部分も摂取され、消費され、同化されることだけを目的としているから、物という性格を失い、世界としては存在しないことだけが、怠け者の天国の存在理由なのである。

これは現代の「送られてくる」世界のことである。われわれの目や耳に飛び込んでくれば、世界は「入りやすい世界」として無抵抗にわれわれの中に入り、われわれの世界、「われわれ自身」となるはずだ。[39]

III　現代世界は「ポスト・イデオロギー」の世界、イデオロギー不要の世界である。――これは、世界の出来事そのものが、すでにアレンジされた芝居である以上、世界に反した虚偽の世界観であるイデオロギーを後からアレンジする必要がないことを意味している。嘘が偽りの真実となれば、明らかな嘘は余分なものとなってしまうのだ。

ここで起こっていることは、いわばマルクスがポスト・イデオロギーの状態として、終末論的な真理の思弁において予言したこととは逆である。（彼にとっては当然（eo ipso）「イデオロギー」である）哲学を終わらせるものは実現された真理であると彼は考えたが、今やその反対に、実現されたものは、勝ち誇った虚偽なのである。露骨なイデオロギーを不要なものとしてしまったのは、世界にかんする虚偽の言明が――「世界」そのものになったという事実である。――

「世界」と「世界観」、あるいは現実と現実にかんする解釈とが別物ではないと言うのは、無論、非常に奇妙に聞こえるであろう。だがその奇妙さも、他の同様な時代現象と一緒に眺めれば、たちどころに消えてしまう。たとえばパンと切ったパンとは（パンはすでに切って売られているから）もはや別物ではないという現象と一緒に眺める。焼いて切ったパンを家でもう一度焼いて切ることがまずないように、われわれが、イデオロギー的にすでに「あらかじめ切られ」、前もって解釈されて、アレンジされた状態になっている出来事を、もう一度イデオロギーによってアレンジしたり解釈したりすることはありえないことだ。あるいは初めから（ab ovo）「映像」として起こっている事柄について、家でもう一度「映像にする」ということはありえないはずである。こういう「再アレンジ」は無用であるだけでなく、やろうとしてもそれは不可能なのだ。――

この「不可能」は、きわめて特殊な無能力、まったく新種の無能力である。

以前、世界の特定部分を捉えたり解釈することができなかったのは、事物が手の及ばないところにあるか、事物の抵抗にわれわれが打ち勝つことができないためであった。ここでは、こういう抵抗が問題にならないことはすでに見た通りである。ところが驚くべきことには、放送される世界のこういう無抵抗こそが把握や解釈を妨げるものにほかならない。これは、それほど驚くべきことではないかもしれない。無抵抗に飲み下される滑らかな錠剤は捉えられないが、よく嚙まなければならない肉は捉えられるわけで、放送される「入りやすい」世界は錠剤のようなものだからである。――喩えを変えれば、世界は「尻軽女

(femmes faciles)」にも似た「手軽なリアリティ（réalité trop facile)」として簡単に作られ、向こうからやってきて、現れたときにはすでに与えられている以上、世界をわざわざ「取る」必要は全然ないわけで、世界や世界の意味をまず獲得しようと努力する必要はない。

IV　刻印されるのはすでに刻印されたものだけである。――ふつう自明と思われている二元性が時代おくれになっているという、放送される世界に妥当することは、あらかじめ刻印された世界の消費者にも妥当する。現代の順応主義的な状況では、人間は世界に「合い」、世界も人間に「合って」おり、消費者の最初の白紙状態（tabula rasa）と、白紙に世界像が刻印される過程との区別は不要になっている。消費者は常に前もって形づくられ、あらかじめ調えられて、原型を受け容れるだけになっている。消費者は押しつけられる形にすでに多少とも対応しているのである。あらゆる個人の魂が原型に合うものとなっているのは、いわば浮き彫りが高ければそれだけ彫り込みも深いようなものだ。原型をわざわざ魂に「押しつけ」て刻印したり、魂に彫り込みをつけたりしないのは、魂にはすでに原型に合わせて彫り込みがつけられているからだ。つまり魂には、すでに型がついているから、原型は魂に跡を残す必要がないのだ。――

人間と世界との往復運動は、二つの刻印の間で起こる出来事のように、原型に刻印された現実と原型に刻印された消費者との間の運動として、幽霊が（幽霊によって作り出された）幽霊と関係するような非常に複雑な仕方で起こる。それが無気味だからといって、そのために生活が非現実的になるとは言えない。生活は恐ろしいほど現実的であり、現実に生活は恐ろしいのである。

V　生活が恐ろしいのはポスト・イデオロギーの怠け者の天国の世界での生活には、まったく自由がないからである。

今日では、予測できなかった無数の出来事や世界の部分が、われわれの目や耳に飛び込んでくるが、飛び込んできて欲しい幻影を選ぶことはわれわれに任されている。これは疑う余地がない。しかし——まず提供されるものがあり、われわれはそれに引き渡されているのであって、提供されるものに親しんだり敵対したりする自由を奪われている以上、われわれはだまされているのだ。それは、レコードにだまされるのと同じだ。レコードが聞かせるさまざまな音楽や拍手や気紛れな叫び声のうちに、われわれ自身の拍手や叫び声を聞き分けることもできる。レコードは物事だけでなく物事に対する反応も聴かせるのだから、レコードによって、われわれは自分自身を供給されているのだ。

レコードの場合には堂々と起こっていることが、放送の場合には幾分控え目に行なわれる。しかし、その違いは程度の差にすぎず、同じようなことが、あらゆる放送で行なわれているのだ。放送される幻影には、それから分離不能な統合的要素として、われわれが考えたり感じたりすべき「意味」が必ず内在している。われわれに求められる反応も、リベートとして一緒に提供されているのだ。——無論、われわれはそれに気づかない。「世界」として現れる幻影が何日も何時間も提供されているために、われわれは自分で解釈したいという欲望や渇望に気づけなくなっているからだ。アレンジされた世界を詰め込まれるにつれて、こういう渇望を根本的に忘れているからだ。

隷属が当然と思われ、隷属しているということにも気づけず、仮に気づいてもその状態をソフトで快適だと感じていることで、状態が致命的でなくなるわけではない。その逆だ。恐怖政治は鳩の足でやってきて、他のあらゆる状態の観念を排除し、それと対立するあらゆる思想を決定的に排除するから、ある意味では、公然たる自由の剝奪以上に、恐怖政治は耐え難いのである。——

この研究の始めに、ある寓話から引用しておいた。それは、自分の希望に逆らって放浪して回る息子に車と馬を贈った王様の話であった。贈り物には「もう歩かなくていい」という言葉が添えられていた。その言葉は「もう歩いてはならない」という意味であった。しかし結果は、「もう歩けない」ということになった。

幸せなことに、こういう無能力状態にわれわれは達しているのだ。

26　悲喜劇的な防衛／現代人は娯楽品である障害物を作る

先に述べたように、怠け者の天国はすでに加工されたモデルであり、エンジョイしやすい状態で現れるから、それをもう一度加工するまでもない。

こういう状態は快適ではあるが、それに耐え、それを受け入れるのは容易ではない。結局われわれは、本性的に欲望を持つ存在であり、われわれに合った世界である怠け者の天国向きには出来ておらず、欲望を満たして、欠いているものを自分で獲得するように出来ている。未完成の扱いにくい物は切って整え、われわれに「合わ」せるのだ。われわれは充足状態への欲望だけでなく、充足活動への「第二次欲望」も備えて生まれてきたのであって、食べ物なしに生きるのは耐えられないが、食べ物を調達する必要がないということにも耐えられないのである。

ふつうわれわれは「第二次欲望」のことは忘れている。しかし、「第二次欲望」を満たす機会もなく、第一次欲望も自分の活動をまたず満足させられるほど満ち足りてくると、「労働の成果」でなく「成果のための労働」をだまし取られているような気がする。多くの場合、生きる手段を獲得するために生きていると思っているから、そうなると、どうしたらいいか分からなくなってしまう。――「第二次欲望」「第二次渇望」が吹き出すのはこのときである。それは、獲物への渇望ではなくて労苦への渇望であり、パンへの渇望ではなくてパンの調達への渇望、目的への渇望ではなくて目的化した方法への渇望である。労苦を免れた「有閑階級」では、労苦への熱望が常に噴き出していたのは周知の通りだ。狐を捕る猟師も日曜漁師も、まずトロフィが欲しいのではなかった。調達に飢え渇いていたのである。獲物を求めて猟をしたのではなく、猟のできるチャンスが欲しかったのだ。狐や鹿や川カマスを殺すのは、ターゲットがなくては目標追求の楽しみが得られず、獲物がなければ調達の楽しみが得られないからにすぎなかった。目標は労苦や方法のための口実であった。

今日ではこういう状況が一般的になっている。今日（どんなに信じられないと思われるにせよ）、労働者はみながみな「有閑階級」に属しているからである。誤解してもらっては困る。これは、労働者が生活に必要なものは思い通り得られるという意味にすぎないからだ。南部のどんなに貧しい綿花業者でも炒ったコーヒー豆を買って後は飲むだけだ。これは十九世紀にはまったく特別なことだったが、今日では現実にそうなっている。労働者が労働の成果に加われないことは、二十世紀の今日でも相変わらず真実である。しかし、その正反対の事態も強調しておかないと現代のイメージが不完全になる。労働者は贅沢品（多くは娯楽品）をわが家にもたらす労働には同様に加わっていない。労働者の生活――われわれすべての生活――は、二重に疎外されている。成果のない労働によってだけでなく、労働なしの成果によっても疎外されているのだ。モルーシアの格言にこういうのがある。「魚を食べるためには、ウサギを捕らねばならない。ウサギを食べるためには、魚を釣りにいかねばならない。ウサギを捕った者がウサギを食べたことがあるという言い伝えはない」。

労働とその「成果」との間の第二の疎外は、現代の怠け者状態に特徴的なトラウマである。この状態に労苦への熱望が噴き出し、時には一度ぐらいは自分で生み出した成果をエンジョイしたいという欲望、旅行で知った目的地に行きたいとか、自分で作ったテーブルを使いたいという欲望や抵抗への熱望、抵抗を打ち破りたいという熱望が噴き出すのも不思議ではない。

現代人はこういう熱望を、実に手の込んだやり方で抑えている。抵抗を克服し、克服をエンジョイするために、障害物をみずから作り、あるいは自分のために障害物を作ってもらうというやり方である。障害物が今日では製品化されているのだ。

この現象は知られていないわけではない。こういうレクリエーションとして広く役立っているのが（産業の双生児として発展したのも偶然ではない）スポーツである。峨々たる山頂は（邪魔になるどころか、是非とも行かねばならぬ）、克服されるべき、克服をエンジョイするためのハードルに指定されたのだ。

現代の特徴を最もよく表しているのは、“*do it yourself*”というスローガンで流行している比較的最近のホビーである。無数の人々が　高度の技術を要する料理を調理し、現代の「利器（facilities）」をわざと使わずに、近くの街角で買える物を工作したりして、厄介なレジャーを過ごしている。四一年に私は「手織機（hand weaving looms）」を機械で量産する町工場に雇われたが、その手織機を買うのは、仕事の後で難しい仕事を存分に楽しみたい女性たちだった。男性には家庭電器の故障や自動車のボルトのゆるみが歓迎される。そういうものは、彼らには相当手間がかかり、日曜日を楽しくしてくれるからである。懐中時計を分解する男が漫画雑誌によく登場するのも偶然ではない。自分で何か物を作るために、哀れな現代人に残された唯一の方法は、——製品の世界には他の原料が与えられていないから——製品を分解するところにその本質がある。破壊を自分の役目とする現代人は、製品から「原料」を作り出し、第二の創造でもう一度製品を作り出して、自分で作った、少なくともほとんど自分で作ったという小さな喜びを味わう。現代人を妨げる困難は、パズルを解く人の困難ぐらいのものだ。既製の部品をヒューム式に（à la Hume）寄せ集めること以上に、創造力が求められることはないからである。大人もやるゲームの人気も同じ事情による。

現代人は完全な幸福を期待している（幸福を期待する権利があるとすればの話だ。彼が投げ込まれている現代のために彼が何をやれようか。惨めな救済の試みとして自分でやれることは何だろうか）。――週末クルマで出かけて、「保証付きの最も原始的なやり方で」真新しい発火装置に「自分で」火をつけ、ロビンソンのように、ドライアイスつきで持参した「フランクフルト」を「自分で」焼くとか、開拓者のようにテントを「自分で」張り、前もって作ってきた木片でポータブル・ラジオのためのテーブルを「自分で」固定すれば、この上もなく幸福なのだ。（現代の悲喜劇的特徴の数少ない実例で、現代の道化芝居の格好の題材になる）大人の青少年運動は、既製品の供給から解放されるために、昔の生産段階に立ち返ろうとする熱望なのだが、これが失敗に終わらざるをえないことは、これまでの記述からすでに明らかである。無数の人々が労苦を求めて無駄骨を折っている。無論、産業自体から生み出される防衛運動であるこの産業は、新しい欲望を目当てに新製品の販売をめざしている他の運動と同様に、素早く乗っ取られてしまったからである。「do it yourself フィーバー」が絶頂に達する前に、企業自身がこの目的のために、「キャンプ用品（camping gadgets）」などの製品を未完成な部品として製造して売り出したことがある。それは、自分の手で邪魔したり押し進めたりして、暴れてみたい衝動に駆られるホビーを楽しむ人々を、なるべく楽にしてやろうというパラドックスじみた目的をもつ部品であった。一夜にして自作者に変身させられた客は、骨の髄まで染み込んだ「一番実用的」と宣伝されている習慣、手間をかけない習慣をなかなか止められなかった。彼らは新しい活動に「一番実用的」な既製品のほうを買った。このため自作の楽しみが消えてしまったことは言うまでもない。自作用の未完成部品は全部、前もって製造されたもので、自分たちのやることとは、使用法通りの組立てゲームに縮小され、開拓者のテントはもう据えつけられていたのだから、ペテン師（hokuspokusfidibus）がいたわけだ。彼らにはすることはもう何もなく、空虚が新たに彼らを取り囲んだ。彼らがラジオを携えていて、幻影たちをいつものように呼び出せたのは、本当に拾いものであった。――これが「弁証法」というものでなければ、私には「弁証法」という言葉の意味が分からない。

かなり以前から行なわれている「創造的絵画」や「創造的作文」のような「創造的自己表現(40)（Creative Self-Expression）」の運動も、同様な事情によるものである。これは、何千もの人々を励まして、仕事の後とか日曜日に、あるいは（「人生は七十から（life begings at seventy）」とは言うものの、もう仕事（job）を世話してもらえない）高齢になって、何かをやり遂げてなんとか「労働」と「労働の成果」とをはっきりした形で結びつけようとする運動である。――この運動も、既製品、特に出来合いの世界像ばかり絶え間なく供給されることに対する対抗策であり、絶望的な怠け者の天国の状態にとって少しは慰めとなる苦労を取り込もうとする試みである。だが無論この運動も最初から死刑宣告を受けているのだ。一部は退屈から、一部は健康上の理由から、また一部は単純に「義務（must）」だと思ったために、突然「創造的」になったこの運動の若者たちが、重要な仕事につけなかったとか、彼らにはひとつのことを表現することにしか関心がなかったとか、そういうことについて私は何も言うつもりはない。決定的なことは、「創造的生活」が（「創造的になる方法（how to get creative）」などの）公開講座や放送講座でラジオで教えられ、創造性という要素さえも、前もって製造された上で家庭に提供されているということである。この悲喜劇は、ロビンソン的生活術と少しも違わない。これも、時代おくれの人間が現代の贅沢な既製品を携えて行なおうとする、時代おくれになった生産段階や生存段階の見学旅行なのだ。旅行のやり方もスタイルも目的に反し、決して目的地に到達できない見学旅行なのだ。——

27 再論　現実の複製の複製としての世界——複製の複製への女優V嬢の変身

この研究全体でいちばん奇妙な主張は、おそらく次のような結論的なテーゼであろう。現代では、現実は複製をめざし、複製のために起こり、現実は複製に受け入れられなければならず、複製のほうが重いリアリティであり、したがって現実は複製の複製である、というのがそれである。

このテーゼで重要なのは理論的パラドックスなのではないことを示すため、最後に、具体的な出来事を述べておくことにする。このケースは、複製の複製への女優V嬢の変身であり、それがラジオやテレビから取った例ではなくて、映画産業から取った例であることは本質的な違いではない。前節（**26**）でも実例の地平を何度も、しかもわざと越えてみた。なぜならば、もっぱら問題にした「幻影」とか「原型」というカテゴリーが元々ラジオやテレビから得たものであるために、それはラジオやテレビだけのカテゴリーだと思う誤解を招きかねないからである。このカテゴリーの適用範囲はもっと広いのだ。得られた成果は、この特殊研究が最初に予想していたよりも、はるかに一般的な妥当性を持っている。

私のカリフォルニア時代の日記から引用してみよう。

一九四一年

Mプロデューサーが半年前にV嬢のスクリーンテストを見たとき、彼はこう言った。「まず、もっと写真向き（more photogenic）になることだよ。そうなれたら、また来なさい」。それは、君の現実の顔という原型よりもわれわれの幻影のほうを使わず、君が手本にならって鋳直されないでいるうちは、見てもらえる幻影としては問題にもならない、という意味だった。

V嬢は自分の比類のない容貌を非常に誇りにしていたが、幻影としてのキャリアへの熱望のほうが激しかった。とっくに忘れていた家族や、もう長いこと罵っていた前のボーイフレンドから、なけなしの金をかき集め、あらゆる生活の楽しみも無視して、ひたすら禁欲的な生活をして、彼女は自分を改造する事業に乗り出した。彼女は――独りではできなかったから――、現実の人間は改善を要するぶざまな材料であって、幻影が理想だと思っている（ここではわんさといる）例の工芸専門家、つまり現実と幻影との差異のおかげで生計を立て、手術して差異を除いてもらおうとする、V嬢のような人々の愚かな熱望で生活を支えている人々の助けを借りて、自分の改造事業に乗り出した。V嬢は、美容室とマッサージ師との間を往復し始め、エステティックサロンとか美容専門家のところに行き、外科手術も受けた、――彼女はめちゃくちゃになり、彼らを儲けさせただけだったと私は思う。外から内から、前から後ろから手を加えられて、額に汗かきながら時計で計って、この姿勢、あの姿勢と決められた時間通りに横たわり、サラダの葉は味を見るより目方を計り、楽しみというより義務感で、私にではなく鏡に向かって笑ってみせたりした――要するに、彼女はこれまでなかったほど働いたのだ。ヴェッダの乙女たちが受けねばならなかった通過儀礼のほうが、V嬢が幻影世界に華々しく受け入れてもらうために受けざるをえなかったそれより残酷であったとは、私には思えない。彼女が間もなくノイローゼになったのも不思議ではない。まるですでに幻影の特権を持っているかのように、彼女は、周りの者たちに仕返しを始め、われわれを無視し、気ままに振舞ったことも言っておかなければならない。彼女がこういう生活を半年続け、昔のアダムやら昔のエヴァやらをそういう具合に扱っていたが、とうとう本当に、その連中は誰もいなくなってしまった。ところが、彼女が思いがけない光に包まれた新しい人間、幻影になって――もう二週間も前からそうなっていた――、幻影業者のもとへ再び足を運んだ。彼女がそこへ出かけたと言うのは、もちろん正確な言い方ではない。彼女の新しいヘアー、新しい鼻、新しいスタイル、新しい歩き方、新しいスマイルを見ると、（むしろ、昔からよく見かける古いヘアー、だれもよく見慣れた鼻、だれでもよく見慣れているスマイルを見ると）、彼女は既製品、不特定商品、まったくの別人、「誰でもいいが彼女ではない誰か」だった[41]。「ずっとよくなった」と彼女は言った。おそらくそうだったろう。彼女が二度目のスクリーンテストの後で話してくれたように、幻影業者には、彼女が誰か分からなかったことは、彼女にはいい前兆だと思えたが、彼女はテストの際の（こういう言い方がまだ適当なら）彼女の「自意識」をおそろしく褒め称えてくれた。――二週間後の今日、本当に、今日そういうことになったのだ。通知が届いた。ありそうにもないことが起こった。今度のテストは合格だった。彼女の生涯の夢が実現したのだ。契約してもらえることだろう。言い換えれば、彼女は原型のための原型のランクに登ったのだ。映画制作者たちに原型として奉仕できるし、われわれの趣味の原型として奉仕してくれることだろう。――もちろん彼女は、これで自分は変になるくらい幸せだと言い張っている。本当のところは私には分からない。改造処理が彼女をひどく傷つけてしまったので、幸福なのが彼女であるとは言いにくいのだ。もしかすると、幸せなのは別の新しい女性なのかもしれない。しかし、私は、その女性を知らないし、彼女は私と無縁の者かもしれない。彼女だけしか実在しないところでは、すなわち合格したテスト画面の上のギャルのように、また今後の画面の彼女に期待されているように、彼女がもう今から、私のそばを歩いてみせているところでは、つまり彼女が今日すでに自分の映像の模像となり、彼女の未来の複製の複製になってしまっているところでは、彼女は消え失せているのだ。彼女はまだ口に出してはいないが、もう言ったも同然だが、最後の別れを告げるのは、おそらく時間の問題だ。

28　重要なのは観察者でなく観察の対象である

先に述べたように、この変身はわれわれの本来の実例の範囲を越えているが、現実に対する映像の優位が行動の生き生きとした動機であることを認めさせ、原型への変身を生活上の出来事として示しているので特に有益である。映像であることが今日では、存在よりも「より存在的」なものとなっているという研究の中で主張したテーゼは、このケースが完全に証明している。このため、このケースにもう少しこだわっておくことにしよう。

映像になりたいというV嬢の熱望を、単純に「虚栄」とか「名誉欲」という言葉で片づけるのは、余りにも単純すぎるだろう。虚栄や名誉欲、他の人々の目に止まり口にのぼりたいという欲望、他の人々のもとにあることによって、より多く、あるいは初めて存在すること、、、への期待、――これでは何の説明にもなっていない。むしろそのこと自体が問題であり、きわめて不明確な問題なのだ。――

何千人もの他の人々と同様に、V嬢が育った世界は、幻影（pictures）だけが重要とみなされ、幻影産業が（不当でもないが）衆目を集めるリアルな産業であるとされている世界であった。彼女はこの世界、この幻影の原型としての力、幻影の名声によって刻印されていた。映像の世界の内部で非‐映像や非‐原型として「存在している」こと、これが早くからの彼女の責め苦であり、やがて果てしない劣等感や虚無感の原因となったものである。こういう劣等感の原因を明らかにしてもらいたいものだ。それは、史上空前のものであり、（劣等感ばかり取り扱っている個人心理学もまだ発見していないとしても）劣等感の現代的な重要な変種だからである。今日では、自信のない人々を萎縮させる原型世界は、自信のある人々からできているのでなく、人間の幻影と事物とでできているからである。[42] 両親や姉妹、学校や海辺でのライバルたちといった脅威的な人々に対して、V嬢は劣っていると感じたことはなかったが、再生される映像に対しては劣っていると感じるのであった。彼女のノイローゼは、「社会的」適応性の欠如の徴候ではなく、——序論でこれに似たケースを示しておいた——映像世界への技術的適応の欠如の徴候であった。名もない「数にも入れてもらえない」非貴族主義者として、完全に貴族主義的な世界に生きることがブルジョアの苦しみであったのと似た形で、原型的な幻影の世界の内部に生きることは、彼女には耐え難いことであった。[43] 絶えず彼女は自分が無ではないにしても、無視していいもの（quantité négligeable）であるという感情に苦しみ、（もし出世して幻影になることができなかったら）決して存在していなかったことをいずれ確認せざるをえなくなるという不安に絶えず苦しんでいた。——彼女は存在論的な声望の欠如に苦しんでいたのである。彼女が職業上の戦いを、より多く存在し、初めて存在することになるために、幻影となる戦いとして引き受けていたとすれば、そうなのだ。「本当の私になるまでは、仮りの私を許し給え」というミニヨンの歌を逆にして、彼女はこう言ってよかったのだ。「仮りの私になるまでは、本当の私を許し給え」。仮の存在であることを許されるために。

仮象によって存在したいという彼女の熱望を明確に言い表すものとして、彼女自身が書き流した二、三の言葉以上のものはない。

日記

彼女の変身がうまく行くや否や、彼女は（高い存在論的段階に達したと信じていることを証明するような、それまでの生活に対する軽蔑を込めて）叫んだ。「これまで私は何だったのでしょう！」――もちろん、何ものでもなかった。それは、彼女が以前は「単に存在していただけ」「ただそこに存在していただけ」、いつも自分自身にすぎず、いつも独りでいつも自分が元いたところにいるだけであって、否定的に言えば、自分が、未加工品とか未複製品として見られるほど注目されていなかった、また彼女が自分の存在の証拠を見いだしておらず、彼女の現存在に応える消費者がいなかったからである。彼女によって刻印され、彼女の現存在を大人数で（en masse）証明するような多くの消費者はいなかった。要するに、彼女は原型ではなく、量産品ではなかったのだ。「何」ではなかったのだ。結局、名もない「ひと」でしかなかったのだ。彼女を取り巻く世界では、彼女は正しかった。「何」の存在ランクで計れば、「ひと」でしかない者は、ハリウッド世界では無であり「そこに」存在していないのである。

V嬢は、こういう言葉でそれを言い表しはしなかった。彼女の耳には、こういうことはまさに「分かりきったこと（truisms）」であったろう。特に言っておかなければならない些細なことが残っているが、「加工されていないものは存在しない」ないし「リアリティは再生されて初めて生み出される」が、経済存在論の公理として認められれば、それはおのずから理解される。V嬢がしたことは実際は、この公理の応用でしかなかったのだ。その真理を疑う理由は彼女にはなかった。その真理は彼女の世界で無条件に妥当し、摩擦もなく機能していたからである。

彼女は個性を奪われ、自己を奪われたときに、やっと「本来的現存在」を獲得したと信じていたから、

「これまで私は何だったのでしょう！」という彼女の叫びに返事せずに、私が彼女にいやみを言ったのは、彼女のしたことに対して確かに必ずしもフェアーではなかった。彼女のように、額に汗して「ひと」でなくて「何」となることを成し遂げた人にとっては、いまだに単なる「ひと」として放浪し、それを仕方がないと認めている者は、無論くだらない奴でしかないに違いない。彼女は私をそういうふうに軽蔑していた。彼女は嘲笑した。「自己をお持ちの方！　いったい誰がそんなことを問題にするの？」彼女が決まり文句で価値の尺度や存在の基準を尋ねたから、私は口を閉ざした。——

述べたように、彼女は完全に封建的な世界にいるブルジョアのように、自分は映像の世界では「空気」か「何者でもないもの」だと感じていた。彼女の態度やジェスチュア、歩き方を思い出そうとしても、貴族に成り上がり、それを鼻にかけている俗物（snob）のイメージしか出てこない。「貴族的」に当たるギリシア語 ἐσθλός は、ギリシア語の「存在」の語幹から派生しており、「存在する」とされて、存在の度合いが他の者たちの存在の度合いより高いことを示すのも決して偶然ではない。彼女は以前、恥さらしであった昔には、未加工の原料として、不幸な個人として、深い暗闇にいる惨めな下層民のひとりでしかなかったのに、加工された製品として、無数のコピーの有望な原型として、量産品として現存していたのだから、V嬢の存在の度合いは、他の人々の存在の度合いより高かったのだ。

彼女に貴族的な気品を与えたものが量産品のランクへの出世であったことは、奇妙に思われるだろう。量産品と貴族は正反対だからだ。しかし、彼女が原型となる「原型の世界への出世」「映像世界への出世」「量産品の世界への出世」はみな同じことである。原型だけが映像になるのであり、それが映像になるのは大量の複製化によるからである。(44)

ちなみに、量産品のランキングにはもうひとつ原因がある。現代の商品の相当の部分は、実はわれわれのために存在しているのではない。われわれのほうが、客や消費者として生産の継続を保証するために存在しているのだ。われわれの消費欲望（およびその結果としてのわれわれの生き方）は、商品が売れるために作り出され、少なくとも同時に刻印されているとすれば、われわれはまさしく手段なのだ。手段として、われわれは、存在論的に目的に従属しているのだ。V嬢のように、消費財で生活するのでなく、自分が消費財として考慮される（in Betracht kommen）あの明るい高みまで、深い暗闇から登った人は「重要（beträchtlich）」になり、別な存在様式に所属することになる。

考慮されること、重要になることは、V嬢の場合には特によく理解できる。なぜならば、彼女は映画産業の一員として、現実に見物される（betrachtet werden）ものになったからである。——

日記

「彼女は見物されるために考慮されているから、せいぜいのところで幻影の消費者としてしか問題にならず、そういうことが滅多にない私のような奴を認めることができないのも当然だ。幻影が現実のものと結びつくのは、幻影にはまさに不釣り合いな結婚であり、商品と消費者との結びつきはまったく〈ありえない〉のである。仲間を見いだすためには、V嬢は自分と同様な幻影たちの中を捜さなければならないだろう。あるいは、その〈必要〉はないかもしれない。幻影のサークルは、〈誰にも見えるが誰も手の届かない〉世界そのものであって、その世界で彼女は自動的に認められるからだ。彼女がそこで誰かを見つけ出すこと、同様に〈何〉である〈何物か〉を見いだすことは疑いがない。それは、彼女と同様に誰にでも見てもらうためにだけ生きている何物かであって、同じように妖怪じみた感ずる胸をもち、彼女はそれとひとつの商品の心、商品の魂となることができ、その男が彼女にとっての〈大切な〉配偶者（match）となることとだろう。――」

　こういう場合、形ばかりの知性が決定するのであれば、V嬢は私の言ったことをまったく理解できなかったわけではないだろう。彼女は知性を欠いていたわけではないからだ。だが理解は、悟性だけによるものでなく、人の占める地位にもよる。彼女が今や所属している貴族の地位が、彼女にそういう理解を禁じていたのである。それは「彼女の理解を超えて（beyond her）」いたとすれば、それが「彼女より上位に（above her）」あったからでなく、逆にそれが「彼女より下位に（below her）」あったからだ。彼女はもう私を理解できるところより遙かに上の方にいたからである。したがって彼女の悪意を非難したり、彼女に腹を立てたりするのは、フェアーではなかっただろう。主演者は彼女ではなかった。彼女は「共演者」にすぎなかった。彼女が流れに逆らって泳ぎ、周りの者がみな当然と認めている考えを拒絶したとすれば、それはまさしく思い上がった考えであったろう。その考えとは、商品となることが昇進であり、商品として楽しんでもらうことが存在証明だという考えにほかならない。

時間なき存在

ベケットの『ゴドーを待ちながら』について(1)

先輩たちのように世俗的なテクストに文学を見いだすことより、重要な文学作品のうちに宗教を見いだすほうが重要であると説く負の啓蒙家たちが、異常な活動を見せている。カフカの偉大な作品をうやうやしく熱心に研究していたかと思うと、今度はもうベケットの道化芝居に手をつけて、見当違いに賞賛し始めている。今ならまだ、浅薄な解釈の口を封ずることができるかもしれない。ふさわしい栄誉を作品に与えずにおくようなことはすべきではない。以下の注解がこのことを明らかにする。

1　この作品は負の寓話である

問題が寓話であることは、あらゆる注釈家が一致しているが、寓話の解釈にかんしては激しい論争が行なわれている。ゴドーとは誰かとか何であるかを論じ、（ニヒリズムの初歩が問題であるかのように）即座にゴドーとは「死」とか「人生の意味」とか「神」だと答える人々のうち誰ひとりとして、ベケットの寓話を含めて寓話がどういうメカニズムに従うものであるかを考えていない。そのメカニズムは「転換」と呼ばれるものである。「転換」とはどういう意味か。

イソップやラフォンテーヌが、人間は動物のようなものだと言おうとするとき、彼らは人間を動物として描いただろうか。彼らはそんなことはしなかった。彼らは——ここに寓話の本当の楽しい異化作用があるのだが——主語と述語とを逆転させて、動物が人間だと言ったのだ。二十五年前に『三文オペラ』を出したとき、ブレヒトは同じことをやった。彼も主語を述語にし、逆に盗賊をシカにして表した。ベケットの寓話にアプローチする前に、こうした寓話作家による転換（quid pro quo）を理解しておかなければならない。ベケットも同様に、次のような非常に洗練されたやり方でそれを用いているからである。

形式や原理を知らず、生活が進展しない生活形態を描くため、彼は寓話の形式も原理も壊している。破壊され進展しない寓話が進展しない生活を描くのに適した寓話となるのだ。ベケットの「転換」を逆転させれば、人間についての彼の無意味な寓話は無意味な人間についての寓話であることが示される。この寓話は寓話というジャンルの古典的、形式的な理想に対応していない。この寓話は「モラル」をもはや知らず、寓話形式に凝縮しえない生活の寓話であるため、そういう生活の欠陥や挫折が寓話のモラルなのである。それが支離滅裂なのも、対象が支離滅裂なためであり、「行動」を敢えて語ろうとしないのも、それが行動しない生活の寓話だからだ。「物語」を語らないのは、物語のない人々を描く寓話だからだ。この作品に拾い集められている出来事や話が動機もなく現れたり、また動機も途切れたり（観客が気づかぬほど意地の悪いやり方で）繰り返されたりすることは否定できない。動機の欠如を動機づけているのは対象だからである。対象そのものがもはや推進力も動機もない生活なのである。——

　この寓話はいわば負の寓話ではあるが、ひとつの寓話である。皆既日食の写真も写真であるようなものだ。抽出できる教訓が欠けているが、それは、この作品が抽象の次元にとどまっているからである。過去百五十年間、小説が形式のない生活を単純に物語ることに満足していたのに対して、この作品は無形式性そのものを描き出している。テーマが抽象的であるだけでなく登場人物も抽象的である。「ヒーロー」であるエストラゴンやヴラジーミルは一貫して「人間一般」を意味している。彼らは最も残酷な意味で「抽象的」であり、引き出され、引き裂かれた者たち（abs-tracti）である。世界から引き裂かれた彼らは、世界に何ひとつ求めるものもなく、世界に何も見いださないから、世界も抽象的なものになる。このため舞台にも何もなく、寓話の意味に不可欠な道具である舞台中央の木以外には何もない。この木は聖書の「生命の樹」と対をなすもので、世界が自殺のために残っている装置であり、「生きる」と「首を吊らない」とが同義であることを示している。二人の「ヒーロー」は生きてはいるが、世界のうちには生きていない」。首尾一貫しているこの冷酷さは、——現代の文学、哲学、造形芸術にはこの種の存在の表現をいくらでも見いだすことができるが——世界を失ったその他の叙述も、この作品と並べれば慰めになるほどである。デーブリーンのフランツ・ビーバーコップは世界企業の慌しい渦中にあり、カフカの測量技師Kは「城」に行こうとしている。現世代の祖父にあたるミヒャエル・コールハースは言うまでもない。世界をカント的な道徳の国として扱っているにしても、彼は無条件に世界と取り組んでいる。ビーバーコップの過剰で不安定な世界、世界へのKの願望、コールハースの偽りの世界、みな「世界」をまだどうにか持っていた。彼らは非世界には達していなかった。初めて非世界に達したのがベケットの登場人物である。ビーバーコップの耳を聾していた世界企業の騒ぎも鳴りをひそめ、世界という城に入って行こうという願いを忘れ、もうひとつの世界の基準で世界を計ろうとするのを止めたのも彼らが最初であった。こういう現実的な世界喪失を文学や演劇によって表現しようとすれば、並み並みならぬ手段が要ることは明らかである。もはや世界が存在しないところでは、世界との衝突も起こりえず、悲劇的なものの可能性は失われている。正確に言えば、こういう存在の悲劇性は、もはや悲劇が残されておらず、（祖父たちの悲劇が茶番劇になったばかりか）すべてが常に同時に茶番劇であり、全体を喜劇でなく、茶番劇として、存在論的な茶番劇として示すほかはないというところにある。そして、これをやったのがベケットである。

　抽象と茶番劇との緊密な関係は、すでにドン・キホーテに見られる。だがドン・キホーテは、まだ世界の現実を抽象化しただけで、世界そのものを抽象化したわけではなかった。哲学的に見れば、ベケットの茶番劇のほうが「徹底的」である。ベケットは人間を自分に合わない世界や状況の中に入れ、衝突させることで、彼の茶番じみた喜劇を作っているのではない。人間を置くところもないのに人間を投げ出すというやり方で作っているのである。人間は道化になる。道化の形而上学的喜劇は、存在者と非存在者との根本的な混合、ありもしない階段につまずいたり、階段を存在しないかのように扱ったりするところにあるからだ。繰り返し笑わすために絶え間なく事を起こしたり、衝突したりする（チャップリンもまだそうである）道化と違って、ベケットのヒーローたちは怠惰で意欲を失った道化である。彼らには特定の事物が存在しないだけでなく、世界全体が存在していないために、世界に関わり合うことがない。以上で、ベケットが現代人の代表者に選んだ人物像（fabulae personae）のタイプは決まった。世界計画（市民社会の図式）から脱落した存在である浮浪者（clochards）、もはや社会と関係がないため何もすることがない人間でしかありえないのだ。

2　合言葉・われ留まる、ゆえにわれ待つ

何もすることがない。──二十年以上も前にデーブリーンが、世界を失い、無為に委ねられた人間をビーバーコップのうちに描いて以来、さまざまな歴史的な展開によって、「行為」は当時よりさらに怪しげなものとなった。それは決して失業者が増えたためではなかった。現実にもそういうことはなかった。それは、実際に何かを行なっている無数の人々が、「行なわれる」という意識を持っていたからである。仕事の目的を自分で立てることもなく、目的も見通せぬままに、あるいは、自殺的な仕事をやっているという意識をもって働いているからである。──要するに、操作が全体に及んで、行為も受動性の変種になり、死ぬほど努力し、死なんばかりになっている場合でも、何にもならない行為か何もしないという形に行為がなったからである。まったく何もしないエストラゴンやヴラジーミルが活動している無数の人間の代表であることは、おそらく誰も否定できないだろう。

無論、彼らが代表的人物であるのは、存在も無意味であり何ひとつやりもしないのに、彼らが「やり続け」ようとしており、悲劇的な自殺志願者ではないという、ただそれだけの理由による。十九世紀文学の絶望的英雄の騒がしいパトスとも、ストリンドベリーの人物のヒステリーとも、彼らはかけ離れている。彼らのほうが真実である。彼らは平均的な大衆人間と同様、無関心で支離滅裂である。大衆人間は無意味

な生活にもケリをつけず、彼らの中のニヒリストさえ生きようとしており、少なくとも——こういう負の主意主義的な言葉が空論にひびかなければ——「生きていないでもない」からである。エストラゴンやヴラジーミルが意味もなく生きているのは、基本的に、無為ないし自分では何もしない習慣によって、生き続けるのを止める決意、ケリをつける自由が麻痺してしまっているからである。[2] あるいは、彼らが格別の動機もなしに生きているのは、自分が一旦存在したからであり、人生にはただ存在するだけのことしか考えられないからである。

こういうやり方で「生きること」、存在しているというだけで生き続けている人間について語っているのが、ベケットの作品である。その語り方は、絶望にかんする従来のあらゆる文学的叙述と根本的に異なっている。

（ファウストも含めて）古典的な絶望した人物のすべてに言わせることができた合言葉は、「もう何ひとつ期待するものはない、ゆえに存在し続けるのは止めよう」であった。これに対して、エストラゴンやヴラジーミルは、この言葉の「転換形」である「生き続けているから待つ」とか「待っているから何かを期待する」という言い方をする。

こういう言葉は彼らの祖先の言葉よりも肯定的に聞こえるが、それはそう聞こえるだけだ。二人が何か特定のものを待っているという話は出てこないからである。事実、彼らは待っているのではなく、待っているということも、何を待っているかも思い出させねばならぬほどである。彼らは、本来何も待っていないのだ。しかし、毎日自分たちが存在し続けているのを見て、自分たちは待っているのだと考えるわけにもいかない。毎日「待っている」のを見て、自分たちは何かを待っているのだと思わざるをえないのだ。夜の雨に打たれながら停留所に立っている人々を見かければ、彼らは待っているのだ、待っているものを

「待たされて」いるのではない、と思わずにおれないのと同じことだ。彼らが待っているゴドーとは誰かとか何かという問いは無意味なのだ。ゴドーとは、無意味に続けられている存在が自分は「待っている」「何かを期待している」と誤解している事実を示すタイトルにすぎない。二人の肯定は、無意味を認めることができないという二重否定に至りつくのである。——以上は、問題はゴドーではなくて、「待っている（attendant）」だけだとベケットが自分の作品で言っていることを繰り返して言ったにすぎない。

3　ベケットは、ニヒリズムの人間でなく、ニヒリストでありえぬ人間の無力を示している

フランスの注釈者たちは、存在しているという理由だけで待ち続けるこういう生活を特徴づけるのに、ハイデガーの「被投性」という言葉を使った。それは誤りである。ハイデガーはこの言葉で自分の存在の偶然性を告白し、赤裸々に描いている（そして偶然性を引き受け、それに逆らって自分の「企投」を作り出そうとする）。それに対して、ベケットの主人公たちは、彼らが代表している無数の人々と同様に、そういうことはしない。自分の存在を偶然と認めるでもなく、偶然を止揚し、偶然に投げ出されたものを積極的な「企投」に鋳直そうとも考えない。彼らはハイデガーの現存在よりはるかに非英雄的であり、確信がなく、はるかに「現実主義的」である。椅子や家屋を前にして、それらが「そこに」あるいは「無のために」存在するだけだと認めることができないように、自分自身の実存を「無」あるいは虚無的だと捉えようとも思わない。彼らは「形而上学者」であり、意味という概念を諦めることができないのだ。ハイデガーの言葉は意味概念の明確な剝奪だが、その反対に、ヴラジーミルやエストラゴンは、自分の存在から

推論して何かを期待するから生きているのであり、彼らは明らかに無意味な状況における存在概念の優れた保持者なのである。彼らを「ニヒリスト」であると言うのは（そう言われもしたが）、誤りであるばかりか、ベケットが示そうとするものの完全な逆である。結局、希望を捨てず、また希望を捨てることもできないから、彼らは救いようもなくオプティミスティックな愚かなイデオローグなのだ。ベケットが提示しているのは、ニヒリズムではなく、打ち破れないほどの絶望的状況にあってもニヒリストたりえない人間の無力なのである。作品が発散している惨めな悲哀の一部は、二人の主人公の見込みのない状況よりも、いつまでも待ち続ける彼らが状況を超えられず、ニヒリストたりえないという事実に対応している。この無力さにこそ、彼らの喜劇の強みがあるのだ。

完全に誤った完全な確信ほどおかしなものはない。古来の経験から喜劇作品は、二千年にわたってこのことを示してきた。信頼するのは間違いであることが明らかであるのに、いわば体質的に信じずにはおれない男とか、妻に浮気をされた夫という役が特に好まれた。エストラゴンやヴラジーミルは、こうした亭主と同類である。「生まれつきの夫」として生まれたから、無人島の生活の中で一度も結婚したこともないのに、毎晩花嫁のくるのをこと新たに待ち受けるという、フランス童話にある「架空の夫」に、彼らは似ている。――ベケットの目には、われわれはすべて彼らのようなものなのだ。――

4　「不在に基づく（ex absentia）」神の存在論証

花嫁がくる、「ゴドー」が存在する、「ゴドー」がくる、そういうことはベケットは一言も言わない。「ゴドー」という名前に英語の「神」が隠されていることは確かだが、この作品は明らかに神を扱っておらず、わずかに神の概念を扱っているにすぎない。神の姿が明らかに曖昧なままなのも不思議ではない。神学的な部分には、神のすることは人には分からないとか、人は噂を聞いて、神は何もしていないと思うのだという話が出てくる。カフカのバルナバの兄弟分であるメッセンジャー・ボーイが毎日唯一知らせてくるのは、ゴドーは今日は来ないが、明日はきっと来るだろうということである。——これでベケットが示そうとしているのは、ゴドーが来ないことが、ゴドーを待たせ、ゴドーへの信仰を持ち続けさせているということである。「行こうじゃないか。——だめだ。——なぜだめなんだ。——ゴドーを待ってるから。——ああ、そうか。——」

カフカとの類似は否定できない。『死せる王の知らせ』を思い浮かべずにはおれない。文学上の直接的な依存関係がここで問題になるかどうかはどうでもいい。どちらも同じ世紀の子（des enfants du même siècle）であり、文学以前の同じ水源から水を汲んでいるからである。リルケであれ、カフカであれ、ベケットであれ——彼らの宗教的経験は、逆説的に常に宗教的な空しさ、神を経験できないという事実、つまり彼らが不信仰を逆説的に共有しているという事実から生まれている。リルケでは神（『ドゥイノの悲歌』1）、カフカでは求めるもの（『城』）、ベケットでは待つこと、それぞれにおける到達し難さが、その事実である。彼らすべてにとって、神の存在証明は、「神は来ない、ゆえに神は存在する」である。「来臨は起こらない、ゆえに神は存在する」である。「否定神学」で知られているような否定性が、ここでは宗教的なもの自体へと移行しているように思われる。——そのため否定性は非常に強まり、否定神学では、属性の不在が神の記述に使われただけだったが、ここでは神自体の不在が神の実在の証とされる。これがリルケやカフカについて正しいことは多分否定できない。ハイデガーがヘルダリーンから借用した「危険のあるところ、救うものも育つ」という言葉が、同様なタイプの不在に基づく（ex absentia）論証に属すことも多分否定できないだろう。ベケットの人物もそれに属している。彼の人物はそうだが、ベケット自身は無論そうではない。彼自身は特殊な立場を取っているからだ。登場人物にはゴドーが来ないことから存在すると推論させているが、ベケットはそうしないで、それは不条理なことだとしている。彼の作品は非宗教的で、せいぜい宗教を取り扱っているだけだ。「せいぜい」と言うのは、彼が示しているものが自分自身のみを信ずる信仰にすぎないからである。それは信仰ではない。

5 人生はひまつぶしとなる

解体していても放棄されないこのような人生が、具体的に（in concreto）どのように「行なわれる」かを問題にしようとすれば、問題になるのは時間の進み方である。進み方と言うのは、（言葉遣いから明らかなように）不可能なものは「進む」ことがなく、肯定的に言えば、時間が順調に進むのは、目標をめざし何ものかへ向かって進む生活にとってだからだ。そういうことが、エストラゴンやヴラジーミルの生活にはもはやない。このためベケットの作品はいっこうに進もうとせず、（舞台から左へ消えた通行人が右から別人としてまたもや登場するように）出来事や会話が堂々巡りを始める。前後は左右同然になり、時間とは無関係になる。しばらくすると循環は停止して、時間が止まったように見え、ヘーゲルの「悪無限」をもじれば、時間が「悪永遠」になる。

ベケットはこれを一貫して行ない、（ドラマの世界には前例のないことだが）第二幕の代わりに第一幕を少し変えてもう一度持ち出し、期待を裏切って意外なことは何ひとつ起こらない。……彼がめざしているのは、馬鹿さ加減に驚かせるだけでなく、記憶喪失者に出会ったとき必ず起こるような驚愕を与えることである。（ひとりを除けば）登場人物はこの繰り返しを少しも知らないからである。何かでそれに気づいても、自分たちが体験したり喋ったりしていることが、現実には、昨日か一昨日も体験し、喋ったことの繰り返しにすぎないことに気づけない。記憶喪失を取り入れていることにも、なんら矛盾はない。時間が存在しないところには、記憶も存在しないからだ。時間はカフカの場合(3)ほど「石化」していない。ベケットは最小限の活動は残しているから——どんな種類のものであるかはすぐ後で述べる——、最小限の時間も残っている。この時間は流れではないが、時間の素材は何らかの形で押し返され、押し戻され、「過ぎ去ったもの」とされる。時間はいわば停滞する粥状の時間である。こういう時間は一秒かせいぜいで一分ほどしか動かせない。時間を動かす手をちょっと引くと、すべてが再び滑り落ちてごちゃまぜになり、何かが起こった痕跡もなくなる。それでも「時間」を一時的に生み出し、味わったことは間違いがない(4)。

粥状の時間を一時的にでも動かせる痕跡だけの活動は無論、まともな「行為」ではない。そういう活動は時間を動かすことだけをめざしているからである。そんなことは、「正常な」活動的生活では目標でなく行為の結果であり、まったくのひまつぶしにすぎない。「時間の連続」という意味での「成り行き」だけが活動の意図であり、活動はその他の種類の成り行きをすべて諦めている。二人は「立ち去る」演技ではその場に残り、「助ける」演技では指一本動かそうとしない。彼らの興奮や憤慨も突如消えて、「もはや-存在-しないもの」が常に負の爆発のような作用を及ぼす。活動は時間を動かし、数メーターだけ時間を進め、いわゆるゴドーへ向かって演技するから、彼らは常に新たに「活動」しているのだ。——状態は、さらにひどくなり——作品の実に悲痛なトーンはここでその極に達する——、情緒も運動であり、運動としては泥沼のように止まっている時間を押し戻すから、二人は感情も情緒も演ずることにしようと言い出し、実際に抱き合ってみる。「嬉しいときはどんな調子だったかな。あれもそれだけのことはある」とエストラゴンが言う。「それだけの何があるんだ」とヴラジーミルが問い返すと、エストラゴンは「それだけ減っているということさ」と答える。彼が言いたいのは、われわれとゴドーを隔てている時間がそれだけ短くなるということだ。事実、無風状態に耐えるのに一番の手だては、二人で無意味さに打ち勝つチャンスをつかんで新たにもう一度一緒にやり始めようとするところにある。絶望的だが感動的な助け合いもなく、お喋りの空しい流れもなく、時間のかかる言い争いや頼り合い、落ち着きを取り戻すということがなければ、彼らは消えてしまっていただろう。ベケットが二人をペアにして見せるのは、技法上の動機からではなく、また期待するロビンソンというような作品なら固まってイメージだけになってしまうからでもなく、二人のいずれも相手にとってはひまつぶしであり、仲間がいることは存在の無意味さから救い、少なくとも無意味さを覆い隠してくれることを示そうとするからである。それが時間の流れを保証するものでないことは言うまでもない。ただ当座凌ぎになるだけだ。「パイプをどうしたかな」という問いに対して相手が「素晴らしい夜だ」と答えるとしても、そのモノローグじみた言葉のやりとりは、二人の盲目の決闘者が独りで闇を突き刺しながら、決闘していると自分に言い聞かせようとする一突きに似ている。

余暇や休暇では「正常な生活」にも「ひまつぶし」のあることは、誰も否定しない。「ひまつぶし（＝時間を追い払う）」という周知の言葉が、活動を演じ、演技することで、そうでもしなければ停滞しそうな時間を流れさせ、少なくとも進めようとすることを示している。そんなことは暇なときしかやらないと反論する人もあろう。——真面目と遊びとははっきり別で、時間を間断なく動かそうとか、休みなく演技しようとせねばならぬのは、まさにエストラゴンやヴラジーミルの生活の真面目さ、少なくとも、悲惨さと、リアリティについて言えば、奇異な非現実性を決定しているのだ。——彼らとわれわれとが違うというのは本当だろうか。真面目と遊びとの間にはっきりした境界が現実に存在しているだろうか、と。——

そうは思えない。活動ごっこのための二人の哀れな争いが非常に印象的なのは、われわれ大衆人間の運命を写し出しているからだ。今日一方では、あらゆる明確な目標を奪われた機械的労働は、幻想的に「人間的行為」と呼ばれるものとかけ離れたものになり、それ自体が活動ごっこになっている。労働と表面だけの「失業救済事業」は、構造的にも心理的にも少しも違いがない。他方で人間は、この種の労働によってバランスを失い、バランス回復とか「レクリエーション」や「ひまつぶし」のために「ホビー」を考えだし、逆説的にレジャーに見せかけの現実的目標を設定して、遊びながら現実に労働することで自由時間をエンジョイしなければならないように思っている。……これは、たとえば賃金労働と比べれば古風な生産様式への明らかな退行とか日曜大工や家庭菜園という形で実現されている。——ただしこれは日常労働という使役で決定的に破滅せず、レクリエーション活動、「遊び」「ひまつぶし」を自分で引き受ける能力まで奪われ、暇つぶしにラジオというベルトコンベヤーに頼るのでないかぎりでの話だ。理論的な比較とか現代の活動と非活動との同一視以上に強力な証明は、労働の流れやラジオ放送の流れが唯一の流れとなっている無数の家庭や工場で、活動と非活動とが同時に起こる事実である。要するに、現代生活では、労働時間と余暇時間、活動と無為、真面目と遊びが絶望的に絡み合っているため、活動の見せかけを作ろうと苦闘するエストラゴンとヴラジーミルのばかげた真面目さが、驚くほど真面目な、途方もなく現実的な印象を与えるのである。

時間をつぶすには、どんな活動、どんな表面だけの活動でもいいが、何かをやっているというのでなく何かをやり、いかにも何かやっているようにやるには、エストラゴンやヴラジーミルのような受動的生活が麻痺させてしまっている自由が要るから、どんな活動も始めるのは難しい。したがってベケットが、二人が遊んでも無駄で、二人は「レクリエーション活動」の問題に対処できないとしているのは、まったく必然的なことなのだ。

二人はわれわれと同様に、レクリエーション活動の確定され承認された形式というものを知らない。スポーツもモーツァルトのソナタも知らない。自分の遊びを発明し、何かの活動を日常活動の倉庫から取り出して、ひまつぶしのための遊びに変えなければならない。われわれならフットボールをやり、済んだらまた始めるような状況で、エストラゴンは「靴を脱いだり履いたり」という繰り返し遊びをやる。自分の愚かさをわれわれに見せるためでなく、われわれを愚弄するためだ。「転換」させれば、〈公認されているため無意味さが隠されている〉われわれの遊びも彼の遊びよりましでないことを示すためだ。「エストラゴンが靴を脱いだり履いたりする」シーンの意味を転換すれば、「われわれの遊びも〈靴を脱いだり履いたり〉の遊びであり、幻影じみたもの、いかにも何かやっているような活動にすぎない」という意味になる。そのシーンは結局、一八〇度回転させれば、「われわれの現実の〈靴を脱いだり履いたり〉の日常は、遊びにほかならない、道化じみて無駄で、ひまつぶしになるという浪費と悲惨という期待から生まれている」という意味なのだ。「われわれは二人と同様に、何にもならない呪いがかかっている」——二人の道化は自分たちが遊んでいることを知っているが、われわれはそれを知らない。こうして、二人は真面目になったが、われわれは道化を演じているのだ。これが、ベケット的「転換」の成果なのである。

6　ライバル登場

粥状の時間を流れさせる必要がなく、他にやれることが分からないで当たり前にやっている者の運命が、彼らに羨ましいのは明らかである。ポッツォとラッキーというペアの形でライバルが登場する。

解釈者たちは、ゴドーの正体の問題に劣らず、この二人の謎を解き、彼らは何者で何を意味しているかを解こうとする試みに関心を寄せてきた。その謎解きの試みはすべて浅薄であったが、それはこのペア自体が謎解きだからである。これはどういうことか。

以前なら概念的な形であったものを二人の形にして、ベケットは思弁的な謎めいた存在から解放して感覚的なもののうちに差し戻した。感覚的なリアリティを抽象的な謎にしたのではない。これはどういうことだろうか。

ヘーゲルの弁証法やマルクスの階級闘争論が新興フランスの文学と哲学を興奮させ始めた三〇年代の初めから、『精神現象学』の有名な「主と奴」というペアのイメージが、一九〇〇年頃に生まれた人々の文化意識に深く刻み込まれ、十九世紀に「プロメテウス」のイメージが占めていた位置を占め、ほとんど人間一般のイメージとなったと言うことができるだろう。サルトルがこの変化の主要な証人であり、『蝿』の「オレスト」のうちに彼が（ゲーテからシェリー、バイロン、イプセンの『ブランド』までよく見られた）典型的なプロメテウス像をもう一度立ち直らせたのが最後であった。その後この象徴はヘーゲルのイメージによって最終的にとって代わられた。新しい象徴に決定的なことは、「複数化」と「対立」、「人間」が、一対の人間に具現され、（形而上学的な自主独立のプロメテウス的人間として神々と闘った）個人が複数の人間によって解き放たれ、支配権をめぐって争い合う一対の人間に具現される事実である。一対の人間が現実的なものとされる。「存在する」ものは、支配と支配のための闘争だからである。そういうものだけが――これが決定的な点だ――時間を動かす原因なのである。なぜならば時間とは歴史であり、弁証法哲学の目には歴史の動きはもっぱら（人間と人間、階級と階級との）対立によるのであり、対立がなくなれば歴史も同様に終わるからである。

　進行する歴史の原理にかんするこういうヘーゲル的観念が、それまでは「時間なき存在」だけだった舞台にポッツォとラッキーという人物を登場させる。新しいペアの登場が観客を策略にかけようとするものであることは、いくつかの理由から明らかである。まず美的な理由からそうである。最初は無理だと拒絶していながら結局、観客が「ゴドー世界の法則」として受け入れた停滞が、登場して現実に演ずるペアによって激しくかき乱される。見ている目の前で絵が映画に変化するようなものである。――次に、アレゴリーそのものの困難さがある。このアレゴリーは、伝統的に知られていたほとんどすべてのアレゴリーと異なっているからである。（美徳とか自由、創造性などといった）普通のアレゴリーは、抽象的なものに感覚的な飾りをつけて飾り立てるが、ここのアレゴリーは、抽象的なものから飾りを奪い取り、「主と奴」という哲学的定式では捉えられていなかった卑俗と悲惨を暴きだし、公然と非難することを課題としている。暴露（Entkleidung）がこの表現（Einkleidung）の意味であり、幻想の破壊が、この演劇幻想の機能なのである。弁証法を表す場面そのものが弁証法的である。それが非常に策略的な印象を――われわればかりでなく、出会ったときの一種の内気を克服できないエストラゴンやヴラジーミルにも――与えることには十分な理由があるのだ。

新しいペアに出会ってどんなにはにかんでも、二人はペアが羨ましいことだけは隠しておけない。もうこれを説明する必要はない。これまでの解釈からおのずと明らかである。悪鬼のような時間の支配者も、「時間なき存在」に定められた人々の目には恵まれた人々と見えるに違いないことは、時間なき存在の地獄絵をわれわれは描いたから、もう明らかである。主人であるポッツォが羨ましく見えるのは、独りで「作る」とか、独りで前進するとか、ゴドーを待つという必要が、彼にはないからである。ラッキーがともかく彼を前進させているからである。――奴であるラッキーが羨ましく見えるのは、速く前進「できる」だけでなく前進「せねばならぬ」からである。ポッツォが彼の後から追い立てるからである。彼らは時間を失った二人のそばを通り抜けるが、――いわば自らの歴史性を全然意識していない「盲目の歴史」のように――昨日もそうだったことを知らない。彼らは追いつ追われつ、二人ともすでに動いており、エストラゴンとヴラジーミルの目には彼らは幸福そのものに見える。二人がポッツォのうちに（ポッツォは二人の種属の名前を聞いたことがなく、原理的に間違った発音でしかその名前を言えないが）ゴドーそのものを想像していることは十分考えられる。ポッツォの鞭を背後から受ければ、二人の待つことも終わりを告げるかもしれないからである。運搬動物であるラッキーが「幸せ者」という名前であるのも偶然ではない。袋を載せられれば、彼は一生、砂のいっぱい詰まった袋を運んでいるだけで、重荷はまったく免れているからだ。もし二人が彼の代わりになれるとしても、二人にはその必要はなかった。二人は続けざるをえないから続けることができるだろう。彼らの地獄は刺を失い、時には彼らのために骨まで落ちてくるというありさまだからだ。

人間と世界にかんするこのイメージに、さらに何らかの肯定的もしくは慰めとなる特徴を読み取ろうとする試みは、結局は単なる断定に終わるだけである。ベケットの作品はある点でほとんどすべてのニヒリズムの記録と異なっている。そういう記録では現代は文字通りトーンで表現されている。そういう記録のトーンは、ふつうは（ユーモアの人間的な暖かさをまだ知らないから）「動物的」と言われている真面目さのトーンであるか、あるいは（それにはもはや人間は重要ではないから）シニカルであり、これまた非人間的であるかだ。だが道化は――この作品がどこまで道化じみているかを示したが――動物的でも真面目でもシニカルでもなくて、悲しいのである。その悲哀は、人間一般の悲しい運命を反映しているから、あらゆる人間の心を結びつけ、悲しみによって人間の連帯を容易にする悲哀である。われわれの世紀の人物のうち、初期のチャップリンほど感謝の気持ちを呼び起こした者がいないのも偶然ではない。道化芝居は人間愛の避難所となったように見える。悲しい者たちの結びつきが、最後の慰めとなっているように思われる。意味喪失という慰めのない不毛の土地の上に芽生えるものは、ただ人間性というトーンであり、僅かな慰めだけである。それがなぜ慰めになるか、どういうゴドーの希望を与えているかは、慰め自身にも分からない。――慰めが証明しているのは、意味よりも暖かさが大事であり、最後の言葉を失っていないのは、形而上学者ではなくて、人間の友だけだということである。――

核兵器とアポカリプス不感症の根源

「勇気だって？　想像力の欠如だよ！」（モルーシアの箴言）

「宇宙をひとつの村のように見渡すほど広大で豊かな想像力」（モンテーニュ）

1　軽視されるものには誇張された言葉が要る

未知の土地（terra incognita）にたどり着いたとき、すぐさま測量とか地図の作成に取りかかれるものではない。まず最初は偶然に身をまかせ、駆り立てられるままにあちこちを駆けめぐるほかはない。最初のうちは、まず目についた樹木とか山頂のようなものへ向かって行くだろう。最短距離をとって目標に行きつくとはとても考えられない。道なき道に迷い進退きわまって、向きを変えざるをえない所もあるだろうし、引き返さねばならぬ所もあるだろう。覚えている目標を見失うこともあるだろう。——そのようなさ迷いは無駄なわけでなく、そうしてようやく土地がしだいに分かってきて、あちこちの地域をいろんな角度から眺めることもでき、全容を一挙に見渡せるような地点に突然行きつく可能性もでてくる。その地点にストレートに到達することもないわけではないが、それは一本道がある場合の話である。道ができるのは、そういう回り道をした後のことである。

核兵器、正確には核兵器に対するわれわれの現実の在り方は——これがテーマなのだが——、哲学的な領域としてはまったく未知の領分である。すぐさまその地図を製作することは不可能である。まず最初は、歩き回って、目を引く個々の事柄を観察し、際立たせることだけで満足しなければならない。最初のうちは順序もまちまちで、関係も不明のままである。だが、こうした歩みを続けるうちに、そういうところが変わってくる。こういう歩みが道筋を踏み、方法にそって正確に指示することはなくても、ある種のものはいくつかの側面から、別のものは多分ある程度他の側面と関連して、領域の輪郭が示されてくるであろう。無論「示される」だけである。正しい地図作成用の写真撮影ができるような立脚点に達した自信はないからである。

全体的な姿はまだぼやけているにしても、個々の部分の輪郭は第一歩からできるだけ明確に描きだし、可能なかぎりはっきりと述べなければならない。誤解を防ぐため、輪郭を強調することについて、少し説明しておく必要がある。

ポイントを強調するのが面白くて輪郭を強調するわけではない。そういうことはテーマにとって全然ふさわしくないだろう。強調するのは、対象自体の特有の見えにくさのためだ。本来なら絶え間なく恐ろしいほど心を奪い、明々白々に見えるはずの対象が、逆に最も無視されているものであり、それから目を逸らし、耳を傾けず、それと離れたところで生活することが現代の仕事となっている。現代人はそれについては黙っていることを誓っているかのように見える。このような対象を「率直に描く」ことは、無論不可能である。ぼかされ、無視され、抑圧されることが、対象であるこの状況の本質に属しているのであれば、その記述は逆に、――これが記述の真実をなすのだが――そういうぼかしを修復し、輪郭を誇張し、ふつうは「内輪に言う」ことになっているものほど、誇張しなければならないのだ。――

言い換えれば、われわれの対象について語るのが困難なのは、それが「未知の土地（terra incognita）」だからだけではない。それが組織的に知られざるものにされているからなのだ。なぜならば、語りかける相手である耳は、その対象について少しでも述べると、たちまち聞こえなくなってしまうからである。他者の耳に達する可能性があるとしても、それは話をできるだけ先鋭化させる場合に限られるのだ。これが言葉を誇張する理由である。先鋭化したり誇張しなくてもいい時代、率直な時代に、われわれはまだ達していないのである。

間接的にはすでに述べたことだが、この論文は、少なくともその主要な部分はアカデミックではない。相手を間違えただけで駄目になるテーマがある。核兵器は大学の建物の上にかかっているのでなく、われわれすべての頭上にあるのだから、専門グループで起こりうるように、アポカリプスについて専門用語で哲学的な話をするのは適切ではない。その上、アカデミックな哲学は、この「テーマ」に少しも「関心」を寄せていないように思われる。哲学はふつう、現実が与える衝撃の犠牲者がもう死んだか、忘れられた頃になってようやく、その衝撃を「問題」にしようという気になるものだからである。今日でも、アカデミックな倫理では、絶滅装置など未発見の未来のものにすぎない。

問題は広い範囲の人々に聞いてもらえるようなトーンを見いだすこと、ポピュラーな形で哲学することである。そこにわれわれの第二の困難がある。「ポピュラーな形の哲学」など存在しないからである。それは、哲学の問題解決には大量輸送道路も「王道」もないからではない。哲学すれば「問題が難しくなる」からでもない。そういうことは、厳密さを職業としている哲学者と同様に、私もよく知っていることである。

こういう心配はここでは不要だ。結局、困難なことの名誉を回復するというようなこととはまったく別な事柄が、今日では危険にさらされているのだ。

問題を難解にする哲学の理想は他人への軽蔑を前提としている。「ひと」として生き、「ひと」として気楽に片づけられる人々に対する軽蔑がそれである。「ひと」にすぎぬと言われている人々の不幸について、存在論的に頭を悩ますことはふつうないことである。だが、そういうことについてここで述べようとは少しも思っていない。アポカリプスの危険のうちにいる現代人には、そういう「難解にする」理想など今ではお遊びになっているのだ。危険にさらされている者に苦労をかけるわけにはいかない。できることと言えば、熟慮へ誘う言葉で語ることだけであろう。それが必要なときに、それが可能であるかどうかを問うのは誤りである。そういうことは許されていないのだ。問題を難かしくするのでなく――モラリストならば何としても、大学という特殊な建物の中でしか分からないようなものではない言葉を見つけ出さなければならない。そのために自分の考察が「哲学的」と分類されないことになっても、それは課題の重要性を考えれば、彼にとっては重要なことではない。（モールシアの箴言にあるように）「彼の考察がどう分類されるかということほど、彼にとって無関心なことはないというのが、現実の哲学者の定義である」だけに、そういうことは無意味なことなのだ。

「モラル」「道徳的」「倫理」などの言葉が、以下の考察に適しているかどうかは定かではない。対象の巨怪な大きさを前にすれば、そういう言葉は力を失い、不適切なものに聞こえる。今日まで、人間は人間をいかに取り扱うべきか、人間と人間との関係はどうあるべきか、社会はどう機能すべきかということに関わる問題が道徳的問題とされてきたからである。前世紀の多くの絶望的ニヒリストを別にすれば、人間が存在し、存在すべきだという前提を疑った道徳哲学者はほとんどいない。そういう前提を討議することは、最近まで無意味であった。しかし、核兵器ないしは核兵器に対する態度の決定や非決定によって、この問題が切実なものとなっているのである。

すなわち、「いかにの問題」の代わりに、人類は存続するかどうかという「どうかの問題」が現れたのである。この問題は重苦しく感じられるだろう。現代人は、アポカリプス不感症や、自分と他者との不安への不安や、自分や他者に死に対する恐怖を与えることへの恐れから、そういう問いを認めようとはしない。だが、その問題こそ現実の問題なのである。問題になっているのが、そういう装置そのものにほかならないからである。

　この巨大な「どうか」を聞き逃してはならない。脅かすよう、不吉に、この「どうか」が、この論文の言葉にのしかかっている。古人は「血を流している月」というようなことを言ったものだ。少なくとも読んでいる間だけでも、われわれの頭上にかかっているものを読者が忘れないことを期待したい。――

I　最初の恐るべき確認

2　現代の無限者はわれわれである――ファウストは死んだ

　現代人の意識の中に、絶対的なものもしくは無限なものという意味を有するものがあるとすれば、それは、もはや神の力でも自然の力でもない。まして、いわゆる道徳とか文化の力などではない。それは、われわれの力なのだ。全能を示す無からの創造（creatio ex nihilo）の代わりに、反対の力である絶滅の力（potestas annihilationis）、無への還元（reductio ad nihil）が――われわれ自身のうちにある力として――登場しているのである。長い間プロメテウスのように求められてきた全能の力は、求めずして、現実にわれわれのものとなったのだ。互いに終わらせるだけの力を持っているからには、われわれはアポカリプスの主人なのだ。無限なる者とは、われわれのことだ。――

　こう言えば簡単なことだが、これは恐るべきことであって、これと比べれば、従来の歴史のあらゆる栄枯盛衰も何ものでもなく、従来の時代は単なる「前史」になってしまうように思われる。それは、われわれが新しい世代の代表者だからだけではなくて、解剖学的には無論少しも変わっていないが、完全に変化した宇宙における位置と自分自身への態度によって、われわれが新種の存在だからである。つまりわれわれは、従来のタイプの「人間」と区別されるというより、たとえばニーチェの目に超人が人間から区別されるように「人間」から区別される存在なのである。肯定的に言えば、――比喩ではなしに、われわれは巨人族なのである。少なくとも、全能を最終的に発揮せずに、全能である当分の間だけはそうなのだ。

支配している短い間に、われわれ巨人族と過去の人間であったわれわれの祖先との間の裂け目が現実に広がって、過去の人間はもうわれわれに未知のものとなり始めたほどである。われわれの祖先の最後の世代が自分の「本質」と見た姿の主な実例は、絶望的に巨人族になろうと熱望したあのファウストである。ファウストの姿は、今日ではすでにほとんど従えないものになってしまったと言えば、ゲーテおよび(不当にも自慢の種にされて文化財の一例に貶められた)彼の作品に対する冒瀆のように思われるかもしれない。ファウストが「最後にしか」そうなれないと嘆いた「ファウスト的人間」の意味を、われわれはもうほとんど理解することができない。約千年にわたって最も深い苦悩を呼び起こし、最高の能力を鼓舞してきた無限なるものへの憧れは、われわれが手に収めた「無限なもの」のために失われてしまったのである。それが急激に起こったために、われわれは実際、その憧れをほとんど「知る」こともなく、そういう憧れが存在していたということももうほとんど知らない。「最後の人間」であるわれわれの祖先に意味を持っていた最も重要なものは、「最初の巨人族」であるわれわれ子孫には意味のないものになってしまった。彼らにとって最も貴重なものであった感情は、われわれには分からなくなってしまった。彼らが自分を理解し、自分たちの存在を説明した二者択一はもはや通用しないのである。(1)

無論、ある種の「無限な憧れ」は今日でも存在している。それはすぐ伝染病になりかねないものだが、今日でも生き生きとしているものではなくて、ようやく現れ始めているものである。それは、最後に誠実であった「古き良き」時代への無限な郷愁であり、一夜にして得られた（あるいは課せられた）巨人たる運命を放棄して、過去の黄金時代（aetas aurea）に返って、もう一度人間でありたいという、機械を破壊しようという絶望的な願望である。——それは、最高に絶望的で極度に危険な憧れである。なぜならば、それは感情にすぎないかぎり、感情をいだく者を弱め、実際に全能を握っているものの立場を強化し、強力にするからである。

しかし、飢えた家内労働者の競争相手である装置への狂おしいプロテストとして機械破壊が起こった時代に始まったものが、神話の言葉でしか言い表しようのない規模のものとなることを誰が予見できただろうか。「絶望的にもう一度人間になりたがっている巨人族」という言い方以外には、現代の憧れはほとんど言い表せないからである。——

非常に奇妙に聞こえるかもしれないが、全能は、われわれの手に移って初めて現実に危険なものになるように思われる。以前にはいつもノアやロトのような人間がいた。われわれの目には自然的に見えようが超自然的に見えようが（こういう区別自体が二次的なものになったように思われる）、これまでの超能力はすべて恵み深いもののようであった。そのどれにしても単に部分的に脅かすのみで、人々や町、国、文化といった個別的なもの「だけ」を消し去ったにすぎない。——「われわれ」を人類と理解すれば——超能力は、われわれをいつも大事にしてくれていた。宇宙的な（凍死のような）破局を考えた一握りの自然哲学者や、相変わらず（いつも起こりはしなかった）世界の終末を待ち望んでいた少数のキリスト教信者を除けば、全体的な危険という考えがもともと存在していなかったのも不思議ではない。

そういう状態がどれほど変わったか、また現代の人類のどれくらいが現実にアポカリプスを意識しているかは疑わしいが、人類が意識しておくべきであるのは疑いがない。宇宙的な成り上がり者、アポカリプスの簒奪者であるわれわれに、親切からであれ無関心からであれ、あるいは偶然にであれ、今日まで与えていた恵みを、超能力が今後も与えることを期待する理由はほとんどない。事実、無限なものを支配している者たちが、想像力によっても感情によっても、宣伝の犠牲者であるわれわれ同様に、自分の所有物に対応できず、自分たちの装置を、党の最終目標の手段ではないにしても、最終的利益のための手段以外のものと考えられず、考えられない状態にとどまっているほかはない以上、そう期待する理由はおそらく全然ないであろう。われわれ現代人はアポカリプスを左右する最初の人間であるから、絶え間なくその脅威にさらされている最初の人間でもあるのだ。われわれは最初の巨人族であるから、われわれは最初のこびとでもあるのだ。われわれは、もはや個人として死すべきものではなくて、集団として死ぬべきものである、取り消されるまでしか存在を認められていない集団的には期限つきの存在と呼ぶべき最初のこびとでもあるのだ。——

3 「あらゆる人間は死すべきものである」という命題に代わって、今日では、「人類は全体として殺されうるものである」という命題が登場した

自然死が不自然な死、少なくとも非日常的な死であった時代は過ぎ去った。(明らかに、独裁的恐怖政治にも屈しない宇宙の不可知の力に密かに頼ることによって)、死にゆく者が殺されるという一般的な宿命を免れることができ、アポカリプスの時代にも個人の死という平和な贅沢を許されている羨ましい人として、単純に別れを告げた時代は過去となった。自然死が自由や独立の証拠であるとか、ストア的な自殺

に類するものと見られ、自然死を死ぬ者こそ究極の崇高な人間として見られるような、まったく別のパースペクティヴが時には存在していたとしても、――そういうパースペクティヴからでも、暴力による死、不自然な死が「自然」と見えることであろう。殺されることが死の基本形態であり、われわれの有限性のモデルはアベルであってアダムではないからだ。――

日常的な戦争に当てはまることは、無論（従来の軍事的意味での前線は消滅して）テロの最前線として浮かび上がった装置にも当てはまる。そして、殺人機械が絶対の信頼度をもって動き、不経済な生命を少しも残さなかった絶滅収容所にも当てはまる。そこでは、「あらゆる人間は死ぬべきものである」という尊敬すべき命題は、その意味を決定的に失い、すでに笑うべきものとなってしまっていた。労働を迅速に進めるために使われていた「シャワー室」という表札の代わりに、この命題を殺人装置の入口に掲げていたら、それは、殺される者の声と彼らを連れ込む連中の声の地獄のようなユニゾンの嘲笑を招いていたことであろう。古い命題は、その真理を「あらゆる人間は殺されうるものである」という新しい命題に引き渡してしまっていたのである。

それ以来、真理はこの新しい命題に住みついた。どれほどこの十年間に変わったとしても、生きているわれわれを脅威にさらしている核兵器は、今日でも、この命題のうちに真理を住まわせようとしてきたのだ。何かが変わったとすれば、もっと悪いほうへ変わったのだ。なぜならば、今日殺されうるのは人類全体であって、「あらゆる人間」にとどまらないからである。

この変化は、歴史が新しい時代に推し進めた変化である。それぞれの時代にふさわしいタイトルは、次のようなものだろう。

1　あらゆる人間は死ぬべきものである。

2　あらゆる人間は殺されうるものである。
3　人類全体は殺されうるものである。

4　「すべては過ぎゆく」というソロモンの命題に代わって、「何もなかった」という命題が現れるだろう

こうして初めて、われわれの死すべき運命は、現実に可死性となったのだ[2]。以前には、死すべき運命を免れる者は誰ひとりいなかった。不死のものと考えられていなかったのは明らかだが、人よりも永続する持続的なものとみなされていた人間世界という大いなるものの内部で死ぬのだとあらゆる人が考えていた。死や不死について頭を悩ますこともなかった、そのような永続する空間、人がそこで死に、その中に死んでいくこの空間が存在したからこそ、名声によって不滅に達し、永遠に生きようとする独特の努力も存在しえたのである。そうした努力もそれほど実りのあるものではなかった。有名でない人々の間で有名になり、死すべき者の間で不死のものとなろうとすることは、有効な形而上学的投資ではないからである。有名な者も、甲板の上では最高の評判を得ていても、船自体が陸上では知られていなかったから、結局、まったく無名だった千一夜物語の船客のようなものであった。

当時の状況は、現代の状況と比べれば、まだ慰めのあるものだった。死すべき者にとっては、彼が「永遠」と名づけた明日の名声が永遠の埋め合わせをつけ、船の中での名声が、船の名声の埋め合わせをつけてくれたからである。――そして、まさにこの船のおかげで名声がもたらされていたのである。

今日では、人類全体が破滅して、記憶する者がすべて、明日や明後日の記憶する者たちもろとも闇の中

へ落ちれば、死の不安は船である人類全体にも関わりがあるから、記憶を誰に託すべきかが分からなくなってしまう。その結果、記憶する者は存在しなくなるだろう。記憶する者だけでなく、無駄でなかったものは、何もかもなくなってしまうだろう。民族、人間、言語、思想、愛情、戦争、苦痛、希望、慰め、犠牲、絵画、歌、要するに、「あった」というだけではなかったものは、すべてなくなってしまうことであろう。

まだ存続している世界に生きているわれわれ現代人にも、「あった」にすぎない過去は死んだものと思われる。しかしこの崩壊は、こういう死さえもぎ取って、もう一度死ぬように強いるであろう。その結果過去はもはや過去でさえなくなってしまうだろう。——過去を覚えている者が誰もいなければ、あったにすぎない過去は、存在したこともない過去と区別することができないからだ。生きる時に達する以前に死んでしまっている未来も助けてくれないとなると、ソロモンの説教にある「すべては過ぎゆく」という、一切を飲み込む絶望的な第二未来形の代わりに、もっと絶望的な「何もなかった」が、誰にも記録されぬだけに強力に支配し始めることであろう。

5　妨害を妨害するもの

核兵器が投入されるとしてみよう。

ここでは「行為」というのは適切ではないだろう。こういう事件が起こる過程は、非常に入り組んでいてきわめて不透明である。そこにはきわめて多くのチェック段階や部分的な中間チェック段階があって、結局どの段階も誰かが何かを「した」ということにならないのだ。最終的には、誰もいなかったということになる。——

最後の危険である良心の叫びを防ぐために責任を持たされる神託機械、電気的な自動良心機械が製作された。サイバネティック・コンピュータがそれだ。——今や科学の権化となった（常に道徳的なものや進歩の権化でもある）コンピュータが音を立てて責任を果たしているそのそばで、人間はなかば感謝し、なかば誇らしげに手も汚さずに立っているだけだ。

キーボードで打ち込まれる目標が責任をとりうるか、意味のあるものかという問題は、装置が計算し始めた瞬間に、装置を使い動かす人々にとっては、問題にならないことは言うまでもない。そういう問題そのものが忘れられてしまうのだ。コンピュータの答えを信頼しないことは、科学の原理を信頼しないことであり、そういう前例を作ったら、一体どうなるだろうか。（「客観的」と思われている）物に責任を転嫁し「責任（responsibility）」を機械的な「レスポンス（response）」に取り替えて、なすべきことは極度に「正確なもの」に変え、禁じられたものは極度に不正確であるものに変えてしまっても、その変化は驚くほどのものではないだろう。無論この変化は決定的である。ABC—Nというファクターで規定されている状況で、どういう手段が効果的であるか、どういう損失を払わなければならないかを計算して出すところに神託の機能はあり、利害得失を検討する場合には、有限の量しか入力されないから、われわれの生命はおのずから、有限で計量可能な量として入力される。このことは、実際に絶滅される前に、その方法そのものによって、われわれがすでに「絶滅」されたことを意味しているのだ。

ロボットがなくても——事件を遂行する手間を軽減するには、何千と細分化され媒介された労働によって巨大なものが整えられる事実、複雑な現代的組織さえあればいい。これは、パラドックスとも思われるが、そうではない。組織の入り組んだ経路が道徳的妨害エネルギーを弱め、間断なく吸収し、電気抵抗に似た役割を果たすからである。

さらに、組織が機能する場合、行為の道徳性という理念は、機能の円滑さという理念によって自動的に代替される。企業組織が「正常に」整然と動いておれば、業務自体も正常で整然としているように思われる。整然としているのは、全体がよく機能するからだけではない。全体が全体としては全然見えていないからでもあるのだ。その過程に配置されている無数の専門労働者はみな自分がやらねばならぬ段階しか見ておらず、また自分の段階を良心的に行ないさえすれば良心的であるとされているから、不道徳というものがまったく存在していないのである。言い換えれば、不道徳が存在しないのは、「全体」というものが存在しないからだ。「何千にも分ければ汚物も清潔だ」(モルーシア)。

自分の段階と他の段階との関係が見えないために、専門化された良心の権化が奇怪きわまる良心喪失を生み出しうることがまったく意識されないのだ。この「意識されない」の代わりに「良心喪失」という古い言葉を使ってもいい。だがこの言葉はそのとき、行為者が、良心に反して行為する――こういう不道徳の可能性もまだ良心を持ちうる存在を前提しているから、まだ慰めになるのだが――ことを意味しない。行為者が良心の可能性から除外されていることを意味しているだけだ。道徳が欠けているだけではなく、不道徳も欠けているのだ。良心の欠如を非難することは、手を臆病だと非難するように無意味なことであろう。非難される主体が、そう言われる主体としては全然問題にならないからである。

物の生産や投入を妨害するものは何もない。生産に加わっている者の多さと装置の複雑さこそ、妨害を妨害するものだからである。

II　核兵器の特性

6　核兵器は手段ではない——絶対的なものが実現された／比較級は要らない

核兵器が何で「ある」かを知らない者はいないが、多くの人々は「知っている」だけで、知っているものを現実に把握していることは滅多にない。ある意味では間違ったことを知っているのだ。これは、情報が不正確だとか不十分だという意味ではない。細かな点ではそういうこともありうるが、主要な点ではそういうことはない。「間違ったことを知っている」人々に含まれるのは、情報が不十分なわれわれだけではなく、専門家や核兵器を処理する人々も含まれる。これはどういうことか。

それは、核兵器を考えるとき、間違ったカテゴリーで考えるということである。——

核兵器について話したり考えたりするときには、何らかの概念を使う。その場合、使い慣れているカテゴリー、世界における自分の位置をそれで見定めているカテゴリーを何も考えずに使うのはごく自然なことである。問題は、それが正しいかどうかということだけだ。とにかく核兵器がまったく異常なもの、独自のもの、その種のものの唯一の例であることに注目し、——神学が当然（per definitionem）「唯一の対象」であるひとつの対象を取り扱うのは別として——これまでこういう形で与えられたことのない課題に直面することを覚悟すべきであろう。神学が、唯一の対象に存在論的に不十分な属性を与えるのを避けるために、「否定神学」として、その対象は何でないかを挙げるにとどめるように、必要な変更を加えて

(mutatis mutandis) ——無論この比較は方法についてだけだが——、核兵器を分類上誤った分類をしないために、あらかじめ核兵器が何でないかを見いだすだけにとどめざるをえないだろう。

核兵器を考える際に使われるカテゴリーには、何よりも「手段—目的」という対概念がある。間違った概念を使うというのは、この対概念、特に「手段」という概念のことである。核兵器は「手段」ではないからだ。

核兵器が「手段」でないことが分かりにくいのは、核兵器が武器として製造され、武器は「手段」であるためだけではない。以前には決して認められなかったことだが、「手段」というカテゴリーが今日では普遍的に妥当するものとなっているからである。われわれは自分が生きている世界をほとんど「手段の世界」、手段だけしか存在しない宇宙、（目的は手段と異なり、〈無目的〉だと思われるから）逆説的に、目的は副次的なものとして背景に押しやられている宇宙として捉えている。核兵器を握っている人々も含めて——現代の大衆人間が、こういう世界に人間の作った何か手段ではないものが存在することを理解するとは思えない。

核兵器はなぜ手段ではないか。

「手段」という概念には、目的を「媒介しつつ」目的のうちに吸収され、道が目的地で終わるように、目的において手段は終わり、目標に達すれば独自の「重要なもの」という意味を失うということが含まれている。——これは核兵器にもあてはまるだろうか。

あてはまらない。

なぜか。

核兵器は、独自の「重要なもの」という意味を失わないからである。

それを失わないのはなぜか。

絶対的に大きすぎるからである。

「絶対的に大きすぎる」とはどういう意味か。

それは、核兵器が投下されれば、その最小限度の効果でも、人間によって設定されるどれほど大きな(政治的、軍事的)目的よりも大きく、「効果が目的を超え(effectus transcendit finem)」て、効果はいわゆる目的より大きいばかりか、一切の目的設定を疑わしいものとすると予測され、手段の今後の使用を疑わしいものとし、手段―目的の原理そのものを消し去るということだ。

こういうものを「手段」と呼ぶのはばかげているだろう。


しかし、これだけでは十分ではない。(この場合はそうではないが)誰かが世界を消滅させるというヘロストラトス式の目標をめざすと仮定した場合、今後の核兵器の製造は「手段」の製造ではないが、今日でももはやそうではないのだ。なぜならば——あらゆる専門家がこの点では一致している——量が質へ転化してしまっているからである。すなわち、現在貯蔵されている核兵器の潜在的暴力がすでに絶対的なものとなっているからである。さらに、核兵器はすでに「宇宙的‐ヘロストラトス的な」目標を達成するに十分だからである。最後にこの理由から、核兵器の大きさや爆発係数や数量をさらに増やすことは無意味だと思われる。手中にある絶対的危険、発揮される効果をこれ以上高めることはできない。手段を高度化しても、何も新しいものは生まれない。「死んだ」という形容詞の比較級以上に新しいものは何も生み出せないのだ。

これは、生産の歴史では未曾有の出来事である。あらゆる技術的産物が高度化し、比較級へ向かうのが義務だという強迫観念の虜となった「産業の精神」には、こういう比較級が可能だが、物の直径や行動半径は「改善」されうるが効果は改善されないという無意味な事実はまったく理解することができない。現代のスウィフトならこう言うかもしれない。「昔々、ある核兵器製造の監督官がいました。彼の仕事は水爆の爆発係数が日に日に高くなるようにすることでした。この男は何カ月もこういう考えを追い払おうとしてみました。ある日、製品を向上させても、効果はもう上がらないことを認めたとき、彼の精神は曇り始め、彼は精神異常になりました。彼は叫びました。〈先生、分かってくださいよ。お願いだから、分かってください。手段は向上するのに――効果は変わらないのです。そんなことを聞いたことがありますか。効果はいつも同じなんです。いつも同じ世界の終わりなのではないでしょうか。気が狂いそうではありませんか。これはスキャンダルではないでしょうか。これが本当に世界の終わりなんです〉」。

こういうスウィフト的な言い方はやめよう。現実は十分に空想的なのだ。重要な点を銘記しておこう。特定の究極目標を実現するために、誰かがばかげた期待をもって核兵器を使えば、結果は目標とは似ても似つかぬものになるだろう。結果として、方法が目標に吸収されたり、手段が目的に吸収されるのでなく、逆にいわゆる「手段」の効果のうちに、しかもひとつの結果のうちにでなく、恐らくわれわれの生命の終わりもひとつの環にすぎない果てしない結果の連鎖のうちに、目的が終わりを告げるであろう。――

「手段」と言うことは、誰かが現実にヘロストラトス的な意図をもって、こういう「万物の終わり」をめざす場合にしか意味がないであろう。

7　続き——手段が目的を正当化する

「手段—目的」という対概念が受けた変質の過程は念入りに準備されてきたものである。[3] この過程の各段階がどうであれ、今日では手段と目的とがまさに逆転している。手段を製造することがわれわれの存在の目的となった。以前は目的とされていたものを、手段として役立ち、その他の手段の獲得や生産を促進したり容易にしたりする保健衛生の手段として役立ちうることを証明して正当化しようとすることが（発展が普遍的であるために、あらゆる国で）よく行なわれる。（余暇も愛情もそうだが宗教さえそうだ）。『セックスは必要か』というアメリカの本の表題は、無論反語的な意味だが典型的なものである。

手段であることが明らかでなければ、現代の物の世界に加えられない。目的は手段ではないから、目的は無駄だとされている。いずれにせよ目的そのものは無駄なのだ。目的は無駄だが、先に述べたように、目的も手段であることが証明されれば別だ。しかも二乗された手段であること、たとえば手段が売れるのに役立つというように、手段を媒介するのに役立つことが証明されれば別だ。今日では、目的の目的は、手段のための手段であるところにある。これは純然たる事実であって、この言葉も逆説的であるのは、事実が逆説的であるためにほかならない。

こういう「手段」としての役割は、「付加目的」の場合に特に明らかである。「付加目的」とは、手段の世界での正当な場を与え、いわば「立派にする」ため後から（ex post）物につけられる目的のことである。化学変化でひとつの派生物が残れば、その派生物のために目的を見いだし、やむをえない場合には手段になるチャンスを与えるために何かの目的を作り出すという問題が生ずる。事実、無理に需要をひねり出してこういう目的を見つけたり作り出せないような場合は非常に少ない。そのために作り出された目的の目的は、「役立たず」と思われる物質を手段の世界で立派に役立つものにするところにある。「物自体」は存在してはならない。存在できるのは手段、少なくとも潜在的に手段であるものだけだ。

明らかに、手段の生産者の利益に対して、生産された手段だけでなく生産された手段の目的をも拒絶する批判者ほど、妨害になる反対者はない。いわゆる批判の無制限の自由は実際きわめて制限され、手段が適当かどうかの批判だけに制限されている。存在するのはこの種の批判だけである。目的の批判は存在しない。目的の批判は、目的に役立つ手段の生産を妨げ、きわめて危険な前例となるからである。結局、目的の目的は手段製造に存在理由（raison d'être）を与えることにある。目的の批判がその存在理由を疑わしいものにすれば、神聖な手段製造の原理そのものが攻撃されたことになるわけである。言い換えれば、手段が目的を正当化するのだ。

手段が目的を正当化する。この定式は冗談でもなければ「哲学的誇張」でもない。悪評高い言葉を逆転させたこの定式は事実、現代の暗号である。それによって、いわゆる手段中の手段である核兵器がこの世に生まれ出て、われわれが、つまり肝を潰した世界が、核兵器の目のくらむような光を見るに至った背景が述べられているのだ。

核兵器が手段であれば、すべての手段に妥当することが核兵器にも妥当するはずである。

核兵器が正当なものであるためには、何らかの目的が与えられているはずである。——その目的に対する（核兵器の廃絶をもたらすような）警告は不都合な前例であるだろう。こういう警告が大手を振ってまかり通ることになって、その他の手段の目的への警告を阻むものも同様になくなれば、危険は急速に増大し、ついには手段の「世界全体」が、すなわちこの世界の原理が、警告によって掘り崩されることになるだろう。手段世界の管理者にとっては、こういう考えが怖ろしい夢であるのは明らかである。彼らが核兵器に対する警告を阻止しようとするのは、（不合理に聞こえるだろうが）彼らが、警告の先例が彼らの「世界全体」を危険にさらすからである。核兵器が批判されず、批判される場合でも有効な批判がなされなければ、彼らは、核兵器が世界を（現実の「世界全体」、われわれすべての生命も彼らの生命も）危険にさらすという事実から目を背け、その事実からわれわれの目を逸らすように努めざるをえない。したがって、その合間をぬって、彼らの対象を繰り返し小さくし、その新しさを軽視して、その無政府主義的性格を軽く見せ、それをその他の手段以下の手段だと称すること――つまり、彼らの信用できる手段の世界を脅かし爆破するものが、彼ら自身の作品である事実を否定すること――が、彼らの典型的な、多くは無意識な戦術の一部である。彼らがこの一連の軽視戦術に使うお好みの策略は、彼らが全然否定できない無政府主義的なものという要素を警告者のほうに転嫁して、警告者を無政府主義的だとか革命的だとか、要するに裏切り者だと称することを本質としている。このため、欺かれている者、すなわち裏切られ売られた人類に真実を教えてくれる立派な人物のほうが「裏切り者」とみなされるのだ。このような「転嫁」が一時的には成功を収めることは、人を驚かせるほどのことではない。「罪あるもの」とまずみなされるのは常に、言う者のほうであって、行為する者のほうではないからである。

しかし、その成功も一時的なものにすぎない。長い目で見れば、無政府主義的な要素が警告者でなく核兵器そのものに潜んでいる事実は隠しようがない。というのは人々が、たとえふつう言うことはできないにしても、自分が直面している対象が、「世界」として差し出されている「手段の世界」から無気味にも脱落しており、例外であることに気づいて不安になり、不信の念をいだくからである。そのとき人々が考えるのは、「核兵器は手段ではない」ということである。

この確認は、繰り返されることは余りないにしても、決して単に否定的なものではない。それは否定性についての現実的な基本的確認なのである。「そうでなければ何であるのか」と反論しても、その価値がなくなることはない。脅かされている者は、脅かしている者から脅威を定義してもらったわけではないだけに、その価値がなくなるはずもないのだ。

「そうでなければ何であるのか」という反論には、事実、答えられないだろう。それは、この問いが無意味だからではない。それに答えられるとすれば、始めに示唆しておいたように、核兵器が典型をなすような種類のものは、その他にもあるという答えになるだろう。だが、そういうことはないのだ。核兵器は分類することができないのだ。核兵器は存在論的に例外なのだ。それが、核兵器の無政府主義的な性格を形づくっているのである。

分類できない存在は、以前は「奇異なもの」と呼ばれた。すなわち「本質」を持たないが存在し、何であるかという問いを嘲笑して暴れ回る存在は「怪物(monstra)」とされていた。[4] 核兵器はそういう存在なのだ。空虚なものであるにもかかわらず存在しているのが、核兵器なのだ。そういうものが跳梁していることに、われわれは少しも安心しておれないのだ。

8 殺す側だけでなく、死にゆく側にも責任がある

たいていの手段と同様に、この非‐手段[5]も、それを用いる者にとっても棚からぼたもちであった。この道具が計画されたことは疑う余地がないが、道具が現れて生じた状況も計画に入っていたとは、どんなに

想像力が欠けていても主張できないことだ。

事実、棚ぼた式にこの力を獲得した人々も「ただの人間」である。つまり、彼らもわれわれとまったく同様に限られている。彼らもわれわれと同じように、有限なものに合わせて雇われて、自分の使うものが「手段」と少しも関係がないものであることを把握できないのである。

核兵器を一義的に誰かのせいにすることはできない。道徳的な状態はまったく不透明である。このことが、この道具を一段と危険なものにしている。一義的に解決できるのは、責任のある者と責任のない者とを明確に分けられる道徳的な問題に限られるからである。

誰に責任がないかは明らかなように思われる。粗雑に「われわれ」(＝われわれ人間)を行為主体あるいは責任主体だと想定して、「われわれは自ら作り出したアポカリプスへ向かっている」とか「自分自身が作った道具にわれわれは対応できない」と二、三度使った言い方は、実際には正しくない。アポカリプス的な道具を望み、計画し、製造したのは、あらゆる人間のうちの大半である「われわれ」だと主張するのは無論ばかげている。ばかげているばかりか危険だ。なぜならば、こういう言い方は、不幸にもこの道具の実際の「主体」となり、それを製造したり使用したりする者にきわめて好都合のものになりうるからである。「人類の自殺」という言葉は、責任に対して理想的な根拠、素晴らしいアリバイを調達して、誰ひとり現実に責任ある者としないで、すべての人が共犯だと言うだけだ。

これはやはり不当である。現実に責任ある者がいる。これまでは責任問題が不明のままにされてきたとしても、現実の責任問題はようやく始まったばかりだからである。核兵器が何を意味するかがやっと分かったばかりだからだ。これまでどんなに無実であったとしても、まだ見えていない人々の目を開かせ、まだ理解していない人々の耳に聞こえるように叫ばなければ、人は罪ある者となるからである。罪は過去にあるのではない。現在にあり将来にあるのだ。可能的な殺人者に罪があるのではない。可能的な死にゆく者（morituri）であるわれわれも罪があるのだ。

9　個々の実験は成功するが、実験そのものは失敗する

5の始めに「核兵器が投入されるとしてみよう」と言った。

この文章は間違っていた。それは余りにも楽観的すぎたのだ。

核兵器は投入されているからだ。核兵器は絶えず投入されているのだ。

これはどういう意味か。

最初の二回の投下のことではない。広島や長崎の破壊のことではない。戦後における核兵器の使い方のことである。この時期に核兵器は二重の意味で投入されたのである。

1　圧力手段として。――五三年真夏のロシアの最初の水素爆弾の爆発までの八年間は、そうであった。――「圧力手段として投入された」という言い方は無論、誤解されやすい。核兵器を圧力手段とするためには、「でなければ」ということは独占的所有者には余分なことだったからである。ヒトラーが核以前の大昔に、プラハの政府に最後通牒を突きつけたようなことはもう必要がない。それが存在し、持っていて使うかもしれないというだけで、核兵器は自動的に最後通牒になる。核兵器は物の形をした恐喝なのだ。投下しようとすまいと、本質的にそうなのだ。聖フランシスの手にあっても、核兵器は恐喝であることに変わりはない。――明らかにか多少とも公然と核兵器を圧力手段に使い、今日でもなお使おうとしている重要な権力グループや人物がいることは、無論疑いがない。それは十分理解できるのであって、それは心

理的な理由だけによるのでもなければ、所有している軍事手段、しかもこういう軍事手段をただ「持っている」のではほとんど耐えられないからだけでもなく、経済的、道徳的な理由にもよる。なぜならば、巨費を投じた製品を使わないでいるのは、浪費か社会的に不道徳な状態と見られるに違いないからだ。——戦後のこういう状態でアメリカが核兵器を独占していた時代に、言葉の上だけのことで、現実には核兵器は使用されなかったことを強調しないのは片手落ちであろう。しかしこの事実を称賛するのも同様に許されない。殺人が可能なとき、あるいは可能だったときに、殺さなかったことを道徳的に積極的な行為だと評価すれば、どうなるだろうか。——無論、核兵器を現実に武器としながら、「理想的」使用を行なわず、ただ恐喝手段として投入した人々は、理想的に行動したと独善的に信じている。殺されたかもしれないが結局殺されなかった人々のことを、「救われた人々」と呼ぶというヒトラーが始めた慣習は、今日も依然として流行している。生命を「まだ殺されていない存在」と呼ぶ強制収容所に由来する定義が今日でもなくなっていないとすれば、それは殺さないことを自慢するこういう独善家のせいである。

こういうタイプの恐喝にはもうひとつの特徴がある。以前は、めざす相手を脅かすことは、立派な犯罪的恐喝にも慣習的な武器にもあったが、今や核兵器による恐喝には、常に同時に人類全体を脅かすということがある。(この前の戦争での爆撃機のように)核兵器を戦略的に使って初めて、核兵器が「全面的兵器」になるのではない。その物理的性質に基づいて、核兵器は「全面的兵器」なのである。これは「脅威の全体性」は特殊な「破廉恥」の印でなく、無能力の印、目標を定めることができないという無能力の印であることを意味している。

核兵器の弾道や投下の正確さを疑っているのでは全然ない。正確さは確かに驚くべきものである。私が言いたいのは、核兵器の効果が巨大で、到達範囲が空間的にも時間的にも無限であるために、核兵器が原理的に目標を越えて撃つことにならざるをえないということだけである。核兵器が全能であることがその欠陥なのである。この二者択一は決定的なものである。核兵器はすべてを恐喝するか誰も恐喝しないか、元も子もなくしてしまうか何もしないかのどちらかしかない。事実、核兵器の製造以来、全人類は恐喝された状態にあり、核戦争のリハーサルをやっただけにすでに「水爆を意識させ」られ、より大きな脅威を感じている点を除けば、アメリカ人も他のどの国も同じことである。

こういう恐喝はあらゆる者に対する恐喝だから、同時に「自分自身に対する恐喝」でもある。第一次世界大戦中の毒ガスの使用を除けば、これは初めてのことである。これまでは私的な領域でしか知られていなかったヒステリックな「そうしないと、……われわれを殺すぞ」が、恐ろしいことにはグローバルに模倣されるようになったのだ。

2　核兵器はすでに投入されているという主張にはさらにもうひとつ別の理由がある。核兵器の「目標にかんする無能力」と言ったとき、この二番目の理由にすでに非常に近づいていたのである。

「核兵器が投下されるとしてみよう」という言い方は、密かに、今日ではもはや通用しなくなった境界線を引くことを是認し、これまで実験物理学や技術において妥当していた「準備」と「使用」、「リハーサル」と「本番」との間を区別している。だが核兵器の特質はこの区別を消滅させるところにあるのだ。技術的リハーサルの本質は、試験場が島であるところにあった。いつもリハーサルの過程は制限され隙間なくされ、その実態そのものは触れられないようにされていた。実験はすべて孤立した体系をなし、構成されたミクロコスモスでの出来事であり、ミクロコスモスの出来事のモデルの結果からの推測がどんなに広範に及ぶものであっても、(固定された事実が「法則」となっていたから) マクロコスモスへの影響はゼロ同然か問題にならないくらいであった。構成され、閉じて世界から切り離されたミクロコスモス的な実験領域という概念が、機械という概念の根底にはあった。「閉ざされた領域」というこの性格がまさに科学的研究の条件であった。それは（否定的には）、無数の計算も支配も不可能な世界の決定要素の制限しか意味していなかったが、それと同時に（肯定的には）いくつかの前提をそのつど決定することを意味していた。こういう制限によって結果を支配できていたのである。技術発展の成功は、世界の内部に人工的に閉ざされたミクロ世界を製造しようとする（現実を全体的に改造する）方法の結果であった。島化することによって、あらゆる実験の出来事には、同時に「ゲームめいたところ」があった。領域の閉鎖性はチェス・ゲームを考えるかフットボール場を考えるかはともかく、あらゆる遊びの特質であった。遊びの論理でもあり、現実逃避のチャンスでもあった。したがって実験の中には「美しい」と言えるものさえあった。それは完璧な勝負のようなものであった。世界から切り離された調和した芸術作品のようであった。実験室の中で現実から切り離されていたからこそ、実験は技術的な有効利用や産業化によって初めて歴史的なリアリティになったのである。

　このすべてが、今日ではもはや通用しない。すなわち核「実験」は今日ではもはや実験ではないのだ。

　核実験を珊瑚礁や大洋のどこかで「島でやるように」行ない、隔離という原理を救うために、結局は地理的、語源的な意味での「島」を使うのは非常に特徴的なことだが、この最後の隔離の試み、「実験」をしようとする絶望的努力は無駄である。その試みがいかに大成功を収めても、——あらゆる試みがただちに実験以上のものになる以上、こういう試みは失敗に終わるのだ。効果は巨大であるため、実験の瞬間に「実験室」が地球と同じ規模のものになるほどだ。このことは「リハーサル」と「本番」との区別が意味を失い、あらゆる「実験」が「本番」になったことを示している。事実、数多く行なわれた「実験」はすでに効果を発揮している。水爆の最初の犠牲者である日本人漁夫久保山愛吉さんが一九五四年九月に亡くなったのは、実験によってであったとはおそらく言えないだろう。同様に、爆心地から一三〇キロ離れたところで放射能に汚染された日本漁船第五福龍丸は、実験のために（experimenti causa）漂っていたと主張することもできない。[6] 個々の事件を挙げることは、ほとんどそれだけでもう誤解を招きかねない。「実験」による汚染は、今日では全世界的なこととなっているからである。今ではもう、大気や雨水、大地、植物界、動物界、人間世界、食糧が影響を受け汚染されている――その程度を測定することは、明らかにまったく不可能である。人間の生存期間と比べれば、ある種の「半減期」（放射能の半分が放出される時間）は決定的に長いから、いわゆる実験の効果は時間的にも無限である。今日実験的に「行なわれる」ことは、息子、孫、曾孫にとって遺伝学的に「重大な事件」、もしかすると最後の事件となりうる。実験場周辺（一五〇〇マイル）の広い範囲にわたって行なわれた、（放射能ヨード一三一を貯えている）甲状腺の放射能含有量のガイガーカウンターによる検査は、すでに正常な放射能の百倍に達していることを明らかにした。[7] 最近まで（たとえばイプセンの場合には）梅毒が果たしていた、将来の世代にとって致命的な伝染病の役割を、今や放射能が引き継いでいるのである。

「実験」と呼ばれているものは、われわれの歴史的現実の一部である。「実験は、もはや実験ではない」と言おうが、「それは歴史的な出来事だ」と言おうが、いずれも同じことだ。

歴史は冗談を言わず、「一度は数のうちに入らない」ということも知らない。歴史は呼び戻すことを拒絶し、「試み」という言葉はここでは通用しない。あれこれ実験してみるということは、歴史には起こらない。なぜならば、控え目にほんの実験として起こることはすべて、「一回限り」の出来事となり、「本番」として起こるからである。ここで私が言おうとしているのは、今後は「絶対にもう試みる」べきでない――こんなことはばかげている――ということではなくて、世界に漏れないように起こすことのできない出来事では、世界には直接法しかなく仮定法はないこと、出来事は世界の内部で起こるだけではなく世界過程として起こること、出来事は事実であって実験的なものではないことを、はっきり自覚しておかなければならないということだけである。出来事が実験的なものでないというのは、それが残ったり、結果をともなったりするからではない。そういうことなら、きわめて私的な歴史にも、最も広い意味での歴史にも起こることだ。試しに（experimenti causa）やってみても、「一度やってみたかった」人々の人生にも、後で取り消せるリハーサル結婚がないのと同じように、「一度だけ」土地を石化させる試みなどもありえない。試みられたものが運命となり、起こったことが打ち消しえぬ歴史の一部となるからである。集団的な断種実験もありえない。なぜならば、そういう処置を受けた者は生きている間、事実上は破滅したも同然だからである。――それ以上に遙かに起こりえないのは、「一度だけ」とか「二、三度だけ」試しに行なう核爆発である。「だけ」と言えるようなものは、現実のうちには存在しない。「だけ」でしかないものは何ひとつなく、「起こっただけ」というものも何ひとつ存在しない。あらゆる一度だけが直ちに「一回限り」となる。一切が永遠の今（nunc stans）となるのだ。時間の差異も同時に消えてしまうからである。現在にならない過去はなく、将来にならない現在もなく、また死んだ胎児のように「われわれはいたであろう」という第二未来形をうちに秘めていない未来もない。われわれがみな、どんなに短命であっても、われわれは「われわれ自身よりも大きい」のであり、われわれが作り出す産物や、われわれが引き起こす結果は、非常に長い期間存在するのであって、それは、われわれだけが出会うものではない。孫や曾孫がそれに出会って、手を挙げて「止まれ」と叫ぶかもしれないものなのだ。

実験は父親の時代になされていたような密閉された隔離状態から歴史的現実の次元に侵入したと言ったのは、非常に控え目な言い方であった。むしろ、実験という性格を脱ぎ捨てた実験の力は物凄く、歴史的世界がその侵入の瞬間に壊れてしまうほどである。実験は「歴史的」になっただけではない。実験は「歴史を溢れ出た」のだ。

10 「歴史を溢れ出た」という言い方の説明

意味が小さすぎて、政治家によって計画に取り入れられたり、歴史家によって考察されたりしない「歴史から漏れ落ちる」事実ならば、これは当然数限りなくある。三年前の今日、私が昼寝したことは、確かに歴史的状況の一部であったかもしれない。しかし、歴史は本質的に、みずからのその種の部分を超えて日程を進め、その種の部分を排除し、歴史としてそれを伝えることはない。歴史はみずからを篩にかけるかぎりでしか存在しないのである。

だが逆に、計りえないほど大きく、われわれが歴史的な状態として考えうる次元を超えている出来事が存在する。明らかに、自然災害がそういうものである。(起こったと言われる)アトランティスの沈没は歴史的な破局、歴史における破局ではなく、むしろ歴史にはもはや入らない「歴史を溢れ出た」歴史そのものの終わりとしての破局であった。

核実験についても、核戦争についても同様なことが言える。核戦争の準備は、準備する人々が特定の歴史的な将来の目標に到達するという希望をいだいて行なう以上、まだ歴史の次元に属している。だが、彼らがそういう目標を達成した瞬間、つまり戦争が勃発したときに、それは歴史と縁を切ってしまうのだ。

一発目の核が爆発した日に、歴史の次元も一緒に爆発してしまうだろう。「この道の果てには、絶滅の怪物が一段とはっきり姿を現すことでありましょう」(イタリア原子物理学者へのアインシュタインのメッセージ)。後に残されるものは、もはや歴史的状況ではなく、かつては歴史的であったものがすべて埋められた廃墟であろう。もし人間が生き残っていれば、それは歴史的な存在としてではなく、汚染された自然の汚染された自然という哀れむべき残り物としてにすぎないであろう。——

こういう状態を判定する力を持つものが誰かいるとすれば、あるいは誰かいたとすれば、それはアインシュタインであった。彼はそういうふうに判定を下していたのだ。そのことは、新聞でも読むことができる。

だが、われわれはそれに対してどう反応しているだろうか。

新聞記事に対する反応と変わりはない。つまりまったく反応しないのだ。

反応しないのはなぜだろうか。勇気があるからだろうか。ストア主義のためだろうか。

「勇気だって？　それは想像力の欠如だよ！」というモールシアの格言がある。

想像力の欠如のためなのだ。われわれが「アポカリプス不感症」だからである。

では、なぜわれわれは「アポカリプス不感症」なのだろうか。

次章(III)で、これに対して答えてみることにしよう。

III　自分自身より小さな人間

11　われわれは不安を感じえない時代に生きている

状況は以上の通りである。きわめて不安な状況だ。

われわれの不安はどこにあるだろうか。

不安はどこにも見つからない。中程度の不安さえ見つからない。流感にかかりそうなときほどの不安さえ見つからない。不安は全然見つからないのだ。

こんなことが、どうして起こりうるのだろうか。

独裁制や戦争、強制収容所、占領、都市空襲の時代を、「不安の時代」と呼ぶのは確かに間違いではない。しかし、最後の破局の後のこの十年間に、この言葉はまったく信じられないような注目すべき変化を起こした。「不安の時代（Age of Anxiety）」という言い方が知れわたっているウィーンやパリ、ロンドン、ニューヨークに、現実の不安を求めて——行ってみても、ごく僅かしか見つけだせないだろう。「不安」という印刷された言葉なら、毎日何百も次々に紙くずになっていく出版物の山の中にいくらでも見いだすことができるだろう。不安は今日では商品になっているからだ。不安についてなら誰でも話している。しかし、不安から話している人はきわめて少ない。

というのは、この言葉が百年前に専門用語の地位に——キルケゴールによって——高められたという、高度に哲学的、文学的な過去を有することを、この間に人々は思い出したからである。そして、キルケゴールやハイデガーに結びつけて、この言葉は出版界の商品に仕立て上げられたのだ。この商品は、手漉き紙でできた雑誌に現れるばかりか、(今日では、専門的なものほど通俗化したものはないから)地方紙の宣伝広告にも当然のように現れる——要するに、不安は最新情報を取り入れ(up to date)、いつも「現代の一員である」という気分になるのに一役買っているのだ。——

核の時代である現代には、この決まり文句は真実ではなく誠実でもなくなった。時折われわれが襲われて感ずる、ごく僅かな不安をもとに想像すべきではない。脅威の激浪に呑み込まれ、耳が聞こえなくなった現代人に会ったことはない。驚いている何人かには会ったが、それも不安からでなく、恐怖に対していかに無力であるかに驚いていたにすぎなかった。不安になりながら新聞をわきへどけて気楽に暮らし、身近ないざこざや明日か明後日の心配事を除けば、気楽この上なしでいることを恥ずかしく思っているごく少数の人に出会ったことがあるだけだ。

われわれが当然にいだいているはずの恐怖の大きさから見れば、われわれはまったく恐怖に対して不感症なのだ。現代にひとつの標語を与えるとすれば、「不安になれない時代」と呼ぶのが一番いいだろう。

無論、核が登場した時期は、こう言ってよければ、選りに選って国家的に最悪の時期であった。戦争が終結し、独裁者や戦争がもたらす現実的な恐怖がようやく静まりかけて、無数の人々がやっと警察や夜間攻撃に対する恐怖を感じずに眠れるようになり、比較的に疲弊していない地域では、数年を経てようやく「古き良き生活(good old life)」を取り戻し始めた時期だったからである。やっと一息ついた時期に新たないわゆる比較を絶する恐怖に、少なくとも巨大な脅威の可能性に直面するはずがあろうか。それに直面するのを人々は避けた。そんなことができるはずはなかったのだ。今夜の脅威と思う必要のない危険は当時は滑稽なものであった。こうして危険は理解されなかった。——最初の時期に理解を怠ったものを取り返すことはもうできない。一年後危険はすでに慣れ切ったもの、百回も読んだもの、退屈なものになっていた。そして今日では、危険は「古き良き危険(good old danger)」、戦後生活の大切な古い部分になってしまっているのだ。——

ルーズヴェルトは絶対必要な自由を列挙する中で、「恐怖からの自由(Freedom from Fear)」と名づけて、自由と恐怖との背反を言い表したが、(おそらくこういう定式はそれまでなかったろうが)世界史的に見れば、そのときすでに十二時五分過ぎであった。ほぼ逆の(グリム童話にあるような)「恐がることを学ぶ」という新しい課題が登場したために、そういう要求は妥当性を失い始めていた。「恐怖への自由(freedom to fear)」、つまり、陥っている危険から現実に自由になり、「恐怖からの自由」を獲得しようと思う際にいだいているはずの恐怖をいだく能力が、何よりも欠けているからである。重要なことは、自由になるために恐がること(to fear in order to be free)、あるいは生き延びるために恐がることである。

こういう恐怖がわれわれに欠けていることは、われわれ現代人が核兵器に対して大胆きわまりない人間であることを証明するものでは決してない[8]。この欠陥には別の原因があるのだ。自滅に立ち向かううえでの鈍感さを克服しようと思えば、そのいくつかの原因を発見しなければならない。以下においては少なくとも、われわれのアポカリプス不感症の原因のいくつかを暴露する試みをやってみよう。そのリストが完璧であるとは思っていない。

不感症の原因を二つのグループに分ける。まず最初に調べるのは、哲学的‐人間学的な原因である、われわれ人間の特質である。その次に、現代状況に関わる歴史的原因を調べることにしたい。

12　アポカリプス不感症の主要原因・「プロメテウス的落差」
――人間は自分自身より大きくかつ小さい

最初の原因のほうがより重要なものであることは、すでに序論で先回りして述べたところからも明らかである。その本質は「プロメテウス的落差」にある。この言葉が意味するものは何か。

種々の（製作や思考、想像、感情、責任のような）能力が次の点で区別される事実がそれである。

1　あらゆる能力には量や程度との特有の関係がある。「容量」「感度」「性能」「射程」がそれぞれに異なる。たとえば今日、大都市の破壊は、簡単に計画され、われわれが作った破壊手段で実行される。しかし、その結果を想像し、把握することはごく不十分にしかできない。(9)――それにもかかわらず、想像できる煙や炎、残骸の曖昧なイメージは、破壊された都市を考えて感じられ、責任を負えるものの少なさに比べれば、それでもなお非常に多い。――あらゆる能力には性能の限界があって、それを超えると働かなかったり、変化を認められなくなったりする。諸能力の射程は完全に一致するものではない。序論では「殺すことなら何千人でもできるが、想像するとなると十人どまりで、嘆き悲しむことができるのはせいぜい一人だ」と言った。悲嘆に妥当することは、情緒一般に妥当し、恐怖にも妥当する。恐怖はその他の能力の手には負えない。他の能力が恐怖に波長を合わせ、「ふさわしい」態度をとろうとしても駄目である。恐がっている人は、生産する人ほどの仕事をこなすことができない。そのかぎりで「人間は自分自身より小さい」のだ。

「そういう違いは昔から良く知られている」という反論があろうが、(10)その違いというのは、（個々の場合は度外視して枝葉末節に関わる）「抽象作用」と、具体的なものに関わり視野が狭い知覚との間の違いのことである。――この違いとここで考えている「落差‐現象」との間にある種の関係があることは疑う余地がない。落差‐理論を展開しなければ、抽象作用一般の働きもおそらく本当に理解することはできないだろう。――しかし、この二通りの違いは同じではない。（実行できることが明らかな）都市破壊は抽象的な仕事ではなく、実行ではない想像は知覚作用ではないからである。――

「落差」という事実はそれ自体としては、無論欠陥ではない。逆に、種々の能力が同じだけのことをやれ、種々の能力の容量や「射程」が同じであれば、おそらく生物学的にもマイナスであり、無意味なことになるだろう。能力がそうではないことは、それぞれの能力が生活において果たすべき特殊な役目に基づくものであるだろう。

決定的なことは、種々の仕事の間の違いが大きくなって、他の能力が目に入らなくなり、諸能力は同じ対象に関わることができず、能力間の結合が決定的に壊れてしまうことである。まさに今日の場合がそうである。このことをあの爆撃機の飛行士が証明している。帰還後インタヴュアーから、飛行中に何を考えていたかと聞かれて、皮肉で言ったのか無邪気に言ったのかは別として、彼は「まだ支払っていない家の冷蔵庫代金一七五ドルのことがどうしても頭から離れませんでした」と答えた。――現代では、行為と良心とがこれほどに引き裂かれ、それぞれの対象も全然別ものになっているのである。――

われわれの理性が「有限」であることとその意味を、カントが教えてくれた。しかし、限界を示された理性能力と比べて「過度」である感情や想像力も、狭い限界に閉じ込められており、その限界を超えられないことはふつう明らかにされたことがない。感情は明らかに理性と同様の運命にあり、明らかに感情にも（幅はあるが、それにも限度のある）容量が決まっている。恐怖だけでなく、あらゆる情緒も同様である。

すでに何度も使った定式を少し変えるが、この定式がこの考察の主題であることに変わりはない。十人の被害者のことを嘆き悲しむことはできない。十人の被害者のことを「考える」ことができるように「拡張する」ことは後悔には不可能である。

いざとなれば、十人の死者を想像することはできる。殺すことになれば——万人でも造作なくやれる。それ以上に増やしても問題ではない。

あるいは、

自分自身が死ぬのを恐れることはできる。

十人の人の死の恐怖でも、それを感ずることはわれわれには荷が重すぎる。

アポカリプスを考えると、われわれの心は働かなくなる。ひとつの言葉を考えているだけになってしまう。——

道徳的な判決を下すという意味ではなく、感情の作用範囲の限界を示す——、カント的な意味での——「純粋感情批判」は、このことを探求すべきだったであろう。今日、われわれを——ファウストとは異なり——憤慨させるのは、われわれが全能でないとか全知でないことでなく、逆にわれわれが知ることができ、作ることもできるものと比べて、余りにも僅かしか想像することも、感ずることもできないということである。(11)感情において、われわれは自分自身より小さいのである。——

「落差」を目にしたとき、どの「階層」に注目するかはどうでもいいことである。どこにも同じ落差があるからだ。たとえば、「製作」と「感情」との間の落差が、「知識」と「理解」との間の落差よりも重要でないということはない。核戦争がどんな結果をもたらすかを、われわれが「知っている」のは疑いない。

だがそれは「知っている」だけだ。この「だけ」は、われわれの「知識」がほとんど「無知」に近いということ、少なくとも理解よりむしろ「無理解」に近いということを表している。とりわけ、われわれが「知っている、知っている」と叫ぶのは、これ以上さらに知らねばならないという途方もないことを免れるためであり、いわゆる知識というアリバイに守られて再び無知へ戻ることができるためである。

核兵器について他の人々よりよく知っている人もあろうし、はるかによく知っている人もあるかもしれない。しかしどれだけ知っていても、われわれは誰ひとり、本当に適切な形で「知っている」わけではない。その点では最高司令官も一歩兵と変わりはなく、大統領も浮浪者と変わりはない。知識と理解との落差は、人物とか身分とは無関係に存在しているからである。われわれは誰ひとり例外ではない。ここには有資格者はなく、アポカリプスの支配は無資格者の手に委ねられているのだ。——

このような違いを「プロメテウス的」と呼ぶのは、「プロメテウスの子孫」であるわれわれ自身が作った産物と、その他のすべての活動との間にある落差という落差の基本的ケースである事実、われわれが「われわれ自身のうちなるプロメテウス」を克服していない事実によるものである。この言葉を選んだのは、とりわけ最初の論文である「プロメテウス的羞恥」のテーマを考慮して、二つの論文の密接な繋がりを明らかにするためである。

2　このことに対応して——おそらく同じ事実の別な点を強調することになるが——諸能力の柔軟さや硬さが異なり、われわれが製造し、行ない、考えることのできるものが、われわれの想像や感情がなしうるよりも大きいということだけでなく、製作や思考の量は思いのままに（ad libitum）増やせるが、想像の範囲は拡張できず、感情は想像と比べて硬いように思われる。

強調点をこのように移すのは重要なことである。なぜならば、そうしてはじめて、諸能力が歴史とそれぞれに異なる関係にあることが明らかになるからである。何よりもわれわれの変動する行動や産物、思想を歴史に数え入れるのは偶然ではない。こういうものは、いわば歴史と同時に進まない諸能力として後からついてきている他の諸能力とはまったく違ったテンポで、活動やその限界を変えてきたのである。逆に、――この考えは間もなくもう一度取り上げるが――、「出来事（res gestae）」の歴史や精神史に類似した「感情の歴史」は存在したことがなく、情緒的生活はその緩慢さのために、まさに「自然」、人間における恒常的、非歴史的なものとみなされえたのも偶然ではない。それがどれだけ正しいかは、間もなく明らかになるだろう。

IV　道徳的想像力の形成と感情の可塑性

13　今日必要な特別練習について

感情を有する者としては、われわれは相も変わらず未発達な家内労働者の段階にとどまっていて、ひとりの自殺者なら何とか悼むこともできるのに対して、殺人者または死体製造人としては、堂々たる工業的量産段階にすでに達しており、気後れや恐怖、用心、後悔といった心情の働きは行動のスケールとは反比例の発展を遂げてきた（つまり行動の進展につれて退化してきた）という落差の事実がある以上、――この落差の結果が実際にわれわれを破滅させずにいるとすれば、われわれはこれまで存在した人間のうちでも最も引き裂かれ、均衡を失した非人間的な存在なのである。このような現代の分裂と比べれば、従来、人間が甘んじなければならなかった対立関係は事実上無害なものであった。「精神と肉体」であれ、「義務と傾向性」であれ、――いかにわれわれのうちに争いを巻き起こしたにせよ、争いという形を取って現れていたかぎり、あらゆる対立関係はまだ人間的な事実であった。争いながらも諸力は息が合っていたし、人間は少なくとも二つの争う力の戦場として、人間としての存在を妨げられることなく保っていた。争い合う力という形で戦っていたものが同一の人間であることは疑う余地がなかった。争うもの同士が相手を見失うことはなく、義務は傾向性を見失わず、傾向性は義務を見失うことがなかったからこそ、両者の関係や連帯は確かなものであり、人間が存在していた。

今日では事態は一変している。アイデンティティのこういう最小限の保証さえ失われているのだ。というのは、現状において驚くべきことは、争いはまったく問題にならず、むしろすべてが平和で非常に整然としているように見え、集団的なほほえみ（smiling）が状況を覆い隠しているところにあるからだ。いろいろな能力がばらばらになっているために相手が見えないのだ。相手が見えないから、能力が出会うこともない。出会わない以上[12]、相手を苦しめることもない。要するに、人間そのものがもうまったく存在しておらず、行為する者や生産者がここにいて、感情を有する者はあそこにいるだけである。人間は生産者であるか感ずる者であるかのいずれかである。こういう特殊化された人間断片だけがリアルなのだ。十年前ならわれわれを恐怖で満たしたであろうが、同じ人間が強制収容所の所員であると同時に善良な父親でもありえ、二つの断片は相手を知らないために互いに相手の妨げにならないということ、この恐るべきものの恐るべき無邪気さは例外的な事例にとどまらなかったのだ。われわれはすべて、こういう真の意味で分裂病的な存在の後継者なのである。

事態がこうである以上、すべてが消え去ってはならないとすれば、今日の重要な道徳的課題は、道徳的想像力を形成すること、すなわち、「落差」を克服して、想像力と感情の能力や可塑性を、われわれ自身の所産の規模や、われわれが引き起こしうるものの見渡しがたいスケールに合わせ、想像力と感情を有する者を製作者であるわれわれと統合しようとする試みにあるのだ。――

リルケが最後の詩の中で感情について「成就すること」について、あるいは未来を漠然と示しながら「まだ成就してないこと」について、特に「成就しないこと」について、（たとえば『ドゥイノの悲歌』の「愛の成就」について）語ったとき、それは今日の五十歳代の世代全体を魅了したものである。リルケがそれで言おうとしていたことは、われわれ自身の所産とその結果を想像においても感情においても克服していないという、われわれが考えている事実とはまったく関係がなく、彼の嘆きは別な経験に基づいていた。だが、われわれは感ずることもできなければならないという思想を述べたものは、現代の著作ではこれ以外にはない。われわれが彼の言葉に引きつけられたのは、原因は分からなかったが、彼の言葉が感情の不十分さを示唆することによって、現代の決定的な欠陥と「成就された感情」が現代の重要な課題であることを的確に指摘していると感じたからであった。――

われわれに何が「成就さるべきもの」として課されているか、何が成就されうるか、「落差」を克服し想像力と感情の大きさを意図的に拡大することがはたして可能かどうか、そういうことがまず分かっていない。われわれの感情の能力は固定している（少なくとも任意に拡大できない）と考えるのが正しいのかもしれない。もしそうであれば、状況は絶望的である。だが人間性の探求者は、そういう想定を無造作に受け入れることはできない。そう考えるのは怠慢のせいかもしれない。感情の理論が検討されていないせいかもしれない。限界突破はまったく不可能だと考えるとしても、――少なくともそれを突破しようとする試みを自分自身について行なってみなければならない。現実に実験しないかぎり、可能かどうかは決定されないからである。感情の意図的な拡張や新たな創造がこれまでにあったかどうかを考察するのは、その後でもやれることだ。また実際、そうすることだろう。だが、まず第一に重要なことは、実験から始めることである。つまり「道徳的な特別練習」を試みることだ。慣れ切った想像力や感情の機能を拡張し、想像力や感情のいわゆる固定された「人間的均衡（proportio humana）」を乗り越えるための特別練習をやってみることだ。——

　自分のテクストのこの箇所がふつうの意味での「テクスト」ではないこと、自分が読者にここではもう単純に「読者」として語りかけているのでないことを、私は十分に自覚している。しかし、結局、テクスト以上のもののうちに存在理由のないようなテクストは存在しないのだ。ここで初めて、本書の存在理由が生まれるのである。——

　自分の要求が無理であることも十分に分かっている。実際、奇妙なことに、人間は自分の能力を意図的に拡張すべきだという要求は、「人間工学[13]（Human Engineering）」を説明するときに述べ、かつ激しく拒否した過大な要求を思い出させる。だが、人間工学にはその他のことが残されていることが分かっていない。攻撃者の武器が防衛者の武器を決定するのだ。われわれが想像力や感情の過剰から逃れているために、致命的な危険にさらされている（われわれ自身が作った）世界に生きるほかないのであれば、この過剰を取り戻そうと試みなければならない。

　「取り戻す」という言い方が、「人間工学」の意図とわれわれの試みの意図との違いは十分示している。「人間工学」はわれわれを「小道具じみたもの（sicut gadgets）」、つまり装置世界に完全にマッチしたものに仕立て上げようとするが、われわれはこの試みによって——投げたロープを取り返したり「取り戻す」のと同じように——装置世界を取り戻そうとするのである。

この試みを実行するために具体的指示を与え、そこで起こることを述べることができるとは思えない。それは伝達できないのだ。かろうじて説明できるのは、本当の行動に先立つ時期、これから始まろうとするぎりぎりのところ、つまり実験者が課題を出す瞬間、これまで提示されたこともなければ気づかれたこともないことを「ひそかに教え」、「内なる卑劣漢」である嫌がる想像力や怠惰な感情をおびき寄せて、与えられた課題を無理にやらせようとする瞬間にすぎない。「ひそかに教える」という言葉が示しているように、重要なのは呼びかけであって、良心の声のように、もともと聞いたことのある声ではなく、自分自身で呼びかける声である。というのは、深淵の向こう側に残っている能力が人であるかのように、落差の深淵の向こう側に向かって呼びかけるからである。そして聞くべきもの、あるいはわれわれがまず第一に「聞かせよう」とするのが想像力や感情だからである。

以上で、この点について言葉で語りうることはすべて述べた。この最初の瞬間のあとに起こる本来の能力の覚醒、自分自身を抜け出そうとする手探りの試み、自分に課題として与えられている対象に合わせようとする努力については、——つまり自己拡張そのものについては、これ以上は伝えようがない。

この説明が宗教的な歩みを思わせることは疑えない。私はそれを否定はしない。「神秘主義」という言葉をふつうの曖昧な意味ではなく、自己変容の業によって、それ以外では近づけない状態や領域、対象への道を獲得する試みとして理解すれば、ここで述べている自己変容が、神秘主義の歴史においてよく述べられる修行に似ていることにも何ら反対することはない。——この問題については、補論（三二四頁）でもっと詳しく述べる。

しかし、これは無論、この場合に本当の神秘的修行が重要であるということではない。タイプは似ていても根本的に異なっている。というのは、神秘家は形而上学的領域を解明しようとし、それがふつうは到達できないという事実のうちに、何か形而上学的なものを見るが（すなわち、形而上学的には劣る立場に彼がいる結果なのだが）、われわれの試みは、われわれが処理できないはずはない核兵器のように自分で作った対象の把握に当てられるからである。そういう対象に到達できないのはわれわれ自身ではなく、想像しかつ感ずる者であるわれわれにすぎない。架橋せねばならないのは、超越ではなく、せいぜい「内在的な超越」すなわち「落差」なのだ。――

しかし、この架橋の努力は、どう説明しようにも、説明できるものではない。実際にやってみることだけが大事なのだ。――

V　アポカリプス不感症の歴史的根源

14　終末は信じられず、見えもしない。進歩という概念がわれわれをアポカリプスに対して不感症にしたのだ

以前はごく些細な歴史的出来事（あるいはかすかな前兆）でも――コミュニケーションの手段はなかったのに、広範な範囲に――終末論的な興奮や恐怖、または希望をかき立てたことを考えてみれば、終末が実際に可能性の領域に出現し、コミュニケーション手段は思いのままになるのに、今日では、「終末論的

な無風状態」が支配しているのはまさに無気味である。科学者の間の興奮は別とすれば――ちなみに、アポカリプスの恐怖は非宗教的な人々にまず起こるのだが――僅かばかりのパニックさえ感じられない。核兵器使用反対の組織的な大衆運動が危険の緊迫を示してはいるが、終末への不安に満ちた予感がその百倍も示されているわけではない。だが、終末論的な緊張や覚悟が現代では消え失せていると言うのは、決して正しくない。現代の革命が終末論的な大望（Ambition）を持って登場したことは一度もなかった。むしろ歴史を「止揚」し、歴史以後の状態である階級なき社会や「王国」の状態を実現しようとする要求を掲げて登場したのである。フランス革命から借用された新たな年代計算法の印象的な象徴や「千年」という表示法が、そのことを遺憾なく示している。しかし、この終末論的な信念を持っていた革命家たちが期待したのは、「革命」とか「変革」といった言葉を神話化していたにもかかわらず、いわば神の国で「しか」なかった。「しか」と言うのは、彼らがめざしたものが、黙示録的終末そのものではなく、また彼らにも下される最後の審判でもなくて、もっぱら終末後の状態にすぎなかったという意味である。

これはきわめて奇妙な事実である。というのは、以前ならば、あらゆる終末論的希望には自動的に黙示録的恐怖がともなっていたが、今や事態の終末論的な側面は曖昧にされ、打ち消されているからである。この事態はさらに進んで、ヒトラーのような「救済者」は信頼するのに、災いの告知は信用せず、「救済の予言者」が煽動して災いが現実となったとき、災いをまったく理解できず、後になってから経験することができるだけということに至ったのである。

それを妨げていた原因は何か。

それは、進歩信仰だ。

「終末」を覚悟する能力は、歴史が自動的に向上するという数世代にわたる信仰によってわれわれから取り去られた。われわれのうちで進歩をもはや信じていない人々からさえ取り去られている。[14] というのは進歩信仰によって形づくられたわれわれの時間への態度、とりわけ未来への態度はまだその形を失っていないからである。われわれは今なお、昨日信じていたものなのである。その間に現れた新しい思想とわれわれの態度とは——この両者の間にも「落差」があるから——まだ時間的に一致していないのだ。——

おそらく十八世紀以前、進歩理論が勝利を収めるまでの世代は、われわれが出会っている恐怖の問題に対して、今日のわれわれほど不利な状態ではなかったであろう。というのは、進歩信者は歴史のうちに間違いなく絶え間なく前進し続ける向上の過程という喜ばしい宿命しか見ないから、彼にとって歴史はアプリオリに終わりのないものだからである。その無限概念は、比較級と確信との子であった。この過程が裁き（あるいは地獄[15]）に終わることは無論ありえなかった（まして天国に終わるものではなかった。天国は最善のものとして、より善いものの敵であり、最終状態としては、改善を停止させるものだからである）。弁神論信者にとってと同様に、進歩信者にとって、否定的なものという概念は非現実的なものになった。比較級しか妥当しないから、より善いものしか存在せず、「善」も「悪」も存在しない。もっと正確に言えば、悪が存在するとしても、それはまだ善くなっていないものを意味するだけである。したがって乗り越えうるもの、しかもそれを乗り越えるために効く薬がないようなもの、したがって悪とは、無常なもの、明日にはもう過去となってしまっているものでしかない。事実、「否定的」なものとして許容されていたものはすべて過去へ追放された。それによって地獄的なものの最後の残りが取り去られたのである。要するに「悪しき終末」に対する覚悟を失ったのだ。なぜならば悪しきものも終末もなくなったからである。「悪しき終末」という考えは心理的に脱落した。そういう考えはわれわれにとって、空間的に有限な宇宙という考えと同様に理解できないものとなっている。——

否定的なものが十九世紀に欠けていたと言えば、弁証法が果たした巨大な役割を考えれば、無論奇妙に聞こえるであろう。しかし、「弁証法」において考えられている否定的なものを、たとえば地獄の観念で考えられていたものと比べてみれば、「プラス化」され、酵素に変化させられていることは明らかである。否定的なものの力の本質が、新しい生命や運動を呼び起こすことにある以上、いわば「完全に否定的なもの」としては、否定的なものは前もって否定されていたのである。メフィストフェレスの常に悪を望みながら善をなすというゲーテによる性格づけは、ヘーゲルの否定性にもあてはまる。――

必要だと述べた「感情の歴史」を記述しようと企てる場合、この黙示録的（地獄の）恐怖の消滅が大きな役割を果たすことになるだろう。われわれの先祖（ならびに彼らを通じてわれわれ）が、この消滅によって受けた変化は、先祖たちが「コペルニクス的転回」によって経験した変化に劣らず根本的なものであった。この「消滅」が起こらなかったなら、近代人の自信に満ちた態度は、そうなったほどには固まりはしなかっただろう。そして、そのことを抜きにしては、現代の恐怖への無能力も理解されないであろう。

こう言っても無論、人工的に黙示録的な恐怖や地獄の恐怖を復活させようと提案しているわけではない。私が言いたいのは、裁きや地獄の予想が人間に恐怖を教えたものであり、予想される苦難の大きさへの恐怖は、われわれ自身の死も含まれる特定の危険に対する「世界内部的な恐怖」に見いだされるあらゆる恐怖を凌駕する恐怖であり、そういう恐怖は今日では消え失せているが、何よりも恐怖政治やじゅうたん爆撃で味わった恐怖にはるかに似ていたということにすぎない[16]。――

15　自分の終わりさえ隠された

進歩のメンタリティには、まったく特殊な「永遠性」の理念である、世界は決して中断することなく向上するという考え、ないし終わりを考えてみることさえできないという、まったく特殊な欠陥である無能力が属している。だが、この性格は「考え」とか「欠陥」と呼ばれるが、決定的なことは、この無終局性が、進歩信仰者にとって原則の役目を果たしており、普遍的に妥当し、彼自身の生命にとっても妥当し、彼が自分自身の終わりを見ることはなく、見ることができず、自分の死をも隠すということである。これはきわめて首尾一貫したことである。こう言うのも、進歩と死の恥辱とを統一しようとする試みは当然挫折するからである。無論、死があり続けることは彼も妨げることはできない。しかし、死から刺を抜き、死の恥辱を揉み消すこと、肯定的に言えば、死にかんする苦しい問いが生まれる隙間を残さないほど全面的に肯定的な世界を作り出すこと、できるかぎりの少数者しか、それも滅多なことでは死を思い出さないほどに、世界のどの部分も恥辱を思い起こせない世界を作り出すということ、これが彼には可能である。(17)

まったく好き勝手に例を二つだけ挙げてみよう。これは、死の隠蔽がどのように行なわれているかを示してくれるかもしれない。(1)アメリカ合衆国には、もはや死は見いだせないと言っていい。次第によくなるものだけしか「現実に存在している」とはみなされないから、質の向上という普遍法則に直接に参加できるような所に死を置かないかぎり、死からは「何も始めること」ができない。実際にそういうことが行なわれているのだ。墓地建設の絶えざる進歩について、エヴリン・ウォーが必要な報告を書いている。そして今日では、五十年前よりも綺麗に死んでいることは疑う余地がない。こういう墓地に埋葬されるのは死者ではなく、死なのだ。死者に化粧し小奇麗な服を着せ、生きている者のように扱うからだ。――彼に何か変化が起こったことは否定できないから、彼を送り出すわけである。しかも――フランス語で言う「別れることはしばらくの間死ぬことだ（partir c'est mourir un peu）」が、「死ぬことはしばらく別れることだ（mourir c'est partir un peu）」に変わってしまった――景色の素晴らしさや気楽に行ける点では、どこかの綺麗なリゾートに劣らないような場所で別れるのだ。いずれは死ぬものも自動車道路や地下鉄の墓地の広告を見れば、いくらでもその魅力的な特徴を知ることができる。しかし「死にゆく者（moriturus）」という表現は間違いである。というのは――これが問題の核心なのだ――生きている者は死ぬ者ではなく、死んだ人はむしろ一種の「住所変更（change of residence）」で、ここでの生活をどこかよそで続ける者だからだ。この「ここでの生活をどこかよそで続ける」という言葉は、まさしく楽観的な進歩世界の空間において発展する「不死性」を言い表している。このタイプの不死性の本質は、「永遠性」ではなくこの世の生命の無終局性にある。――(2)完全に隠しておくことのできない死は、たとえば科学におけるように、上昇する生命の補助手段と呼ばれている。その古典的な例はすでにダーウィン主義に示されている。ダーウィン主義は死、種全体の死さえも「生命の篩」だと解釈した。すなわち死は、より強い（「それゆえ」より正しい）生命に特権を与えるところにその任務があると考えた。しかもより弱い（「それゆえ」生きるに値しない）生命を篩の目から振るい落とすことによってである。すなわち「死」という否定的なものを、「生命の上昇」という肯定的なものへの会費に鋳直すことによって、ダーウィン主義は自然における進歩に対する自然主義的な弁神論を与える任務を果たしたのである。――

無論、死の転換ないし拒絶のこの二つの実例は、まったく任意に選んだものである。しかしどれくらい完全に、またどの程度広く、進歩の哲学が支配を及ぼしているかを示すためには、時間的にも地理的にもかけ離れているだけでなく、二つのまったく異なる生活領域に属するこの二例を挙げたのは誤りではないと思われる。——

昨日まで死に対する関係がきわめて不十分で、ご都合主義的であった人類に、黙示録的な意味での「終わり」を理解できるとか覚悟しているという期待を持つのが、現実には誤りなのだろう。——

16 その他の課題・現在地平の意図的拡張

技術的な「ユートピア」において真理を先取りしていると夢想し、未来のほかには時間の次元をひとつも知らなかったにもかかわらず、ブルジョア的進歩信者は——終末論的‐革命的な進歩信者から区別するためにブルジョア的と言っておく——多かれ少なかれ未来に対して盲目である。ある意味では、進歩信者は未来を見る必要がないと言ってもいい。未来は毎日「おのずから」やってきて、日に日におのずから良くなるからである。その未来主義は、たとえば黙示録的終末を恐れ戦きつつ待望したキリスト教徒のそれほどには激しくなかった[18]。進歩の世界へどんなに急速に進んでいっても——近視者のように走っても、現実の未来地平、われわれが未来形で考え理解していた時間は、まさしく田舎者的な狭さにとどまっていた。明後日はもう未来ではなかった。

このパラドックスで言いたいのは、われわれにとって未来であるものはすべて、それだけで「未来」とみなされるわけではないという単純な事実である。一九六七年は確かにわれわれには「未来」である。しかし、二〇〇〇年を未来として、二五〇〇年の人々をわれわれの曾孫として理解することはできない。そういうものは「われわれには関係ない」のであり、彼らの時間はどこか霧の中にあるように思われる。まして一万年後の時間などわれわれの年代計算法が始まる一万年前昔も同然だ。――進歩の時代でも、日一日と急速に移り変わる日々を、人々は漫然と生きていたのだ。――

しかし、こういう素晴らしい日々は過ぎ去った。

未来はもはや「来ない」から、未来を「到来するもの」として理解するのでなく、われわれは未来を作るのである。しかもその作り方たるや、未来に中断の可能性と可能的な未来喪失との独特な二者択一が含まれているような作り方なのである。こういう中断が明日はまだ来ないとしても、――われわれが今日やることによって、明後日には中断が起こるかもしれず、曾孫の代か「第七世代」には起こるかもしれないのだ。われわれの今日の行ないの影響は残るから、われわれはすでに今日、その未来に到達しているのだ。このことは、未来が実用的な意味ですでに現在していることを意味する。外面的な意味では不在であるとしても、武器の射程内に入っていて、われわれが的中させることができる敵が「現在している」ように、未来は現在しているのである。

ふつうは「未来」として考えず、また考えることもできない時間を、われわれは支配しているのだ。われわれの行為はわれわれの理解を絶することを成し遂げる。近視者であるわれわれには見えないほど遠くまで、われわれは投げるのだ。すなわちここでも、また「プロメテウス的落差」に直面しているわけである。したがって、われわれが「自分自身より小さく」ならず、自分に劣って破滅を準備するようなことにならないために、その「落差」を克服し、「自分自身におくれない」ようにし、自分自身を取り返すという周知の課題に直面しているのである。こういうすべての概念は現代の課題を述べたところからわれわれがよく知っているものである（二八四頁**13**参照）。

この考察の始めにわれわれは、「宇宙をひとつの村のように見渡す(embrasser l'univers comme une ville)」というモンテーニュの言葉を置いた。

このモンテーニュの言葉は、今や時間的なものに翻訳しなければならない。すなわち、自分自身を乗り越えて、時間的にきわめて遠いものをも確保し、はっきりと見えるようにしておかなければならない。モルーシアでは「生まれていない者たちに、自分の隣人のように挨拶せよ」と言われている。

またもや能力を「拡張する」という課題が問題になる。今度はわれわれの時間の能力が問題である。しかし要求されるのは、予言者のようにあれこれのことを予見することでなく、山頂や飛行機から捉えるように、広い地平を自分のものとして捉えようと試みることだけである。

ラジオやテレビが空間的に隔たった事物を捉え、それをわれわれのいる地点に連れてくるように、われわれは、時間的に隔たっている未来の出来事を捉えて、今起こりつつあるものとして、それを現在というひとつの時点に同調させなければならない。というのは、そういう出来事が現在に属すかぎり、それは今起こっており、今起こりつつあるものとして、われわれに関わっているからである。なぜならばわれわれは、今すでに行なっているものによって、その出来事に今「関わっている」からである。——

したがって、時間に対するまったく異常な関係が求められていることは疑いがない。というのは、未来はもはや「われわれの前に」あるのではなく、われわれに捕らえられて「われわれの許に」、われわれにとって現在するものとしてあるからだ。この新種の時間関係は決して直ちに習得されうるものではない。時間への新しい関係の訓練をする時間が残っておればいいが。——

17　やれないことは関係ない

ちょっと中断して、ここでやっていることを体系的にはっきりさせておこう。

われわれの問題設定はきわめて異常なものである。中途半端な理性的研究はすべて、たとえば認識活動のような実際の活動から出発して、そのメカニズムあるいは可能条件を検討するが、われわれがここで求めているものは、活動していないことの原因、自分たちが置かれている黙示録的状況に対して何もしていないことの原因である。われわれが関わっているのは存在していないものなのだ。

これはばかげたことだ。事実、「黙示録的状況の把握を妨げるものは何か」という問いを純粋に認識論的な研究として考えるかぎり、この研究は無意味である。「あれこれのものが存在しないのはなぜか」と問い始めれば、きりのないことになろう。存在しないものは思うままに（ad libitum）思い描くことができるからである。この問いが意味を持つのは、われわれがここで存在しないものを、本来なくてはならない何ものか、望ましいものとして考えているからである。つまり、この問いが道徳的な問いだからである。この研究は、こういう言葉の結びつけ方は異様に聞こえるだろうが、倫理的実践の認識論なのだ。

これにはさらに第二の理由として、「アポカリプス不感症」の原因であるファクターそのものが、道徳に関わる性質のものだということがある。これはどういう意味か。

これは、（機会、状況といった）ひとつの対象を捉えるかどうかは、われわれが対象に向かい合っている道徳的状況によって決まり、見られるか見られないかは、対象がわれわれに「関係がある」かどうかにかかっており、関係（angeht）がないものは、われわれには理解（eingeht）されないという意味である。

こういう語呂合わせでは、無論まだ何も言えたわけではない。それどころか、問題はここからようやく本当に始まるのだ。結局、何が関係があり、何が関係ないかを決定できる素晴らしい基準をわれわれは持っていない。他方では、「本来」われわれに関わり、あるいは関わりがあるはずなのに、主観的にはわれわれに関係のないものが無数にある。しかし無論、そういうものばかりでなく、われわれ自身が関われないもの、関わってはならない事柄は無数にある。（分業、所有関係、世論の圧力、政治権力などの）実際の状況が許さないため、われわれが干渉したり、関わったり、判定したりすることができないものがある。そういうものを「われわれに関わりがある」事柄とみなす機会も自由も、われわれにはない。これが、道徳的状況が対象の理解を決定すると述べたときに私が考えていたことである。すなわち何らかの事情で、ある対象を持っている可能性が奪われれば、この対象は、われわれがはっきり抵抗しないかぎり、たちどころにもはやわれわれには関係がなくなる。「知らぬが仏」であるだけでなく、「やれないことは関係ない」のである。「度外視する」ことを余儀なくされている対象については、われわれは盲目のままである。このことは全体主義国家において明らかである。全体主義国家では、それに対して何か企てることが絶対に考えられない処置を、人間はもはや理解しないのである。したがってたとえば、何千もの人々が絶滅装置について何かを知っていたのではないかという質問は不適切である。彼らが知っていたことはおそらく間違いないだろう。しかし、それに対して何かを企てることは全然問題にならないのが最初から分かっているから、彼らはそれを理解しなかったのである。つまり彼らは、何も知らないように生活していたのである。核兵器について「知っている」にもかかわらず、われわれはそれと同じことをやっているのだ。

アポカリプス不感症を全体的に理解することができるのは、許されているか許されていないかに応じて、出来たり出来なかったり、すべきであったりすべきでなかったりする、現代人のこういう道徳的な状況の一部として見る場合だけである。われわれの欠陥の解明に必要なかぎり、こういうわれわれの道徳的状況の記述を試みなければならない。

18 「中間性」・われわれは「行為者」ではなく、共同作業者である——行為のテロスが取り除かれているために、われわれは未来を失い、未来の終末を理解せず、「アポカリプス不感症」にかかっている

現代の製作や労働のスタイルは根本的に変わった。これについては意見の食い違いはない。今日では労働は特別な部分以外は、企業によって組織され、企業によって統制される「共同作業」になっている。「企業」を私が強調するのは、単独の労働は人間労働の主要部分をなしていないからである。しかし今日まず問題なのは、他の労働者との共同作業ではなく、他の労働者も同様に所属している(労働者を拘束する予測不能な)企業との共同作業なのである。

これは些細なことだ。だが、労働に妥当することが今や「行為」あるいは、むしろ「作業」についても妥当する——この事実は些細なことでも重要でないことでもない。われわれには「行為」という言葉や、自分は「行為者」であるという主張は、(真剣に考える必要のある示唆だが)すでに誇張のように聞こえるのだ。数少ない分野を除けば、現代の「作業」は組織され、われわれを拘束する予測不能な企業の枠内で行なわれるから、順応した共同作業になっている。「能動」と「受動」がどんな割合で特定の「共同作業」に加わっているかを検討し、どこで作業が終わり、どこで始まるかを確認しようとしても、機械に順応して機械を操作する労働を能動的部分と受動的部分に分けようとする試み同様に、成果は上がらない。

そういう区別は今日では二次的なものになっている。現代人の在り方は、たいてい「営まれること」でもなく、行なうことでも行なわれることでもなく、むしろ「能動とも受動ともつかない」のだ。こういうあり方を「中間的」と呼ぶことにする。

こういう「中間性」が至るところにゆき渡っている。順応主義を暴力的に強制する国ばかりでなく、ソフトに押しつけている国も例外ではない。無論全体主義国家に最も顕著だから、「中間性」の例として典型的に全体主義的な作業を選んでみよう。

「人間性に対する犯罪」が審理された裁判において、被告人たちが「人格」として語りかけられ、自分が行なった虐待や殺害について責任を問われて、傷つき当惑し、時には激昂するのが再三見受けられた。被告人たちを、非人間化され朽ち果てた者たちの偶然の見本にすぎぬと見るのは、絶対に間違いであろう。彼らが後悔や羞恥や道徳的反応を示しえなかったのは、共同作業したにもかかわらずではなく、彼らが共同作業しかしなかったからである。共同して作業したからこそ、彼らにとって「道徳的であること」はおのずから（eo ipso）一〇〇パーセント「中間性」と一致し、彼らは（「共同作業者」として）良心を持っていたのである。彼らが「冷酷さ」と考えていたものは、彼らならこう言えただろう。「君たちがわれわれに望んでいることとさえ分かっていたらよかったのに！　当時われわれは実に整然としていた（あるいは〈道徳的であった〉）。われわれが当時そのために立派に共同して作業した企業は、今日では別ものに取り替えられている。何と言っても、われわれはどうすることもできないのだ！　今日ここで共同して作業することこそ〈道徳的〉なのだ。そして、当時はあそこで共同して作業することこそ〈道徳的〉だったのだ」。――

こういう態度が可能にした犯罪がいかに残忍なものであったにせよ――その犯罪を現代の例外的部分と

見れば、その理解を閉ざしてしまうことになる。なぜならば、こういう犯罪をそれだけ切り離せば、リアリティ、少なくとも理解可能なリアリティがなくなるからである。

そういう犯罪は、それを同種の犯罪と関連させて、それがどういうタイプの行為を代表しているか、どういう活動の模範にしたがっているかと問う場合しか理解することができない。少なくとも犯人の大半は原則として、自分に刻印した労働企業で慣れ切ったやり方でしか作業しなかったというのが、この問いに対する答えである。

これは無論驚くべきことに聞こえるだろう。こういう主張は、最初は誤解されるのは避けられないだろう。何と言っても、大量殺人や拷問を教えるような（「工場」とか「会社」と呼ばれる）企業は存在しない。ここで述べているのは、別の些細で日常的ではあるが滅多に徹底的に理解されていない事実のことである。その事実とは、（誰かが個人的にその責任を負わされるとか、そこから一般に驚くべき結果や目に見える直接の結果が生ずることもなく）「中間的」－順応主義的原理、「能動とも受動ともつかない」共同作業が、あらゆる企業にゆき渡り、こういう行動類型がデトロイト、ヴッパータール、スターリングラードなど、至るところで自明とされているという事実である。平均的企業、少なくとも現代の重要な大企業には、（目標は何であれ）義務が要求されるのが当然であり、労働者には、「共同で営まれ、共同で営む」こと、労働者の唯一の存在理由（raison d'être）は、毎日の営業目標達成に寄与することにあるにもかかわらず、目標は想像もつかず、（マルクス主義の根本問題とのアナロジーで言えば）生産目標のイメージの「私的所有者」でない労働者には、目標はまったく無関係であるのが当然とされている。労働者は目標を知らない、知る必要がない、知ってはならないとなると、明らかに彼は良心を持つ必要はない。個人的良心によって吟味され命じられる「行為」は停止され、「能動とも受動ともつかない」共同作業の実直さがそれに取って代わるのだ。企業に「良心」が存在するとすれば、それは自分自身の良心を一〇〇パーセント抑えた逆説的な補償であるか、または誇りとしてである。企業製品が自分の良心に反するとか普遍的道徳法則に反し、それを使用するのは非道徳的であるとか、少なくともそれが非道徳的に使われうることを理由に、工場労働者や事務員が、企業の機械装置とこれ以上の共同作業はやれないと言えば、よくいってもばか扱いされるか、直ちにその異常な振舞いの結果を思い知らされることになるだろう。

どんな場合でも労働自体は「道徳的」とされるが、現実には（in actu）労働の目標や結果は——これが現代の不幸な特徴である——原理的に「道徳には無関係」とされている。どんな労働をしようが、労働の成果は「善悪の彼岸」にある。これ以外のどういう非ニヒリズム的な言い方をしても、みな単なるまやかしにすぎない。——ところがどんな場合も、——これは確かに不幸のクライマックスだ——労働自体は決して「悪臭を放つ（olet）」ことがない。労働の所産がいかに非難すべきものであっても、労働がそれに汚染されるということは、考えられうる問題として心理学的に問題にされたことは一度もない。道徳的に見て、製品と製品製造が分裂しているのだ。（たとえば毒ガスや水素爆弾のような）製品の道徳的状態が、労働によってその製造に加担している者の道徳的状態に影を投げかけることはない。自分の仕事を知ろうと知るまいと、仕事に対して良心は不必要である[19]。先に述べたように、こういう「良心の欠如」がすでに企業にゆき渡っているのである。——

企業は「良心なき‐中間的」なタイプの人間が生産され、順応主義者が生まれる場所である。そこで刻印された人間は別の問題圏、別の「企業」に移されても、本質的に変わることなく、即刻彼は猛烈に働いて、われわれをぞっとさせる。以前から既成事実（fait accompli）となっていた良心の停止は、純然たる良心の欠如という様相を呈し、責任の停止は純然たる「道徳的狂気（moral insanity）」の様相を呈する。

こういう事実を予測し、現代企業が鉄工場であり、労働形態は統制の模範であることを認識していないかぎり、順応主義的な現代人の姿を理解することはできない。また、前述の裁判で「共同作業で行なった」犯罪を後悔して責任を負うことを拒絶した「冷酷な」人々にとって、何が大事であったかを理解することもできない。

誤解してもらっては困る。この場合、「理解して許す（comprendre pour pardonner）」など以ての外である。私が（同胞とは違って）ああいう連中の犠牲にならなかったのはほんの偶然だっただけに、そういうことほど私に縁遠いものはありえない。――はっきりさせておきたいのは、そういう犯罪は現代の労働形態の「中間性」に基づいていたのであり、このため現代の本質と密接に結びついているということ、したがって、（ほんの一時的に）そういう犯罪と（たとえば「集団責任」という説明によって）対決しようとした当時考えられていたものよりはるかに恐ろしく不吉なものであったこと、しかもその前提条件である現代の労働形態は残っているだけに、恐ろしく不吉なものであるということである。そういう労働条件は、現代でも当時と同様に至るところに存在しており、可能な救いを求めうる方向は知られていない。今日ゆき渡っているものと異なる生産様式や労働形態は、想像することさえできないからである[20]。したがって、そういう犯罪のうちに、たまたま歴史空間に迷い込んだだけであって二度と起こる心配のないいわば「例外的出来事」を見るのは完全な自己欺瞞である。逆に「中間性」と順応主義は以前よりはるかに広範にゆき渡っているだけに、恐ろしいことが再び起こるのを何が防いでくれるのか、「ジェノサイド」を実行しようと思いつくヘロストラトスのような男が、現代人が信頼している共同作業を一瞬疑ってみようとする原因となるのはいったいなぜなのかを認識することができない。そういう男は、安心して眠れることだろう。現代人はそういう男を見捨てるどころか、彼に熱狂して集まることだろう。労働者である現代人は共同作業そのものの訓練を十分に受けている。自分の良心の代わりに（時代に強いられて）身につけた実直さは、参加している活動の結果を見ない、見るのが避けられないときには理解しない、理解することが避けられなければ覚えておかずに忘れる――要するに、何をしているかを知ろうとしない誓いに似ている。

以上述べたのは、現代の道徳的ディレンマの恐ろしさである。われわれは、一方では現代人に一〇〇パーセントの共同作業を労働一般の条件として、少なくとも労働の美徳として期待しながら、他方では現代人に「企業世界の外部の領域」では「自分自身」として振舞うように、つまり「中間的でなく」、道徳的に振舞うことを要求している（世界は本来ならば、こう要求できる世界であるはずだと考えている）。そういう状況はありえないのだ。それがありえないのは、二つの理由による。

1　重要だとしても、「企業世界の外部の領域」がまったく存在しないからである。現代人に要求される重要な仕事は企業の仕事という形を取り、現代人は殺人者として「行為する」のでなく、仕事（job）を済ますように仕組まれている。絶滅収容所の所員は「行為した」のではない。ぞっとするような話だが、彼は働いたのである。労働の目標や結果は彼には関係がなく、労働は労働としては常に「道徳的に中立」とされるから、彼は何か「道徳的に中立」のことを済ませただけなのだ。――

2　「順応主義者」としての労働と非順応主義者としての「行為」という、二つの絶対に違うタイプの在り方を実現すること、つまり、相いれない二つの行動様式の間の決してなくせない落差に支配される生活という、精神分裂病的な生活に耐えることが、人間（平均的な人間）に求められているからである。要請としての分裂病は確かに無気味なものであり、これと比べれば今日まで人間に与えられたあらゆる要求は、どんなに至難の道徳的要求でも快い刺激にすぎぬものになってしまうほどである。――

「仕事を見ないこと、あるいは知らないこと」、つまり作業に内在しているエイドスやテロスをめざさないこと、つまり（先に使った「アポカリプス不感症」という言葉とのアナロジーで言えば）「目標不感症」であることが、中間人の「秘密の誓い」であると述べた。——

この「誓い」という言葉は無論、単なるメタファーである。この言葉は、中間人には全然ふさわしくない自由を想定しているからである。このメタファーを使うのは、自分のやることを知ってはならないこと、無知が企業利益のためには望ましいものであることを示すためである。しかし、中間人に知ろうとする欲望があると想定するのが誤りである。事実、少なくとも労働の現実においては、ともかく「計画」されているテロス（あるいはテロスである使用）を見ることはまったく無益で、労働の妨げになるだけだろう。ふつうエイドスをめざそうとは考えもしないところで、（大量生産）労働に没頭して、次々新たに現れては消えていく、それぞれの段階にかかりきりになっていなければならない以上、ほとんどの場合、エイドスをめざすことができない。なぜならば、労働が完全な製品のうちに終わることは決してなく、労働は常に「外面的に終わる」だけで、引き続いてサイレンが鳴り、またもや労働が繰り返されるからである。

これではまだ、人間の根源的な変化を述べたことにはならない。初期プラトンの対話篇からハイデガーの「事情性」の分析に至るまで、人間的行為と製作は、行動において実現されるべきエイドスの追求として述べられてきた。製作されるべき（あるいは行為において到達されるべき）もののエイドスは、中間的な作業においては「撤去」され、作業はエイドスなしに進められる。——アリストテレスは人間の行為を、（料理のように）テロスを追求するものと、（散歩のように）自分自身だけをめざし自分自身のうちにテロスを持つものとの二種類に分けたが、今日の労働や作業から目標やエイドスが撤去されていることは、この区別を無効にしてしまっている。なぜならば、機械を前にした労働や統制された共同作業は、目標をめざさず、散歩のように目標に到達することもないからである。

中間人のこういう記述は、本来のテーマにどういう意味があるのだろうか。アポカリプス不感症の原因の問題について何を意味するか。どうして「中間的在り方」がその原因のひとつなのだろうか。

実際はこの関連は非常に密接であり、中間性のあらゆる特徴は基点として使うことができる。どの特徴から始めてもみな同じように、まっすぐにアポカリプス不感症に至りつく。

1　中間人は「能動とも受動ともつかない」ため、労働が彼にとって果たす巨大な役割にもかかわらず、労働の現実には投げやりで「身を任せ」ている。ぜひとも（à tout prix）「続行されること」、自分が責任を負わずに続行されることを期待している。

2　活動は決して「めざして」いた真のテロスに終わることはなく、いつも作業自体にとっては偶然にストップするだけだから、未来と正しく関わっていない。現実に行為し計画する者は、行為を通じてひとつの時間を企投し未来を構成するが、「中間人」の作業はその場で行なわれる。彼が労働によって自分の未来を確保するという事実は、そのことに矛盾するものではない。労働自体が常に同じ過程の執拗な反復にあるからだ。本来彼は「無時間的に」生きている――「君の将来は引き受けた（Your future is taken care of.）」――終末や将来、可能的な破局が現れうる地平を欠いて生きているのだ。彼は未来を知らないために、将来の終末の切迫した危険を考えることができない。

3　良心を持つのは余分である好ましくない活動に慣れ切っているから、彼には良心が欠けている。良心のやましさはない。自分の労働の事情への疑いなど彼には無縁であり、自分の労働はアプリオリに「汚染されない」と考えているほどである。

4　彼は製品はすべて「道徳的に中立」であると信じ込んでいるから、絶対的に不道徳的な製品が存在し、独自の生産世界の全体が設営されたのは、そういう製品を製造するためだという主張は、必ず愚かなことだという印象を彼に与えるにちがいない。——

要するに、中間的な在り方のあらゆる要素が結託して核兵器との関係の理解を妨げるのだ。「終末」という言葉の意味を理解することもなく、「中間人」は慌ただしくかつ投げやりに、自分の終末へ向かって働いているのである。

VI　絶滅とニヒリズム

19　行為が行為者に似るのではなく、行為者が行為に似る——現代の定言命令・「その行為の格率が君自身の行為の格率となりうるような事物のみを所有せよ」

見える者に責任を負わせるか、それとも盲目の人に負わせるかはともかく——道徳的に決定的な事実の本質は無論アポカリプス不感症にではなく、核兵器自体、われわれが核兵器を所有しているという事実にある。先に（二六九頁9）示したように、「所有」はこの場合、所有者が望もうと望むまいと、自動的に「行為」になる以上、この事実は、ここで道徳的に問題になっている事実が、行為としての核兵器であることを意味している。

こういう規模の行為が問題であるところでは、行為の道徳的な質を決定するのは、行為者の質とか多少とも善い意志や洞察や志操ではなく、その結果である。どんな粗雑な区別であっても、心理学的な区別が完全に役に立たなくなる限界が存在する。

その限界を越えると、計画的犯罪と軽い罪（crimen veniale）との違いを固持しても、それはアカデミックな無駄になるだけだ。

行為者が何をめざしていたと言おうが、それとは無関係に、彼が脅かしたり引き起こしたりすることを彼が実際に意図していたかのように判定しなければならない。

人間の命に関わっている以上、「行為の善悪は行為者によって決まるのではなく、逆に行為者の善悪は行為によって決まる」という非人間的に聞こえる命題が妥当する。

正常な行為の判定にはこの命題は無論妥当しない。意図的行為と無意図的行為との区別を破ることはできない。われわれの場合にもこの区別の否定が成り立つのは、この区別をたゆまぬ教育活動に結びつけ、行為の結果を絶え間なく愚かな行為者に突きつけて、あらゆる手を使って結局は極端な意味で、彼が悪いとする場合に限られる。――

今や開始され毎日広い範囲でなされているように見えるこの活動が成功するかどうか、いつ成功するかは、もちろん予見できることではない。行為者の道徳的判定をこの活動の成果が明らかになるまで引き延ばしておくことは無論不可能である。したがってこの場合――こういう非人間的に聞こえる「事実に反して疑う（In dubio contra rerum）」という命題の根底にあるのも人間への配慮にほかならない。すなわち行為者がこういう道具を廃止せず、所有している道具で脅し、誤って「実験」と呼んでいる活動を続行するかぎり、彼は有罪とみなされなければならない。しかも、行為の結果が絶滅である以上、彼はニヒリズム、地球規模のニヒリズムの罪を犯しているのである。

こうして最後のテーゼに達した。すなわち、核兵器の主人は活動しているニヒリストである。

これは奇妙に聞こえるだろう。われわれが「ニヒリスト」としてふつう考えているのは、まったく別種の人物だからである。革命前のロシアに現れたような悲惨な単独行動に狂奔するアナーキスト、当時の徹底的に懐疑的な西欧知識人、犠牲者たちの叫びによって、つまり「われ絶滅す、ゆえにわれあり」によってのみ自分の存在を証明しうる独裁者やその部下だからである。――こういうタイプの人間と、核兵器を握っている連中との間に、どんな関係があるというのか。

直接には無関係だ。彼らは心理学的にはこういうタイプと似ていない。ニヒリズムについては聞いたこともなく、せいぜいで「ニヒリズムの克服」とか「ニヒリズムに対する十字軍」などといった決まり文句を聞いただけの者もいるかもしれない。彼らの多くは私生活では善良な、礼儀正しい、小市民的な人物であって、ニヒリストらしい並みの男でも備えているメランコリーやシニシズムとは無縁である。彼らは骨の髄まで「肯定的」で銀行口座は健全で、信条もそれに劣らず健全だ。

だが、それにもかかわらず彼らはニヒリストである。というのは、彼らが健全そのものの哲学、きわめて肯定的な宗教を告白し、そこに何ひとつ偽りがないとしても、――「客観的精神」の公開討論会に出てみれば、彼らの性格や哲学、宗教、誠実さはやはり飾りであり、ごまかしであることが明らかになる。なぜならば、彼らの自覚や意欲とは無関係に、現実に彼らはまったく別の哲学、別の道徳、すなわち彼らを信じ、彼ら自身もそれを信じている物の哲学や道徳に従っているからだ。というのは「客観的精神」の公開討論会に妥当するのは、「自分が所有する物が有しているのと同じ原則を、各人は有する」だからである。

これは三つめの奇妙な言葉である。これまでの定式以上に、われわれの習慣的思考にひどく逆らう定式だ。まず、この意味の特質を説明することにしよう。

これは、マルクス主義的でもなく、環境論的でもなく、「意識」（道徳、哲学、精神構造）は「存在」つまりいわゆる「状況」によって刻印されるという常識となったテーゼでもない。われわれの場合に適用すれば、核兵器の所有者は、悪い「状況」（これには不幸な核兵器製造の能力も含まれる）によって悪くされたから「悪い」というのでもなければ、彼らの「悪さ」はもともと悪しき意志から生じたのではなく「状況」から生じたのだから、彼らの「悪さ」は、道徳的には本来意味がなく非現実のものだというのでもない。そういうことなのではない。

というのは、物を所有している人がその「所有」によって現実に決定的に刻印される、つまり全体的に悪くなるなどとは全然考えていないからである。逆に、彼らが個人的、主観的には、その確信や感情、精神構造や行動においては、今日でも無害で礼儀正しく高潔であることは十分にありうるとわれわれは考えているのだ。ところが環境論者はこう言うのだ。

「個々の点ではいかに悪くても――結局彼らは全然悪くはないのだ。なぜなら、彼らが悪いのはただ状況のせいだからである」。

われわれが言うのはこうだ。

彼らは全然悪くない。しかし彼らが悪くないのは決して美徳ではなく、もっぱら「落差」の結果、すなわち、彼らが「所有している」物の後からついていっているという事実、彼らが小さすぎ、彼らが手にしている巨大なものによって刻印された事実の結果なのである。彼らは核兵器やその仕業ほどには化けものじみて悪くなれないのだ。すなわち彼らの美徳は彼らの破綻の徴候にすぎず、道徳的にみれば、ゼロであり無に等しいのだ。

さらに、彼らの美徳は核兵器が「登場」する前の生活地平の内部での行動に関わるものにとどまり、そのため彼らの美徳は無効で、ゼロであり無に等しいのだ。

現実的な美徳は今日ではまったく特殊なもののうちにある。今日では現実的に有徳でありうるのは、次のような人々だけである。

道徳的には、自分の「所有している」もの、つまり自分の「所有物」以外の何ものでもないことを洞察して、「概念の努力」は、この「所有物」が手に入り、それを獲得できて、それを（先に**13**で規定した意味で）「取り戻す」ことをいとわない、

あらゆる「所有物」に釈明を求め、その内密の格率を表明させ、

そういう格率のすべてについて、――普遍的立法の原理とは言わないまでも――それを自分自身の行為の格率となしうるかどうかを検討する、

この検討に耐えないあらゆる「所有物」を排除することを決心する――

今日では、こういう人だけが「道徳的」と呼ばれることができる。核の時代における彼の定言命令は、「その行為の格率が君自身の行為の格率となりうるような事物のみを所有せよ」である。――

無論、このような「所有物の良心検討」には現代人は慣れていない。人が「物」であるかのように人を扱うことがいかに自明のことであろうとも、――「人」であるかのように「物」と関わることは現代人には馴染みのないことである。だがまさにそれこそ現代の律法である。なぜならば決定的な「物」、現代世界を構成し、その運命を決定する「物」は、決して「物」でなく、物と化した格率であり、凝固した行為形態だからである。――

われわれが、あらゆる物を無差別に「手段」と考えて安心していることは、この研究の始め**6**（二六〇

頁）で確認した。最後に付け加えれば、まさにこの点に、われわれの不道徳性の本質があるのだ。

20　ニヒリズムのヤーヌス的定式

それゆえ核兵器の支配者たちは、核兵器がまだ前面に出ていない生活領域でいかに親しげで礼儀正しくても、――他のあらゆる特性を形無しにする特性である――核兵器の支配者という特性においては、自分の所有する核兵器の原則を所有している。先に見たように、その原則は「ニヒリズム」である。これはどういうことだろうか。いったい「ニヒリズム」とは何か。

この問いに答えるためには、しばらく核兵器を離れて、「古典的ニヒリズム」が起こった状況まで遡らなければならない。（「増加した」とか「発展した」のではなく）「起こった」という言葉が、すでにニヒリズムについて重要なことを示している。その状況の起源は衝撃的な状況だったからである。ニヒリズムは破局的な出来事の結果なのである。

その破局的な出来事は、「ロシア人」が何の準備もなく一夜にして、――当時の「ロシア人」にとっては自然科学を意味していた――「西欧」と出会ったところにある。その出会いは、神を失い輝きも消え、目的も正義もなく、救い難い状況にあって救済を必要としている物質的自然界との出会いであり、「ロシア人」がもっぱらそれに所属するに至った出会いであった。中央ヨーロッパの人々にとっては十九世紀には、意味を失った神なき世界における生活に（たとえば「道徳」や「文化」によって）少なくとも肯定的な生き方（modus vivendi）の外観を与える猶予期間があったが、そういう期間は、「ロシア人」には与えられていなかったのである。(21)

自然科学とのこういう出会いとその結果生じた教権政治世界の爆発が、精神的、感情的な習慣の全面的混乱をもたらしたことは、『カラマゾフの兄弟』を読んだ人なら誰でも知っている。[22]前日まではもっぱら宗教的意味をもっていた世界が、翌朝には物理学の問題を受け容れ、神、キリスト、聖霊に代えて、立法者なき法則、裁可を受けずに存在するだけの無意味で「非情な」法則である「自然法則」を承認するという課題、――歴史的状況が突きつけたこういう要求は、当時の人々にとって容易に解決しうるものではなかった。存在者だけを全面的に規定する自然法則は、（存在者として見いだされない）義務については完全に沈黙を守っていただけに、――要するに、今や万物が突如としてひとつの「自然」となったために、これはきわめて困難なことであった。この「万物は一である」という言葉に十分耳を傾けてもらいたい。（以前なら、誰彼の別なくあらゆる人を呑み込む死のことを指していた）この言葉のうちに、ニヒリズムの本質が顕わになっているからである。「ヤーヌス的定式」であるこの言葉には、二重の意味がある。一方では、「一切は一種類であり、自然という一種類しかない」――こう言い直せば、この定式は「形而上学的一元論」の基本定式を示しているわけである。[23]

他方では、この定式に含まれているのは存在者の法則だけだから、この定式は「義務は存在しない。一切は許されている」という意味である。これは、徹底的な無道徳主義の基本定式である。

シェリングやヴァイセに従って「何ものかが存在し、むしろ無が存在しないのは、何に基づき、どうしてそのように生じたのか、あるいはどうしてそのように作られているのか」[24]と問う、ロッツェの有名な問いは、幻滅したモラリストであるニヒリストにあっては、別の形で現れる。「何ものかが存在すべきで、むしろ無が存在すべきでないのは、いったいなぜなのか」。

ニヒリストならこう論ずることもできただろう。「存在者しか存在しなければ、なぜ、何のため、私は

〈存在すべき〉であるのか[25]。世界や私自身が存在してもしなくてもいいはずなのに、そうでないのはなぜか。世界や私自身が存在すべきでなく、ただ〈現に〉〈自然〉であるという事実に対して復讐して、私が絶滅に乗り出し、非存在を入手してならないのはなぜか。合法則的な自然自体には明らかに結論は出せないが、その結論をこの復讐という形で出すことが、私に残された唯一の行動ではなかろうか。それこそが、自然とは異なる何ものかとして確かに存在していることを証明しうる、少なくとも自分自身に証明しうる唯一のやり方ではなかろうか」。

パニックに陥ったニヒリストが語れるならば、ほぼこういう問いを発したであろう。要するにこの「一切は一である」というヤーヌス的定式はニヒリズムへの鍵なのである。というのは、これは、行動する一元論、正しく言えば、一元論に対する人間の復讐だからである。(この点については、補論II「ニヒリストのポートレート」三三一頁を参照されたい)。

このヤーヌス的定式は、われわれのテーマとどういう関係があるのだろうか。核兵器とどういう関係があるのだろうか。

恐らくもうそれぞれに答えが出ているだろう。だが答えは、明確に言い表さねばならない。その答えはこうだ。核兵器の秘密の原則は一元論ないしニヒリズムの原則と同じである。核兵器はニヒリストと同様に規定される。人間、装置、パン、本、家、森、動物、植物のいずれであれ、すべてを一様な自然として、すなわち、放射能に汚染されうるものとして、核兵器が扱うかぎりはそうである。それ以外のものは核兵器にとって存在しない。もし核兵器が語れるものなら、その言葉はニヒリストの言葉と変わりがないであろう。「一切は一である。世界が存在するもしないも同一である。世界が存在するもしないも同じでないはずがあろうか」。

これが核兵器の原則である。すでに分かっているように、物を所有している者はその原則も所有しているから、これは核兵器所有者の原則でもある。彼らが望んだり知っていることと無関係にそうである。したがって、核兵器の支配者を「ニヒリスト」と呼ぶのは、単なる言葉の上だけの問題ではない。それが紛れもない真実なのだ。

ニヒリズムの祖先と現代のニヒリストとを対比するのは、この二通りのヘロストラトスたちが同等であり、彼らはニヒリズムの偉大な人物として見るべきであるからだ。ニヒリズムのこの二通りの対照的存在の間に存在したのは、精神史でふつうニヒリストと呼ばれている人々である。彼らは無関心な者ではあるが絶滅する者ではなく、単に否定し「虚無」と書くだけである。しかし自ら「アンティクリスト」と名乗ったあの偉大な者も、現実にアンティクリスト的に行動した血にまみれた者たちも、――いかに偉大であり、あるいは憂鬱で思慮深く、または気味悪いほど劣等であったとしても、あの祖先やその孫である人物たちと比べれば、彼らはすべて中流の人間にすぎない。世界全体の存否に関わりをもっているのは、あの二通りの人物だけだからである。

存在者は存在する義務もないのに存在するのはなぜか。自分が存在すべきであるのはなぜであり、また何のためであろうか。こういう仮借ない問いと、崩壊した世界を現実に破壊しようとする絶望的な渇望、極端なメランコリーによって、ニヒリズムの祖先は一流の哲学的人物となった、――しかし、彼が熱中した破壊は強力でもなく、それによって直接に歴史に影響を及ぼすとも思われなかった。――

これに反して、その孫のほうは哲学的には興味のない、シニシズムやメランコリーには無縁の男(bonhomme)、個人的には無害で視野の狭い人物で、その他の技術革新と同様に、棚ぼた式に絶滅兵器を手に入れた人物である――しかし、彼は絶滅の力を有するばかりか、その力を発揮せずにおれない。そのため歴史的には、従来「歴史的」とされてきたもののすべてをはるかに凌ぐ巨大な存在である。

モールシアではこう言われている。「ペストの神々は穏やかな支配者で自分はペストにかからない」。――現代的破壊の神々も、このペストの神々に似て、彼らは自分が作動させうるものにしか目もくれず、彼らのほほえみは好意的で嘘偽りがない。しかしこの破滅の神々の非常に好意的なほほえみほど恐るべきものはない。

21　核兵器とニヒリズムはひとつの症候群となっている

さらに、核兵器によって絶滅される無数の人々のほほえみがある。

ニヒリストになるのは、核兵器によって脅かしている者ばかりではない。核に脅かされている人々もニヒリストになる。われわれは皆そうなのだ。

ニヒリズムが完全に新しい段階に達したのは、ほぼ十年前のことである。ニヒリズムは初めて専門領域を出て、現代の大衆意識に影響を与え、それを崩壊させ始め、大衆の哲学ないし少なくとも精神構造となった。その後間もなく、一九四〇年から一九五〇年の間に書かれたニヒリズム文献は文庫本でも買えるようになり、二、三年の間は、虚無ほどよく「売れた」ものはなかった。

ニヒリズムが新たに大衆化した段階が、核兵器が初めて製造され投下されたのと同じ時期に到来して、人類の意味を否定する哲学と人間破壊の道具、大衆ニヒリズムと集団殲滅と歴史的に一致したことは、きわめて注目すべきことである。これは、まったくの偶然であったのだろうか。それとも、何か関係があったのだろうか。

この二つの時代現象の間の直接的な因果関係を求め、(核兵器の根底にある)アインシュタインの等式と(ニヒリズムを定義する)「一切は一である」という定式とを結びつけるのは、無論、無駄なことである。しかし別な関係が確かに存在する。この歴史的同時性は偶然の一致ではない。そこには、二通りの連関が見られる。

1 両者の根底には、国家社会主義という同一の歴史的事実がある。

国家社会主義自体がニヒリズムの一変種であったことは言うまでもない。ふつう言われる漠然とした意味でなく厳密な意味で、国家社会主義は事実、ニヒリズムであった。もう明らかなように、ニヒリズムの核心は自然主義的一元論であるが、国家社会主義はその条件を満たし、人間や人間集団を人間としては否定し、単なる「自然」、原料あるいは廃棄物として本当に絶滅する最初の政治的運動だったからである。古典的ニヒリストも真っ青になるほどの規模で、虚無や否定の哲学とニヒリズムと絶滅を融合させていた国家社会主義は、「絶滅のニヒリズム」と呼んでいい。

さらに、「絶滅のニヒリズム」を分割したものが、ひとつは核兵器であり、もうひとつはニヒリズムの(フランスの)一変種であった。核兵器の製造は、ナチスの「絶滅のニヒリズム」を出し抜くことだけを目的としたものだからである。——フランスのニヒリズムが示した「不条理な実存」は多かれ少なかれ、ナチ的恐怖のもとにおかれた現存在、つまり「無」であり「何にもならぬ現存」である、互いに無として絶滅が可能であるものとして自分を経験する人間を描き出すに至ったからである。——両者は、同一の歴史的出来事に対する解答であり、そのかぎりで両者は単に歴史的に同時であっただけではない。——

2　しかしおそらく、絶滅装置と哲学的ニヒリズムのひとしく攻撃的な共通の由来が、両者の間の最も重要な関係なのではない。より重大な結果をもたらしたためはるかに重要なのは、共通のものが根底にあるないに関わりなく、両者が等しいものとなり、ひとつの「症候群」となっていることである。これはどういう意味か。

この意味は、まず両者が心理学的に一緒に成長したこと、次に（大衆の哲学や感情より以上に）現代の大衆意識にとっては十年ほど前から、ニヒリズムと核兵器とがひとつの複合体になっているということである。この複合は緊密であるため、現代の状況を語り、現代の信条を述べている現代人には、核兵器の存在を現存在の無意味さの証人に仕立て、逆に現存在を核兵器の存在を正当化する根拠としていることにまったく無関心で、話す際にどちらを正当化しているのか全然分かっていない。前提と主張とが勝手に入れ替わったり、鏡に映したように議論が右から左へ、左から右へ移ったりする事実が、「症候群」の「堅牢さ」を示している標識である。この「堅牢さ」は、両者が共通の根源から発生したという意味でなく、接ぎ木された二つの部分が後から有機的に結びついたという意味である。前提と主張が入れ替わろうがどうなろうが、重要なのは、議論では反論できない解決不能なものではなく、全体が破壊的な、情緒的に妥当するだけの現代的イデオロギーの断片にすぎない[26]。核兵器とニヒリズムとはもう数年前から、こういう交換可能な関係になっているのだ。

一九五二年の旅行の際、ドイツで聞いた――会話の断片でしかないが、ここでの実例には十分なると思われる――次の会話が、現代の大衆意識では、ニヒリズムと核兵器とが現実にひとつになっていることを示している。この会話には、すでに述べた脅かされている者のあのニヒリズム的なほほえみが登場している。

*

一九五二年の日記

フランクフルトの少し手前で眠りから覚めたとき、誰かが「チェッ」と言った。（それは、昨夜ポーランドでの自分の「経験」をあけすけに話していたガッシリした男だった）。「なぜ、奴らはあれを投下しないのだろう」。すぐ分かったが、「奴ら」とは「ロシア兵」で、「あれ」は核兵器のことだった。

その相手の私の横にいたスウェーデン女性は、ただ「とんでもない」と言って手を振っただけだった。

彼は笑いながら続けて言った。「奴らが何のためにいるのか分かってるかな？」

「奴らって――誰のことですか？」とスウェーデン女性は尋ねた。

彼は頭を引いて「無論、奴らだよ」。

「ロシア人だ」と説明した。

「それであなたは？」と額に皺を寄せてスウェーデン女性は尋ねた。「あなたは彼らが何のためにいるか、はっきり分かっているのですか」。

「言ったじゃないか。それは同じようなものさ」。

「どこがですか？」彼女は丁寧に尋ねた。

「同じでないはずがない」と彼は言った。「奴らもおれたちも！　上着もズボンもだ！」

彼はぐるりと見回して笑いながら、同乗者に断言してから、「あんたは一体何のためいるんだい？」

スウェーデン女性は形而上学の中を旅行しているのではなく、国際的な学童保育所の用事で旅行していたから、何も返事できなかった。今や勝ち誇ったようにニヤニヤ笑いながらその男は言った。「ほれ、見ろよ」。するとそのとき、信じられないことが起こった。(無論私以外には誰の目も引かなかったが)。彼は自分の議論を突然逆にして、こう続けたのだ。「あんなものがあるのに、われわれが何かの役に立つと思っているのかね? あんたがその子たちのために旅行している、あの子供たちはどうかね?」これが最後の言葉だと言わんばかりに、彼は身を引いて、そのスウェーデン女性を決定的に嘲笑した。車室にいた者は誰も彼に反論する者はいなかった。彼は笑っていた。

おそらく日常的に何千もなされている会話の偶然の一例である、この大衆ニヒリズム的な会話の中では、人間の「無益な存在」も破滅の可能性もニヒリズムも核兵器もみな同じようなものだった。——われわれは無益な存在だから核兵器が登場したのも正しく、核兵器があるからわれわれは無益な存在であり、われわれが無益な存在である以上、核兵器もこれ以上悪くしようがない、などなど。……吐き気がし気が遠くなる、無力感や見当違いの勝利感、後ろも前も、何が前提で何が主張か分からないまま、虚無を軸にした見せかけの議論のメリーゴーラウンド。それから飛び出し、それを粉砕しなければ、生きているかぎりそれから逃れることはできない。

* * *

VII　あとがき

「核兵器がニヒリストに握られていないのは、何たる恵みだろう」という記事を読んだことがある。この深い溜息は、思慮を欠いた人の溜息であった。

核兵器を握っている者が、実際にそれを使うとなると、誰が持っているかが決定的なことだ。しかし、使わなければ、誰が持っているかはどうでいいことだ。

核兵器が頭上に吊り下がっているのは、われわれ現代人だけではない。今日は避けられても、明日は起こるかもしれない。明日はわれわれの息子たちの頭上に吊り下げられ、明後日には孫たちの頭上に吊り下げられるかもしれない。核兵器を免れている者はいない。登場する世代が将来どこまで続くにせよ、また彼らが核兵器を逃れてどこへ行こうと、彼らはやはり核兵器を携えていくのだ。まるで核兵器が先導するように、彼らは厚い雲のようにその後からついていくのだ。極端なことは起こらず、核兵器は投下されずに頭上に吊り下げられたままであるとしても、——今後われわれは、この離れられない連れの影の中に生きる存在なのだ。希望もなく、計画もなく、自分たちにはどうでもいいことのように。

われわれが奮起して決心しないかぎり、そうであるほかはないのだ。

あの新聞記者の深い溜息は、思慮を欠いているばかりではない。あれは無意味だ。その無意味さは「汚物が汚れた手に握られていないのは、何という恵みだろう」と書く場合に劣らない。手が以前どうだったかが問題なのだと書く場合と同じぐらい無意味である。手は現に汚れているのだ。汚物によって。それだけが大事なことなのだ。手はいつまでも汚れているだろう。

われわれが奮起して決心しないかぎり。兵役拒否と同様に、公然と誓って、起こりうる危険をはっきり自覚して、各人が、どんなに物理的圧力や世論の圧力があろうとも、核兵器の製造や実験や使用に少しでも関係あることには断じて加わらず、核兵器のことを語るときは、忌まわしいものについて語るように語り、肩をすくめながら核兵器を我慢している人々にははっきりと教え、核兵器を擁護する者からはきっぱりと離れること。

こういうことを始めて、この最初の一歩が踏み出され、続いてもう一歩、さらにその次の一歩が歩み続けられ、こういう約束を拒否する者が約束した人々から浮き上がり、罵られ、人類存続のための戦いのスト破りとされるようになるまで続けられないかぎり。

核兵器はあるひとつのことを成し遂げ、それは今や人類の戦いとなっている。宗教も哲学も、帝国も革命も実現できなかった、人類を現実にひとつの人類にすること――これが、核兵器によって成し遂げられたのだ。襲いかかるものはすべてわれわれ全員に関係があり、崩れ落ちる屋根はわれわれの屋根で、死にゆく者（morituri）としてわれわれはひとつのわれわれになった。初めて現実にそうなったのだ。

このために核兵器が必要であったのは名誉なことではない。しかしそれは忘れることにしよう。それがわれわれなのだ。われわれが、生きる者でもありうることを示し、今日の黙示録的恐怖を過去の悪夢に変え、ここに述べてきたような言葉に対して、ただ「何という余計な悲壮感だろう」と言えるようになる日が来ることを期待しよう。

* * *

Ⅷ　補　論

Ⅰ　二八八頁への補論・感情の可塑性について

「大きすぎるもの」を把握し理解するという課題、つまりわれわれの心が把握しうる範囲を意図的に拡大するという課題は、最初思われるほど法外なものではない。これは、生活上よく現れる問題や仕事を表す「何かを覚悟する」という言葉遣いのうちにすでに示されている。たとえば、運命の一撃を「覚悟」すると言うのは、(何をやるのかは漠然としていても) ふつうの心の大きさに比べれば「本来」大きすぎる出来事を受け止める準備があるということにほかならない。「大きすぎるもの」を引き受けるのに「内的に」合わせるために、疑いなくわれわれは何かを企て、その「捉えがたさ」にもかかわらず、大きすぎるものを理解して、それに捉えられて「取り乱したり」、打ち砕かれたりしないために、どうにかして自分を「拡大し」ようとするのだ。——これは、ほんのヒントにすぎない。

これだけでは無論まったく不十分である。感情の可塑性の問題にアプローチするためには、相当に回り道して、「哲学的人間学」の深みにまで触れなければならない。

「人間の不確定性」(27)すなわち人間には特定の拘束する自然が欠けていること、肯定的に言えば人間の不断の自己産出、たゆまぬ歴史的変化が――人間にとって何が「自然」で何が「不自然」とみなされるべきかを決定することを不可能にする。そういう二者択一がすでに誤りである。「人工性が人間の自然本性なのである」。

生き方やモラルの歴史は、人類がみずからに拘束を課すことによって自分の不確定性を補い、社会的にも心理的にも常に新たに自己を確定し、絶えず新しいものになろうとしてきた一連の試みである。すなわち人類が「本来は」そうでなかったが、存在しようとするかぎり、その形で存在しなければならないものに絶えずなろうとしてきた一連の試みである。なぜならば、人類はいかに不自然であろうとも、特定の社会としてしか生きてゆけなかったからである。

あらゆる種類の動物は特定の世界や社会の枠組を与えられ（あるいは今では身体の枠組と同様に決定的なものとなっている社会の枠組を発展させ）ているが、人間の持参金は「社交性一般」、いわば人間が生きようとすれば後で記入しなければならない白紙小切手である。言い換えれば、人間は世界や社会の枠組を自分で作り出さなければならないのである。この産出である人間の実践が、「一般」（「社交性一般」）という渡された持参金の不確定性に対する人間の答えである。人間が作るものは「不自然」であって、「一般」と比較すれば偶然的なものであるから、この偶然的なものがいわば少しでも持続するためには、拘束性のあるものとされねばならず、今日に至るまで、社会枠組の創設や貫徹に厳格さと暴力を必要としたのである。何よりも無論、この創設の際に階級として敗れ、貧乏クジを引かざるをえなかった者たちに対する暴力が必要であったが、ある意味では人間の自然一般に対する暴力が必要であった。人間の自然は常に「社交性そのもの」に合わせて裁断されていたにすぎず、決して「特定の」社会枠組に合わされているわけではないからである。

したがって、社会枠組が成功するのは、人間を全体として形づくる場合に限られる。だが人間の形成が全体に及ぶのは、人間の感情も同時に形づくられる場合だけである。――ここでわれわれの問題になる。

無論、たいていの場合、こういう感情の形成をことさら行なう必要はなかった。というのはふつうは、新しい社会や世界の枠組が要求を突きつけ始めると、人間はおのずからその新しいものに感情的にも合わせ、今や自分が生きてゆかねばならない人工的な世界を自分にとっての「自然的な」世界としなければならないからである。人工的なものへの人間の「習慣」としての「適合」が「慣習」と呼ばれるものである。人工的世界に適合したものにとって、人工的世界がいかにも「自然」となり、後天的なものがいかにも先天的なものとなり、偶然的なものがいかにも必然的なものとなるのだ。――

しかし、慣習という自動的過程にいつも委ねておくわけにはいかない。しかもまさに――この連関はもう明らかだが――落差-現象があるため、慣習に委せておけないのである。それは、感情の変化が世界の変化とは比べものにならぬくらい徐々にしか進まず、感情を有する者としては、人間は自分におくれるからである。そのために、感情を後から補ったり、作り出すことが再三必要になる。この必要は特に「落差」が政治的な危険である場合、つまり世界の変化をおくらせたり妨げたりしそうな場合、すなわち、自分に課された新しい「世界」が余りにも新しく余りにも暴力的であるために、人間が「世界」に抵抗する危険がある場合には緊急を要する。たとえば、われわれが目撃し犠牲となった、三三年のナチのプロパガンダを見ればこのことは明らかである。あれは実際に、巨大な規模での感情の生産以外の何ものでもなかった。それを党が必要と考えたのは、そういう感情に満たせば、犠牲者たちは強制される恐怖政治の体制を、熱狂的ではなくても受け入れやすくなると踏んでいたからである。(28)

すでに述べた（出来事［res gestae］や思想の歴史とのアナロジーでの）「感情の歴史」の欠如は、おそらく歴史哲学や歴史学の最大の欠陥である。「感情の歴史」はせいぜいで、たとえば宗教や芸術の歴史といった意図しない形で存在しているだけである。こういう欠落が生じたのは、感情生活は人類の歴史では一定しているものだとか非歴史的なものだとする先入見のためである。この先入見の根源については、ここで立ち入ることはできない(29)。

まさにひとつの先入見が問題なのである。歴史の歩みの中で変わったのは、われわれの実践の形態ばかりではない。われわれのカテゴリーが変わっただけではない。直観の仕方が別種のものに席を譲っただけでもない。はるかに緩やかではあっても、感情にも歴史があったのだ。世界宗教はただ内容が異なるだけで、その内容を除けば世界宗教は結局はすべて「信仰」にすぎなかった（つまり「同じように感じた」）のだ――今日でもこういう断言を合衆国で聞くことができる――という合理主義や理神論のテーゼは、まったく信頼できないものであり、これはもともと、合理主義は自分で分かっている以上にキリスト教的であり、すなわち「感情一般」に対して歴史的に刻印されたそれ自身の感情を保持していることを示しているにすぎない。むしろあらゆる宗教は、独自の（sui generis）感情の体系であり、あらゆる宗教の創設は、人類の情緒の歴史における現実の革命であり、現実的な感情の創設だったのである。――

人間の感情が一定しているという考えがいかに無意味なものであるかは、さまざまな時代の芸術作品に盛り込まれた感情の多様な種類、いや個性を思い浮かべれば明らかである。ドラクロアはパルメジャニーノと、ベルリオーズはパレストリーナと異なる感じ方をしたわけではないとか、彼らはまったく別な作品を作った「だけ」だとはおそらく考えようがないだろう。特殊なジョルジョーネ風の感情をジョルジョーネの絵画によるまでもなく知っていたと言うような人は、まともに相手にしてもらえないだろう。こういう芸術家が逆らったり従ったりして創作を行なった歴史的世界を、彼らそれぞれにまったく異なった形で感じ取っていたのだ。こういう歴史的に多様な感情の違いを見れば、われわれの今日の世界に適した「新しい感情」と言っても、それほど奇妙なものとは思われないだろう。新しい感情は別に新しいものではない。事柄をはっきり言うのが新しいだけである。——

感情の及ぶ範囲を意図的に拡大するという、ここで提唱している特殊な変容も新しいことではない。むしろ、特に魔術や宗教的な修行の歴史や神秘主義の歴史に見られる、感情拡大の一連の歴史的実例と同列のものであろう。しかしこういう遠くの事柄にまで思いを馳せる必要はない。というのは、われわれの生活も拡大の技術を知っているのだが、それが決してそれとして認められず、こういう言葉で呼ばれていないだけだからである。私がここで意図的な感情拡大の可能性を説明するために利用しようとする技術は音楽である。以下の実例を理解しようと思えば、音楽に関する通常の言葉をしばらく忘れておいたほうがいいだろう。——

実例・ブルックナーのシンフォニーを聞いているとしよう。

シンフォニーの音楽的な出来事によって築かれる「ブルックナーの世界」は、それと並べるとわれわれの日常的世界の広がりや大きさが消え去ってしまうような広がりと大きさをもっている。われわれがこの広大な出来事に心を開くとき、あるいはその力によって心を開かれるとき、この出来事がわれわれのうちに流れ込んできて、われわれを満たす。われわれはそれを「捉え」「把握する」。言い換えれば、われわれの心が拡張され、自分では心に全然与えられないような範囲にまで、われわれの把握が広がる。こういう「過度の緊張」という体験に耐えらないことが多く、それは過大な要求だと思われるのも不思議ではない。

しかし、「われわれ自身」が自分の心にこういう大きさを与えないというのは、どういうことなのだろうか。

結局、このシンフォニーはブルックナーの作品である。つまり人間の作ったものである。ある意味では「われわれによって」作られたものである。

このように見ればシンフォニーはまったく新しい様相を呈する。そのとき、シンフォニーはわれわれ自身によって作られた道具で、それを使ってわれわれが自分の心の容量を拡大するように思われる。

無論、こういう弾性や拡張を、ガスを詰めたゴム風船がガスを「容れて」膨らむような、機械的な事柄と考えることはできない。心が「中身」（つまりシンフォニーの世界）を「容れ」ることは、心がそれを常に同時に「理解する」ことを意味する。現実に心がシンフォニーを「容れる」のは、心がそれを「理解する」かぎりにおいてである。シンフォニーを現実に経験すれば、心は（「体験する」という意味で）大きな変化をみずから経験するのである。この関係は、決して二つの延長物（res extensae）の間の関係ではない。流動物の容器とその中身との関係ではなく、理解する主体と理解される対象との関係である。

それとも、理解の主体と理解の対象との関係でもないのだろうか。

ここでの「対象」とは何か。捉えられたシンフォニーは、行儀のよい「対象」として心に「向かい合って」いるのだろうか。

そういうことはない。聞き手は音楽のうちにいるのであり、音楽は彼のうちにあるからだ。この曖昧かつきわめて注目すべき関係を「対象」という言葉で言い表していいものだろうか。

そんなはずはない。音響的なものの領域、少なくとも音楽の領域では、（人間の世界に対する光学的な関係から読み取られた、主観―客観の対立を普遍的に妥当すると考える）認識論者には驚きだが、主観―客観の対立はその意味を失うのである。能力のある人が音楽を聴くときには、人は対象と同化し、対象は人と同化する。あらゆる演奏は現実化した同一哲学の断片なのだ。演奏はすべて人間が自分の作品を「取り戻す」状況なのだ。これはたとえば、――誤解は避けられないようだが、「客観主義―主観主義」の二者択一はまさに不十分なのだ――「主観主義的な音楽美学」を述べているのでもなければ、聴き手を何か曖昧な気分にさせるのが音楽作品の使命だと言っているわけでもない。それでは、音楽に非音楽的なものを加えるだけである。人は「音楽の中に」いるときほど明確であることはない。音楽を聴く人の気分は、聴かれる「声」や「対象」の経過とひとつになっている状態と切り離しようがないからである。「対象」の最高に分節された形態や大きさ、緊張や経過、「空間」やテンポ――これらのすべてを演奏者も聴き手も実際に受け取り「一緒に」生きている。つまり彼が客観となる。――また他方では「表現」や「気分」などのふつうは主観にのみ帰せられるものがすべて、まさに対象そのものである音楽に属しているのである。言い換えれば、主観と客観、状態と対象が統一されるのだ。「主観主義的音楽美学」や「客観主義的音楽美学」はいずれも、音楽では全然存在しない主観と客観との対立を十分なものとして前提しているから、いわば不十分なのである。（たとえば踊りのような）他の芸術でも、主観と客観、踊り手と踊られるもの（演奏者、楽器、演奏される作品）がひとつになって、主観と客観とが分かれないことに慣れている以上、こういうことに驚くことはない。――芸術作品のうちに、感じられた感情の反映や「表現」しか見いださず、何ひとつ説明しない主観主義的音楽美学は実にばかげている。芸術作品がたとえ「感じられた感情」を表現しているとしても、なぜその芸術作品がわれわれをそのように感動させるかを少しも説明できないからである。作品を作曲する際に感じたものを、作曲家はこの作品を通してしか感ずることができない。すなわち、芸術作品は独自の（sui generis）感情を産み出し、その感情は、制作された対象がなければ現実化されえないのである。その感情は、対象の構造から独立した単なる気分としては永続しない。芸術作品がわれわれを入れる状態はまさに人工的であり、お好みならばそれを「芸術作品」と言ってもいい。

今挙げた実例がわれわれのテーマからかけ離れているように思われても、その根本問題について、この実例には基本的なことが示されている。すなわち、人間は決して、決定的に出来上がった感情という持参金だけで満足しなければならないのではなく、むしろ常に新たな感情を産み出して、心の日常的な広がりを超えて、まさに「過度の要求」と呼んでいい要求を感情の捉える力や弾性に突きつけるのである。

証拠を芸術ないし音楽の領域から取らねばならなかったのは偶然ではない。自由の領域であるモラルの領域では想像力が制限されるのに対して、想像力の領域においては、自由が与えられるからである。――

II　三一五頁への補論――ニヒリストのポートレート

I　ヘロストラトスの弁証法――適切な復讐の本質は、全体的ヘロストラトス主義、宇宙的な規模でのヘロストラトス主義というものにあるはずであったろう。古典的なニヒリストは実際に宇宙の絶滅を夢見たのである。古典的ニヒリストは、そこにしか「真なるもの」を見ず、そこにのみ復讐欲を満たし、メランコリーを終わらせることを期待していた以上、彼は真に哲学的な人物であり、形而上学者と対をなす陰鬱な人物であった。事実、ニヒリストと形而上学者とは同族なのである。ある種の中間的な人物、そのどちらにも算え入れられる人物が、特に神秘思想家の中にはいる。ヘルダリーンのエンペドクレスは、孤独者として常に孤独者としか関わらないでいるように定められていることに耐えられず、全体への情熱から、あらゆる特殊なものを特殊なものとしては否定されたものとみなしたがったが、結局は自己否定以外には逃げ道を見いだせなかった。彼はニヒリストの熱狂的な隣人で、このいずれのタイプにも属していた。

この例は思いつきではない。というのは、いずれのタイプにも、全体性への渇望が満たされえない挫折が本質的に含まれているからであり、全体的絶滅の技術的可能性が存在していなかったために、復讐の夢を決して実現することができなかったからである。古典的ニヒリストが今日に移されれば、原子爆弾という「チャンス」に、もう失敗の言い訳はできない以上、驚きの余りではなく幸福の余り、息も詰まる思いをすることであろう。——

ニヒリストは破壊の狂暴さを「フラストレーション」によって失うことはなかった。それは、形而上学者がフラストレーションのために情熱を失わなかったのと同じである。そのために、憤激を分散させ、あらゆる原理を無視して、ニヒリストのイメージに結びつけられがちな、あの動機を欠き計算抜きの、準備不足のパニック的で、賭け事じみた子供っぽい爆発が起こることになったのである。ニヒリストはいつも散発的なテロで満足せざるをえなかった。宇宙を破壊する代わりに片隅をかきまわすだけで、やむをえず(faute de mieux, faure de pire) 暗殺とか計画的犯行に手を出すだけで満足するほかはなかった。そしていつも、破壊された世界の代わりに、望んでいた虚無でなく、(いつも間違って) 爆弾で引き裂かれた知事とか (いつも偶然に) 暴行された子供といった、取るに足らないものが目の前で血を流し、被害者もその場で、明らかに彼の期待を嘲ることとしか考えていないことを経験しなければならなかった。……つまり、自分の特別行動が代理満足を与えないばかりか、反対に、——当時のすべての小説が証言している通り

――あらゆる「全体」の熱狂者が知っているように、渇望の背後に満足がみじめに残されていることが新たに明らかになると、いつも言い表しようもない悲しい出来事（tristia post）が起こるのを経験せざるをえなかった。『ファウスト』序幕の自分の「熱烈な努力」の無駄さ加減についての嘆きは、ニヒリストの言葉にそのまま置き直すことができる。

世界の虚無性についての絶望は高まって、常に虚無的なものの絶滅不能性についての第二の絶望に至りつき、さらに第二の絶望は結局は自己侮蔑、すなわち自分自身のヘラストラトス的な無能力への侮蔑に高まるのである。

この古典的人物が今日に移されれば、たちまち黙り込んで、こういう自己侮蔑が一夜にして壮大な傲慢さに変わってしまうのは疑いようがない。祖先の陰欝な情熱を思慮のない強大な力に結びつける世代を考えることほど、われわれを驚かすものはない。もうほとんどそこまで来ているのだ。――

無論、ニヒリストのこの「第二のメランコリー」は技術的な無力さからのみ生じたのではない。それは「ヘロストラトス的渇望の弁証法」そのものからも生じたのである。これはどういう意味か。

これは、あらゆるヘロストラトスが、絶滅に幻滅を味わいたくなければ、法外な行動は断念せざるをえず、自分の念願の夢さえも断念せざるをえないという自己矛盾に苦しんでいるという意味である。それはなぜか。

それは、彼がその他のあらゆる復讐者と同様に、自分自身を確証しようという密かな目的を知らぬ間に追っており、彼が自分を「否定する」と感じているために「われ否定す、ゆえにわれあり」が必要であって、彼はその確証を確証するために、確証してくれるものに頼らざるをえないからである。つまり彼の矛盾は、満足いくように世界を否定するためには、彼が否定しない世界が彼に必要であるということなのである。したがって、彼の熱望、彼の夢の熱望を、彼の暴行の目撃者の前で演じられる芝居であるシーンとしての絶滅に向けるか、それとも死んでいながら生き続け、血を流しながらとどまっている犠牲者へ向けざるをえないし、向けねばならないだろう[30]。彼はいつも、驚かされた者を見、叫ぶ者の叫びを聞かなければならなかった。彼らも一緒に絶滅させることは、たとえ彼の念願の夢であろうとも、それは、アポカリプスの画家のように、夢として残しておかざるをえなかった。しかしそのため無論、彼は自分の快楽の絶頂を抑えることになった。行くところまで行くことはもはや許されなかったからである。

要約すれば、絶滅の夢が出揃っても観衆がなく、観衆がいなければ、絶滅は確証されないため、彼には救いがなかった。ヘロストラトス的な渇望はメランコリックであり、そうであり続けたのである。

II　一元論者の弁証法――一元論者にはすべて、次のような矛盾がある。

一元論者は自分を（しかも徹底的に決定論的に理解された）自然の一部として非人間化され、全体的に自由がないものと思わざるをえないにもかかわらず、彼は自然であると同時にまさに自由である、すなわちあらゆる「超自然的な」権威や「義務」から解放されている、と信じている。

このきわめて独特な自由と自然との結びつきは（カントには理解できないものであったろうが）、前世紀の歴史によって確証され、すなわち（逆に）「自由」を記した旗を掲げる諸運動が常に同時に「自然」を標語にしていた事実、自由論と自然主義的理論とが徹底的に「一緒に（junctim）」登場した事実によって確証される。たとえば第一次世界大戦までは、進歩主義的自由主義者の善良な世界観的なトーンは本来、ダーウィン主義的でもあり、社会主義者にあっては、ダーウィン主義者でないことはまさしく義務の不履行とされた。（「人間から本来一切の自由権を奪う」）「人間は自然にほかならない」と（「義務」を確立する）

「人間の自由は最高の善である」という、二つのテーゼを肯定的な公分母になしえなかったことが邪魔になると感じられることは滅多になかった。相いれないテーゼが平和的に共存し、同じ体系という楽園の存在として助け合えるという事実は、マルクス主義が証明している。こういう楽園状態の前提は、相いれないテーゼが否定的な公分母、いずれの側も抵抗する何ものかで統一されたということだけであった。こういう否定的な公分母は、自由運動も自然科学者も抵抗した宗教にあった。社会主義者として「超自然的に」基礎づけられた要求に対して戦った者たちはおのずから（eo ipso）「自然崇拝」と自然科学をそれで支持していると信じていた。「厳密に必然的な」自然が逆説的に自由の標語となったのである。(31)

無論ニヒリストは、自由と自然との対立関係を考えている。体系はそれを中和させるが、決して安定させることはない。彼の慌ただしい態度は、何かが真理と調和していないことの証拠である。彼の不安を言い表せば、それは次のようなものである。

「〈自然〉でしかないから私は自由ではない」。

「私は自然だから、——あらゆる禁止命令から——自由なのだ」。

「私は自由だから、私の不自由に対する反抗を妨げるものは存在しない」。

「それゆえ、自分の自由を証明するために、自然と同様に盲目的に私は振舞うのだ」。

これが「循環」であるのは明らかである。しかしその非合理性は、時代そのものの秘められた非合理性と比べれば大したことはない。ニヒリストは異端者（enfant terrible）であって、彼には時代の秘密を黙っていることができなかったにすぎない。

III　一元論のショックの昇華と延期——一元論の真にショッキングな影響は、一元論が一夜にして異物のように突入して、世界概念や世界感情を破壊したところにしか現れなかった。それに対して、世界像そのものの科学的な変化を引き起こし、自然主義と技術や産業の興隆との結合を毎日目にしていた中央ヨーロッパは、そのショックを比べものにならないくらいうまく受け止め、一元論を数十年間飼い慣らして昇華させた。たとえばヘッケルが始めたドイツの「一元論的運動」(「一元論者連合」)は、その言葉から驚くべきものをすべて取り去っただけでなく、それに荘重な響きを与えさえした。「宇宙の書物」を鵜呑みにする、自然科学に熱狂した第一次世界大戦前の若者たちにとって、――私自身の記憶によれば――一元論はまさにひとつの「宗教」――当時「宗教」というように呼ばれていたものであった。ニヒリストを破壊に至るまで刺激した神なき宇宙が、われわれにとっては逆に神的に圧倒的なものだったのだ。ことの成り行きはきわめて独特のものであった。自分を「自然」だと考え、しかももっぱらそういうものとして感じ、少なくとも(情緒的なものにも「イデオロギー」は存在するから)そう感ずると信じていたから、その他のあらゆるショックに親近なもの、いわば「血縁があるもの」と感じていた。すなわち、一元論はロシアのそれとは異なり、熱狂的な汎神論、正しくは「汎‐無神論」に変わっていった。昔から神学によって主張されていた汎神論と無神論との同一性が、当時、現実に出来事となったのである。さらにその運動は、――血統理論、自然のうちに「実証されている」進歩が、進歩というカテゴリーの普遍妥当性を証明するために当時用いられたように――自動的に時代のオプティミズム、進歩の概念をその自然の概念のうちに統合した。ヨーロッパの一元論者は、(その自然科学や産業主義がまだ幼年期にとどまっていたために)機械論的法則に集中していたロシアの一元論以上に、自然を明らかに動的で生物学的な、自然‐史的なものと見ていた。――これは、数十年後にも国家社会主義的自然概念と共産主義的自然概念との間の違いのうちに反映されることとなった差異である。――

「全体は一なるもの」であり、まさに全体が「自然」であるとする平板な世界概念が、以前にも（たとえば十八世紀のフランス唯物論のうちに）存在していたことは、無論疑う余地がない。

しかし、この概念に対応する世界感情には、大衆人間を捉えるような世界感情が欠けていた。この感情は一元論が初めてもたらしたものである。すでに何度も欠落を指摘した「人間的感情の歴史」を書くとすれば、そこでは一元論が支配的な役割を演ずることになるだろう。というのは、それ以前のどういう運動であっても、一元論の運動ほど、ユダヤ‐キリスト教的伝統の二元論的な世界感情を疑わしいものとしたものはなかったからである。

一元論のニヒリズム的な要素がもはや抑えられなくなった時期に、すなわちナチズムが権力を握った時期に、このことは完全に明らかになった。というのは、この「出発」の時期に、（その他の多くのものと並んで）、一元論も「出発」して、その「一切は一なり」というスローガンの長らく包み隠されていた、第二の反道徳的な意味が再び顕わになったからである。――今度のニヒリストたちは、一握りの絶望した個人でなく、緊密な支配的な大衆権力からなっていたために、きわめて残酷に行なわれたニヒリズムの代弁者は、代弁者であることに満足せず、指導者として正義と権力との等式を事実において遂行し、実際に自然力を模倣して弱者を粛正したからである。ニヒリズムの代弁者がこの運動を（「血」や「民族」のような）自然を言い表す用語だけで身を飾っていたことは、そういう言葉が一種の一元論であることを示している。以前には自由の運動の旗印であった「自然」が、今やオルフィック教的であれ血なまぐさく飾ってであれ、恐怖政治の愛用語となったのである。――

IV　ニヒリズムの最後から二番目の位相――ナチズム固有の位相から目を転ずれば、ニヒリズムの三つの段階もしくはニヒリズムの三つのタイプが明らかに区別される。

1 (詳しく述べてきたように)、世界の崩壊によって「否定され」、現実に後退して「虚無主義者」となった、つまり世界を破壊しようと願いながらそうできなかった先祖たち。

2 (先祖のように情熱的に)願っているわけではないが、世界を破壊することができる現代の末裔たち、核兵器の主人。

この両極端の中間に現れたのが、

3 ヨーロッパの無関心なニヒリストである。彼は破壊を象徴的に、言葉の上で遂行すること、「食卓をぶちこわす」だけで満足している。この——精神史ではふつうニヒリストとして述べられる——タイプを絶望に駆り立てたのは、たいてい、宗教的な意味での世界の崩壊ではなく——そういう世界はすでに解体されており、自然主義がすでに既成事実(fait accompli)となっていた——、一部は「何の目的もなく」存在している個人の憂鬱であり、一部は無拘束性への洞察や、一元論的ショックを遮蔽するために一世紀前から宗教的な世界の代わりに打ち立てられた「道徳的」「文化的」な世界のまやかしへの洞察であった。無論それと矛盾するように見えたのは、(今日の原爆ニヒリズムによって取って代わられているこの中間的位相に最終的にけりをつけた)四〇年代のフランス・ニヒリストたちが、「神の死」をもう一度はっきりと中心に置いたことであった。これは、ブルジョア道徳はとっくに世俗化しており、自然科学的-技術的実践においては、神の問題はもはや議論されることもなくなり、「神の死」もすでに死んでいたから、彼らが歴史の歩みをなぞっているような疑いを生み出すかもしれない。しかし時代錯誤という疑いは誤りである。なぜならばこのニヒリストたちは、この定式をひとつの発見だとして述べていたわけではなく、とにかく最初の発見というのでなく、ただ「まやかし」も崩壊した時期に突如もう一度明らかになったこと、見るべきものは何もないこと、まやかしの背後は現実に空虚となっていること、長い間このまやかしを覆っていたものが今や現実に消え失せたことを確認したにすぎなかったからである。[32]この経験に基づいて、神は、一元論者や無神論者の末裔にとっては、まさに二度目に「死んだ」のである。

V　ニヒリズムの反駁不能性——周知の通り、ニヒリズムの根本問題は——ニヒリズムが表している苦境をふつうの「問い」という無害な形に翻訳すれば——、「なぜ、われわれはなすべきなのか」、あるいは「何に基づいて、それ自体が裁可されず、道徳的に真空の空間を漂っている枠の内部に道徳的な義務が存在するのか」というものである。

苦境は除去されるが、反駁されるものではない。ニヒリズムを反駁しようとするのはばかげている。こういう課題に取り組むのは、素朴な人かオポチュニストだけだ。

ニヒリズムの苦境をいくらかでも明確にしようとすれば、当為が「内部の現象」であること、すなわちなぜ当為が命令されるのかという問いは、あらかじめ肯定された生の内部でしか答えられず、道徳外の論証どころかもはや論証によらずに生が肯定される場合しか答えられないことが、その基本的な苦境であることが明らかになる。言い換えれば、世界や人間の道徳的な不可欠性は、もはや道徳的に基礎づけることができないのである。

モルーシアの「ニヒリズム問題入門」の次の教訓物語以上に、このニヒリズムの苦境を明確に言い表しているテクストを私は知らない。

「明かりは消えて、神には望ましくないが、誰にも不都合はない。導く者はいないが、誰にも邪魔されはしない——安んじてわれわれは言う、神に知られることもなく、巨大な船はオリオン座を通って進む。

船が近づくとき、どこに近づき、どんな目標が船を引き寄せるか、われわれにも分からない。船は遅かれ早かれ多くの同類と同様に暗闇に消え失せ、その存在は非存在に等しいものとなるからには、船の話をすることは無駄だと語る者は多い。それにもかかわらず、——これだけが船についてわれわれが唯一確実に知っていることだ——船室の壁に、船の秩序の規則、資格もない者が定めた規則が書かれている。この規則が甲板上の雑然とした生活を円滑に保っているのは疑う余地がない。——練習問題・この規則には拘束力があるだろうか」。

原注

序論

（1） これは、「千年の」未来、つまり人間の目には「永遠である」未来として宣伝されたために、批判者を、さらに悪い、いわば「永遠の怠業者」であると同時に冒瀆的な人間以下の主体だとみなすことができた。

（2） "Neue Schweizer Rundschau", Dezember 1954 所収の拙論 Über die Nachhut der Geschichte 参照。

（3） この「自己自身との非同一性」の実例は、「落差」の事実がトラウマあるいはノイローゼ的な固定観念（idées fixes）をともないうることを実に明確に示している。今日の情緒の変調がテクノロジーに基づくと考えることは決して誤りではない。

プロメテウス的羞恥

（1） 「歯車によせて」。『モルーシアの労働歌』より（著者による独訳）。

（2） 生まれた（natum esse）ことの拒絶は無論、特に宗教によく現れたモティーフである。教祖たちが生誕にまつわる汚点を暴かれることも多かった（モーセ）。——人間は（他の存在者から）生成したという主張である血統理論に対する憤慨という反応には、宗教的な拒絶の最後の名残が見られる。——生まれたことが最終的に信用を失ったのは、ブルジョア革命、特にその後の哲学に基づいている。フィヒテの「自己を措定する自我」は自作の人間（self-made man）であり、生成したのでも生まれたのでもないと主張し、自分は自分自身の作品であり、自分にのみ負うところがあると主張する人間の思弁的書き換えである。こういう生誕の信用失墜は、特権の源泉についての「高貴の生まれ」の拒絶、権利喪失の根拠となる卑しい生まれの拒絶から生じている。生まれたのではなく「作られた」（つまり「自作の」）ものでありたいという願いには、フィヒテ哲学では無論、技術的な意味はなく、道徳的‐政治的な意味があるだけである。自作の人間は自律的人間であり、自作の国家の市民である。フィヒテにおける自然哲学の周知の欠落は、生まれたことへのこの拒絶から生じているのだ。シェリングは「人間の自負は、根拠からの起源に反抗する」（WW VII, S. 360）と書いている。――フィヒテの後代の変種はハイデガーである。ハイデガーの「被投存在」は、神による被造物であること、超自然的な起源に対して反抗するだけでなく、生成したこと、つまり自然的な起源に対しても反抗しているからである。（拙論 "On the Pseudo-Concreteness of Heidegger's Philosophy" in "Philos. and Phenomenol. Research" Vol. VIII, Nr. 3, S. 337ff. 参照）。「被投存在」という概念は、そういう反抗の概念なのである。――自分自身を作ること（「現存在」から「実存」への変容）は、ハイデガーの場合は、政治的な意味を完全に失って、純粋に独我論的な試みにとどまっているものの、彼の場合にも（ともかく『存在と時間』の時期には）フィヒテの場合と同様に、自然哲学が欠落しているのは偶然ではない。彼が自然哲学と取り組まなければならなかったら、生まれたことに対する拒否を維持することは不可能であっただろう。――

（3）「歯車によせて」。『モルーシアの労働歌』より（著者による独訳）。

（4）この点については、六九頁以下の羞恥の分析を見よ。

（5）脅かされる者が脅かす側へ逃亡すること、少なくとも価値システムへ逃亡することは、政治の実情から見ても、現代人には周知のものである。脅かされる者が、脅かす者の判断基準だけでなくその感情までも受け入れて、ほとんどいつも自発性という妄想をいだいて逃亡するのを、われわれは、この二十五年間にさんざん見てきた。事実、ややソフトな強制である自発性というのが、現代の反革命の作り上げた業績である。――しかし、政治的領域以外で、この経過が述べられたことは、これまでのところでは一度もない。――

（6）この「克服」を「装飾」という古いカテゴリーに入れることほど誤解されやすいものはない。克服とはまさにその反対なのだ。すなわち、装飾は生ける身体の美しさを高めようとするが、加工は装飾品の美しさを身体に与えるのだ。

（7）ローベルト・ユンク『未来はすでに始まった』第二章を見よ。これと対応するのが、アメリカの航空研究庁長官トマス・パウアーの発言である。――一九五六年五月、計画されていた目標から六キロも外れたところに水素爆弾が投下された。（ロイターによれば）その失敗の説明を求められて、パウアーは「人間が関わる場合には、それくらいのことは見逃してやらなければならない」と答えた。パイロットが定められたレバー使用を怠ったというのである。――この答えに納得する人もあるかもしれない。その答えに「過つは人間の常」という昔の言葉を聞き取る人は、聞き違えているのだ。この答えには、もっと多くのことが含まれている。すなわち、過つは人間の常であり、人間の機能は頼りにならないから、人間をこういう完成された装置と一緒に使うのが、もともと不適当だというのである。ここでは、人間はもともとから間違いの元だとみなされているのである。

（8）「非難すべきもの（blamables）」として。というのは、「無実であること」は（後に見るように）欠点を恥ずかしくないものとするのでなく、いっそう恥ずべきものとするからである。――七二頁以下参照。

（9）著者は一九三〇年に『人間の世界疎外』（一九三六年に《Recherches Philosophiques》に Pathologie de la Liberté と題して発表）において、人間を「不確定（indéfini）」「終局まで作り上げられていない」――要するに「規定できない自由な存在」。つまり人間自身が作るものによってそのつど初めて規定され、定義されうる存在と定義した（その後まもなく、サルトルが彼の信条を、これと似た形で述べた）が、ここではその場合と同様に、哲学的人間学を誇張することによって、「自由の主体と不自由の主体との交換」という（無論当時でもすでに存在していた）事実を隠そうとする時代おくれの試みが問題なのである。このような定義は、そこでは（ほとんであらゆる非神学的な人間学がそうであるように）動物的存在を比較対象に使い、そのさい（いかにアドホックに発明された抽象であれ）「動物」がその種の運命に囚われたもの、つまり、不自由なものとして前提されているから、納得できるように思われるのだ。この前提を検証せずに、それが（とりわけ神学的伝統によって）自明のものとみなされたのである。――今日では私には、この比較対象の選び方は疑わしく思われる。それはひとつには、人間の定義のために、人間存在の現実の背景と一致しない比較対象を用いることは、哲学的には危険だからである。結局われわれは、蜂とか蟹とかチンパンジーを背景にして生きているのでなく、電球工場や放送装置を背景に生きているのだ。しかし自然哲学的にも、私には「人間と動物」という比較は、受け入れることができないと思われる。「人間」というひとつの種を同等の権利を持つ一群とし、それぞれ無限に異なっている二千もの動物の種と対立させて、動物は唯一タイプの動物的存在を代表しているかのように取り扱おうとする考えは、まったく人間中心的な誇大妄想なのだ。こういう宇宙的な不遜に対する警告として、「哲学的人間学」の教科書よりも、「植物、動物、蟻」を区別する蟻の寓話を先に教えるべきだ。――「動物」という背景の代わりに、人間によって作られた製品の世界を人間存在の現実の比較対象とすれば、「人間」のイメージはたちどころに変わり、人間の独自性が壊れるとともに人間の自由も壊れてしまうのだ。――

(10) ちなみに、奉仕に使われるあらゆる装置には、奉仕させられているかぎり、一種ブーメラン的な要素がある。

(11) 「歯車によせて」。『モルーシアの労働歌』より(著者による独訳)。

(12) このアドホックに作った表現は、有名なヤスパースの言葉をモデルにしている。

(13) 装置の与える大きな課題に対抗すべく身体につきつけられる過大な要求は、思弁的形而上学が理性につきつけた過大な要求に似ている。その場合と同様にここでも、人間の能力に限界があるという事実は無視され、人間能力の限界は拡張され、踏み越えられる。違いといえば、この場合には、人間は「神のように(sicut deus)」全知だと自称するのでなく、装置と同様「ガジェット並みに(sicut gadget)」なることをめざすところだけだ。

(14) 現代産業はすべてこの二種類の製品を生産している。第一次製品への欲望である「第二次製品」を生産する工場は「宣伝部門(Publicity Department)」と呼ばれている。

(15) 私は「ロボット」とか「統制」と言うが、――「ロボット」と言うのは、「コンピュータ」に実現されている、死んだ物から組み立てられた擬似人間でなく、生きている人間から生産された装置が現代の本当のロボットだからである。――また「統制」と言うのは、ここでの経過が、われわれが政治的現実から知っている「支配システムによる統制」と同一な行動のヴァリアントだからである。ただ、ここで扱ったヴァリアントは、政治的に統制された人間は(自由を絶えず奪われる者でさえ)メタフォリカルな意味で「物」であるだけなのに、ここでは、人間が実際に「物化」されようと努めているかぎり、いっそう強化されているからである。――

(16) 著者がカリフォルニアで労働者であった当時、「そんなことは忘れるんだ」という言葉ほど、よく聞いた言葉はなかった。――他の人々以上に知る必要はないという、こういう性急な要求には常に、過剰な知識と広範な関心に窺えるような、非民主主義的な「高級なもの」に類するものに達しようとする「知識人(high brow)」に対するルサンチマンの響きがこもっている。

(17)「形而上学的保守主義者」は、既存の形而上学に訴える者だけでなく、(政治的保守主義者とともに)いわゆる世界の(形而上学的な)現状に固着する人を指している。

(18)「道徳的なものの独立」も「ニヒリズム」も、いずれもアクセントは異なるが、最終的には、道徳的なもののこうした「形而上学的な切り花性」の言い換えにすぎない。——

(19)ちなみに、多くの製品には、こういう不死性の代用品がすでに貯えられている。個々の製品も破壊できないものだからである。このことは、たとえばある種の安全かみそりの刃が、特許を持つ会社の生産を妨げかねない場合にもあてはまる。なぜならば、こういう製品の高度の不死性は、生産の死をもたらすかもしれないからである。なぜならば、生産は(常に新たに獲得されるべき)個々の製品の死によって生きているからである。つまり、生産の「永遠性」は、製品の死のおかげだからである。——

(20)この順応主義的理想を(まだ捨てられていない)「自由」や「個性」という理想と調和させることは、論理学者に困難を与えるにすぎず、歴史的現実においては、なんの支障もないことである。歴史的現実においては不自由である者が、無造作に「自由人」と称される。自分の僅かな個性を傷つけずに終えられる、幸い外向的な生活を楽しんでいる以上、彼は「自由人」なのである。つまり「自由」は、「滑らかさ」とか「摩擦のない状態」とか「個性」とは逆に、「逆鉤」や「妨害物」と同じであるとみなされている。——ともあれ(理論的体系とは異なって)矛盾する理念が、互いに認め合えないような社会秩序は存在しないのだ。社会秩序にとって有用な特定の役割を果たせば、こういう理念の両立状態はすべて、何ものによっても妨げられることはないのだ(たとえば、『創世記』の第一書と「遺伝学」の原理とが両立しているようなものである)。——逆に、矛盾する精神とみなされるのは、こういう矛盾を指摘する者だけである。真理に対する無作法な熱狂のために、不寛容ではないかと疑われるのだ。事実、誤っているにせよ、寛容を盾にしさえすれば、正当化できない矛盾や不整合は存在しない。——

(21)したがって、高度の産業力による大量生産が模範的な生産形態として広く認められ、ほぼ死のない量産品から成る世界を背景に、人間の無用さが露呈されている国では、産業が未開発で死すべき生物という背景がまだ隠されていない国以上に、死が目立ち、死は不自然で恥ずべきこととみなされている。そういう国で、死を隠そうとする試みが、他の国よりも広範に公然と行なわれているのは当然のことである。無論私はアメリカ合衆国のことを言っているのであって、言うまでもなくアメリカは、死に対する態度においては、近い将来あらゆる人々のものとなると思われる態度を先取りしている。周知のようにアメリカでは、死の儀式のために死体に化粧をして、儀式がすんでだ後で（post festum）再び小奇麗な死体に変えて、死という事実を拒否する習慣が広まっている。またアメリカでは、（旅行の広告（travel publicity）という形で）気を引く刺激的な絵を使って、墓地という「素敵な場所（lovely sites）」を宣伝していることも周知の通りである。すなわち死すべき者（morituros）である生きている者に向かって「死後は不死である者」として呼びかけがなされ、自分の墓の所有者として、年金生活者と同様に毎日素晴らしい景色を楽しめると思わせようとしているのも周知の通りである。目立たない仕方ではあっても、（無論宗教的な観念とは無関係に）死後にも生命の存続が可能であると称されていることも否定し難いことであろう。こういう無気味な不死の事業に捧げられたエヴリン・ウォーの小さな書は、ドイツでもよく知られている。

(22) 技術者たちが「脳（brain）」というテストワードを聞いても、「餌をやる」しか連想できなかったということは、まさに画龍点睛のごときものに思われる。

(23) こういう恥は無論、「プロメテウス的羞恥」ではない。反対に、この新しい意味で恥じる者にとっては、まだ「プロメテウス的羞恥」を感ずる存在、つまりそういう羞恥が存在するという事実こそ「羞恥」なのである。つまりそういう羞恥は「恥に関する恥」であり、「反復された恥」なのである。これは、「プロメテウス的羞恥」に対して初めて加えられた修正なのかもしれない。

(24) 哲学的小説家なら、こういう弁証法的な展開をさらに――完全に架空のことにまで――進めるかもしれない。すなわち、マッカーサーの復讐行動は、根本的に挫折する運命にあったのであり、機械の託宣という鶴の一声が、戦争の指揮にとって必要であるのと同様に、コンツェルンの指揮にも不可欠であることを、マッカーサーは経験せざるをえなかったのだから、彼の「勝利は失敗に終わる」ほかはなかったのだ、つまりマッカーサーは、自分の復讐行動のために、彼が復讐しようと思っていた装置を利用しなければならなかったのであり、装置は他人の不幸を喜ぶ彼を軽蔑し、彼の楽しみを台無しにする十分な機会があったことを、哲学的小説家なら描くかもしれない。――しかし、ここで「プロメテウス的羞恥の弁証法」をそこまで追跡するわけにはいかない。

(25) （特に歴史的には後の形態の恥では）この「審級」は、「われわれ自身」であることが多いから、われわれが自分のことについて恥じる、われわれは自分を恥じる、われわれは自分に対して自分を恥じるというように、恥は三重に再帰的であるのかもしれない。

(26) 根源的な「否定的志向の」恐れが、審級を逃れようとするのでなく、不安そうに遠くから審級に屈したり刃向かったりするとき、つまり何らかの仕方で審級に向けられるとき、恐れは、積極的な宗教的恐れとなり、（「恐るべきもの（tremendum）」に対する）戦くような尊敬という意味での「恐れ」となる。尊敬する者は「そこ」では、つまり審級の前では、「無に等しい者」であるから、恐れに「恥」という性格を与える「同一性の混乱」が生ずるのである。

(27) 反省哲学（つまり自己自身を見いだす自我から出発する哲学）が存在しうると思っているわけではない。そういう哲学は、自由の哲学でも隷属の哲学でもなく、自負の哲学でも羞恥の哲学でもないであろう。羞恥の哲学においては、同一化が挫折するのであり、自負の哲学においては、「私」が「自我」によって占拠されるか「構成される」か、単に拒絶されるかである。

(28) 拙著 “Pathologie de la Liberté”, S. 28 参照。

(29) 『存在と時間』の冒頭で「現存在」が「だれ」であるかを問われるとき、自己自身を「ひと」として見いだすのでなく、まさにこの問いによって現存在が「自我」へ先鋭化されるとき、現存在は自分を「それ」として見いだすのである。事実、『存在と時間』において（理論的な存在論という形で）述べられている活動は、恥を体系的に克服する活動にほかならない、すなわち、恥じる自我がみずからの「それ」である存在の恥を克服して「それ」になりきろうとする試みにほかならないのである。

(30) われわれが何よりも、あるいはもっぱら、そのために何かが「できる」行為を恥じるというふつうの考えは、この関係を逆転させているにすぎない。そういう考えは、われわれが触れた際限のない自由への要求を述べているのである。そういう考えによって、人間は、不自由の苦痛（恥がこれを示しているのだが）を表そうとする試み、すなわちそれを「罰の苦しみ」と偽称して利用しようとする試みがなされているからである。——実はわれわれはむしろ、ひとつの行為のために、自分がそう見られたくないと思っている者として、自分が審級の目に見られるから恥じているのである。——それが、恥を生み出している事実上の恥の実質ではないことは、不当に処罰されたときにも、いやそのときにこそ、われわれが恥じることから明らかである。そういう場合には、なんらかの犯罪を犯したとされるから恥じるのではない――それを真実というには余りにも複雑すぎるだろう――、そうではなくて、他人の目にとって、つまり社会的に、実際に罪ありとされるから恥じるのである。要するに、われわれは罪を恥じるのではなくて、逆に、われわれが恥じるものが罪となることが多いのである。「私は恥じている――それゆえ私は罪があるのだ」と言うほうが、「私は罪がある――それゆえ私は恥じている」と言うよりも正しい。たとえば、独裁者においては何百回も起こったことだが、行為もしくは怠慢が（もともとは道徳的動機に基づくものでさえ）、陪審員の前で弁護されなければならないときには、恥の動機となるということ、そして恥が生まれることが、陪審員に有罪であると確信させるばかりか、犯人自身も有罪と思わずにおれないということは異論の余地がない。――

（31）本章第二の異論（三一頁）を参照されたい。

（32）「生誕時のトラウマ」についてのフロイトの発見は、哲学的には決して高く評価することはできない。「根底」から切り離されたもの以上に、生命にとって痛切に降り掛かるものとして、何があろうか。――フロイトの言葉が、今世紀の自然科学的な用語をどんなに使っているにしても、彼が解明した感情（「大洋のような感情」「死への欲動」）は、徹頭徹尾、形而上学的なものであった。このことは、この両者と同様に、彼がいかに隠していても、個体化のショックを表している生誕時のトラウマという感情にもあてはまる。――「誰が恥じているのか」というわれわれの問いと同様に、こういうトラウマに対して立てられなければならない問いは、「ここで本当にショックを受けているのは誰か」という問いでなければならないだろう。それは、個人自身なのだろうか。そこでショックを与えているものが個体化という出来事なのだから、むしろまだ個体化されていない生命ではなかろうか。個人は、決して克服されなかった個体存在であることの苦痛という、生きているかぎり引きずっていく驚きの遺産にすぎないのではなかろうか。――私には、これがフロイトの見解であったように思われる。彼の「死への欲動」は、おそらく最終的には、個体的存在の苦悩から逃れようとする個人の憧れにほかならないと考えられるからである。

（33）この恥の理論の最初の定式は、“Pathologie de la Liberté”のうちにある。そこでは「根源からの飛躍」という表現であった。

（34）多分最も根本的である形而上学的な恥、すなわち、根底から「脱落」し、宇宙に属するように根底に属するのでなく、個体、単独者として「根底」から引き出され、「宇宙の例外者」として存在しなければならない個人の持つ恥も、最終的にはこのタイプの恥に入る。こういう恥の方程式は、所属していないこと＝不適当さ＝不従順というものである。アナクシマンドロスや（ヘルダリーン的な）エンペドクレスがその最高の証人である。

われわれのような思弁的な抑制をまだ知らなかったモールシアの個体化の形而上学では、率直に次のように言われている。「世界根拠は、その個体化、つまり、個体という形態で自分自身から隔たったという事実を恥じている」。そして（スピノザの有名な定式にも似て）「個体が悩む恥は〈根拠〉がみずからの個体化を恥じる恥の一部にすぎない」と。——それが「エス」なのである。

(35) いわゆる「共感覚」つまり種々の感覚領域の諸性質が後で結合されると言われるものを問題にすることほど、哲学的には嗤うべきことはほとんど考えられない。こういう現象に驚く者は、樹の枝がまとまって一本の幹となることにも驚くべきであろう。諸性質がいかにして「ひとつにまとまる」かが哲学的に問題なのではなくて、もともと特殊化される以前の性質が特殊な感覚の性質に分かれるのはいかにしてであるかということが問題なのだ。

(36) 拙著を書き上げた後で、私はヴァルター・ベンヤミンの感嘆すべきボードレール論（Schriften I, S. 460ff., Suhrkamp Verlag 1955）のうちに、彼の「アウラ」というカテゴリーにかんする議論にも関連する、ここで主張したことを先取りして、見ることとの相互性をはっきりと取り上げていることを発見した。そこでも（S. 462）、「夢には方程式がある。私が事物を見ることと、事物が私を見ることとは等しい」という夢にかんするヴァレリーの定義が引用されている。

(37) この目的のために民俗音楽風の単調な要素に結びつけることは、機械に独特の毀傷の喜びを与えることになる。

(38) 芸術史には残念ながら、さまざまな時代における顔の役割についての特殊研究が存在しない。こういう研究があれば、それぞれの時代に対応する「顔の格」が昔にもすでに存在していたことが示されることであろう。たとえば、あらゆる顔が似ているだけでなく、（たとえばバッサノやグレコの場合によく知られているように）マニエリズムでは、あまりにも小さく描かれていた。しかし、バロックでも、明らかに肖像画であるものは別として、風にはためく衣装になってしまった人間のほうが、顔とは比べものにならぬくらい重要なのである。当時でも、非個性的な二つの力が人間を犠牲にすることによって、顔の価値が下がったのかどうかは、ここでは論及することができない。しかし、そういう疑いももっともである。その当時は、開花しつつある自然科学の時代であるとともに反宗教改革の時代でもあり、当時の仮借なきリアリズムの芸術は、仮借なき超自然的な熱狂と、絶えず衝突しながらも、結びついていたからである。──

(39) たとえば、機械に順応した労働の時間は、(あらゆる近代の哲学的時間論が自明のことと主張している)主体の非可逆的に前進する時間とはもう関係がないのである。その時間はむしろ円環的であって、常に新たに始まる装置の同一の機能と同じような広がりを持っていて、秒針によって示される時間に似ている。もっとも無論、時計で計るように、経過そのものがもう一度数えられるということはない。労働の開始時には、繰り返しが前進する時間のより広い流れの中を「共に泳ぐ」のであり、この継続時間中だけはその時間は、非可逆的な時間の流れがその力をまだ失っていないかぎり、退屈である。──だが、それは短時間だけだ。労働に慣れてくると、繰り返しはもはや継続的に起こらないように見える。繰り返しが列をなさなくなるのである。たとえば(いつも呼吸しているが決してどれだけ呼吸しているかを知らない)呼吸する者の呼吸が列をなさないような具合である。そのとき、繰り返しはその退屈さを失う。こう言っても無論、労働が面白いと言っているのではなく、労働が無時間的になると言っているだけである。その無時間的であることは、機械的な労働者が、労働の終了にしばしば驚くほどである。彼は時間の尺度をすべて奪われているために、つい今しがた始まったように感ずるからである。夢を見なかった睡眠の後で目覚めた者が、つい今しがた寝たばかりと思うことがよくあるのに似ている。──カント以来よく知られていることだが、時間性のうちに、何よりも主観性の特徴を見るだけでなく、(ハイデガーの主著の表題が示しているように)主観性の決定的な性格を見るならば、われわれはおそらく、機械的労働の際に時間が死ぬという事実を、主観性そのものの「死」の徴候と解釈してよいだろう。

幻影と原型としての世界

(1) 今では普遍的になっているこの言語の衰退への序曲を、われわれはすでに一度経験している。それは五〇年代の電話がもたらした手紙の衰退である。しかもその結果、今日のわれわれには、平均的教養人が百年前には互いに書き送っていた書簡が例外なく、細やかな気配りや厳密な伝達の傑作のように思われるに至っているのである。言葉で表現するときには言葉で人間が表現されるのだから、言語表現の微妙さばかりか、人間自身の微妙さが衰退しているのである。

（2）　言語は体験の豊かさや深さに達しえない、という非合理主義者たちの泣き言や高慢な嘆きほど、今日では失礼なものはない。その豊かさや深さがわれわれとはほとんど比べものにならない過去の優れた人々は、体験を言葉で十分に表現することができたのだ。彼らの言葉の力は極限まで及ぶものであり、彼らが言葉の無力さ、語ることの断念を述べるのは、ずっと後のこと、最後の最後のことであった。語るべきことがなければないほど、ますます軽率に、その苦しみからひとつの夢想を作り出し、貧しさから豊かさを作り出し、それによって自分自身の体験の満ち溢れんばかりの豊かさを示すために、言葉の破産を言いふらすことになるのは言うまでもない。若者たちは語りえないものをすぐさま用ずみにしてしまう。現代の本当の苦境や混迷は、いわゆる豊かさや深さを「語ることによってぶち壊しにできる」ところにあるのではなくて、逆に、われわれが豊かさを持っているかぎりにおいては、豊かさを溶かしてしまい、深さを砂で埋めてしまうことができるところにあるのだ。なぜならば、言葉を与えられているわれわれ自身が、言葉を忘れ始めたからである。

（3）　人間が作り上げ、現実を見ないために引きこもる「象牙の塔」という観念は、決定的に古びてしまった。象牙の塔は早くから現実そのものによって構築されているのであって、現実が塔の企業家であり主人なのである。われわれは塔の中に、現実からの逃走者として座っているのではなく、現実によって時代おくれにされた強制賃貸人として座っているのである。だが現実がわれわれを塔の中で時代おくれにしているのは、決してわれわれが空想的な完全に別のイメージ世界に向かうためではなく、われわれが現実のイメージの中に生きるためである。無論、現実の真実のイメージの中ではなくて、現実的な関心に基づいて、われわれが「現実そのもの」と思うと現実が期待している偽りのイメージの中に生きるためである。つまり、現実はわれわれを取り込んで、イメージを現実のように見せかけて、われわれの目を現実から逸らすのである。しかし、現実は無論、最高に現実的な意図に基づいて、すなわち、われわれを偽りのイメージによって実際に刻印して、われわれの人間的現実をそのイメージに最大限に利用するためにそうするのである。そういう現実に抵抗する人々のことを、現実は「内向的」と名づけ、従順な犠牲者を「外向的」と名づけているのである。

（4）「われわれに到来する世界」という思想はわれわれにはすでに当たり前のものとなり、われわれの大地に起こることを、われわれは訪問者とみなすほどである。昨日は戦闘的な空飛ぶ円盤が、今日はシリウスからきたスーパーマンがそうみなされるのだ。

（5）世界は「天の賜物」だという古典的定式は、世界を人間のために創造されたとする創造の物語に見いだされる。——近代的観念論がコペルニクス以後であることは偶然ではない。ある意味では、近代的観念論は、コペルニクス以前の世界像と調和していたが、コペルニクス以後の世界像と一致しないこういう聖書的な「われわれのために」をなお救済しようとするあらゆる試み、つまり密かな地球中心主義ないし人間中心主義を脱中心的な宇宙の中で持ちこたえようとする試みを表しているのである。

（6）拙論 "Une Interprétation de l'Apostériori" in "Recherches Philosophiques", Paris 1934 参照。

（7）物理的に生まれるという夢が技術的手段によって解決されるのと同じ瞬間に、この「生まれる」が同じ文化圏では死滅してしまうのもおそらく偶然ではないだろう。

（8）今では、テレビも自動車に搭載されている。たとえば一九五四年十二月以後の、ジェネラル・モーターズ社のキャデラックがそうである。

（9）（「暴露する（enthüllen）」とか「しみを抜く（entflecken）」の）「脱（ent）」という前綴は奪格的であるから、「疎外する（entfremden）」はもともと「よそよそしいものにする（fremdmachen）」という意味であったはずである。その言葉に盛り込まれた用法と矛盾するこういう意味を与えようとすることは無駄であろう。それゆえわれわれは、今後は、そうした二義的な表現の代わりに、ブレヒトが特定の舞台効果を示すために用いた、誤解される恐れのない「疎外する（verfremden）」を使うことにする。

（10）もともとは革命的な用語を使っていた著作物やジャーナリズムが、今日では、こういう用語を好んで使って、露骨に非難される事件に親しげな印象を与え、事件の奇妙さを打ち消そうとしている。こういう現象が百年前には、労働や商品、自由や所有にかんして革命的な意味で起こったことは、今日の現象を見てももう分からなくなっている。そういう言葉は、単に社交界向きになってしまったばかりか、まさしく前衛的であることの証明書となり、いくらか自負するところのある者であれば、こういう証明書を持っていない現代芸術の批評家はいない。——意図的であろうとなかろうと、こうした用語法が広まっているが、その効果の本質は、道徳的憤激を呼び起こす針を疎外から抜き取り、(この言葉の文字通りの適切な意味で)その効果を無害なものにする(ent-fremden)ところにある。敵から得たものを、それを受け取らないために使っているのだ。——こういう無害化する過程には、次のような原因がある。(1)マルクス主義の個々の用語を、その他の連関もしくは日常言語に組み込んで和らげて、功績を上げた二〇年代後半のドイツ社会学(カール・マンハイム)。三〇年代前半にこういう社会学はフランスに、三〇年代後半にはアメリカ合衆国に伝わった。——(2)もっぱらコミュニズムと結びつき、ヘーゲル風の用語で着飾ろうとしたシュールリアリズム。——そういう表現を今日でも使っている人々は無論、もう無邪気に使っているのである。というのは、彼らは、三〇年代の口真似をしていた人々の口真似をしているからであり、また中には、自分の気の利いた言い回しが誰に由来するかを知って、すごく驚く者もいるからである。——「疎外」という表現の現代的な用法を少し考えただけでも、擬似的な親密化とほんものの親密化という反対の方向へ向かう変形過程が明らかになる。だが、この過程は、言葉の定型化と決して同じではない。一見親しそうにするために、この過程が取り組むのは言葉に限られていないのである。その過程の獲物はむしろ世界であり、世界のうちにあるすべてなのである。その要求は疎外の要求に劣らず普遍的である。疎外の要求がミダス王のように、親しいものや信頼できるものをすべて、親しくないもの、冷淡なもの、客体的なもの、公共的なものに改鋳するために、あらゆる親しいものや信頼できるものに手をつけるように、擬似的な親密化は、一見親しいものに変えるために、隔たったものや未知のものをすべて乗っ取ってしまうのだ。

(11) 例を挙げるまえに、われわれが「親和作用」と呼んでいるものは、両者の境界を曖昧にしても、決して「通俗化」と一致しないことをあらかじめ強調しておきたい。単に教える対象だけでなく、対象に対する敬意をも伝えることがあらゆる正しい教育の一部であるのと同様に、正しい通俗化の一部をなしているにもかかわらず、「親和作用」は、対象を根本的に無礼に取り扱い、消費者の損傷や不利益を元手に利益を上げているからである。

(12) あるテレビ展示会で、隣室で寸劇を演じているひとりの俳優と、同時に彼の七つのテレビ画像を見るとともに聴くという怪しげな機会があった。その際に注目すべきことは、(1)俳優は目には七つの同じ分身に分割されているが、分割されていないひとつの声を二つの部屋で響かせているひとりの俳優であるということである。(2)画像のほうが、現物よりも自然らしく思われるということ。それは、まさに画像に自然らしさを与えるように、現物のほうが整えられなければならないからである。(3)（注目すべきどころか驚くべきことだが）俳優の七つの画像は、もう驚きも与えなかったということ。われわれはすでに、そういう自明という感覚で量産品を待ち構えているのである。

(13) 意識下の意味を持つ出来事は、われわれ自身の身体に見いだされるとしても、「現在している」ものではなくて、単に同時的であるにすぎない。それも、そういう出来事が意識に「与えられ」ないからではなくて、そういう出来事には意味がないから「与えられ」ないのである。

(14) 腫瘍では独特の病気が見られる。すなわち、生体の中心的な力がもはや、すべての細胞を支配することができないために、細胞が独立して増殖を始めるのだ。これが正しければ、ここで取り上げている個々の機能の独立は、腫瘍の心理的類似物なのだ。

(15) この点については、ベケットの『ゴドーを待ちながら』を参照されたい。そこでは作者は、登場人物に靴を脱いだり履いたりさせて、何かをさせようとしている。

(16) これと同時に、「受動的な同時的な戯れ」の背後には、無論完全に歪められているが、最大限の機能とか経済原則という労働の理想がひそんでいる。これは、レジャーについて言えば、われわれが一度にできるだけ多くのレジャーを楽しもうと懸命に試みるという意味である。「楽しみ（fun）」であるあらゆるもの、つまり、クロスワードパズルやガムやラジオ音楽などを同時に楽しもうとするのである。しかもそれは、そうしなければ、レジャーが無駄になるからである。

(17) こうした興奮の偽りの刺激や空しいものになる代用満足を配置することは、現代生活のまったく別の領域では自明のものである風習を思い出させる。すなわち、二つのまったく一致しない配置の根底にある原則は同一のものなのだ。周知のように今日では、種牛を雌牛のところに連れてゆかずに、いわゆる「ダミー」つまり模造品と交尾させるのはふつうのことだ。「模造品（Attrappe）」という語は、捕らえる（attrapper）に由来するが、「trap」とは罠を意味する。つまりわれわれは、種牛を、「罠にかける（hereinfallen）」のである。しかもそれは、牛の衝動が粗暴なうちは極端に浪費され、つまり少しも儲けにならない形で種牛の衝動は処理され、動物の再生産過程は、企業の再生産の理想にはおかしなくらい立ち遅れているからである。牛の衝動を罠にかけて、その立ち遅れを取りかえすというわけである。つまり罠は、商品生産のための擬似現実なのである。この場合は、食肉産業のための擬似食肉というわけだ。——従来は「浪費された」人間の感覚も同様に産業に仕えている。相手がいないために感情が涸れ果てていたところに、企業は擬似パートナーを作り出して、新しい感情を作り出すのである。こういう感情が新しい罠を作ることを求めるおかげで企業が成り立つことを企業は知っているからである。

(18) 無論、純粋に技術的な改良可能性という誘惑は時には抵抗し難いものであって、期待しているような社会的機能をいささかも向上させることはなく、むしろそれをぶち壊すとしても、それをやり遂げるほどである。——他方、大企業はしばしば、技術的な改良案を買い取って、それを実現することを制限しなければならなかったのである。技術の歴史は、外から見れば、無制限の発展というふうに見えるが、「抑圧の歴史」でもあるのだ。

(19) ロンギノス以来、哲学の問題であった偉大なものとは異なり、「小さなもの」はほとんど完全に無視されてきた。稀な例外は、いわばロココ様式を真似ながら、小さなものを美とまさに等しいと考えた若いバークである。この同一視の根底には、小さなもの＝無害なもの＝扱いやすいもの＝無防備なもの＝感動的なもの＝小奇麗なもの＝われわれの自由を犯さないものという経験がある。「自由」が美の定義に少なくとも否定的な形で（modo negativo）含まれているから、この「美」にはカントの「自由」との一種の類似があるのは明らかである。——小奇麗でかわいい無害なものとしては、小さなものが人類の大部分にとって唯一の美的カテゴリーだが、これは現代の美学にはほとんど存在しない。

(20) 「判断」をその根源的な形である情報として実際に理解すれば、真理を判断のうちに求めるのは真理概念の歪曲である、という今日強く主張されているテーゼは制限しなければならないだろう。現在するものが不在であるものを基準にすること、すなわち不在であるものを現在するものとして扱うことを可能にする情報機能によって、判断は決定的な「暴露」を行なうのである。情報の交換すなわち語ることだけが世界を開くのであり、そういう交換のみが人間の真理を社会の形で表すのである。そしてそういう交換のみが、結局は、論理的なものにふさわしい「普遍性」を基礎づけるのだ。

(21) 明らかに粉石鹸やベンジンの宣伝である放送については、これ以外にも言うべきことがある。

(22) 十九世紀末から二十世紀初頭にかけて生み出された、世界観と呼ばれる独特の思想の形は、今日の「衝撃的モデル」の無害で内気な形態にすぎなかった。「世界観」にすぎなかったものは生き残れなかった。生き残ったものは、明らかに衝撃的モデルとして確立したものだけであった。だが今日の衝撃的モデルは、言うまでもなく余分な贅沢であり、それからアカデミックな世界観が引き出されることはあっても、もう世界観という外観も捨ててしまっている。

(23) 数百万という殺された人々を考えるのは困難なために、考える代わりに写真を用い、あるいは写真で代用していることを補足的に認めても、われわれの驚きが増すことはほとんどないだろう。――人間化の進展を信じて育ってきたわれわれには、自明のものであった基本観念、つまり人間の犠牲が写真によって代用され、イサクが羊に代えられた世界史的な瞬間に、人間性は働き始めたのだという観念が――いまや写真の代わりに犠牲にされた人々によって、いっそう恐ろしいものとなったこの観念が、その幻想性を明らかにすることはありえないだろう。

(24) ちなみに、カリカチュアや風刺的な雑誌の国際的退潮にかんして言えば、権力への嘲笑は――そこに本物のカリカチュアがあるのだが――苦労の甲斐のない企てになってしまっている。――ほんもののカリカチュアや風刺は、基本的に犠牲らしい犠牲しか選ばなかったのであって、無論、風潮を描くものではなかった。

(25) こういう嘘のモデルは構造的にはあらゆる今日の反革命のモデルに対応している。これは根本的には、それに反抗しているものの助けを借りて勝ち取られるものである。

(26) これが事実であることは、今日では一般に認められている。無論、マルクスの場合に明らかなように、それは哲学的には重要な事実ではない。というのは、彼にとっては、彼が「イデオロギー的」と呼んだものは、ヘーゲルの「主と奴の図式」を使って「観念論」を独特の形で狭めることによって生まれたものだからである。「イデオロギー」とは、彼にとっては、階級を意識していない奴隷にはおのずから「世界」とみなされている主人の世界観念を意味していた。つまり、本来は奴隷の所有物ではなく、奴隷所有者の所有物を意味していたのである。ある時代の哲学は、常に支配階級の哲学であるというテーゼで、マルクスが言っていたのはそのことであった。――今日の大衆社会状況には、マルクスの図式がそのままでは適用されないのは言うまでもない。それも、(1)タバコであれ、映画であれ、世界観であれ、あらゆる商品があらかじめ、最大の売れ行きを見込めるように製造され、消費者の実際の願望や願望と称されるものが考慮されているからである。そして(2)生産者が自分の作る（タバコや映画や世界観のような）製品の消費者だからである。そのために、生産者が自分のためでなく大衆のために生産する量産品によって、「支配階級」が刻印されるという弁証法的な結果が現れている。「主人は奴隷の奴隷となる」というヘーゲルの定式に代えて、「主人は奴隷の中の奴隷となる」という定式を述べるべきであろう。

(27) 人間の型通りになる義務は、既成のモラルに結びつけて正当化されることが多い。たとえば、型通りになることに抵抗する人々に「非キリスト教的」とか「非民主主義的」という烙印を押すのである。その際の「思考様式」は次のようなものである。同調しない者は、謙虚さに欠け、非キリスト教的であることを示している、あるいは、特別扱いされることを特権として要求しているのだ、というように考えるのである。——たとえば、左派では有名な『宗教に立ち返れ』という書物では、家庭に提供される良心の苛責を消費するだけではなく、自分自身で良心が咎める人は、「内向的」で社会的には病的な人とみなされている。この書物は決して論文というものではないが、一九三六年にある大きな出版社から刊行され、九カ月で十八版も版を重ね、この書物ではキリストは「外向性」のモデルとして登場している。この書については、"Zeitschrift f. Sozialforschung", 1938, Heft 1 und 2 の私の書評を参照されたい。

(28) この支払い方によれば、提供されるものの戒律への従順で始まる自由の断念は完璧である。残額がまだある客は絶えず借金があると思っている。しかも提供者に対してだけでなく、提供された商品に対してもそういう気がする。それを所有することを、彼は、何か不当なことであると思うのだ。商品をすでに使っているため、彼は商品に対する隷属関係にあるのだ。すでに自分のもとにある商品で贅沢な暮らしをしているのだから、彼は、余剰労働によって高い水準に達した生活に遜色のないように生活しなければならない。そのため彼は、自分自身に立ち返る機会を決定的に失ってしまうのである。

(29) ある意味では、この公理は精密な自然科学によってすでに存在している。自然科学にとって「真に存在している」とみなされるのは、同一条件のもとに繰り返して存在するもの、つまり合法則的なものだけである。自然科学の格率は「繰り返すことのできないものを、私は存在するとはみなさない」というものである。(「奇跡」と同一視された)宗教に対する、十九世紀の教養人の高慢さ、歴史に対する自然科学者の高慢さは、存在と複数ないし法則との同一視にほかならない。——

(30) 個々の作品としてしか存在していないものの所有、たとえば芸術作品の所有は、無論、価値を示し、しかも豊かさを証明し、貴族意識を与える独占的な価値を示している。今日では、印刷術初期の刊本と量産品とが密接に結びついている。製品が機械化されればされるほど、ますますその生産者は時代おくれの送り状で身を飾る。

(31) つまり、写真撮影において独特で特に魅力的なことは、複製と獲得という現代の二つの主要な活動を統一しているところにある。さらに、こういう仕方で獲得するものが、漁夫や狩猟者で同様に、仕事の道具にしか数えられないというところにある。というのは、彼が獲得するもの（すなわち風景）は無料で彼の意のままになるからである……。これは、現代の商業界では単にメルヒェン的例外を示すものである。まるで画題が獲物ででもあるかのように、スナップ写真を撮ることを、英語で、「shoot」と言うのは、もちろん偶然である。――結局写真を撮ることで魅力的なのは、それが仕事であるとともに楽しみでもあること、つまりレジャーによって訳が分からなくなった者には、一見仕事の形態であり、しばしばまさに労働の形態であるかに見えること、要するにホビーに見えるということである。ところがホビーは、労働の役を演ずる娯楽あるいは、労働からの解放のためになされる労働でさえあるために、幻想的なものの問題圏に属しているのである。ここで述べているすべての現象の連関は実は、ことさら取り出すまでもなく、それに目を向ければおのずから明らかになるものである。

(32) 多くの、余りにも多くの、多すぎる水が
夜から余分に流れ出る。
多くの、余りにも多すぎる世界が作り出されて、
触れて欲しい多すぎる海岸に
無駄に吹く風に――
そういう多くのものを数え上げたり褒めたたえるべき者は誰だろう？
海の底にある名もない珊瑚礁は
どんな海図に書いてあるのだろう、
誰も見たことのない黄金の鉱脈、
名をつけなければならない星座――
意味もなく、さげすまれて、浮かび上がるために
こういうものがたっぷりある。
何ひとつ抜かさずに

そこにあるすべてを暗唱する人がいるとしても――
結局誰に彼は考慮してもらえるのだろう、
彼は誰にリストアップされているのだろう？
感謝はどこへ行ったのだろう？　耳がどこかにあるのだろうか？
彼自身が余分なのだ！　彼の賛辞も物音にすぎぬ！
余分なのだ！　私のためにカーテンを引いておくれ、
帆を下ろせ。

（"Der fiebernde Columbus"より）

(33)　この言葉は、まず事実であると認められた優勢な力に対して、「認容する」「譲渡する」つまり譲歩して、自分自身の席を空けてやるという意味である。そういう力を承認するのだ。――第二段階では、この隷属は少なくとも一部克服される。礼拝や哲学的体系は、優勢な力にそれ固有の空間を、それ固有の場を認め、その力は場所的限定によって、さらに承認されもすればそれで制限されもするのだ。神性はその寺院の囚人となり、悪（κακόν）はその体系的位置の囚人となる。――今日では、結局、「認める」とはもっぱら、私のために用意されているように、あるいは私を妨げないように、何かを配置するという意味である。私が何かを認めてやるのだ。

(34)　若いリルケ（一九〇四年）の手紙の一節だが、この驚くべき文章は、事実、あらゆる物質が作られたものとなる終末論的な状況を描いたもののように思われる。無論、リルケは、非常に気取った、飾り立てたスタイルで描いている。彼は、こういう状態をもたらしたと自分が思っている生産過程を隠し、われわれの連想を偽りの肯定的な方へ向けている、すなわち、熟成するワインとか宝石細工師の仕事、つまり面白くて、本質を示していない生産過程を考えさせているからである。それにもかかわらず、彼の夢は物質世界の全体的抑圧にほかならない。そしてその夢のうちに、錬金術的な世界を黄金に化すという観念が新たに毒性を持ってきているように見えるとすれば、それは、この文章が経済存在論の終末論的観念を思い起こさせるからである。事実、こういう文章、何よりもニーチェの「アポロン的なもの」という理念は、経済存在論を背景として新たに解釈されなければならない（エーリッヒ・ヘラーは、引用したリルケの文章の根底には、ほとんど文字通りにニーチェの理念があることを指摘しているが、これは誤りではない)。ニーチェが「質料と形相」という一対の概念の議論に「ディオニュソス的なもの」と「アポロン的なもの」という一対の神話的概念でまったく新しい形を与えたという事実は、産業主義の時代には「質料」(＝原料世界)と「形相」(＝製品)は、従来の形而上学者たちが夢にも思わなかったような世界的な意味を持ち始めたことを考慮に入れないかぎり、曖昧なままであるほかはない。――(リルケの引用は、Erich Heller, "Enterbter Geist" Suhrkamp 1954による)。

(35) この主張は根拠がないだけではなくて、擬人論であって、それが偽装して登場しているためによくなるどころか、さらに奇妙なものとなっている。「住まいなき」人間が自分自身の保護や住居の必要を存在そのものに求めるとは奇妙だからであり、人間がもはや存在の客人ではないから、牧人か主人でなければならないと思い込ませようとするのは奇妙なことだからである。――そうではなくて、「家」を持とうと思うのは、常に基本的に、カタツムリであろうと人間であろうと家族であろうと、個々のものだけなのだ。切り取られたもの、個別的なものだけなのだ――しかも切り取られ、広大な世界のうちに保護もなく見捨てられ、安心できないからなのだ。つまり、世界の存在については言わないとしても、世界そのものがそう思うことは決してないのだ。世界が仮に心配をかかえているとしても、それは住まいを求めたり捜したりすることではない。

(36) 抽象絵画のかなりの部分がこういう産業時代の天使、まさに身体を持たない形象を作り出している。針金が空虚な対象の輪郭だけを示している現代絵画の人気は、こういう手法が単に芸術家の戯れから生まれているのであれば、いつまでも理解できないだろう。

(37) プラトンへのこの言及については、本書の第一論文を参照されたい。――今日ではすでに、アメリカ合衆国の案内係たちは、無数の人々がボクシングやフットボールの試合に実際行こうとは思っていないことを知っている。なぜならば、出来事そのものにすでに非現実的なものがつきまとい、出来事が放映のために設定され、実現の理念のようなものを必要とし、要するに、出来事はその最高の複製のうちに理想的に実現されるからである。無論、コピーに対して軽蔑をいだき、血を流しているオリジナルの鼻を楽しもうとする専門家はいるだろう。それは、模写を軽蔑して、ジョットーをパドゥアでしか見ようとしない専門家がいるようなものだ。しかし、こういう俗物はこの規則を確証するのに役立つだけである。

(38) この表現は、蓄音機産業に由来する。これは他の何ものよりも、今日では、「オリジナル」と「「コピー」がいかにひどく入り混じっているかをよく示している。すなわちそこでは、すでにひとつの声の再生であり、合成を再生するいわゆる「母型」がまず存在する。この再生の再生、「母型（つまり母の母）」という表現が、それから取られる子母型に比べて、「オリジナル」とみなされているのである。しかしこの子母型は、再生の再生の再生であるにもかかわらず、それ自身が主な母型、すなわちあらゆる母型の母となり、それから取られるレコードの大量生産過程で、市場に出され、われわれの趣味の母型となるのである。

(39) われわれの研究の始めに、（「自分の世界」しか知らず、「世界」は知らない観念論者にかんする補論の後で）現代の消費者を「観念論者」と呼んだときに、この事実を示唆しておいた。

(40) 「創造的（creative）」という言葉を気にしないでいただきたい。慣れ切った既製品の消費を背景にすれば、どんなささやかな自作自演の行為でも、創造行為、少なくともミケランジェロ的な行為と感じられるのである。

(41) この差異を私のようにうまく扱える人々は、映画で必要とされる原型の僅かな数よりも比較にならないくらい多いから、カリフォリニアには、以前の生活で彼らが誰であったか、当時どういう様子であったかを何ものによってももはや示さない何千という幻影が生活しているわけである。彼らには、原型となる機会は決してめぐってこないから、彼らは一時的に幻影らしく見える、いつかは幻想として役立てるという幻想のうちに、「臨時的に」ドラッグストアの仕事とかホップ・ギャルの仕事を相変わらず続けて、日常が荒れはてたあげく彼らの昔の性質を幻影グラマーの下から再び現れ出させるのだ。

(42) 本書の第一論文参照。

(43) 「社会的格差」と「イメージ」との関係は『ヴィルヘルム・マイスターの修業時代』に古典的に描き出されている。市民の息子が、唯一妥当とされる「立派な」生活から締め出されているために、彼は、そういう関係を描写し想像することで、すなわち戯曲によって「教養」のためにこういう関係を手に入れるのだ。

(44) 他方、あらゆる量産品は模写、すなわちそのモデルの模写である。そしてすべてのモデルもまた、複製のためだけのモデルなのである。モデルが優れていればいるほど、その模写の数も増え、つまりその大量生産が成功するわけである。——

時間なき存在

(1) Neue Schweizer Rundschau, Januar 1954.

(2) このように見れば、再三驚きを与えた強制収容所における自己変容の低劣さももはや驚くほどのことはない。

(3) 拙著 "Kafka-pro und contra", Kap. 2 参照。

(4) 「通過する」のはここでは、「時間」における中間点ではなくて、時間そのものなのである。時間そのものが中間点となるのである。――われわれの日常生活も持続的に「時間内存在」なのではなくて、無時間的な睡眠という幕間劇によって繰り返し切り離されるのである。あるいは睡眠から見れば、われわれの現存在は「目覚め」と言われる「通過する」時間によって繰り返し中断されるのだ。

核兵器とアポカリプス不感症の根源

(1) たとえば、「アポロン的」と「ディオニュソス的」との間の違いがそれである。われわれ有限者を完全なものに変身させるという幸運に、アポロン的なものの本質があり、ディオニュソス的なものの本質は、有限性の限界を飛び越える陶酔のうちにあるとすれば、われわれはもはや有限ではなく、「飛躍」したわけだから、その対立は非現実的なものになったのである。

(2) 今日のアポカリプス的状況が「終わりへの存在」として語られるのをよく耳にする。――それには、ハイデガーが三十年も前に作り上げた表現がいかに予言的であったかという注釈がついたりするものだが、これはまったく軽率な注釈だ。というのは、ハイデガーはその当時の表現では、あらゆる人間に共通の終末論的状況とか集団自殺の可能性など決して考えていたわけではないからである。これは、第一次世界大戦後、『存在と時間』執筆当時は、誰にとってもそう考える原因はなかったという意味である。第一次世界大戦がいかに途方もないものであったにせよ、地球全体の危機をもたらしたわけではなかった。むしろ、ハイデガーが当時、哲学を作り出した経験は、孤独な現存在の経験であり、しかも絶えず死に直面している兵士の経験であったのだ。――しかし、彼はわれわれがみな死なければならないと考えたことはなかった。このことはもうすでに知れ渡っているはずである。彼はむしろ、死に直面している状態を生そのものの中に引き込み、しかも生の唯一の絶対的な性格として引き込もうと試みたのである。それはすなわち、時間性という運命を背負った現存在にあらゆる瞬間に命じられうる「止まれ」を意味するのだ。要するに「死すべきもの」として自覚して「実存的」になるという意味なのだ。――だが前に述べたように、それは、もっぱら個人の家庭用に、すなわち死すべき個人用に言われていたことなのである。それは、ハイデガーの哲学がそもそも個人主義の最終決算を表しているからである。個人が自分の死を引き受けるという代理不可能性によってしかもはや構成されない不気味な最終決算なのだ。

　こういう「終わりへの存在」を今日の人類の集団的状況に適用するという考えが生まれうることは、もちろん理解することができる。ハイデガーの考えそれ自身が、アポカリプス的期待を孤立した個人の言葉に移し変えるものであって、彼はアポカリプスを個人の死で取り替えたのだから、核兵器が示しているような全体的危険の印象のもとで、この翻訳を再び「人類の言葉」に翻訳しようと考えられるわけである。しかし、それが考えられることは、それが正当であるということではない。人類全体が同じような意味で、個人と同じように逃れようもなく死すべきものであることは、何ものによっても証明されうることではない。ハイデガーの言葉を今日の状況に応用する者は、それによって破局を自動的に何か積極的なものに、人類が「本来的なものとなる」機会にしてしまうのである。

（3）　あらゆる活動が指導なしに自由競争で行なわれるならば、究極目的は最も確実に、いやそのときこそ隠されるということ、したがって、（経済的な）究極目的は、多様な活動の一種の予定調和によって、その結果としてますます確実なものとして立ち現れてくることは、すでにレセ・フェール（自由放任）原理の前提であった。こういう（イニシャティヴの）自由と（手段の既製のメカニズムへの）信頼との結合が、現代支配的な目的不明の最も深い根であるというのはありえないことではない。

（4）　存在論的に分類不可能な対象というイデーは、カフカによるオードラデクの叙述において先取りされている。――「抽象的造形」の多くの作品も同様に、この新しいタイプの「奇怪なもの」への示唆である。これは、特定のものを表していないばかりか、巨大な現実作品であるにもかかわらず特定のものではないのだから、抽象絵画以上に奇怪なものなのだ。

（5）　戦時中のその製作をこういう熱心さで進めていたら、大半は、最終的には集団虐殺を原則にしてしまったヒトラーによる武器製造を未然に防ぐことになったにちがいないからである。予防手段が「敵に感染し」、長崎や広島の集団虐殺や今日のいわゆる「実験」も、ヒトラーの組織的な虐殺と双生児である出来事となっているのは、驚くべきことである。

（6）　バタヴィアの水素爆弾の最初の犠牲者のための記念碑の碑文。

哀れな漁夫よ。

君が稼ぎがよかったかどうか、われわれは知らない。

（みな稼ぎがよければ、われわれはどうなることか？）

しかし君は、われわれ同様に苦労した、

われわれ同様、どこかに君の御両親の墓、

どこかの海辺には君を待つ奥さんが、

家には走り寄ってくる子供たちがいる。

苦労をいとわず生きることを

君はいいことだと思っていた。

われわれと同じだ。君は正しかった、久保山愛吉さん

哀れな漁夫、久保山愛吉さん、

君の異国の名前では功績は示されていないが、

当分の間、久保山愛吉というこの名前を

われわれは忘れようとは思わない。

われわれの汚点を示す言葉なのだ

久保山愛吉という名前は。

われわれへの警告の言葉なのだ

久保山愛吉という名前は。

しかし、

久保山愛吉という名前は
われわれの希望の名前だ。
君の死で君がわれわれを先導したのか
われわれに代わって死んだのか——
それは今日でも、われわれ次第、
君の兄弟であるわれわれ次第なのだから。
久保山愛吉さん。

（"Sydney Chronicle", 3. März 1955 による）

（7） "Science", July 56.

（8） 現代の順応主義者であるわれわれは、一緒に行なうことは知っているが、みずから行なうことはもはや知らず、もはや決して勇敢ではなく、単に向こう見ずか勇ましいだけである。——すなわち、すでに（他人を信用してそれを重要だと思い込んでいるか、あるいはその評価を他人に委ねてしまっている）何か任意のもののために身を危険にさらすのである——これは、完全な道徳的な隷属を示すものである。——勇ましいというのは——、（それに責任があるとわれわれは決して言わない他人が、われわれを引き込んだ）恐ろしい状況に耐え抜くことができるという意味であり、これは超人的な困難であるかもしれないが、これも独立心の欠如を示すものにほかならない。そうしないほうが、事情によってはより困難なことであるかもしれない。卑怯者も英雄として頑張り通すほかはない状況で英雄でないほうが、極度の勇気を必要とするからである。——勇気は、圧力を受け、公的な世論のもとにあるときだけでなく、自分に責任のあることを敢えて行なう覚悟であろう。これは独裁者のもとでは、たいてい実際にはありえないことである。だが、そういうことが行なわれる場合は、おのずから（たとえばヒトラー暗殺者の運命が示しているように）裏切りという汚点と結びついている。事実、順応主義の時代には、勇気はほとんど裏切りの徴候となり、とにかく共同世界の判断においては疑われる根拠になる。

（9） ちなみに、大きすぎるものは想像できないばかりか、覚えておくこともほとんど不可能である。もしかすると、「経験可能」でもないのかもしれない。千人の死者は百人の死者より驚くべきものではない。ショックを超えると、数字は止まってしまうのだ。――

(10) この違いが昔から知られていたとしても、ここで問題なのは、心理学的な新事実を発見することではなくて、われわれの断念の根源を見つけ出すことなのだ。しかも見つけ出すだけのことではないのだ。

(11) 「想像する」という言葉は、ここでは本来、その正当性を失っている。この言葉はその「前に」という前綴によって予期を示しており、日常的な生産での実現に先立つ計画的な予想を多くの場合示しているからである。それに対してここでの問題は、実現された対象や状況がエイドスにふさわしいものとなる（いわば反プラトン的な）状況、つまり、状況の大きさや結果が「想像」される以前の状況、あるいはまったく「想像」されずに存在していて、その結果、本来なら、想像する者（Vorstellender）である者が「調整する者（Nachstellender）」となる状況なのである。彼によって製作されたものや、彼が自分の製作によって有しているか、自分がそうでありながら自分を凌ぐものとなった見渡しのきかない力を、自分の手に合うものにしておこうと試みるからである。

(12) 自己自身と矛盾する人間が、自分を言い表すのに以前使っていた言葉は、時代おくれになるか、もうすでにそうなっていることは明らかである。たとえば、一世代前には自明的であり、若者の間では流行していた「自分と格闘する」という表現は、今日では、すでに古臭く、仰々しく、信じられないもののように聞こえる。

(13) 四〇頁以下参照。

(14) 進歩信仰は終わったという主張は余りにも皮相である。アメリカ合衆国やロシアでは、まだ健在なのだ。そして開発途上国においては、ようやく勝利の道を歩み出したところだ。――ただし進歩信仰が基本的に変化して、「進歩」という概念が徐々に「プロジェクト」の概念に移行していること、つまり「鉄の必然性」という要素を失っていることは否定し難い。――「進歩という概念の終焉」という予測は、一九四六年の崩壊のヨーロッパに特有であった。――地球全体で考えれば、その予測は誤りである。

(15) われわれの祖先が神概念を理神論的に薄める以前に、彼らは、悪魔が殺した神は「死んだ」と言う前に、つまり彼らが音楽の天国を去って、地獄を劇場にする前に、悪魔をすでに寓意的な姿に変えていたのである。われわれの両親の教養であった宗教には――あらゆる歴然たる無神論から隔たっていた人々のものでさえ、地獄の恐怖はすでに完全に欠けていて、その欠けていることももう認められなくなっていた。

(16) だが、二十世紀のブルジョアジーにおいて、進歩信仰が捨てられたところには、「向上」の代わりに現れたものは、「悪しき終末」という観念ではなくて、現在が（無論多少ともメタフォリカルな意味でだが）「地獄」だという観念であった。このことは、すでにストリンドベリにもあてはまり、基本的なところは、それ以来（セリーヌ、カフカ、初期のサルトルにおいて）変わっていない。しかしこういう作家たちは進歩信仰を捨てながらも、彼らは逆に、この希望はまだ持ち続けていた。すなわち彼らは「進歩」ではない未来を想像することができなかったために、進歩はもはや信じられないから未来も信じなかった。「よりよき未来」とともに、彼らは未来という概念そのものを篩い落としたのである。この変化は、進歩を信じていたブルジョア出身でありながら、自分たちの階級の興隆への信頼を失っていた世代に特有のものであった。ベケットのゴドーの世界にあるような未来喪失は、キリスト教的観念のうちにも、なんらかの政治的な観念のうちにもなかったものである。しかし決定的なことは、この未来喪失が、アポカリプスへの期待に変わることなく、現在を地獄の永遠の現在として解釈したことである。ニヒリストたちもアポカリプス不感症なのである。

(17) 無論、ある人が死の事実を受け入れられず、進歩哲学に質問を浴びせても、この哲学はまったく答えない。これは、進歩哲学の社会主義的変種もブルジョア的哲学と異ならない。しかし、そういうこともまず起こらない。子供たちが質問しようと思うまえに、オプティミスティックな答えで、質問する口をすでに封じてしまっているからである。世界観の力はそれが与える解答に示されるのではなく、それが制限することのできる質問に示されるのだ。

(18) 「進歩」の概念が「プロジェクト」という概念によって取り替えられ、計画経済に取り替えられたところでは、これは根本的に変わった。そこでは、未来は一種の「空間」、すなわち計画が実現されるべき空間になってしまっている。それとともに、時間は「直観の形式」から「生産の形式」に変わったのである。未来が「予見」されうるかという問いと同様に、古典的な問いはこの未来という対象を失った。古典的な問いはまさに予見の図式だからである。——控え目に言って（cum grano salis）進歩の概念は、もともとそれが由来した「摂理」の概念に立ち戻ったと言うことができる。ただ今度は、人間的な予見が問題なのだ。

(19) 共同労働によって魂を不安にされている共同労働者はまったく新しい現象であり、原子爆弾の製造以前には存在しなかった姿である。このタイプは毎日毎日、発展するわけにはいかない。オッペンハイマー事件は（特に極端な順応主義の時代には）良心の咎めによって苦しめられている人が、自分の良心の咎めという事実について良心の咎めを受けることを示している。なぜならば、彼にとっては、まさにこの良心の咎めが、除去できない感情として、道徳的に疑わしいものと思われているからである。――しかし、この良心の咎めという現象は今日では例外である。基本公理は何よりも「金は金 non olere」であり続けており、それは、それが産み出すものによって、労働が道徳的に信用を失わされることはないという意味である。そしてこの公理が致命的なのは、恐るべき犯罪に悪意がないような外見を与えるからだけではなく、それが正真正銘のニヒリズムを表しているからである。すなわち人間的行動は大半が労働なのだが――人間行動の大半があらかじめ道徳の判決を免れていれば、事実上ニヒリズムの支配に至りつくのである。

(20) オートメーションは逆に、機械的な機能の良心性による良心の決定的な代替である。

(21) 現代ヨーロッパ人であるわれわれがこの衝突の最終的な結果を「純アジア的」と言えば、それはわれわれ自身の与える効果を認めることがまったくできないのを示すだけである。

(22) この十九世紀ロシア知識人の突然の取り乱しようは、おそらく、まだ来ていない類似の取り乱しの最初の序曲にすぎなかった。この突然の出来事によって引き起こされ、「ニヒリズム」という形態で現れた心理的外傷はひとつの前例にすぎなかった。現代、彼ら自身の精神史に自然主義的な人間概念や世界概念が現れない無数の非ヨーロッパ人が、こういう概念に突然さらされ、現代人の大半にとって自然科学の時代は原子爆弾の爆発とともに始まったことの意味をわれわれが自覚していることは滅多にない。

(23) ニヒリストがニヒリズムの克服を語るところでさえ、一元論がその根本体験であるのはきわめて特徴的である。たとえば、ニーチェが「永遠回帰」の肯定によってニヒリズムを克服できると信じているとき、この肯定は、「当為」を含まない無意味な自然存在の素晴らしさの肯定を意味している。このことは、「永遠回帰」という概念が明らかに、物理学的な存在概念の印象のもとに、そして物理学的実験に属する反復可能性のモデルに従って考えられているだけにいっそう説得的なのである。この存在のうちにみずからを閉じ込め、無意味にはてしなく反復するものの「大いなる正午」に飛び込むことが、ニーチェが提案する解決であり、その賛歌的なトーンを別とすれば、それが意味するものは、ニヒリストを（無意味で当為を含まない世界の断片であることに、異論を唱えることもできないし、できると思ってもいないから）そうでなければ絶望に陥らせる悲惨にほかならない。ニーチェの短絡思考による解決は、自然の特色としては争う余地のない「善悪の彼岸」をみずから「当為」とすることに至りつく。

(24) System, 2. Teil, S. 31.

(25) このディレンマを「自然界における相互扶助」によって取り除こうというクロポトキンの試みは――それがニヒリズムの国で、ニヒリズムの雰囲気の中で企てられたのも偶然ではないが――哲学的には退屈なものであった。自然界に見られる道徳類似の行動は道徳的責任を決して基礎づけることはできないからである。

(26) こういう「可逆方程式」、国家社会主義の方程式を、私は "Studies in Philosophy and Social Research", N.Y. 1940, S. 464ff. に集めておいた。

(27) この定式の詳細な議論は、拙論 "Une Interprétation de l'Aposteriori" in "Recherches Philosophiques" Paris 1934, p. 70-80 を参照されたい。

(28) この目的のために、感情を組織化する者たちが特に好んで「血」や「人種」や「生物的」などの自然的カテゴリーに訴えたのは、無論偶然ではなく、その恐ろしい人工性にもかかわらず、強制システムを押しつけることを目的としていた。「自然」という言葉は恐怖政治の愛用語である。――

(29) この主な原因は、「格差」は別とすれば、おそらく習慣の自己欺瞞にあるだろう。この意味は、――慣れたものが、ひとつの世界図式に感情的に慣れた瞬間に、その他の可能性を想像できない、つまり、その他の世界図式が可能であり、可能であったことを想像することができなくなったこと、要するに、習慣が後ろ向きに永遠化されるということである。

(30) このことから、ニヒリズムにおいて苦悩が果たしている大きな役割を説明することができる。というのは、苦悩する者は、自分の死を任意に延ばす機会のみならず、犠牲者のうちに同時に絶滅の証人を確保する機会を持つからである。

(31) 自然主義的な世界観と自由運動とのこの逆説的な「結合（junctim）」、「鉄の必然性」と「革命」とのこの合一はまだ終わっていない。たとえば、今日でもまだ、こういうものを欠いたソ連のドクトリンは、ヨーロッパの精神史から生まれたこの結びつき抜きでは理解できないままである。

しかし、以前ほどには、この結合はもはや特色を示すものではなくなっている。それは、自然主義が前世紀中に、技術として至るところで勝利を収めたからである。自然主義が今日では時代の普遍的な世界観となって、今日では、哲学が実質的に自然主義的である国は存在しないからであり、その世界や人間の扱い方が「実際に自然主義」を示している国は存在しないからである。これは無論、自然主義が至るところで公式の哲学として宣言されているという意味ではない。反対に、最も重要な二、三の国においては自然主義は沈黙している。しかしそれは決して、そこでは哲学が「まだ」現実に適合していないためではない。――この単純な「まだ」のうちに、歴史的なイデオロギー問題が尽きるものではなくて――逆に――そこではもはや自然主義を哲学として明確に宣言する必要がないからである。自然主義がある種の高度産業国において支配的でないとすれば、それは操作法 modi operandi として明らかに勝利を収め、異論を唱える者もなく、十分に支配している原理が哲学的定式を無用にするからである。つまりそこでは実験室という城塞に守られ、自然主義そのものに援助されて、私の知るところでは、多かれ少なかれヒューマニスティックな世界概念と人間概念を普及させる（「一般教養」）ことができ、このパースペクティヴから見れば、産業的にはまだ発展途上にある諸国から公式に表明されたり、まさに救済思想として広められている自然主義的哲学は「野蛮」であるように見える。しかし、この種の言葉で片づけられるものは、結局は、哲学的な形で現れる「産業化のための自然科学」の、もはや宣伝する必要のないプログラム、つまり人々自身が実践しているものの騒がしい宣伝にすぎないのである。こういう哲学が激しく攻撃されるのは、とりわけ脅威的な産業競争がこのような哲学のうちに示されているからである。

今日ではまだ支配している（ロシア）のであれ、今日ようやく走り始めた（十九世紀ヨーロッパに追いつくべき運命にある「開発途上国」）のであれ、そこで産業化のある種の満足ゆく状態が達成される瞬間に、自動的に萎縮し、無用の長物として没落する、とマルクスが形而上学について期待したことが、形而上学の後継者である自然主義によって真実であることが証明されることは、私には確実であるように思われる。

しかし、もう一度言えば、そのとき自然主義は、単にあからさまな哲学もしくは公式哲学として消滅するのであり、すでに消滅したところでは、自然主義は単にその種の哲学として消滅したにすぎない。それが実際に至るところで支配的であるのは、有効な哲学は言葉のうちに本質があるのではなくて、世界や人間の扱い方の事実に適用される原理のうちにあり、世界や人間を何とみなすかにあるのではなく、人々が自分を何とみなすかにあるからである。――
(32) ニヒリズムがようやく(つまり四〇年代のフランスにおいて)広範な運動となったとすれば、それは、ニヒリズムが初めて歴史的状況にマッチした形で、しかもこういう状況のまったく特定の場面で現れたからである。いずれ明らかにされなければならないのは、いかに多くのさまざまな現象が突如としてニヒリズムに適合し、ニヒリズムがいかに多くの雑多なものに同時に変形されえたかということである。
1 一切の「当為」を嘲笑した国家社会主義的恐怖政治の事実。
2 この恐怖政治に対する闘いにおいてこの「当為」から解放されようとしたレジスタンスの闘士の状況(したがって、この種のニヒリズムと自由の哲学との密接な関係)。
3 みずからの「当為」を裏切ったブルジョアジーの地盤喪失。
4 社会的には無のうちにあって、何をなすべきであるか、自分が何かをなす「べき」であることがもはや分からなかった非ブルジョア的知識人の状況。
種々さまざまな出来事や状況や態度を正しく判断しうる哲学が支配的になったのは当然である。そういう哲学が到来するのは決まりきったことだったからである。

（解説）
ギュンター・アンダースの哲学

青木隆嘉

献辞からもうかがわれるように、「ギュンター・アンダース」は、ギュンター・シュテルン（Günther Stern）のペンネームである。一九二〇年代には、各地に住まいを移し、みずからノマドと称して、遍歴を重ね、出会いが直ちに別離となる旅人であった彼は、安住の地としてでなく、むしろよそよそしい他者として世界を体験していた。そういう生活のなかで、彼の心を深く捉えたのはリルケであり、カフカであった。一九三〇年には、最初の妻ハンナ・アーレントとともに、リルケ論を*Neue Schweizer Rundschau*に寄稿したギュンター・シュテルンは、*Berliner Börsen-Courrier*の文芸欄担当のジャーナリストとなったが、名前を変えたらどうかという文芸部長ヘルベルト・イーエリングの勧めもあって、シュテルンとは別な名前として、単刀直入にAndersと名乗ることになった。この名前の由来はそういう偶然のことであったが、この名前はきわめて象徴的である。というのも「別の仕方で（anders）」ということが、ギュンター・アンダースの生活と思想の特色をなしているからである。

ハイデガーは人間をどこからともなく投げ出された「世界内存在」として考えたが、アンダースは逆に考える。すなわち、彼によれば、人間は自分が生まれ出た世界から離脱し、世界にとってよそよそしいものとなったのである。動物との差異、世界との差異に基づく人間の偶然的な在り方、つまり、自分が別の場所でなくここにいること、別の時代でなく現代に生まれ出たこと、ほかならぬ自分として生きていること、このすべてが無根拠で、偶然としか思われず、みずからが現実に存在していることをひとつの余分なこと、不要なこととして意識せざるをえない、そういう人間の在り方が、アンダースにとっての人間の根本的な在り方なのである。

動物のように本能によって固定された枠内で、世界に根ざした生を送るのでなく、「未確定」(ニーチェ)であること、つまり世界から隔たっていることは、確かに人間の「自由」であるが、アンダースにとっては、それは人間の「病理学的」な在り方を意味する。「自由」は人間に、自分自身の手によって、つまり疎遠な世界と「経験」を通じて交わり、「実践」を介して、自分にとって親しみのある世界を作ることによって、世界に立ち返ろうとしなければならない。だが、人間は「自由」であることによって、リルケも歌ったように、みずから世界を築き上げて、世界からさらに離反し、世界を破壊し、自分自身をも破壊しかねない。アンダースにとって人間はもはや世界の中心にいるものではありえない。万物の尺度である人間はここには登場しない。むしろ人間は徹底的な「世界からの疎外」において捉えられ、絶えず「別の仕方で」生きることが、つまり「歴史的変化」のみがその「本質」であるものと見られている。このためアンダースにとっての根本問題は、このように世界から疎外された人間が、どのようにして再び世界に住まいうるか、世界における人間の住まい、つまり住み慣れた場所である「エートス」をいかにして確保しうるか、という文字通り「エチカ」の問題なのである。アンダースにとって哲学とは、この意味で「エートス」の学問として根本的に「エチカ」なのであって、存在論でもなければ、いわゆる哲学的人間学でもない。すなわち、彼の哲学は、もはや形而上学的な根拠もなく、究極的な和解への希望もなく、みずからの実践のうちに人間の世界を築いていく道を求めていくという、本質的にニーチェ的な意味で「悲劇的な」思考に貫かれている。まずこのことをはっきり押さえておく必要がある。

1　世界からの疎外

一九三三年、ユダヤ人として反体制活動に参加したために国外へ追放されたアンダースは、まずパリへ逃れ、アーレントとともにアレクサンドル・コジェーヴのヘーゲル講義を聴講して、みずからの「世界からの疎外」という確信を深める。一九二九年にフランクフルトの「カント協会」で行なった講演「人間の世界疎外」を、一九三六年に『自由の病理学』と改題して発表したが、その年、さらにアメリカ合衆国へ渡り、異邦の地で、さまざまな仕事について亡命者としての辛酸をなめながら、世界からの疎隔を深く味わうことになる。特に工場労働者としての経験は、彼の「否定的人間学」に転換をもたらし、それが本書の成立のひとつの契機となる。

アンダースは『自由の病理学』において、人間を根本的に健康でありえず、健康であろうともしない、固定されていない不確定な存在者とみなし、ルーマンやゲーレンに反対してアドルノやゾンネマンが称したように、自分の試みを「否定的人間学」と称している。そこで彼は、人間を「不確定」で「終局まで作り上げられていない」存在、要するに「規定できない自由な存在」として規定している。次の文章に示されているような、人間が「世界から引き離されている」という捉え方が決定的に重要である。

「引き離し（L’abstraction）――つまり世界に対する自由、普遍的なものや不確定のものへと切り離されていること、世界の外部への後退、実践と世界を変形させること――これが、ロゴス、創造性、内面性、自由意志、歴史性と同じように、人間の形而上学的位置を特徴づけている基本的な人間学的カテゴリーなのである」(*Pathologie de la liberté*, 22-23. ライマンの引用による)。

ここで「人間学」とアンダースが言っているものが、いわゆる「時代おくれの哲学的人間学」ではなく「否定的人間学」の意味であるのは言うまでもない。「哲学的人間学」における人間の定義は、「動物」はその種固有の本能の枠内に閉ざされている運命を免れえないもの、つまり不自由なものとして前提し、それとの対比において人間を考えているにすぎない。その前提に検証を加えることもなく、単に自明のものとみなしているのである。アンダースはこの比較対象の選び方は疑わしい限りだと考えている。「人間と動物」という比較は明らかに人間中心主義的発想でしかない。「動物」という場合に、それぞれ無限に異なっている二千もの動物の種と対立させて、動物は唯一タイプの動物的存在を代表しているかのように取り扱おうとする考えは、まったく「人間中心的な誇大妄想」と考えられる。そういう「哲学的人間学」は「宇宙的な不遜」に陥っているとアンダースは考える。

人間を定義するためには、人間の現実の背景こそ比較対象に用いなければならないはずである。アメリカでの労働の体験、特に第二次世界大戦後の現代的な生産と消費の経験に基づいて、アンダースには、生物と比較して人間の自由を考えることとの不十分さが明らかになる。人間の現実の背景は動物ではなくて、電球工場や放送装置なのである。人間の世界はもはや生物が生きている世界なのではなく、技術によって作り上げられる世界、機械と製品からなる世界として現れてくる。それとともに、必然的に「人間」のイメージが変わり、人間の独自性が壊れるとともに人間の自由も壊れ、個人はもはやIndividuumではなく、むしろDividuumと呼ぶべき「大衆隠者」となって、労働においても余暇活動においても隷属者として、さらに「世界からの疎外」に陥っていくのである。

本書下巻の「時代おくれの哲学的人間学」という章でアンダースは次のように述べている。

ハイデガーがまだ立てていたように「人間とは何か」と問うことは、その「何」(または「誰」)への問いで期待しているもの、または期待しうるものが何であるかを明らかにしないかぎり意味がない。偶然に出現した他の存在者との差異が「人間」という存在者の「本質」を決定すると信ずることが、哲学的には幼稚である以上、その答えは、単なる「種差」ではありえない。「本質」という用語で考えられるのは、創造者たる神が人間に定めた「宇宙における特殊な使命」という、神が人間を創造した目的である任務しかないだろう。つまり「本質」への問いは、神を前提しないかぎり意味をなさない問いなのである。だがこれは、そういう前提が正しいことを明らかにしたうえで問われている問いではなく、むしろ人間の本質を規定しうる可能性がないことを示しているにすぎない。「本質」への問いは意味をなさないと確信している無神論者が、そういう問題に答えようとするのは、自分のやっていることが何であるかさえ見失っているからである。また「誰かという問い」を問う場合も、誰への問いも神を前提していることに変わりはない。それは、神に呼びかけられ、みずから「神の前に出頭し」なければならないことを本質とする存在者に変えてしまうからである。人間を創造する際に「使命」を与えた神を前提しているだけでなく、人間を絶えず支えている神を前提しているという意味では、「誰への問い」は問いではなく、問いの形をした二重の先入見にすぎない。ハイデガーのように、「人間とは何か」ないし「人間とは誰か」という問いを真剣に受け止めるとしても、それは、宇宙に存在する無数の種に対する自負から、人間に形而上学的もしくは神学的に特殊な位置を認めることが正当か否かという、もうひとつの問いに肯定的に答えた証拠にはならない。そういう問いに肯定で答えたハイデガーは人間を「存在の牧人」として捉えたとき、彼が流行として軽蔑していた「哲学的人間学」と同じことをやったのである。したがって彼には、哲学的人間学から隔たっていると主張する権利はない、とアンダースは批判している。

このようにアンダースは、「世界への開放性」を重視したシェーラーや「脱中心性」を基本概念としたプレスナーの哲学的人間学を批判するだけでなく、自分の存在の偶然性を引き受け、それに逆らって自分の「企投」を作り出そうとする人間理解を「被投性」の概念に示したハイデガーに対して決定的に距離をとる。アンダースをして「世界からの疎外」を確信させたのは、始めに触れたように、むしろリルケやカフカ、デーブリーンといった文学者たちであった。アンダースはリルケの「ドゥイノの悲歌」にかんする論文において、世界から疎外され、世界にとってよそよそしいものとなった人間が、秩序を立てては、世界をさらに破壊し、みずからも崩壊していくことを痛切に歌うリルケへの共感を語っている。その翌年のカフカ論においても、産業社会のなかでの人間疎外を描いているという実存主義的なカフカ解釈を退けて、世界から疎外された人間として、世界への還帰を求めるカフカを見いだしている。このような文学者たちへの共感は、本書に「時間なき存在」と題して収められている独自のベケット論にも十分に示されているが、特にここでは、リルケやカフカに見いだされる一種の「否定神学」とも異なる「非宗教性」に、アンダースの関心は向けられている。

アンダースの解釈によれば、ベケットの主人公たちは、自分の存在を偶然と認めるでもなく、偶然を止揚し、偶然に投げ出されたものを積極的な「企投」に鋳直そうとも考えない。彼らは自分自身の実存を虚無的だと捉えているわけでもない。彼らは、意味という概念を諦めることのできない「形而上学者」なのである。ヴラジーミルやエストラゴンは、意味概念を明確に剝奪したハイデガーとは異なり、自分の存在から推論して何かを期待するからこそ生きており、彼らは明らかに無意味な状況においても存在概念を保持し続けているからである。この意味で、彼らは「ニヒリスト」ではなく、ベケットはその正反対のものを示そうとしている。つまり、ベケットは、希望を捨てず、希望を捨てることもできないために、救いようもなくオプティミスティックな愚かなイデオローグを「道化」として提示しているのである。したがってベケットは、ニヒリズムを示しているのではなく、「打ち破れないほどの絶望的状況にあってもニヒリストたりえない人間の無力」を描き出しているのである。作品から発散されている惨めな悲哀は、二人の主人公の見込みのない状況から生じてくるのでなく、むしろいつまでも待ち続ける彼らがその状況を超えられず、ニヒリストともなりえないということから生まれているのである。

リルケにおける「神」、カフカにおける「求めるもの」、ベケットにおける「待つこと」は、それぞれに到達し難さ、つまり神を経験できないという事実、常に宗教的な空しさを彼らが共有していることを物語っている。だが、リルケやカフカにおいては、神の不在の痛ましい経験の深まりは、神の実在の証へと移行し、「神はこない、ゆえに神は存在する」、あるいは「来臨は起こらない、ゆえに神は存在する」という形での神の存在証明が見いだされるが、ベケットの場合には事情が異なる。ベケットは登場人物たちに、ゴドーが来ないことから、ゴドーが存在すると推論させているが、ベケット自身がそれは不条理だと考えている以上、彼の作品は非宗教的で、せいぜい宗教を取り扱っているにすぎないと言わなければならない。

ここに、ベケットの作品の独自性が生まれるひとつの根拠があるが、アンダースは、ベケットの作品に登場する「道化」が、動物的であったり、真面目であったり、あるいはシニカルである点ではなく、人間一般の悲しい運命を反映し、あらゆる人間の心を結びつけ、悲しみによって人間の連帯を容易にする「悲哀」を表しているところにその特色を見いだしている。そして、「道化芝居は人間愛の避難所となったように見える。悲しい者たちの結びつきが、最後の慰めとなっているように思われる。意味喪失という慰めのない不毛の土地の上に芽生えるものは、僅かな慰めだけである。それがなぜ慰めになるか、どういうゴドーの希望を与えているかは、慰め自身にも分からない」と書いている。

このような独自な解釈を展開したアンダースが最後に述べている次の言葉は甚だ示唆的である。「慰めが証明しているのは、意味よりも暖かさが大事であり、最後の言葉を失っていないのは、形而上学者ではなくて、人間の友だけだということである」。ここには、「哲学的人間学」の根底をなしている「形而上学」に対する批判が示唆されているのであって、「人間の友」という言葉は、アンダースのベケットに通ずる「非宗教性」を示すものではあっても、人間（中心）主義を表明しているのではない。このことはアンダースの次の言葉を読めばいちだんと明確になる。

「近代的観念論がコペルニクス以後であることは偶然ではない。ある意味では、近代的観念論は、コペルニクス以前の世界像と調和していたが、コペルニクス以後の世界像と一致しない聖書的な〈われわれのために〉をなお救済しようとするあらゆる試み、つまり密かな地球中心主義ないし人間中心主義を脱中心的な宇宙の中で持ちこたえようとする試みを表している」。

したがって、「人間の友」でアンダースが示唆しようとしているのは、近代哲学の根底にある「人間中心主義」にほかならない主体の立場に立つ「存在論」に対して、彼の「エチカ」の優位であると言って過言ではない。

存在論に対する彼の批判は、哲学を「本質」の究明とし、哲学は経験的‐偶然的なことには関わりがないという断定に対する厳しい批判の形で述べられている。すなわち、彼はそういう断定を「きわめて幼稚な誤り」であると一蹴している。そうであるにもかかわらず、その種の断定があらゆる哲学の根底に暗黙のうちに潜んでいる。しかしそれは、世界を二種類の存在者に分ける捉え方を正当だと前提してしまっている形而上学的な先入見にほかならない。世界には非本質的なものも含まれており、人間が偶然的な存在であるというのが、アンダースの根本確信である。したがって「あらゆる存在は偶然ではないということは純粋に神学的な前提なのだ」。というのは、こういう前提は、人間によって何事かを「意図し」、創造の際に人間だけに特定の役割を与えた摂理を司る神を想定する場合しか妥当しないからである。それに対して、こういう想定をしない人、つまりこの場合のように、人間の存在を偶然的なものとみなす人は、本質の認識と事実の認識との区別をもはや認める必要がなく、あるいは認めずにおれる。そういう人は、あらゆる認識が偶然的なものを対象とするから、あらゆる認識を経験的なものとみなし、そのため「哲学」という尊称を捨ててしまうことであろう。このように考えるアンダースは、みずからの考察をむしろ「非哲学的」であると言う。

たとえば、次のような記述には、彼の関心がどこにあるかが示唆されている。

「たとえば（多くは国家主義的な用語についている）すべての〈……性〉という接尾語で終わっている語は、単数であるもの、アポステリオリなもの、偶然的なものに、本質という威厳を与えてやろうとする試みである。まさに（ブレヒトの言う）〈やたら何々性と言う連中〉は哲学者として振舞うどころか、どういう意味であれ〈深遠な哲学者〉として振舞いたがる。いわゆる〈哲学者たち〉にとっては、その威厳の〈本質〉と称するものを暴露し、〈脱‐本質化〉への勇気を育てたほうがましだろう」。

ここに示されている「深遠な哲学者」たちへの嫌悪と軽蔑のうらには、その種の「哲学」が全体主義権力を生み出し、それが人間を「歴史を失った」存在と化していくことへの深い憂慮がある。その憂慮から「〈脱‐本質化〉への勇気」、すなわち「脱‐存在論への勇気」が勧められているのである。ここには、「差異に耐える勇気」の欠如に政治の衰退を見たニーチェと同じような思考を見ることができる。

アンダースにとっては、あらゆる存在者、その存在をも偶然的なものとみなすならば、哲学に値するものと哲学に値しないもの、哲学的に扱えるものと哲学的には扱えないものとを区別することを可能にする基準はもはや存在しないのである。むしろそのような区別をすることは、非哲学的なことだと言わなければならない。彼は「履き古された長靴を見ても哲学せずにおれる人々は、哲学者の資格はないと私は言いたい」とさえ書いている。技術の世界における人間の役割ないし人間世界における技術の役割についての自分の考察が「哲学的」と言われるか「経験的」と言われるかなど、アンダースにはまったくどうでもいいことである。

アンダースは、自分の理論的努力を「機会原因の哲学」と呼んでいる。「自分が（疑いもなく哲学部に所属し、哲学の存在を自明のことと思い、口もとまで上がってきている水について哲学することなく、哲学について哲学しているという理由でプロの哲学者である）プロの哲学者に数えられるか、――そういった哲学者たちが彼らの仲間に数えてくれるかどうか、彼らがどう分類するかということは、私は少しも重視していなかった」と彼は書いている。

本書の上巻と下巻との間の二十五年間、彼が「哲学的な沈黙」を続けたのは、人類の現実的破滅の危険と比べれば、「単なる非人間化」を論じ、現実の破局との単に理論的な関わりにとどまることは「贅沢」であり「無価値」である、としかアンダースには考えられなかったからである。下巻のエピタフには、彼の意図が次のように端的に示されている。

「世界を変革するだけでは十分ではない。われわれが協力しなくても、十分に変革はなされている。この変動を解釈することも、われわれには必要なのだ。この変動を変革するために。世界がこれ以上にわれわれ抜きで変動しないために。世界が最終的にわれわれのいない世界にならないために」。

社会体制の変革によって疎外が克服される可能性はない。所有関係を変革しただけでは技術の影響は少しも軽減されず、また軽減しうるものでもなく、「疎外の止揚」とか「労働の人間化」と言ってみても、徹底的に技術化され、さらに技術化されつつある世界に生きているかぎり、それは結局「単なる無駄話」にすぎない。生産手段の所有者ではないという欠陥は、前世紀に現実に起こった唯一の「世界革命」である技術革命の結果のひとつにすぎない。疎外は「世界からの疎外」として人間の基本的な在り方に食い込んでいるからである。「世界からの疎外」は、今日では、社会的、政治的次元を超えた力として、東西両陣営の体制の違いを超えて、現代世界を規定する「運命」になっている。しかも、その「運命」は技術という形で歴史を動かしている。しかし彼にとって、技術が時代の運命になったということは、「技術が命令」になったことを意味している。

五〇年代の反核運動や六〇年代のベトナム戦争反対運動への彼の積極的な関わりは、人間の生存を守り抜こうとするヒューマニズムに支えられているかのように見える。しかし、アンダースは、「〈形而上学的倫理学者〉の立場ほど、私からかけはなれた立場はない」と言う。「形而上学的倫理学者」は、存在者が（現実的であろうと想像上のものであろうと）現にあるがまま「善」であり「命じられた現状」であるとみなし、人間の道徳性を「現にあり、現にあるがままにあるべき」ものの枠内にはめ込む、あるいは現状から命令や禁止を直接に導き出そうとする。だが、「〈形而上学的道徳〉にはとっくに見込みがなくなっている」のであり、権利問題と事実問題とをもう一度公分母でくくろうとするのは無駄な努力である。「理性」が二つの部分に分裂したとして、この事実を決定的に表現した哲学、特にカントを非難するのは滑稽なことである。自然科学によって世界は「善悪の彼岸」の世界となり、その結果、道徳の問題は、その「問題」だけでなく、何より「道徳的」「非道徳的」であるわれわれの行為そのものも、否応もなく根拠を失い、いわば「形而上学の切り花」のように、道徳と関わりのない海原に漂い、人間以外の何ものにも関わりのないものとなっている。現象の世界に所属しない（あるいは半ば属している）という事実から直接に、形而上学的に積極的な「自由」を作り出そうとするカントのような見込みも同様に失われている以上、行為は根拠を失っていると言わざるをえない。つまり、もはや形而上学ないし存在論によって基礎づけえない以上、道徳の根拠は、「善悪の彼岸」に顕わになっている「現実」の要求にどう応えるかという点にしか求めることはできない。「技術が命令」になったという意味もそこにある。これは単に技術が「歴史の主体」として、人間に「命令」を下すものになったというだけの意味ではなく、それと同時に、そういう技術がもたらす状況への実践的対応を求める「命令」になっているということなのである。したがって、彼のエチカは、単に根拠なき実践という意味でのニヒリスティックな実践である倫理なのではない。彼のエチカはむしろ、「本質」や「意味」や「価値」を存在論的に要請し、そこに実践の根拠を求める存在論的思想を排除して、「技術の命令」あるいは「時代の強制」への応答を優先させる倫理なのである。人間の「本質」を語り、実践の普遍的規範を語る時代は過ぎ去った。正義を真理に基づけるのではなく、真理を正義に基づけるべき時代が到来したのである。

このような基本的考えに立って書かれた本書の主題は、人間が事実として経験している変動、あらゆる能動的活動と受動的活動、労働や余暇活動、人間関係、（いわゆるアプリオリな）カテゴリーに及んでいる人間の根本的変化である。この変化とともに到来した段階はもはや別の段階に移るのでなく「歴史の終焉」であり続ける。これは、人間の「自然本性」ではなく、新たに獲得された「本質」が不変であることを意味する。「本質」といっても、それは人工的な状態、人間が自分自身を導き入れた状態にすぎない。このような状態に達したのも、人間の「本性」には、人間の世界を変化させるとともに、人間自身をも変えてしまう能力が属しているからだが、そういう「自由」の能力、つまり「世界からの疎外」がもたらす「病理」を克明に調べ上げ、その克服が可能ならば、その道を探ろうとするところに、アンダースの「エチカ」がある。

2 「自負の哲学」と「羞恥の哲学」

アンダースの分析には、時としてスウィフトを思わせるような諧謔が見いだされるが、それは、悲劇的思考から生まれるユーモアにほかならない。そこには、「事態が深刻であればあるほど、深刻でないものの役割は重大なものになりうる」というアンダースの信念がある。そういうユーモアを生み出す源はニーチェ的な意味で「悲劇的」であるアンダースの思考であるが、本書に示されている「強さのペシミズム」の根拠もそこにある。

グリュックスマンは『デカルト的革命』において、デカルトの「思惟する実体」には根源的な不安があるという独自の解釈を示しているが、一般的な解釈では、デカルトの懐疑は人間の自由を示している。しかしアンダースにとっては、懐疑は確実性を保証せず、人間の自由はデカルト的な積極的自由ではありえない。人間の自律を無条件に信頼して、主体による世界支配の可能性を説く哲学は、本質的にオプティミズムであるが、アンダースはそれを妄想と見ている。

妄想にほかならぬ体系的思想の根底には、羞恥つまり隠蔽がある。その底に自負が働いている。アンダースは、そういう思想を「自負の哲学」と呼び、みずからの哲学である「羞恥の哲学」をそれに対置させている。

自分が造った製品の世界と人間との間の非 - 同調性が日々増加している事実、両者の距離りが日毎に大きくなる事実、これをアンダースは「プロメテウス的落差」と呼ぶ。種々雑多な人間的「能力」の非 - 同時性、とりわけ人間の生産物と人間自身とのずれ、つまり「プロメテウス的落差」こそ彼の研究主題のひとつなのである。無論、この「落差」は、たとえばマルクス主義の「上部構造」理論、特に「下部構造」と「上部構造」という二つの段階の間のテンポの違いを説明する際に認められていたことである。が、それは認められたにすぎなかった。マルクス主義が関心をよせた落差は、多くの落差の中のひとつにすぎず、それは広範で複雑な落差の一例であり、落差現象にはさまざまな現象を区別することができるからである。マルクス主義において論じられる生産関係とイデオロギー的な理論との差異のほかにも、たとえば製作と想像との落差、行為と感情との落差、知と良心との落差、そして何よりも生産された装置と人間の身体との落差がある。こういう「落差」はすべて、この研究の中で、それぞれの役割を果たすわけだが、その構造はみな同じである。ひとつの能力が他の能力より「優越」しているか、あるいは一方が他方の後を「追いかける」という構造がそれである。

このような考え方に立って、彼は「自分の作品の〈恥ずかしくなるほど〉高度な品質に対する羞恥」を「プロメテウス的羞恥」と呼ぶ。そして自分が物ではないことに対する羞恥の態度とともに、人間の物化の歴史における第二の段階が始まったと指摘している。つまり人間が物の優位を承認し、自分を物に合わせ、自分の物化を肯定し、物化されていないことを欠陥として非難する段階が始まったと言うのである。物化された人間にとって、この（肯定ないし非難という）新しい態度が第二の天性となり、判断でなく直接に感情としてその態度が生ずる第三段階が始まったとアンダースは見ている。

「プロメテウス的羞恥」と題する論文では、現代の根本的な欠陥である、製作し使用できるものしか想像することができないという無能力が示され、そういった致命的落差があるからこそ、生産したり使用したりする無気味な機械や、機械によってアポカリプス的効果が生ずることが論じられている。現代に顕著となった「無能力」の途方もない効果が「見通しがつかない」だけではなく、そういう機械や効果のうちに顕わになっている現代の根本的な欠陥は、技術世界に生きている現代人の基本的欠陥にほかならないと考えるのである。このため彼は、そういう効果が「想像」できなくても、そういう効果を論じていくのである。

この点では、羞恥についてアンダースが、「この恥の理論の最初の定式は『自由の病理学』のうちにある。そこでは〈根源からの飛躍〉という表現であった」と述べていることに注意しなければならない。すなわち、疎外の根源に「世界からの疎外」を読み取ったアンダースは、この羞恥の底に「根源からの離脱の隠蔽」を見いだしているのである。

「根底」から切り離されたことこそ生命にとって痛切な事態だと考えるアンダースは、フロイトの生誕時のトラウマについて次のように解釈する。すなわち、フロイトの言葉が今世紀の自然科学的な用語をどんなに使っているにしても、彼が解明した感情（「大洋のような感情」「死への欲動」）は、徹頭徹尾、形而上学的なものであった。このことは、この二つの感情と同様に、個体化のショックを表している生誕時のトラウマという感情にもあてはまる。「誰が恥じているのか」という問いと同様に、こういうトラウマに対して立てられなければならない問いは、「ここで本当にショックを受けているのは誰か」という問いでなければならない。それは、個人自身なのだろうか。それとも、そこでショックを与えているものが個体化という出来事である以上、むしろまだ個体化されていない生命ではないか。個人は、決して克服されなかった個体存在であることの苦痛という、生きているかぎり引きずっていく驚きの遺産にすぎないのではなかろうか。アンダースはフロイトの「死への欲動」は、最終的には、個体的存在の苦悩から逃れようとする個人の憧れにほかならないと考えている。

生まれたことの拒絶が特に宗教に現れたモティーフであることは、アンダースが指摘する通りであり、教祖たちが生誕にまつわる汚点を暴かれることも少なくなかった。アンダースは、人間は（他の存在者から）生成したと主張する血統理論に対する憤慨という反応のうちに、宗教的な拒絶の最後の名残を見届けている。彼によれば、生まれたことが最終的に信用を失ったのは、ブルジョア革命、特にその後の哲学に基づいている。フィヒテの「自己を措定する自我」は自作の人間であり、生成したのでも生まれたのでもないと主張し、自分は自分自身の作品であり、自分にのみ負うところがあると主張する人間の思弁的な書き換えであると解釈される。そして、こういう生誕の信用失墜は、特権の源泉についての「高貴の生まれ」の拒絶、権利喪失の根拠となる卑しい生まれの拒絶から生じていると見ることができる。生まれたのではなく「自作の」ものでありたいという願いは、フィヒテの場合には、道徳的‐政治的な意味が認められるだけである。すなわち「自作の」人間は、自律的人間であり、「自作の」国家の市民であるとされる。この生まれたことへのこの拒絶のために、フィヒテでは自然哲学が完全に欠落せざるをえないのである。シェリングがはっきりと「人間の自負は、根拠からの起源に反抗する」と書いているのと同様に、アンダースも、フィヒテの後代の変種であるハイデガーの「被投存在」は、神による被造物であること、超自然的な起源に対する反抗であるだけでなく、生成したこと、つまり自然的な起源に対する反抗であると見ている。ハイデガーの「企投」という概念はそういう反抗の概念にほかならないと言うのである。自分自身を作ること（「現存在」から「実存」への変容）に、ハイデガーの場合も（『存在と時間』の時期には）フィヒテの場合と同様に、自然哲学が欠落しているのは偶然ではない。彼が自然哲学と取り組まなければならなかったなら、生まれたことに対する拒否を維持することは不可能であったであろう、とアンダースは言っている。

彼によれば、多分最も根本的である、形而上学的な恥、すなわち、根底から「脱落」し、宇宙に属するように根底に属するのでなく、個体、単独者として「根底」から引き出され、「宇宙の例外者」として存在しなければならない個人のもつ恥も、最終的にはこのタイプの反抗に属する。こういう恥の方程式は、「所属していないこと＝不適当さ＝不従順」である。その最高の証人としてアンダースが挙げているのは、アナクシマンドロスや（ヘルダリーン的な）エンペドクレスである。シェリングの「自負は根拠からの起源に反抗する」という言葉と対をなす命題として、アンダースは、「起源は自我存在の自由や危険にさらされることに反抗する」という命題を提示している。この反抗もまた「恥」にほかならないのである。「自我」であることの恥は、自我でないことの恥よりも一般的であり根源的であることが多くの現象のうちに示されていることは、その証拠である。

このような「羞恥」にかんする分析は、体系的な哲学の根底にひそんでいる「羞恥」つまり隠蔽を暴き出すことへ導いていく。

アンダースはまず、オプティミズムにひそむ「不誠実」を暴き出している。すなわち、今日では、最も普遍的なものの意味が問われるとともに、最も特殊なものの意味も問われるという事実、つまり「私は何のために存在しているか」が問題となることは、その両者が、そしてそれとともに一切のものが、偶然的なものであり、否定的なものであると感じられ、正当化を必要とすると感じられていることを示している。この現状に照らして見た場合、プロティノスの古典的な答えもライプニッツの近代的な答えも、悪しきものを含まない世界は存在しないとか、悪はそれなしにはパン粉が役に立たない酵母であるとか、ゲーテのように悪は常に「善をなす」とか、悪を含んでいる世界があらゆる可能的世界のうちで最善の世界であるとか、悪への自由は人間の（積極的な）自由のための代償であるといった、決して完全に「誠実」とも思われない断言に終わっていたとしか考えることができない。こういう「不誠実の伝統」の「絶頂」をアンダースは、「意味」と「否定性」とを独特の仕方で結びつけるヘーゲルのオプティミズムのうちに見いだしている。

ハイデガーが、人間に存在論的には「存在の牧人」という途方もない無遠慮な役割を認めることも、アンダースには、ハイデガーが「まだ旧約聖書的な人間中心主義の末裔である」としか思えない。人間が存在論的な「牧人」であれば、人間は明らかに自然には属さないはずであるが、そういう考えにとどまっているかぎり、そういう考えは無害で「形而上学的には滑稽」であるにすぎない。しかし、人間に「存在者の搾取者」であるという「意味」を与え、存在者の意味を人間にとっての原料であるところに見いだすに至った、危険で恐るべき「産業主義の形而上学」は、ハイデガーに帰着した「不誠実の伝統」と決して無縁ではない。

存在論に対するアンダースの批判は、「恥を体系的に克服する活動」が「理論的な存在論」という形を取って現れていることを暴露するところに端的に示されている。すなわち、「世界疎外」から生まれる恥を、自負に基づいて体系的に克服しようとするのが存在論の発想であり、それが現代の運命の根底をなしている、時間の抹殺をめざす形而上学にほかならないことが示されるのである。したがってアポカリプスは、世界と人間の終わりであるのみならず、そういう形而上学の終わりであるとともに、存在論の優位が廃棄さるべきことが、アポカリプスの語源的な意味の通りに「顕わになる」ことをも意味しているのである。

アンダースは「哲学のタイプとしての体系は死滅しつつある、あるいはすでに死滅した」と宣告する。事実、ヘーゲルの死以後の大哲学者たちは、フォイエルバッハにせよ、ニーチェにせよ、キルケゴールにせよ、いずれも体系家ではなかった。それ以後、体系を立てようとしたのは、アンダースに言わせれば、「二流の思想家たち」ばかりであった。しかし「体系の死」は、「美学的な欠陥」にすぎないのであって、真理が「神殿」のごとく「美しい」とか、構築された建造物であるとか、真理はひとつの「全体」であるとか「全体においてのみ真理が見える」というのは、ニーチェが「真理への意志」と呼んだ欲望に基づく妄想、つまり「ひとつの偏見」にほかならないのである。存在者は決して「全体」ではない。「世界」という単数形で世界を表現することは、アンダースの目には「存在論的な偏見」、「おそらく誤った偏見」と見えている。

現代世界、つまり彼の言う「人間世界」は歴史的な世界であり、歴史は当然のことながら終わりなき終わりへ向かうものであるかぎり、歴史は決して「全体」に達することはない。「歴史の体系」は不可能であり、閉じた体系を作ろうという試みは原理的に禁じられている。時間的なもの、歴史的 - 時間的なものは体系に「固定する」ことができない。「固定する」ことができるのは空間的性質を持つものに限られる。時間が哲学の主な特徴になると、「体系」はたちまち矛盾に陥るのである。時間と体系を特定の歴史的段階を選んで宥和させようとするヘーゲルの試みは、世界史的に判定すれば、滑稽なものでしかないとアンダースは見ている。マルクスの試みにも、彼は従う気はない。これまでの歴史は「階級の歴史」として、歴史以後のメシア的な自由の王国の「前史」であるというマルクスのテーゼは、歴史と体系、少なくとも歴史と調和を結びつけようとする試みだったからである。彼の場合は無論「歴史の体系」として考えられていたわけではない。歴史が体系に属するのは、階級の歴史が（そして歴史そのものが）止揚されるひとつの体系のうちに、歴史が流れ込んでしまうからである。メシアニズムを「哲学」と呼んでよければ、ブロッホの哲学はこういう希望の哲学である。マルクスとは異なり、ブロッホを希望に目がくらんで誤った予測を立てたと非難することはできないが、彼は体系によって、リアリティに対して盲目になったと言わなければならないとアンダースは言っている。

下巻には、システムにかんする長い注がつけられているが、そこでは「システムの系譜をたどってみれば、ひとつの政治的な起源にゆき当る」という視点に立って、アンダースはほぼ次のように述べている。

最初のシステムはおそらく、法によって運営される階層構造をなしている自己完結的な都市国家であったであろうが、この概念は政治から直接に哲学に写されたのではなかった。国家のイメージはむしろ、まず最初は惑星系の手本として使われ、この有限なシステムのうちに、全体や法則や調和が確認された。次に天文学がこの概念を哲学に伝えたが、秩序をもつ有限な調和的宇宙というモデルを作り出したのは宇宙論である。このモデルの模写が今日でもなお「哲学的体系」と呼ばれているものである。奇妙なことに、哲学の政治的、天文学的な起源がすでに非現実的なものとなっても、哲学のこういう形態が保たれ、「システム」のモデルが西洋において保持された。これは、ユダヤ・キリスト教的伝統における「世界」が、調和的な有限な世界としてでなく、計画的に創造された世界として理解され、歴史が円環とか当てもない変化としては理解されなかったからである。哲学が「体系的」であり続けたのは、哲学者たちが神の計画を「模倣して考えた」からであった。だが、神の概念は単なる「原理」にまで薄められ、その原理については、それが存在者の原理なのか精神の原理（あるいは諸原理）なのかは決定することができなかった。神学から引き継がれたこの曖昧さは、ヘーゲルによってもう一度、明らかに精神と現実性とを同一視することによって確定的なものとされた。だがヘーゲル的な精神の概念が崩壊してもなお、体系という思想は保たれていた。次に、世界は、人間によって構想され、構築され、操作されるシステム、つまりあらゆる部分が他のあらゆる部分を規定し、他のあらゆる部分によって規定される、現実に最大限に完結したシステム、すなわち機械の巨大な模像となった、というのである。

アンダースは、このようにシステムを捉え、哲学的な体系という理想の「負の」遺産として引き継いでいる、自分のテーゼが他のテーゼと矛盾してはならないという方法上の最低条件さえすでにひとつの先入見ではないかと考え、したがって世界そのものが矛盾を含まないという前提を疑っている。彼は「体系」というタイプの哲学に対する徹底的な不信を表明し、体系は単に文学上の叙述形式なのではなく、体系がいわゆる写し出す「世界」そのものが「体系」であることを先取りした形而上学的陳述であると主張している。

連関の存在根拠は特殊な存在者の存在根拠よりも劣る。明らかに、「体系」というタイプの哲学には常に、実質的な偏見が含まれている。そういう哲学には、あらゆる特殊命題に先行する、世界についてのひとつの命題が含まれている。ハイデガーもまだこういう偏見の犠牲者にとどまっている。すなわち、アンダースによれば、ハイデガーは繰り返し「存在全体」とか「存在者全体」と言い、それにかんする問いを西洋哲学の根源的な問いと呼んで、この問いは、形而上学的偏見を超える問いであると信じて疑わない。しかし体系という形での世界の呈示が成功しうるのは、その図式に適合しないもののすべてを被い隠すか「偶然的なもの」に引き下げるか、あるいは単純に「非存在」として否認することによってにすぎないのである。

そういうことをやる気は、アンダースにはまったくない。「真正なるもの」とか「肯定的なもの」とか「意味」とか「価値」といったカビの生えた美辞麗句を使うには、現代の状況は厳しすぎる。状況の厳しさにみずから真剣に対決しようとするアンダースは、こういう「甘ったるい言葉を使ってはおれない」。哲学というものは結局、歴史的な現象であって、必ずしもいつも存在したものではなく、今後も必ず存在するというものでもない。「ともかく人間を〈哲学する動物〉と定義するのはばかげたことだ」。アンダースは、「そういう定義は、消滅しかけている少数者にしかあてはまらない〈因習〉にすぎない」とも言っている。彼が求めるのは、従来の「哲学」なるものがいったい何をやってきたかを徹底的に暴きだし、今日の現実において哲学はいかにして可能かを真剣に問うことである。あるいはむしろ、「哲学がそもそも可能か」、「その可能性が問われているものの本質は何か」というさらに根本的な問題を提起することを求めている。この問いに対してアンダースが与える答えは、哲学は全体性や確実性へ逃走することのない「機会原因の哲学」としてのみありうるという答えである。「機会原因の哲学」を具体的に展開しているのが彼の「技術の哲学」にほかならない。

3　エチカとしての「技術の哲学」

アンダースによれば、本書は「技術の哲学」であり、「テクノクラシー時代の哲学的人間学」である。その際の「哲学的人間学」の意味については最初に述べた通りだが、「テクノクラシー」が、ふつう言われる意味でのテクノクラートによる支配を意味するものでないことに注意が要る。アンダースの言う「テクノクラシー」は、今日われわれが生き、われわれを覆っている世界が技術的世界であるという事実、歴史は「技術」という世界状態の中で起こっているのであり、技術が歴史を動かす「歴史の主体」となって、人間は「歴史についてゆく」にすぎないと言わねばならぬ状況に至っている事実のことである。つまり「テクノクラシー」とは、アンダースにとって文字通り「技術の支配」のことにほかならない。技術がわれわれの運命となったことを指しているのである。この事態のうちに、アンダースは「世界からの疎外」

の「病理」を認めている。この基本的な捉え方がハンナ・アーレントの思考と深く通じ合うものであることは、彼女の主著 *Vita activa oder Vom tätigen Leben* にすでに十分明らかに示されている。だが、この点に限らず、両者の間には思想の全体的な特質において深く響き合うものがあり、重要な諸概念の使い方を考えても、両者の間での相互影響は大きなものがあると思われる。アーレントの思想、特に遺作である *The Life of the Mind* については、この点を踏まえて、まったく新しい読み直しが必要であることは疑いがない。

「現代唯一の真の革命」は、政治的革命とは異なり、「永久革命」として続いている唯一の真のグローバルな革命である技術革命である。技術革命は「体制を超えている」のであって、そのため西側でも東側でも、技術が独裁を確立して、政治的変動が起こっても、何事もなかったかのように一貫して継続され、憑かれたように発展し続けている。技術が達した状態がもはや従来の政治構造と合わなくなれば、それ自体が政治革命を起こす動力ともなりうる。現代の革命は、政治的革命に扮しているためにそう誤解されていたにすぎなかったのであって、現実には、政治変革は技術の要求に屈服していただけであったと言うことができる。そこでアンダースは、「政治はすでにイデオロギーであり、経済的計画は〈技術的要請〉の上部構造である、と言って過言ではない」と言うのである。

「表現の時代は、時代おくれとなった」とアンダースは言う。現代最も特徴的な産物の大半は、特に機械や装置は表現を失ったままであり、「もはや表現しない」、人間の何ひとつも示すことがなく、むしろ人間が製品のうちに自分を示そうとしない「即物的な人間」になっている事実しか示さないのである。製品は由来を語らないだけでなく、行く末も語らない。今日の機械を見ても、それを規定している作用が何かはほとんど分からない。今日のこのような実態に目もくれず、やたらと「表現」という言葉を好んで使っているのは、アンダースの見るところでは、「純粋な消費者ないし刻印された者になりさがって、自分を表現するひまもなくなり、仮にそのひまがあっても、表現すべき〈自己〉をもはや持たないために、表現することができない人々」にすぎない。

今日の実情が分からないのは、技術が非常に複雑になったために、技術に感性が追いつけなくなったからか、つまり機械が「超感性的」になったからか、機械は眺めるに値するほどの外観を持たず、機能に合うようにしか作られておらず、いわばついでに偶然「そう見える」にすぎないからだと考えられる。要するに、「怪物からなる現代の機械の世界は黙っていて目立たないか、わざと目に触れないようにされている」かなのである。しかし今日では目は役に立たなくなったが、「頭に空想力をもっている人」ならば、まさに怪物が目立たないか、見えなくなっていることこそ「現代の奇怪さ」だと思うはずである。今日の特異な不可視性を無視しておれば、わが目だけを信じて、機械に目もくれずに生活する「時代おくれの」存在になってしまうほかはない。

想像力を欠いている現代人を「盲目」だとすれば、機械は「口がきけない」。つまり、機械の外観ではもはやその裏の事情が分からない。機械はその本質と無関係な外観で身を守っており、実体以下のものに見える。機械のあまりにも控え目な外観のために、機械が何であるかがもはや分からない。アウシュヴィッツで使われたチクロンBの缶のように、多くのものが「なんでもない」ように見える。こういう「見かけ以上のもの」の「否定的な自己提示」はまさに史上空前のものである。知覚できるものが現実の事態と関係がない以上、知覚されるものを「偽りの」または「イデオロギー的」と呼んでいい。アンダースは「〈現象〉をハイデガーの〈自己を提示するもの〉という意味に理解すれば、こういう機械はもう〈現象〉ではない」と言う。彼の言う意味で「もう〈現象〉ではない」ものの機能は、むしろその実態を示さないこと、つまり自己自身を「隠す」ことにある。

隠されているものを暴露するだけでは不十分である。アンダースは、隠されているという事実そのものを「顕わにする」必要を強調している。彼によれば、ライプニッツがモナドを原理的に「窓のないもの」としたとき、この問題を念頭においていたと考えられる。個体が隠されていなければ、絶えず外化することになる以上、個体それ自体が隠されていなければならないと考えられる。「隠されていることがおそらく、個々の存在の必要条件なのであろう」とアンダースは考えている。そのように考えれば、カントの物自体の問題も、むしろ個体そのものの問題として現れる。真理の現れは、個体である存在によって妨げられると言うべきであり、個体のうちに認識が入り込むことになれば、認識は個体を脱‐個別化し、破壊することになる。

したがってアンダースにとっては、隠されているという事実そのものを「顕わにする」ためには、少なくとも部分的には存在者を「顕わにする」ことができる、特異とも見える事実を解釈していないハイデガーを超えて、部分的には存在者を「顕わにする」ことができる能力を明らかにすることが重要な問題になる。

この点についてのアンダースの当面の答えは、外観を失い「口がきけない」機械の意味を感覚によって認知しようとしても、それはまったく無意味な企てであって、現代の機械を十分に把握し、判定しうるとすれば、それは想像力という「現代の認知力」を働かせる場合だけである。それを働かせることこそ、今日では、ヘーゲルの「概念を働かせること」に取って代わらなければならない、というものである。この点については、最後にもう一度考えてみることにして、ここでは、彼の言う「産業革命」の分析を簡単に見ておくことにしよう。

機械の原理を模倣して、機械を機械的に製作し始めたことが、本当の「産業革命」つまり第一次産業革命であり、そのときから、機械による機械的なものの製作が、つまり「模倣」が急速に進み始めた。(製品と生産手段で行なわれる)製品生産からなっている産業世界のメカニズムによって、生産手段ではなくて消費財である最終製品、すなわち使用されることによって消費されるものを作り出すに至る。この生産過程では、人間は(発明者とか職人として)最初と(消費者として)最後にいるだけである。しかもこの最終的なものさえ、使用されることによって、再び何かを生産する。これが、製品に続く製品の機械的生産が必要となる状況である。このような場合、生産手段という役を演じているのはもともと製品そのものではなく、消費活動なのである。このように、人間の役割が製品消費によって、製品の流通を保つように取り計らう役割だけになっている、まことに「恥ずかしい事実」を、アンダースは「誇張」して提示している。

生産技術は、何らかの仕方で生産できるものは生産することを絶えず要求する。「要求する」と言うのは、これが第三次産業革命にはいった今日では、可能なものは例外なく「義務」として、可能なことは例外なく「命令」として受け取られているという意味である。「今日の道徳的命令は技術から生じているのであり、こういう道徳的命令が、個人倫理のみならず社会倫理においても、先祖の道徳的要請を笑い物にしている」とアンダースが言うとき、その表面的な意味を超えて、今日では、技術のもたらした状況に対する応答のうちにしか倫理の根拠はないことを示唆していることはすでに述べた通りである。

第三次産業革命の象徴は原子力である。アンダースは、その理由を原子力が物理学的に新しいことではなく、その可能的あるいは実際の効果が「形而上学的性質」のものであるところに見ている。原子力の効果が「形而上学的」と言われるのは、「画期的」と言う場合には、歴史の進展や将来の時代の継続が自明のものと考えられているのに対して、そういう考えは現代人にはもはや許されていないからである。時代の転換という時代は、一九四五年以後はもう過去のものとなったのだ。われわれが生きている時代は、もはや別の時代に先立つ時代ではなくて、われわれの存在が絶えず「かろうじて‐まだ‐存在している」にすぎない「期間」なのである。このためアンダースは、エルンスト・ブロッホに対しても、「われわれが〈まだ‐ない〉のうちに、すなわち本来の歴史に先立つ〈前史〉のうちに、相変わらず生きているという怠慢とも言うべき信念」に、広島の出来事について知ろうともしなかった「旧弊さ」を認めている。

アンダースが「産業革命」というテーマで取り上げるのは、従来は所有者や発明家、労働者、売手、消費者という五つの役割でしか知られていなかった人間を、操作する者が単なる生理学的な原料、新種の製品または生産手段の生産のための原料として扱っている現状である。

収容所に入れられた人々の（製品と化した）死体を原料にしたアウシュヴィッツに、「原料への人間の変化」が始まった。これまで生物は、種に自然に起こる変化の範囲内でしか変化させられることはなかった。変えられたものは、生物の形態でなく、人工授精という再生産の方法であった。そのうえ人間に加えられた変化は、多くの場合、ピュシスの変化ではなくてプシュケーの変化であった。ところが、現代において変えられようとしているのは、生物の生理学的形態なのである。すなわち、自然によっては「計画されていなかった」、既知の種に分類していいかどうか不明の生物を合成したり、個体が他の個体の生きた複製となる以上、個体の独自性を奪ったりしているのである。核戦争は人間を含む生物の絶滅を意味するが、「クローニング」は種を種としては絶滅させ、場合によれば新しい形態を作り出すことによって、人間という種を絶滅させかねない。政治的、経済的、技術的な理由で望ましいとされる形態の「似姿」またはコピーである生物を作ることによって、非人間的なものを生み出しかねない遺伝子操作は、ダーウィンの進化論と比べてもはるかに非人間的である。すでに「人間の本質は、人間が本質を持たないというところにある」という答えによって、基本的には投げ捨てられていた「人間の本質」への「哲学的人間学」の問いは、人間が原料として利用され、ピュシスそのものが変えられる以上、今日ではまったく意味を失っている。人間の「道具化」つまり奴隷化が文字通りの意味ではもはや存在しないからではなく、その間に登場した原料としての人間の使用が、カントが禁じた手段や道具として人間の使用を凌いで、それを人間的なことのように思わせているからである。

機械論的自然科学の歴史に起こった、人間も機械（「人間機械」）として理解することが、今日も別な次元で繰り返されているのである。世界が原理的に原料とみなされているところでは、原則を破らないためには、世界の一断片である「人間」も機械として理論的にのみならず実践的にも取り扱われなければならないのだ。この段階をアンダースは「文明以後のカニバリズム」とも呼んでいるが、この段階が実に途方もないものであるために、それは独自の「産業革命」として認めなければならない。それは、この革命が「時期」としては最後の時期である第三次革命の内部で起こっていると見られるからである。

現代科学の課題は、世界や事物の秘密の秘められた本質や隠された合法則性を探り出すことにあるのではなく、世界や事物の秘められた利用可能性を発見することにある。「それ自体が隠されている」現代科学の形而上学的な前提は、「搾取不可能なものは存在しない」というところに認められる。「世界」とみなされるべきものは「原料」以外にはありえない。世界は「それ自体」としてではなく、「われわれのためのもの」としてしか考えられていない。このためにアンダースは、そういう考えを、世界を意識の相関者として定義するのでなく、存在者を利用の相関者にする「実践的観念論」という意味で「観念論」と呼ぶ。「実践的観念論」は世界という対象を、直接に「われわれのため」ではなく、「何かのため」に利用しているために、世界の我有化をめざす観念論的な観点は多くの場合隠されている。その隠された我有化の構えを暴露して、「観念論」を乗り越えることこそ、アンダースのエチカの重要な課題である。

製品が直接必要とされていないのに、つまり製品の利用可能性も製品への欲望もまだ知らないのに、製品がまず見つけ出され、生産されなければならない以上、「世界」は、それから何かが製造されうるだけでなく、何かがそれから製造されなければならないものの総体なのである。そこで暗黙のうちに主張されていることは、何かがそれから作られないものは存在しないということであり、それから何も製造されないものは存在が許されず、邪魔になれば破壊してもいいということである。ナチズムの「生存に値しない生命」と同様に、「存在に値しない存在者」が存在するのである。つまり、原料であることが存在の基準であり、存在することとは原料であるということなのである。これが、アンダースの言う「産業主義の形而上学的な基本テーゼ」である。

消費財の本質には「はかなさ」ということがある。消費財ははかないものとして生産される。このような消費財には、所有されるということが欠けている。「持続を否定するこういう理想ほど、永遠という理想に反する概念は存在したためしがない」。「プラトンにおいては、世界の事物が存在論的に価値が低いとみなされたのは、イデアとは異なり、それが時間に従って変化するからであったが、生産者の目に正常な製品が存在論的に価値が低いとみなされるのは、それが原理的に長続きしすぎるからである。常住の永遠に代わって理想とみなされているのは、一瞬の輝きであり、存続しない存続なのだ」。アンダースは、これこそ「産業時代の存在論」であるとして、それを「負の存在論」と呼んでいる。

この「負の存在論」を典型的に現実化したところに「兵器」がある。兵器とは使用によって消費されてしまうべきものである。資本主義世界では、生産のひとつのカテゴリーが以前のカテゴリーに取って代わるテンポが恐ろしく速いのは、決して利用者がもっといいものを求めているからではない。特に核兵器がそうであるように、前の兵器より大きな効果はもう望めない以上、「改善」ということは実際にはもうありえない。こういう兵器の「改良」が続けられているのは、以前のものを処分するためであり、「比較級を作ることがまだ意味があった時代は決定的に過ぎ去ったことに目を閉ざし」しているからであり、「見えないふりをしている」からだと思われる。「人類全体が破滅する以上に全体的に破滅することはありえない」のである。

今日まで文明批判は、人間の平均化、つまり量産品に変化した個人が数の上での個性でしかないことにのみ人間の崩壊を認めていた。この数の上での個性さえ今やなくなってしまい、さらに「分割され」て、(不可分割な)個人が「分割可能なもの」になり、数多くの機能に分解されている。人間の破壊は明らかにこれ以上は進めない。アンダースによれば、「人間はこれ以上非人間的にはなれない」のだ。

生産と消費の無限増殖のグロテスクな実態を暴き出したアンダースは、さらに時間と空間について注目すべき卓抜な分析を加えている。

「機械に順応した労働の時間は、主体の非可逆的に前進する時間ともはや関係がない」とアンダースは言う。労働の時間は円環的であって、常に新たに始まる装置の機能と同じような広がりをもっていて、秒針によって示される時間に似ている。もっとも、時計で計るように、経過がもう一度数えられることはない。労働の開始時には反復が、前進する時間のより広い流れの中を「共に泳ぐ」のであり、この継続時間中だけは、非可逆的な時間の流れがその力をまだ失っていない。そのかぎり、労働は退屈である。だが、労働に慣れてくると、繰り返しはもはや継続的に起こらない。繰り返しが列をなさなくなるのである。そのとき、繰り返しは退屈ではなくなってしまう。もっとも、これは労働が面白いという意味ではなく、労働が無時間的になってしまうという意味である。労働が無時間的であることは、機械的な労働者が労働の終了にしばしば驚くほどである。労働者は時間の尺度をすべて奪われているために、つい今しがた始まったように感ずるからである。カント以来踏襲されてきたように、時間性のうちに主観性の決定的な性格を見るならば、おそらく「機械的労働の際に時間が死ぬという事実を、主観性そのものの〈死〉の徴候と解釈してよいだろう」。アンダースのこの言葉のうちにも、主体の崩壊にかんするアンダースの洞察が示されている。

このようにアンダースは、時間の「喪失」を通じて、主体の〈死〉を確認するとともに、空間についても「場所分裂病」を暴き出すことによって、個体の喪失、つまり先にも見たようにIndividuumではなくDividuumとなっている事態を明らかにしている。「場所分裂病」とは、現代生活の最も奇妙な特徴となっている、空間的な二重生活のことである。メディアによって受け取られる空間と現実の空間が決して同じでなく、同じ広がりを持っておらず、いつでも「そこに」いながら同時に「別な場所に」もいるということである。今日の家でのくつろぎの空間は単にひとつの空間であるのでなく、もうひとつの空間を含んでいる。この場所分裂病的な「家」に対応する精神分裂病である「空間的二重生活」がもう当たり前のものになっている。

このことを指摘しながら、アンダースは「公共の場でわが家にいること」にこだわっている。それは、これまで理論が完全に無視していた現代生活のひとつの特徴が、そこに示されているからである。すなわち、文化批判がこれまで強調していた、私的領域からの私的性格の剝奪ということでは、現代生活の半面しか述べられていなかったのである。アンダースが重要視しているのは、公的な領域もその一義性を失って、公的領域が私的領域の延長としか考えられていないことである。それをアンダースは、外界という感覚の喪失ないし「私的領域の象皮病」と呼んで、次のように書いている。「ラジオが私的性格の剝奪の具体的な現れならば、自動車はいつもわが家にいることの具体的な現れである。ラジオと自動車を単に偶然同じときに決定的に重要になった二つの機械と思っている人は、それがいかに密接に連関して複合機械となっているかを認めていないのである。わが家にいるときでも、あらゆる瞬間に別な場所にいる以上、現代人はなかば現代の遊牧民であり、また、実際に見知らぬ土地を走っているときでも、わが家にいるような快適さを味わえる以上、なかば定住民でもある」。

このような現代人の在り方は、アンダースがメディア論で使った言葉で言えば、「中間性」というものにあたる。「中間性」とは要するに、あらゆる境界の喪失を意味している。東西体制の違いも、まさしくこの「中間性」へ収斂していく方向にあり、その収斂現象はとどまるところを知らない。技術によって引き起こされた収斂現象は、現に永続的に起こっている革命なのである。この革命は人間の自由へ向かっているのではない。それは「機械による全体主義」へ向かっているのである。

4　全体主義とアポカリプス

アンダースの哲学において特に注目すべき点は、全体主義を技術そのものの原理として捉え、技術が「歴史の主体」となることによって、人間が時間を抹殺して、歴史つまり《エートス》を失い、そのために、「アポカリプス」が不可避的に到来することを明らかにしているところである。ここにこそ、彼の「エチカ」の核心がある。

一般に全体主義は、もっぱら政治的な傾向ないし政治的なシステムとみなされているが、アンダースによれば、それは誤りであって、政治的な「反全体主義」によっては、「技術そのものの原理」である全体主義が打ち倒されうるはずはなく、打ち倒すことは不可能である。したがって、「反全体主義」によって全体主義が乗り越えられると主張することは、ひとを迷わせるものであって、うまくいっても根本的な事柄にかんする洞察を失わせることになるだけである。全体主義への傾向は機械の本質をなしていて、もともと技術の領域から生まれるものなのである。世界を支配して、支配されていない寄生部分を利用しつくし、別な機械と結びつき、唯一の全体機械の内部でその一部として機能しようとする傾向が、機械それ自体に内在している。政治的全体主義は、この技術にひそむ根本事実の副作用であり、変種にすぎない。技術的に高度に進展した世界的強国のスポークスマンは数十年前から、全体主義の原理に対して抵抗していると主張しているが、全体主義の原理は技術そのものの原理なのである。

この洞察に基づいて、ファシズムについても深い洞察が得られる。

大衆が絶頂に達するのは、肉体的に大衆を作り上げる必要がなくなり、マンモス大会など無用の長物となったときなのである。ニュルンベルク大会とは比べものにならぬほどの人々が、ラジオによって等質化され、実際に「大衆化」されうることは、ヒトラーやゲッベルスもすでに知っていた。ヒトラーの大成功は、ラジオ抜きでは考えられない。ファシズムとラジオは相関している。「放送」の元にあったデモンストレーションは、実はすでに古臭くなっていた措置であって、ラジオによる人間の大衆化を、(文化的とさえ称して)人々の肉体的な集結という古いスタイルでもう一度、実行しようとする「最後の努力」を試みたときには、コピーの力がオリジナルの実演をすでに余分なものにしたことが、まだ理解されていなかったのである。当時はまだ手放せなかった巨大なデモンストレーションは、「イデオロギー的な行動」であって、すでに乗り越えられていた「社会的な生産様式」の再演にすぎなかったのである。こういう巨大集会ほど時代錯誤的なものはない。それは、大衆の転換であって、大衆の絶頂ではなかった。それは、力としての大衆がその力に対する防壁に転換したことを示していたのである。

ファシズムが組織したものは、ふつうは無定形で眠り込んでいるが、時には突如、大きな衝撃力で、確立した秩序をゆるがし、歴史の主体となりうることを本質とする神話的な「大衆」ではなかった。ナチズムの指導者たちは大衆の神話を引き継いでいるように見えるが、彼らが意図したのは、逆に、「大衆の大衆化」によって大衆を、大衆とは正反対のものに変形すること、すなわち大衆を（つまり大衆自身を）彼らの指導者の巨大な防衛隊にすることであった。大衆組織家たちは大衆の無力化を組織したのである。アンダースは、大衆の力の絶頂であるかに見えたものは「逆にその最低点」であったと言う。大衆が無力化されるとき、そういう（少なくとも量的な）「大衆の絶頂」が到来するからである。一九三三年には、当時の出来事が無数の当事者には見えなかったとしても、それは不思議ではなかった。「事件の核心」は、まさに大衆をして自分自身のうちで窒息させること、すなわち、大衆の勝利を印象づけるほどの圧倒的な大衆を、大衆に見せつけてやることだったからである。事実、大衆は「自分自身に圧倒された」のである。当時すでに、大衆は反革命の道具になっていた。もともと大衆はそういうものであったが、今日ますますそうなっている。それはまず、複製に基づくマスメディアが、操作可能な大衆を大衆的なものにしたからであり、また、大衆が個人の大衆性から成り立っているからである。この二つの理由はかなり重要である。個人の性質となっている「大衆」が、決して能動的な歴史の主体と見られないのは明らかだからである。

これが現代の状況である。少なくとも高度産業国家においては、国民は複製手段によってすでに無数の「大衆隠者」に変貌してしまっている。「大衆隠者」はもはや集合しない、少なくとも集合する必要がない以上、彼らは徹底的に無害であり、徹底的に受動的であり、徹底的に革命と無縁である。これは、複製時代が根本的に革命なき時代であることを意味している。他方では、意見や態度や情緒をいっせいに「大衆隠者」に提供する力にとっては、政治的理由で適当と思われるときにシフトダウンして、「大衆性」という単なる性質を物理的な「物質」に下げてしまうのが容易であることはおのずから明らかである。必要とされる大衆は、常に一夜のうちに再生されうるのである。

「さまざまな歴史の歴史」の中でごく短期間だけ存在していた、国家の個別的な歴史は死滅しかけている。事実、個別的歴史は、いつも「歴史現象」にすぎず、間奏曲にすぎなかった。その主体は、自分が本来そこから立ち現れてきた歴史なき「永遠の現在」に再び沈み込むか、その主体を征服したもっと大きな歴史の主体の広大な歴史の流れに流れ込むかのどちらかであった。要するに「われわれは再び歴史なき存在になった」のである。

このような歴史喪失の底に働いているのは、時間を抹殺し、永遠の現在に立とうとする形而上学的な野望であり、アンダースが「自負の哲学」と呼ぶ思想である。

「〈時間〉を研究する経済システムにかんする情報を与えなければ、つまり研究対象である時間のテンポについて何も教えるところがなければ、歴史哲学や哲学的時間論は無意味である」と考えるアンダースにとって、歴史的時間は、「実存疇」でもなければ「直観形式」でもなく、むしろ「生産の形式」であり、「生産の変動の形式、消費の形式」である。そして、オートメーションへと突き進むその生産と消費の形式をつぶさに調べてみた結果として、彼が見いだしているのが「時間の抹殺」である。

「時間の抹殺こそは現代の夢なのだ。（階級なき社会に代わって）時間なき社会が明日の希望となっている」とアンダースは書いている。現代には、時間を抹殺し、時間を時代おくれのもの、過去のものにするための努力に捧げられない時は一瞬も存在していない。数十年前には多くの叙情詩人が、散在し不在である「そこ」を、場所や出来事がすべてそこに存在し、それに与っている遍在する「今」の一瞬という中心点に糾合し、そこに凝縮させようとする絶望的な試みを行なった。彼らには耐え難い、離散している出来事とか非連続性を今の遍在性に訴えて打ち消すこと、つまり瞬間を「個体化の原理」である空間に抗する力として投入することを、彼らはめざしていたからである。それが「エレア学派的情熱の最後の変種であった」こと、すなわち「多様性への信頼を形而上学的になくさせようとする願い」であったことは確かだ、とアンダースは考えている。彼らが最も非現実的な一瞬である今のうちに「本来の存在者」を見いだし、多様なものを今の中に取り戻せば、多様なものが妄想であることが明らかになると考えたのは悲劇じみたことであった。ここには、真の形而上学的原理である最も普及した汎神論的原理や、後代の「全体の真理化」を図る「体系」という補助手段は、彼らには思いもよらなかったことが示されている。

すなわち、現代的な生産と消費の形式に示されている「歴史的時間」は、根源的には形而上学的な遍在性あるいは「永遠の現在」への志向に基づいている。その点を見失っているかぎり、全面的非合理性の世界に生きているということにほかならない。すなわち、自分のすることを知らず、生産がひとつの行為であることを知らず、そして、自分が作り出すもの、あるいは自分が作り出したもので何がなされうるかを想像することもできなければ、それを恐れることもできないでいる。それは、極度の分業と徹底的合理化のシステムに生きているからである。この新しい非合理主義が主張しているのは、思考によって特定のものを克服するわれわれの無能力、つまりわれわれの理性の無能さではなくて、思考が時期外れであるということなのである。つまりその主張の本質は、「理性を決して使うことなかれ」、「自分の行為の結果が思考の届く範囲にあるとしても、いや、それが思考が達しうるものである場合こそ、達しうるだけに、その結果を考えてはならない」という要請のうちにあるのだ。したがって、今日の非合理主義は（理論に対抗する）理論的な主張ではない。むしろそれはひとつの禁止命令であり、組織的に生み出され、流し込まれている禁止命令なのである。今日の非合理主義が教えているのは、われわれが特定のことを知りえないということではなく、むしろわれわれは特定のことを知ってはならないということである。それは「モラルとしての非合理主義」なのだ。

アンダースが終末の時代として捉えている現代は、キリスト教で考えられる終末とは根本的に異なっている。キリスト教は、「終末」「王国」「審判」といった概念に象徴的な意味を与え、その象徴的な意味を救おうと努めてきたわけだが、現代の終末は「もっと実質的な」種類のものなのである。それは象徴的な意味づけを必要としていない。言い換えれば、今日のアポカリプス的な危険は、宗教的な言葉という荘厳な衣装をまとっていないが、かつてのアポカリプスの危険よりはるかに深刻なものである。

ハイデガーが「終わりへの存在」と言うこととも、今日の終末的状況は異なる。ハイデガーはその当時は、あらゆる人間に共通の終末論的状況とか集団自殺の可能性などを考えていたわけではない。第一次世界大戦後、『存在と時間』執筆当時は、誰にとってもそう考える原因はなかった。ハイデガーが当時、哲学の基礎とした経験は孤独な現存在の経験であった。彼はむしろ、死に直面している状態を生活の唯一の絶対的な性格として引き込もうと試みたのである。それは要するに「死すべきもの」として自覚して「実存的」になるという意味なのである。ハイデガーの哲学がそもそも個人主義の最終決算を表しているからである。自分の死を引き受けるという代理不可能性によってしか、個人がもはや構成されないという無気味な最終決算なのだ。こういう「終わりへの存在」を人類の集団的状況に今日適用することは、ハイデガーの考えそれ自身が、アポカリプス的期待を孤立した個人の言葉に移し変え、アポカリプスを個人の死で取り替えたのだから、核兵器が示しているような全体的危険の印象のもとで、この翻訳を再び「人類の言葉」に翻訳しようとする考えにすぎない。だが、人類全体が同じような意味で、個人と同じように逃れようもなく死すべきものであることは、何ものによっても証明されうることではない。ハイデガーの言葉を今日の状況に応用する者は、それによって破局を自動的に何か積極的なものに、人類が「本来的なものとなる」機会にしてしまう、とアンダースは言っている。ここには「終わりなき終わり」に決着をつけようとするルサンチマンに基づく思想、終わりにおいて勝利を収めようとする「弱さのニヒリズム」が見届けられている。

現代の危険がこれまでのものより深刻であり、世界と人類の将来の存否は、今や人間の手に委ねられているという主張は、人類が、いや人類全体が、この終末を望んでいるとか意図しているという意味ではない。「悪がまだ悪意をもった者とか邪悪な者のうちに具体的に現れ、悪に対する戦いによって悪が克服されえた時代は良き時代であった」と言うアンダースは、人間がそういうことをもはや望めなくなったことによって、人間の新しい「宗教的な状態」も規定されていると考えている。人間が今日、世界の存続を脅かしているのは無論、人間が本性的にあるいは「堕罪」によって罪あるものとなったからではない。それは、人間が製品を作るとき、自分たちが何をしているかを知らなくても平気でいるからにほかならない。それは、製品が（それが存在するだけですでに機能しているのだが）一旦機能するならば、それが機能し続けたがり、機能し続けざるをえず、そして、それが自動的に結びついて、最大限の力、それの製造者である人間をも超える力を獲得すること、さらには、他のすべての生産物や商品と同様に使用され消費されるのを望み、新しい製品の生産を妨げないこと、要するに誰かがそれを投入することを望むにせよ、政治手段として宣伝するにせよ、製品がひとりでに投入されるということを「想像することができない」からである、とアンダースは考えている。

彼にとっては、ここに示されている意識と現実との「落差」以上に重要な問題は存在しない。それこそ現代生活の内部崩壊、肉体と精神との落差、あるいは義務と傾向性との落差、重要とみなされてきたその他のどういう違いをも超えて重要な落差にほかならないのである。

技術は、あらゆる地域や政治体制、あるいは政治理論や社会計画とかプログラムから独立した画期的な現代の現象である。われわれが技術を何とかなしうる以前に、技術がわれわれをどうしたか、現にどうしているか、また今後どうするかが問題なのである。技術は今やわれわれの運命となっているのである。運命を導いたり、運命を監視したりすることは不可能であっても、われわれは諦めるわけにいかないのだ。すべてが消え去ってはならないとすれば、今日の重要な道徳的課題は、道徳的想像力を形成すること、すなわち、「落差」を克服して、想像力と感情の能力や可塑性を、われわれ自身の所産の規模や、われわれが引き起こしうるものの見渡しがたいスケールに合わせ、想像力と感情を有する者を製作者であるわれわれと統合しようとする試みにある。「そういう変動を明らかにすれば、その後でこういう革命を変革する余裕がある、すなわち革命のうちに始まっている破滅を免れうる方向へ転換する余裕がわれわれに十分あると思っているわけではない。重要なことは、実際にそうすることなのである」。

では、実際に破滅を免れうる方向への転換に必要な「能力」は、どこに見いだされるのであろうか。ここで前節で検討を後回しにしておいた問題を取り上げなければならない。

アンダースは「われわれに何が〈成就さるべきもの〉として課されているか、何が成就されうるか」という問いを提起するとともに、「〈落差〉を克服し想像力と感情の大きさを意図的に拡大することが、はたして可能かどうか」と問うている。もしもわれわれの感情能力が固定しているのであれば、状況は絶望的であろうが、彼は「そういう想定を無造作に受け入れることはできない」。そう考えるのは怠慢のせいかもしれないし、「感情の理論」がまだ検討されていないせいかもしれない。限界突破はまったく不可能だと考えるとしても、少なくともそれを突破しようとする試みを自分自身について行なってみなければならない。現実に実験しないかぎり、可能かどうかは決定されないことだけは確かだからである。アンダースが言うように、感情の意図的な拡張や新たな創造がこれまでにあったかどうかを考察するのは、その後でもやれることだ。まず第一に重要なことは、実験から始めることである。つまり「道徳的な特別練習」を試みることだ。慣れ切った想像力や感情の機能を拡張し、想像力や感情のいわゆる固定された「人間的均衡」を乗り越えるための特別練習をやってみることだ、とアンダースは力説している。

この点で非常に重要な示唆を与えているのが、下巻の「時代おくれの空想」という論文である。そこでは「人間は自分自身より小さい」というテーゼのもとに次のように論じられている。

人間は自分で発明し、製造することのできるものと同じ高さではない。空想にしても、空想の産物にしても、空想力の結果に、人間の空想力はついていけない。空想力は感覚と同様に、非現実的なもののうちにとどまっている。空想力は現実的なものに命中もしなければ、それを超えることもなく、それに及びもつかないからである。つまり、感性の地平はおかしなほど限られたものにすぎない。作品がどんなに写実的であっても、現実の世界のリアリティを否定しているのである。リアリストが感覚的地平の狭い範囲に閉じこもり、つまり、この限られた地平は真の現代世界ではないという意味で、非現実的な空想的な地平に閉じこもっているかぎり、リアリストは逃亡者なのだ。今日では、状況はまさに一八〇度転換して、感覚の示すイメージは、地平を失った現代世界ともう関係がなくなっている。リアリストは、動かないし動かせもしない地点を前提として、樹木のように根をはやし停止した定住している人の世界経験を表しているのだが、そういう絵は、現代のわれわれの生活には合っていないし、現代の「移動する」ものとなった世界にも対応していないからである。感覚が示す通りに世界の一部を描いている「写実的な」人は、現実から象牙の塔に逃避しているのである。いかにも写実的な写真で、彼らは驚くほど地平を失った世界の特質を被い隠して、世界全体が正常であるように見え、現にそうであると信じ込ませようとしている。ある意味では「地平を拡大」して、一種グローバルな意識を作り上げるかもしれない。だが、「広い世界」を撮った写真でも、やはり世界を狭めている。なぜならば、一枚ずつの写真はどれでも、地平を失った現代の世界は「ここを失っている」にもかかわらず、「ここ」だけを写しているからである。要するに今日では地球のどの地点も、それ以外のどこからでも到達でき、脅かされうるし、現に脅かされている以上、狭い世界に見せかける光学的断片そのものがまやかしなのだ。

近代絵画が五百年前に、平面を突き破って、われわれの世界の奥行きの深さに踏み込んで、感覚的に分かる地平を描くようになったとき、それは確かに画期的な歩みであった。そしてわれわれの世代は、同じように画期的な意味を持つ一歩を踏み出そうとしている。それは、あの当時到達された地平を突き破る一歩である。現代では、地図のような航空写真あるいは飛行機で撮影された映画のほうがはるかに真実である。そういう映画は地平が絶えず移り変わるので、飛行中に示される「ここ」はすぐさま消え失せていくから、弁証法的に地平を止揚するのである。つまり、われわれの世界が今日、「ここを失ってしまっている事実」を感覚的な出来事にしてくれる。

ある種の「超感覚的」な物は、現実には、まやかしの控え目な感覚的外観よりはるかに多いものである。つまり、それ自身の外観を「超えているもの」＝「シュール・レアリスム」における「シュール」なものを指している。この見渡しようのない世界は、感覚を超えているだけでなく、空想力をも超えている。現代においては、内的世界も外的世界もひとしく「シュール・レアリテ」になり、現実が感覚や空想力の及びもつかないものになっていること、つまり空想的なものが今日では現実的であり、現実がきわめて空想的なものになって、特に空想的なものを見いだすことは、フクロウをミネルヴァに捧げるようなものになっていること、これがシュールリアリストたちの出発点であった。彼らが生と死を空想によって逆転させてめざしていたのは、そうしないかぎり人々には「見ることのできない」真実を「目に見えるもの」にすることであった。その真実とは、現代では（現実の装置や現実の制度に含まれている）物や機械が現代世界における生活を形づくっているにもかかわらず、もう一方では、われわれ人間がそういう機械装置の歯車となり、物や破片となっているという事実にほかならない。したがって人間と物との逆転は、シュールリアリズムが作り出した虚構ではなくて事実なのである。それは、事物や人間をただ写実的に描くだけでは見えてこないような事実なのである。

アンダースはみずからの思考の特質を「機会原因の哲学」と呼んだが、その出発点は、以上のシュールリアリズムの理解に示されているような、到来する現実つまり「事物や人間をただ写実的に描くだけでは見えてこないような現実」を空想力によって捉えることにある。彼が「偶然」や「他者」や「差異」を強調するのもこのためである。彼のエチカは、もはや確実な根拠を求めるのでもなく、究極的な真理に実践を基礎づけようとするのでもなく、そのつどの状況のうちに常に「別の仕方で」開き示されてくる新たな現実をあらかじめ見て取り、あるいはむしろニーチェの言う「正義」の声を聞き取って、それに対してそれ以外には応えようのない形で応えていこうとする、まさに文字通りの意味で「プロメテウス的な」、すなわち将来の「予見」の上に立つエチカにほかならない。それが、「別の仕方で」というペンネームを名乗ったアンダースがみずから生きる倫理であり、それが、全体主義に自己閉塞していこうとする思想を乗り越えて「別の仕方で」考える彼の思考なのである。

ギュンター・アンダースの主要著作を年代順に挙げれば、ほぼ次の通りである。

Über das Haben. Sieben Kapitel zur Ontologie der Erkenntnis, Bonn 1928.（Unter Günther STERN）

(zus. mit ARENDT, Hannah) : Rilkes 'Duineser Elegien', in : NEUE SCHWEIZER RUNDSCHAU, XXIII. Jahrgang, 1930, 855-871.（Unter Günther STERN）

Une interprétation de l'aposteriori, in : RECHERCHES PHILOSOPHIQUES, Vol. IV, Paris 1934-1935, 65-80.（Unter Günther STERN）

Pathologie de la liberté. Essai sur la non-identification, in : RECHERCHES PHILOSOPHIQUES, Vol. VI, Paris 1936-1937, 22-54.（Unter Günther STERN）

Die Antiquiertheit des Menschen（I）, München 1956.（本書上巻）

Off limits für das Gewissen. Der Briefwechsel zwischen dem Hiroshima = Piloten Claude Eatherly und Günther Anders, Hamburg 1961.（抄訳・篠原正瑛訳『ヒロシマわが罪と罰』ちくま文庫、一九八七年）

George Grosz und seine Welt, Zürich 1961.

Bert Brecht. Gespräche und Erinnerungen, Zürich 1962.

Wir Eichmannsöhne. Offener Brief an Klaus Eichmann, München 1964.

Philosophische Stenogramme, München 1965.

Der Blick vom Mond, München 1970.

Endzeit und Zeitenende, München 1972.

Kafka-pro und contra, München 1972.

Erzählungen. Fröhliche Philosophie, Neuaufl., Frankfurt a. M. 1978.

Besuch im Hades, Auschwitz und Breslau (1966)/Nach 'Holocaust', München 1979.

Mein Judentum, in: SCHULZ, Hans Jürgen (Hg.): Mein Judentum, Stuttgart-Berlin 1979, 58-76.

Die Antiquiertheit des Menschen (II), München 1980.（本書下巻）

Ketzereien, München 1982.

Hiroshima ist überall, München 1982.（右記の Off limits für das Gewissen 以外に Der Mann auf der Brücke, Tagebuch aus Hiroshima und Nagasaki と Die Toten, Rede über die drei Weltkriege が収められている）。

Mensch ohne Welt. Schriften zur Kunst und Literatur, München 1984.

Der Blick vom Turm. Fabeln, 2. Aufl. München 1984.

Der verwüstete Mensch. Über Welt- und Sprachlosigkeit in Döblins 'Berlin Alexanderplatz' (1931), in: ders., Mensch ohne Welt. Schriften zur Kunst und Literatur, München 1984. 3-30.

Besuch im Hades, Auschwitz und Breslau und Nach 'Holocaust', 2. Aufl. München 1985.

Die Antiquiertheit Des Hassens, in: KAHLE, Renate u. a. (Hg.): Haß. Die Macht eines unerwünschten Gefühls, Hamburg 1985, 11-32.

Tagebücher und Gedichte, München 1985.

Die atomare Drohung. Durch ein Vorw. erw. Aufl. von "Endzeit und Zeitenende", München 1986.

Lieben gestern. Notizen zur Geschichte des Fühlens, 1986.

Günther Anders antwortet. Interviews und Erklärungen, Berlin 1987.

Mariechen. Eine Gutenachtgeschichte, München 1987.

Die molussische Katakombe, Roman, München 1992.

なお、以上述べた訳者の理解とは理解の仕方が異なるが、めぼしい研究書として次のようなものがある。

BISSINGER, Manfred(Hg.)：Günther Anders：Gewalt-ja oder nein. München 1987.

REIMANN, Werner, Verweigerte Versöhnung. Zur Philosophie von Günther Anders, Wien 1990.

ハンナ・アーレントとの関係ならびにドイツ時代のアンダースについては、次の書にやや詳しい叙述がある。

YOUNG-BRUEHL, Elisabeth, Hannah Arendt. For Love of the World, New Haven and London 1982.

訳者あとがき

本書は、Günther Anders, Die Antiquiertheit des Menschen, Bd. 1. Über die Seele im Zeitalter der zweiten industriellen Revolution, 7., unveränd. Aufl., 1988（Beck'sche Reihe; Bd. 319）の全訳である。

ギュンター・アンダースの著作は、訳者の知るかぎり、紹介された単行本としては、ギュンター・アンデルス／クロード・イーザリー著・篠原正瑛訳『ヒロシマわが罪と罰』（ちくま文庫）があるだけである。反核運動の代表的指導者として来日したこともあって、その関係では無論、つとに著名であるが、哲学者としての活動、その哲学の全容については、知る人ぞ知るという状態にとどまっているように思われる。

ギュンター・アンダース（本名はギュンター・シュテルン）は、一九〇二年七月十二日、ブレスラウに生まれた。フッサールのもとで哲学を学び、一九二三年学位を取得した後、パリやベルリンで哲学にかんする論文を書くとともに、ジャーナリストとして評論活動を行なう。一九三三年パリへ、次いで一九三六年にはアメリカ合衆国へ亡命し、そこでさまざまな「奇妙な仕事」についたが、特に「工場労働」の経験についての分析から本書が生まれることになる。一九四五年以降、核状況に反対する活動を積極的に展開し、国際的反核運動の指導者のひとりとなり、一九五八年には広島を訪れた。一九五九年には広島への原爆投下に参加したクロード・イーザリーと書簡を交わし、これが後に上記の『ヒロシマわが罪と罰』として邦訳された著作となる。ベトナム戦争当時は、戦争反対運動の闘士として活躍した。

アンダースは、一九三六年にはアムステルダム亡命者文学賞、一九六二年にはイタリア・レジスタンス賞、一九六七年には批評家賞、一九七八年にはバイエルン美術アカデミー文学賞、一九七九年にはオーストリア文化賞、一九八〇年にはウィーン出版文化賞、一九八三年にはアドルノとともにフランクフルト市賞を受賞している。

本書は、「第三次産業革命時代における生の破壊」という副題をもつ下巻とともに、アンダースの思想の全体像を示す主著である。

アンダース自身が述べているように、現代の人間が、自分の製品の完成におくれを取り、製造するものに比して想像しうるもの、責任をもって応えうるものがはるかに劣っていて、作れるものは作っていい、作るべきだ、作らなければならないと思い込んでひた走ってきた結果が環境危機である。その現状に照らしても、本書の持つ意味は刊行された当時よりもなおいっそう現実的なものとなっている。だが本書に、余りにも救いのないペシムミズムを読み取ったり、あるいは単に道徳的な説教と思ってしまう向きもあるのではなかろうかと恐れられる。また社会学的な分析、それもいささか古臭い疎外論風の考察として片づけてしまう人も出てくるかもしれない。

下巻に収められた諸論文、特に最後の「方法論的考察」を読めば、アンダースの現代への批判が単なる現象面での斜に構えた文明批判のたぐいのものではなく、また単に社会学的な文化批評とも異なって、時代の根底をなしている従来の哲学への徹底的な批判であり、新しいエチカを提示しているものであることが明らかになるはずだが、上巻を読んでもその種の誤解に終わるのでは、せっかくの苦労も水の泡となる。そこで、蛇足ながら、アンダースの哲学についての解説を付けることにした。参考にして戴ければ幸いである。

なお、原題を直訳するなら「人間の古臭さ」であろうが、それではアンダースの意図が生かしようがないのと、いささかの思いを込めて敢えて表題は「時代おくれの人間」とした。本書の意味を汲み取り損ねた読者が、本書こそ「時代おくれの書物」と言いかねないことに対するいささかの警告と、本書に満ちている「ペシミズム」がニーチェの言う「強さのペシミズム」であること、したがって「時代おくれ」を暴露するアンダースの思考が「時代に抗する思考」であることを示唆するためである。

青木隆嘉

《叢書・ウニベルシタス　431》
時代おくれの人間・上
第二次産業革命時代における人間の魂

1994年4月7日　　初版第1刷発行
2016年5月11日　新装版第1刷発行

ギュンター・アンダース
青木隆嘉 訳
発行所　一般財団法人　法政大学出版局
〒102-0071 東京都千代田区富士見2-17-1
電話03(5214)5540 振替00160-6-95814
製版，印刷：三和印刷　製本：誠製本

Printed in Japan

ISBN978-4-588-14032-7

著　者

ギュンター・アンダース（Günther Anders）

1902年ブレスラウに生まれる（本名はギュンター・シュテルン）。フッサールのもとで哲学を学び、学位取得後パリやベルリンで哲学にかんする論文を書くとともにジャーナリストとして評論活動を行なう。ハンナ・アーレントと結婚し、離婚。1933年パリへ、次いで1936年にアメリカ合衆国へ亡命し、さまざまな仕事につく。とくに工場労働者としての経験は、執筆活動の重要な契機となる。1945年以降、核に反対する活動を積極的に展開し、国際的反核運動の指導者となる。邦訳された著書に、『時代おくれの人間』上下、『世界なき人間：文学・美術論集』、『異端の思想』、『塔からの眺め』（いずれも青木隆嘉訳、法政大学出版局）、『われらはみな、アイヒマンの息子』（岩淵達治訳、晶文社）などがある。アムステルダム亡命文学賞、イタリア・レジスタンス賞、批評家賞、バイエルン美術アカデミー文学賞、オーストリア文化賞、ウィーン出版文化賞、フランクフルト市アドルノ賞などを受賞。1992年12月死去。

訳　者

青木隆嘉（あおき・たかよし）

1932年福岡県に生まれる。京都大学大学院文学研究科博士課程単位取得退学（哲学専攻）。大阪女子大学名誉教授。著書：『ニーチェと政治』、『ニーチェを学ぶ人のために』、共著：『実践哲学の現在』（以上、世界思想社）、『過剰としてのプラクシス』（晃洋書房）ほか。訳書：アーレント『思索日記』Ⅰ・Ⅱ（レッシング・ドイツ連邦共和国翻訳賞受賞）、カネッティ『蠅の苦しみ：断想』、ブルーメンベルク『神話の変奏』、エリアス『モーツァルト』、『ドイツ人論』、シュトラウス『始まりの喪失』、エーベリング『マルティン・ハイデガー』、ピヒト『ニーチェ』、（以上、法政大学出版局）、クリステヴァ『ハンナ・アーレント講義：新しい世界のために』（論創社）ほか。2016年2月死去。